编 委 会

教师专业成长路上的 思与行

THINKING AND ACTION TOWARD
TEACHERS' PROFESSIONAL GROWTH

王春光　庞孟栀　郑雨明　王美梓　主编

NORTHEAST NORMAL UNIVERSITY PRESS
WWW.NENUP.COM

东北师范大学出版社

长　春

图书在版编目（CIP）数据

教师专业成长路上的思与行/王春光等主编. —长
春：东北师范大学出版社，2019.12
ISBN 978 - 7 - 5681 - 1546 - 9

Ⅰ. ①教… Ⅱ. ①王… Ⅲ. ①中小学—师资培
养—文集 Ⅳ. ①G635.12 - 53

中国版本图书馆 CIP 数据核字（2020）第 001488 号

JIAOSHI ZHUANYE CHENGZHANG LUSHANG DE SI YU XING

□策划编辑：张晓方

□责任编辑：王秀梅　　□封面设计：王海燕
□责任校对：王庆有　　□责任印制：许　冰

东北师范大学出版社出版发行
长春净月经济开发区金宝街 118 号（邮政编码：130117）
电话：0431-84568046
传真：0431-85691969
网址：http://www.nenup.com
东北师范大学音像出版社制版
辽宁新华印务有限公司印装
沈阳市张士经济技术开发区
中央大街六号路 14 甲－3 号（邮政编码：110021）
2019 年 12 月第 1 版　2021 年 6 月第 2 次印刷
幅面尺寸：169 mm×239 mm　印张：25.75　字数：433 千

定价：79.80 元

序

今年是中华人民共和国成立 70 周年，70 年，中华大地沧桑巨变，各行各业欣欣向荣、蓬勃发展。作为提高人民综合素质、促进人的全面发展、服务于中华民族伟大复兴历史使命的基础教育跟随着国家的前进脚步在改革、创新的道路上实现了全面的发展。几十年来，国家高度重视基础教育理论研究和实践探索，教育教学目标从强调"基本知识、基本技能"的"双基"，向强调"知识与技能""过程与方法""情感态度与价值观"的"三维目标"转变，再到提倡学生核心素养的发展。教育评价由侧重甄别和选拔功能到强调发展功能，并走向评价内容的综合化、评价方式的多样化和评价主体的多元化。教学从"以教定学"到"为学而教"，教师培训从"被动受训"到"自觉研修"。广大中小学教师和基础教育专家、学者积极探索教学内容、形式和方法的改革，提出了许多新的教育教学理论、思想和观点，通过积累、提炼和升华形成了一大批优秀教育成果，这些教育教学改革的经验与成果，标志着我国基础教育教学理论和实践整体已达到时代先进水平，形成了中国特色基础教育现代理论和科学的教育教学方法。特别是 2014 年，在第 30 个教师节前夕，习近平总书记发表了《做党和人民满意的好老师》的重要讲话。总书记明确提出了成为一名党和人民满意的好老师的四条标准：即有理想信念、有道德情操、有扎实学识、有仁爱之心。这充分体现了党中央对广大教师的成长与发展的高度重视，是进一步加强教师队伍建设、推动教育改革发展的行动指南。随着《中国教育现代化 2035》《加快推进教育现代化实施方案（2018—2022年）》等重大政策文件的出台，如何通过总结回顾中国基础教育改革和发展的经验和特色，在基础教育领域深入贯彻落实党的十九大精神和全国教育大会精神，加快教育现代化的进程，成为当前基础教育领域的重大任务。教育期刊作为国家教育方针、政策宣传贯彻的新闻媒介，责无旁贷地要站在国家的战略高度，监督依法治教，促进学术交流，推动和引领教育事业的改革和发展。

伴随着改革开放的步伐，《中小学教师培训》作为为基础教育服务、为中小学教师发展服务的专业性学术期刊，自1984年创刊以来在主管部门教育部和主办单位东北师范大学的领导下，在全国各级相关教育部门及广大中小学教师的关心和支持下，形成了鲜明的办刊宗旨和独具特色的办刊风格。35年来，共刊发学术文章一万余篇，在国家教育方针、政策解读和宣传方面发挥了积极作用，为落实立德树人根本任务、全面深化基础课程教学改革、更新教育教学观念，以及探索和总结中小学教师的专业发展和自身成长规律起到了推动作用。

时值中华人民共和国成立70周年，为更好地总结、梳理70年来我国中小学教育教学的工作经验和丰硕成果，站在新的历史起点上，引领中小学教育科研及课程改革向纵深开拓，现将在《中小学教师培训》上发表的部分优秀文章分两册结集出版。所收录的文章是近十余年来反映基础教育改革进程、揭示教师专业发展规律、业界关注度高、具有较高学术价值的精品文章。这些文章多是被权威期刊全文转载或被学者同人大量引用、引证的，其中有很多的精辟论点、论述，对今后深化基础教育改革、拓展教育事业发展大有裨益。

两本书内容各有侧重，其中，《教师专业成长路上的思与行》一书的主要内容是：教师培训的理论、方针、政策，师德、教师心理和教师综合素养研究；教师培训的课程设置、培训模式、培训策略和实施路径探讨。《教育教学实践智慧生成的思与行》的主要内容是：基础教育各层面的基本理论研究；对新时期教育领域新理念、新思维、新方法的解读和推介；中小学课程改革实践中课堂教学问题的剖析和反思；各学科有效教学模式、方法的提升和凝练；优秀教师各级科研课题的成果展示。为尊重作者的学术见解，保持文章的原貌，我们编著出版时只在形式上做些技术处理。

书籍的出版凝聚了编者、作者的辛劳，这会化作一种精神力量在基础教育改革和发展的道路上发光、发热。

付梓之余，我们感谢学界同人的鼎力相助，同时感谢东北师范大学教育学部和东北师范大学出版社的大力支持。借新中国70周年华诞之际，我们祝祖国教育事业蓬勃发展，以教育为帆，向着中华民族伟大的复兴乘风远航！

编　者

2019年10月7日

目录

教师发展理论

教师素质的构成及其培养途径　　　　　　　林崇德　申继亮　辛　涛　/3

教师职业及其发展　　　　　　　　　　　申继亮　王凯荣　李　琼　/12

知识、反思、观念

　　　——当前中小学教师教育的主要任务　申继亮　费广洪　高潇潇　/20

教师实践性知识论纲　　　　　　　　　　　　　　　　　万文涛　/29

从教师的知识结构看教师教育课程的改革　　　　　　　　冯建军　/39

我国中小学教师专业素质的结构性欠缺及补偿策略探讨　　　蔡京玉　/47

教师在学习共同体中实现专业发展路径的探析　　　李水霞　熊　梅　/54

关于促进教师合作发展的思考

　　　——兼谈学习型组织理论对教师教育的若干启示　　　邓　涛　/61

乡村教师的专业获得感问题及其弥补性对策　　　　　　　吴亮奎　/67

城乡小学数学教师 TPACK 现状的比较与分析

　　　——以"国培计划"江苏省卓越工作坊小学数学教师为例

　　　　　　　　　　　　　　　　　　段志贵　赵爱华　/76

反思性教学实践与教师素质的提高　　　　　　王春光　郭根福　/85

微课推动教师专业发展：现状、优势与策略

　　　　　　　　　　　　肖安庆　李通风　谢泽源　/94

专业学习共同体视角下的名师工作室建设

　　　——以无锡市"许昌良语文名师工作室"成长为例　　许昌良　/100

基于名师工作室的研修活动课程化探索　　　　　　　　　沈坤林　/107

小学特级教师与普通教师课堂倾听行为的对比研究　　　　李建平　/115

基于"核心素养"理解的高中化学教师培训实践

　　　　　　　张贤金　吴新建　叶燕珠　汪阿恋　/123

优秀英语教师个人实践知识的分析与重建　　　杨延从　唐泽静　/130

新课程背景下中小学美术教师专业发展状况及其应对策略　　王　坤　/140

师德建设

教学活动中教师道德敏感性及其生成路径探析　　　　杨曼　吕立杰　/149
教师专业道德教育的低效化及其应对　　　　　　　陆道坤　毛经梅　/158
新时代中小学教师师德内化机制的构建　　　　　　穆惠涛　赵　岚　/164
新时期师德教育：理念、定位及体系构建　　　　　　　　苗成彦　/171

"国培计划"专题研究

"国培计划"：基于政策理解与专业实践的行动策略　　　　李瑾瑜　/181
公共政策视角下"国培计划"的愿景、变迁及其特征分析

程明喜　马云鹏　/187

实现"国培计划"示范引领价值的路径探索　　　　李源田　陈昌发　/197
基于标准的主题式教师培训的设计与实施

——以 2018 年"东师小数"国培项目为例

丁锐　马云鹏　王艳玲　/202

"国培计划"中的递进式课程构建及其运行机制探索　　　　李　琳　/212
反思性教学对"国培计划"学员专业发展影响之叙事研究

——一项基于个案的历时调查分析　　　　　　　　李传益　/221

教师培训模式

关于未来教师培训的一些想法　　　　　　　　　　　　史宁中　/233
重构教师培训体系　提升教师专业素养

——《中小学幼儿园教师培训课程指导标准
（义务教育数学学科教学）》的特征与启示　　　　马云鹏　/237

中小学教师培训基本问题探讨　　　　　　　　　　李源田　杨晓峰　/246
影响新课程师资培训质量的因素分析与对策研究　　卞金祥　毕诗文　/256
教师培训师的角色特征与专业职责　　　　　　　　　　　　余　新　/260
内生式培训理念及其实践模式解析　　　　　孟繁胜　于　伟　梅秀娟　/267
教师培训的教学特征分析与教学方式转型研究

——基于 30 个培训课堂的教学行为分析　　　杨　玖　季春晓　/276

教师培训：以"问题为中心　案例为载体"的内涵与设计方法

汪文华　/287

案例教学：当代中国教师教育模式的新视野　　　　　　　　　　许立新　/294

常态课校本研修模式的构建与探索　　　　　　　何　彪　陈静勉　/300

改进教师培训教材设计的若干策略　　　　　　　　　　　　张　恰　/308

管理与评价

教育部农村校长助力工程校长培训研究现状及其发展趋势

　　　　　　　　　　　　梅秀娟　梁红梅　孙福胜　/317

中小学校长实践智慧的共享机制研究

　　　——以宁波市名校长工作室为例　　　　　　　　　袁玲俊　/325

校长培训视野下的学校文化诊断　　　　　项红专　唐琼一　黄　芳　/333

普通高中特色办学的生成路径

　　　——以长春市二中"精致教育"为个案的研究　　李卓育　杨兆山　/341

城乡教师的收入差距与流动问题探究　　　　　　　　　　李伯玲　/348

心理论坛

教师心理健康素质：教育价值与构成要素　　　　刘晓明　王丽荣　/355

中小学教师职业倦怠状况的现实分析　　　　　　刘晓明　邵海燕　/362

提高自我调节水平　构建和谐心理环境　　　　　姜英杰　贾　玮　/368

比较与借鉴

国内外教师校本培训研究与实践的综述　　　　　　　　　李永生　/377

日本教师继续教育的特色及对我国的启示　　　　曲铁华　郝秀秀　/384

中英美三国教师培训"校本"模式的比较研究　　　　　　田爱丽　/394

教师发展理论

JIAOSHI FAZHAN LILUN

教师素质的构成及其培养途径

林崇德　申继亮　辛　涛

（北京师范大学发展心理研究所　北京）

要提高教育质量，培养出适应时代要求的合格人才，除了从宏观上改革不适应社会发展的旧的教育体制之外，从微观角度说，提高教师的素质，改进他们的教学水平，应是当前教育改革的一个重点内容。基于此，近10年来，我们在国家有关基金的资助下，对教师素质的实质、构成以及提高等问题进行了系统的研究，并逐渐形成了关于教师培训的独特思路。教师参与教科研，使自己的教育教学由"经验型"向"科研型"转化，变"教书匠型"教师为"专家型"教师，这是提高其自身素质的重要途径和方法。这种思路已为我们的教改实验所证实。

一、对教师素质含义的理论思考

什么是教师素质？这是当前教育界亟待澄清的一个概念，不同的教师素质观，直接影响着师资培训工作的目标，影响着师资培训体制改革的方向。我们认为，在目前情况下，仅凭思辨研究还不足以为教师素质下一个全面而科学的定义，必须经过一段时间的实证研究，从不同侧面深入地了解教师教育教学工作的真实含义，了解教师工作的独特性，为全面而正确地理解教师素质的含义提供必要的实证材料。我们认为，科学的教师素质的定义应具备如下要求：首先，要切实体现教师这一职业的特殊性，反映出教师独特的本质；其次，对于教师素质的理解，要有深刻的理论背景，不能由研究者凭空设计；第三，教学活动是教师工作的中心任务，教师素质的定义必须着眼于教学活动本身；第四，反对那种元素主义的教师素质观，应将教师素质看作一个系统的结构，其内部包含着复杂的成分；第五，教师的素质是结构和过程的统一，动态性是其精髓；最后，教师素质的定义应能为教育实践和教师培训工作提供理论指导，具有可操作性。由此，根据近年来的理论研究和实验研究的结果，我们认为，所谓教师素质就是教师在教育教学活动中表现出来的决定其教育教学效果且对学生身心

3

发展有直接而显著影响的心理品质的总和。

二、教师素质的结构分析

就目前的资料看，国外一般不提教师素质结构这个概念，他们对教师的研究主要集中在教师的个性品质、教学能力、知识结构和教育观念四个方面，从不严格的意义上说，这四个方面可以看作西方对教师素质结构的看法。在我国，也有些研究者论及教师素质的结构问题，我们认为，教师素质在结构上至少应包括以下成分：教师的职业理想、教师的知识水平、教育观念、教师的教学监控能力，以及教师的教学行为与策略。

（一）职业理想是教师献身于教育工作的根本动力

动机因素是一切行为的发动性因素，这对教师的教育教学工作来说也不例外。教师要干好教育工作，首先要有强烈而持久的教育动机，有很高的工作积极性，很难设想一个对教育工作毫无兴趣的人，一个见到学生就心烦的人，会努力做好教育教学工作。目前我国教育面临的最严重的问题之一就是，由于受社会不良环境的影响，教师队伍的积极性普遍不高，从某种意义上说，这个问题对我国的教育事业构成了最大的威胁。增强教师的事业心，强化教师队伍的职业责任感，提高他们的工作积极性，成为当前教育改革的一个重要课题。我们将这种事业心、责任感和积极性称之为教师的职业理想，这也就是我们平时所说的师德。其核心成分是对学生的爱，我们称之为师魂。在一定程度上，热爱学生就是热爱教育事业。在完成这一课题的过程中，我们首先探讨了影响教师职业责任感的内外因素，并对此进行了深入的研究。研究表明，就教师自身来看，有三个因素与其职业责任感有显著的正相关关系，即教师的职业价值观、对教学工作的成功期待和教学效能感。其中，教师的职业价值观是指教师对教育工作、对自身发展的价值判断。

我们从社会宏观条件、学校内部的客观状况、学校气氛、人际关系和总体环境影响五个方面考查了环境因素与教师工作积极性之间的关系。结果表明：社会宏观条件、学校内部的客观状况、学校气氛、人际关系和总体环境影响都与教师工作积极性有显著的正相关关系。这表明：社会宏观条件越有利于教育，学校的客观条件越好，风气越正，人际关系越融洽，教师的工作积极性也就越高。

为了进一步了解内外因素对教师工作积极性的真实影响，我们以三组预测变量进行多因素回归分析，考查这些变量对教师工作积极性的影响。这三组预测变量分别为：①教师特征变量，即学历、教龄、学校类型；②教师心理水平，即教学效能感、成功期待、职业价值观；③环境因素，即教育工作为教师提供的发展条件、社会客观条件、学校客观状况、学校气氛、人际关系。结果表明，教师工作积极性与教师教学效能感、价值期待和学校客观状况之间存在显著的线性关系。这说明教师工作积极性可以通过教师教学效能感、价值期待和学校客观状况三个因素进行预测。这个结果对我们培养教师、提高教师工作积极性有重要的借鉴意义。虽然前人的研究和我们的结论证明影响教师工作积极性的因素是非常多而且复杂的，但是这些因素中有些是很难控制的，如社会宏观条件，我们很难在短时期内改变人们对教育工作的看法，国家很难一下子投入大量的教育经费。因此，我们只能抓住那些我们可以控制、改变并对教师工作积极性有重大影响的因素，以求提高教师的积极性，从而带动教育事业的发展。我们可以通过改善学校的客观状况、提高教师的教学效能感、设法提高教师对教育工作的成功期待三个方面来提高教师的工作积极性。而这三个方面的改进是我们通过努力可以达到的。从某种意义上说，这也是我们研究的价值所在。

（二）教师的知识水平是其从事教育工作的前提条件

关于教师知识的研究开始于 20 世纪 70 年代，它是认知心理学应用于教师研究的一种表现。在 20 世纪 70 年代初期，一些研究者明确提出："教师的教学活动是一种认知活动。"根据这个主张，教师知识作为教师认知活动的一个基础，就成为一个研究的重点。在研究中，我们把教师知识分为三个方面，即教师的本体性知识、实践性知识和条件性知识。

教师的本体性知识（subject-involved knowledge）是指教师所具有的特定的学科知识，如语文知识、数学知识等，这是人们普遍熟知的一种教师知识。开始人们认为，这些知识和学生成绩之间存在显著的正相关关系。也正因如此，向被培训者传授本体性知识成为我国师资培训的主要的和中心的任务。然而，实践证明这种培训方式存在很大的弊端，具有丰富的学科知识并不是个体成为一个好教师的决定性条件。我们的研究表明，教师的本体性知识与学生成绩之间几乎不存在统计上的关系。我们认为，教师需要知道一部分学科知识，以达到某种水平，但并非本体性知识越多越好。

　　教师的实践性知识（practical knowledge）指教师在面临实现有目的的行为中所具有的课堂情景知识以及与之相关的知识，或者更具体地说，这种知识是教师教学经验的积累。教师的教学不同于研究人员的科研活动，具有明显的情景性，专家型教师面对内在不确定性的教学条件能做出复杂的解释与决定，能在具体思考后再采取适合特定情景的行为。在这些情景中，教师所运用的知识来自个人的教学实践，具有明显的经验性。而且，实践知识受一个人经历的影响，这些经历包括个人的打算与目的，以及人生经验的累积效应。所以，这种知识的表达包含着丰富的细节，并以个体化的语言而存在。我们认为，关于教学的传统研究常把教学看作一种程式化的过程，忽视了实践知识与教师的个人打算，这种传统研究限制了研究成果的运用。

　　教师的条件性知识（conditional knowledge）是指教师具有的教育学与心理学知识。这种知识是广大教师所普遍缺乏的，也是我们在教改实验中特别强调的。我们认为，条件性知识是一位教师成功教学的重要保障。在我们的"学习与发展"理论中，第一条就明确指出："儿童、青少年的心理发展规律是教育实践和教育改革的出发点。"在研究中，我们把教师的条件性知识具体化为三个方面，即学生身心发展的知识、教与学的知识和学生成绩评价的知识，并据此编制了"教师职业知识量表"。我们的研究表明，无论职前教师还是职后教师，他们对条件性知识的掌握都不够好，这是非常值得我们深思的。

　　我们的研究旨在从不同的角度来理解教师知识，因此更注重研究教师知识的性质、范式、组织和内容。我们希望发现教师是如何把掌握到的某一学科的内容传授给学生的。已有的研究表明，教师把他们已具有的学科知识与课堂的具体情景结合起来，形成一种与行为有关的知识。从某种意义上说，教学的中心任务就是对学科做出教育学的解释，这种解释要依据学生对该学科的掌握情况，考虑到学生对该学科已具有的知识和错误的理解。正如杜威早就指出的那样，科学家的学科知识与教师的学科知识是不一样的，教师必须把学科知识"心理学化"，以便学生能理解。

　　（三）教师的教育观念是其从事教育工作的心理背景

　　一位优秀的教师肯定认为"我一定能教好学生"，"我的学生一定会进步"，这种期望就是教师的教育观念。很少有人怀疑下述观点，即教师的观念影响他们的知觉、判断，而这些又影响他们的课堂行为，或者说，理解教师的观念结构对改进职业准备和教师实践来说是非常必要的。同样，人们也很少重视这个看法。然而我们的研究证明，教师的教育观念对他们的教育态度和教育行为有显著的影响。

自 20 世纪 70 年代以来，研究者越来越关注教师如何看待自己的教学效果，以及这种看法与学生学业成绩之间的关系等问题。已有的研究表明，教师对自己影响学生学习行为和学习成绩的能力的主观判断与他们的教学效果密切相关。人们把教师对自己影响学生学习行为和学习成绩的能力的这种主观判断定义为教师的教学效能感（the sense of efficacy）。我们深入地探讨了教师教学效能感的构成，研究表明，教师的教学效能感包括两个方面，即个人教学效能感、一般教学效能感。所谓个人教学效能感是指教师对自己是否有能力完成教学任务、教好学生的信念；一般教学效能感反映了教师对教与学的关系、对教育在学生发展中的作用等问题的一般看法和判断。

作为对其教学活动的独特的主观判断，教师的教学效能感并不是先天形成的，而是在其教学活动中逐渐形成和发展起来的。我们采用数量化的方法研究了教师教学效能感的发展趋势，结果表明：教师的一般教学效能感随着其教龄的增长而呈下降趋势；而个人教学效能感则随着教师教龄的增长表现出上升趋势；在其教学效能感的总体水平上，虽然也表现出随教龄增长的上升趋势，但这种变化很小，不存在统计学上的显著性。

就一般教学效能感随教龄增加而下降这一点而言，我们认为主要原因在于，师范教育的倾向性使师范院校的学生及刚走上教育岗位的教师一般多持有"教育决定论"的观点。他们很自然地认为，教育一定能促进学生的身心发展，并在学生的发展过程中起着决定性的作用。随着从教时间的增加，教育现实中的许多现象和问题对"教育决定论"的观点提出了挑战，使教师对教育的决定作用产生了怀疑，他们的教育观念发生了动摇，不再坚决地肯定教育可以决定学生的发展了，而是认为学生的发展是一个复杂的过程，受多种因素的影响，教育不是万能的，教与学是辩证统一的关系，其中学生的学习、发展既受生理条件与心理发展水平的制约，又受社会条件的制约，且存在着年龄特征与个体差异。青少年学生的发展是内外因交互作用的产物，并表现为一个从量变到质变的过程。鉴于上述认识，教师的一般教学效能感出现了随教龄增加而下降的趋势。

而教师个人教学效能感的上升趋势，则是其教学经验积累的结果，也可视为教师个体文化的发展产物，这是学校教育活动中与教师职业有机联系在一起的文化现象。一般地，在校大学生和刚参加工作的教师，他们的教学经验很少，在教学中遇到问题时，常常会手足无措，缺乏教学方法和课堂管理的策略。随着教学年限的增长，教师的教学经验逐步丰富，他们的个体文化概念也进一步得到了发展，他们的思想观念、价值趋向、审美意识和社会行为逐步稳定，角色特征、人格特征、形象特征和教学风格日益完善。于是，他们慢慢学会恰当地处理教学中出现的各种问题，教学的自信心不断增强，其个人的教学效能感也就表现出上升的趋势。

（四）教学监控能力是教师从事教育教学活动的核心要素

所谓教师教学监控能力，是指教师为了保证教学的成功、达到预期的教学目标而在教学的全过程中将教学活动本身作为意识的对象，不断地对其进行积极、主动的计划、检查、评价、反馈、控制和调节的能力，它是教师的反省思维或思维的批判性在其教育教学活动中的具体体现。这种能力主要可分为三个方面：一是教师对自己教学活动的事先计划和安排；二是对自己实际教学活动进行有意识的监察、评价和反馈；三是对自己的教学活动进行调节、校正和有意识的自我控制。由于教学活动极其复杂，包括的方面和涉及的因素多种多样，因此教师的教学监控能力也具有多方面的内容和多样化的表现。

教师教学监控能力的复杂性决定了其构成要素的复杂性，我们可以从不同角度来分析它的构成。根据已有的研究，我们认为，至少可以从教师教学监控能力的对象性质、作用范围、表现形式三个方面来考查教师教学监控能力的构成。

根据教学监控的对象，我们可以把教学监控能力分为自我指向型（Self-Involved Type）和任务指向型（Task-Involved Type）两类。所谓自我指向型的教学监控能力主要指教师对自己的教学观念、教学兴趣、动机水平、情绪状态等心理操作因素进行调控的能力；而任务指向型的教学监控能力主要指教师对教学目标、教学任务、教学材料、教学方法等任务操作因素进行调控的能力。这两类教学监控能力之间是相互联系、相互影响的。根据其作用范围，我们认为，教师教学监控能力可分为一般型和特殊型两类。一般型的教学监控能力指教师对自己作为教育者这种特定角色的一般性的知觉、体验和调控能力，它是建立在教师所具备的有关教学的必要知识、技能和方法的基础上的，是一种超越具体教学活动的、具有广泛概括性的整体性的知觉、体验和调节能力；而特殊型的教学监控能力指教师对自己教学过程中的各具体环节进行反馈和调控的能力，它决定教师在具体教学活动中的具体的自我调节和控制的行为。

根据其在教学过程不同阶段的表现形式的不同，我们认为，教师教学监控能力包括以下方面：（1）计划与准备，即在课堂教学之前，明确所教课程的内容、学生的兴趣和需要、学生的发展水平、教学目标、教学任务以及教学方法与手段，并预测教学中可能出现的问题与可能达到的教学效果。（2）课堂的组织与管理，即在课堂上密切注视学生的反应，努力调动学生的学习积极性，随时准备有效地处理课堂上出现的偶发事件。（3）教材的呈现。这个过程是教师课堂教学的一个核心，在这一过程中，教师应对自己的教学进程、教学方法、学生的参与和反应等方面随时保持着意识的反省，并能根据这些反馈信息及时调整自己的教学活动，使之达到最佳效果。（4）言语和非言语的沟通。在课堂教学中，教师与学生之间的言语与非言语的沟通是很重要的，教师在这方面应努力以积极的态度去感染学生，以多种形式鼓励学生努力学习，并保持对自己和学生之间交流的敏感性和批判性，一发现沟通过程中的问题，就立即想办法纠正。（5）评估学生的进步。教师教学的效果最终要落实到学生对知识的掌握程度和他们能力的发展速度与水平上，因此教学监控能力水平高的教师必然会非常认真地了解学生的掌握情况，采用各种方法评估学生的进步程度，以便于改进自己的教学。（6）反省与评价。在一堂课或一个阶段的课上完后，教学监控能力强的教师会对自己已经上过的课的情况进行回顾和评价，仔细分析自己的课在哪些方面取得了成功，在哪些方面还有待改进，分析自己的教学是否适合于学生的实际水平，是否能有效地促进学生的发展等；相反，教学监控能力弱的教师一般不认真思考这些问题，课上过就完事了，不考虑学生能否接受，不反思自己教学的得失。

（五）教学行为是教师素质的外化形式

教学是教师组织和指导学生认知、达成教学目标的师生共同活动。在这一活动中，教师的教学行为起着关键作用，一位教师教学效果的好坏，完全取决于其教学行为的合理与否。虽然我们强调教师的知识、观念、工作积极性和教学监控能力对其教学的作用，但很明显，这些因素必须通过教师的教学行为体现出来；学生也是通过观察教师的教学行为来理解教师的要求，掌握知识，发展自身能力，培养健康的个性品质的。因此，调整自己的教学行为，使之有利于教学任务的完成，有利于学生的全面发展，就成为教师教学成功的关键因素。我们认为，教师的教学行为可以从以下五个方面来衡量：①教学行为的明确性；②多样性；③任务取向；④参与性；⑤效果评估。如果一位教师能做到以上五个方面，那么他的教学行为应是非常恰当的，教学效果必然会很好。

上述的五种教师素质成分并不是简单的并列关系。这五种成分相互作用，相互影响，共同构成教师素质系统的复杂结构，而且，这个结构是不断变化发展的动态结构。根据研究，我们建构了如下的教师素质结构模型：

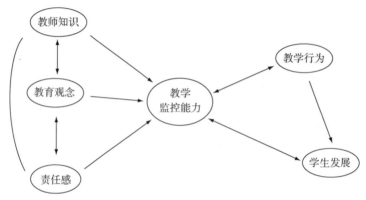

三、教师素质提高的一些尝试性做法

我们认为，在目前情况下，教师培训应解决两方面的问题：其一是促使教师观念的转变和更新。观念上的问题解决了，思想通了，才谈得上对教师教学能力的培养，这是教师培训的基础。其二是以教学监控能力的培养作为教师培训的出发点和落脚点。教学监控能力培养的实质就在于培养教师教学的自觉意识，培养教师对教学活动的自我评估的习惯和能力，培养教师对自己教学过程进行修正和控制的方法和技能，培养教师对学生反应的敏感性。有了这些能力和习惯，教师就可以面对变化的环境而应付自如地处理教学过程中遇到的各种问题，就可以应付来自不同方面的挑战了。从这种意义上说，提高教师的教学效能感和教学监控能力是当前师资培训工作的关键问题。我们提出的"通过教师参加教科研，促使他们由'经验型的教师'向'专家型的教师'过渡"的观点就是在这方面所进行的一种成功的探索。

根据长期的理论和实证研究，我们清楚地看到，教师参与教科研可以显著地提高教师素质，这主要表现在以下方面：首先，它可以使教师更进一步明确教育规律，了解教育发展的新趋势，提高他们对教育理论的认识，从而更好地从事教育工作，更自觉地为建设有中国特色社会主义教育体系做出努力。一句话，参加教育科学研究，可以提高教师的工作责任感。其次，通过教育科学研究，教师可以校正自己头脑中的一些陈旧的教育观念，形成适应社会发展需求的新的教育观念。教师工作积极性不高，教不得法，一个很重要的原因是很多教师头脑中存在着陈旧的教育观念，如果这些陈旧的教育观念不破除，教师就不会从根本上改革教学方法。参加教科研的一个好处就是，在教科研中，通过与专家的交流，通过自己潜心的琢磨，教师会使自己的教育观念得到部分或全部的重建。第三，通过参与教育科学研究，教师可以形成对自己教学活动的自觉意识。教学的监控能力是教师素质的核心成分，其实质是教师对自己教学活动的反思与调节，是教师对自己教学活动的自我意识。通过参加教科研，教师将逐步养成对自己教学活动的经常性的反省。这样，教师的教学监控能力就得到了提高。第四，通过参加教科研，教师从中学习到新的教学方法和教学策略，从而改进了他们的教学行为。

当然，教师参加教育科学研究只是我们提高教师素质的一个途径或一种指导思想。在研究中，我们根据自己对教师素质的认识，特别针对教师的教学效能感和教学监控能力形成了一系列教师培训的具体方法，并通过教改实验进行验证。研究表明，我们的教师培训方法是行之有效的。限于篇幅关系，在此就不一一说明了，留待以后介绍。

（此文发表于《中小学教师培训》1998年第1期）

教师职业及其发展

申继亮　王凯荣　李　琼

（北京师范大学发展心理研究所　北京）

　　促进教师职业发展已经成为当今教师教育领域的重大课题。教师职业发展的核心问题是教师职业的专业化，体现在教师职业的不可替代性上。我们在日常生活中，经常把教师看作一种职业，但是，如果和其他的职业（诸如医生、律师等）相比，我们就会发现它们之间存在着很大的差异，因此对教师职业仍然存在着一些异议。许多人认为教师是人人都可以做的，因而不存在教师职业专业化的问题；也有一些人认为教师是一种半职业或不确定职业。因此，我们有必要对教师职业进行探讨，以期促进教师职业发展。

一、职业的界定

　　我们经常使用"职业"及"职业者"这些词语，但很少考虑它们的真正含义。《现代汉语词典》将职业定义为"个人在社会所从事的作为主要生活来源的工作"。这个定义反映了职业的一个基本特征——谋生的手段，但职业的含义要远比这个定义广。因为职业概念的产生是社会劳动分化的结果，也就是说，职业的产生意味着特定的人做特定的事。特定的人做特定的事就意味着这些特定的人要为特定的事负责。因此，职业除了个人谋生手段的含义之外，还有专人专事专责之意。B. Abrahamsson 认为职业泛指一个人谋生的手段，"职业者"指接受过专门的训练，拥有很深的专业理论知识，并用一些方法和技术把这些知识运用于每天的工作中的劳动者，他们被高度组织起来，有自己的行业规定。这种定义不仅对职业进行了规定，还指出了职业者的特征。尽管如此，但对职业特征进行了更为详细的概述的是 Forrest W. Parkay，他在前人研究的基础上总结出了职业的一系列特征：

　　1. 职业者应该具有专门的基础知识并且为社会提供专门的服务。例如，只有律师能够执行法律，只有医生才能行医。

2. 职业者应有很大的自由空间来从事自己的工作。他们不应该处于严密的监视之下，并且他们有机会对工作中的重要事项进行决策。同时，这种职业自由也意味着职业者应该对自己的工作负责，进行自我监控，尽力做出自己的贡献，而不是仅仅满足于工作对职业者的最低要求。

3. 职业者在步入工作之前，必须接受过一段时间的正规的教育和训练，并且在工作之后还要接受一段时间的职后训练。

4. 职业者为他们的服务对象提供基本的服务，并且在工作中不断提高自己的能力以为社会提供更好的服务，这种服务不仅仅是操作性的技术服务，还要求有更多的智力参与。

5. 职业者能够进行自我管理，在职业中实现社会化，并且进行与他们职业相关的研究。

6. 职业者有自己的组织和团体，团体对职业工作者的受教育水平、测评方式、执照、职业发展、职业道德和成就标准以及职业法规等进行了规定。

7. 职业者所拥有的知识和技能是其他非本职业人员所不具备的。

8. 职业者享有崇高的公众信任，能够为公众提供本行业的最佳服务。

9. 职业者有很高的声望并有较高的经济收入。

这九种职业特征是高度专业化的职业所具备的，医生、律师等职业均符合标准。

二、教师职业的特征

虽然关于教师职业存在许多争论，我们认为，教师可能不是一种专业化水平很高的职业，但教师仍然可以被看作一种职业。

1. 教师自主性

在某种程度上教师有很大的自主性。例如，他们有自己独立的工作空间——教室，除了讲评课和观摩课外，大部分情况下，教师都可以关上门进行自主教学。教室好像是一个城堡，在这个城堡里，教师的私人权利受到严密的保护。虽然新教师在刚走上工作岗位时，领导会对其工作进行监督或评价，但随着教师的不断成长，领导对成熟教师的监督就少多了，这时教师就会享有很大的自主权。

教师在营造课堂气氛方面也有很大的自由。他们可以采取讨论方式进行教学，也可以采取教师个人进行演讲的方式。他们可以对一部分学生提出某种要求而对另外一部分学生提出另一种要求，他们可以只教某一班级而对其他班级没有责任。除此之外，在政府或教育机构的指引下教师还可以决定他们在每堂课上所教的内容。

然而，教师在工作中也受到限制。教师不像医生或律师那样可以选择自己的服务对象，教师必须接受和面对学校安排给他的每个学生。他们的工作必须遵守政府或教育部门的要求。除此之外，因为公众向学校提供了生源并且为学校的建设投资，教师的工作还必须接受高水平的公众监督。

2. 受教育或接受训练的时间

总体来说，教师接受训练的时间比别的职业所要求的受训时间要短得多。随着我国教育水平的提高，学校对教师学历以及受教育的水平要求也越来越高，教师教育水平低的状况逐渐得到改变。

对于大多数职业来说，一个新的成员必须接受一段时间的考验，例如医生必须首先做一段时间的住院医生或内务工作，律师必须先在律师部门做一段时间的职员，这样才能逐渐地由简单工作到复杂的工作，从担负小的责任到承担大的重任。相比之下，教师在承担起全部工作责任之前，没有进行一段时间的正式锻炼。虽然教师在毕业时也会有一段时间的实习，但时间非常短，往往一个月内就结束了，因此相对来说显得很不正规，缺乏一致性和连续性。

3. 提供基本的服务

教师是学校里教育服务的主要提供者，教师提供的服务对个人和社会都有重要的作用。学校的教育水平与国家的发展息息相关。

教育的主要功能在于促进年轻人健康的成长和学习，教师在看到学生一批一批地走出学校时，心中充满了成就感。事实上，可以毫不夸张地说，教育所解决的是生与死的问题。教师不仅传授知识，而且在塑造人格。在教师和学生生活的每一刻都贯穿着教师价值的自我实现。

4. 自我管理的程度

教师进行自我管理存在着很大的局限性，许多教学的权力往往由那些并非亲自教学的领导或者教育工作者掌管，因此教师很少或几乎没有权力选择自己教什么，什么时候教，教谁，如何教。

随着教师自我管理水平的不断提高，学校为他们发挥自己的个性与才能提供了很大的空间，他们可以参加各种各样的培训，可以为学校建设提出自己的意见，可以在教学过程中充分展现自己的风格。

教师加强自我管理的一条途径是向他人学习，有经验的老师向新教师传授经验可以帮助他们获取更多的自我管理与评估的信息，并提高自己的社会化水平。同时，教师通过参加教改、教科研也可以提高自身的素质。与高等学校对教育所进行的研究相比，工作在一线的教师所研究的问题更集中在教学中所面临的问题，因此更具有应用价值。

5. 职业者协会

像其他职业者一样，教师也有自己的协会，这一团体的主要工作任务是确定各种教育指标，进行测验或发放教师执照，确定职业发展的方向、职业道德和成就标准以及教育法规等问题。在我国这样的协会主要包括各级教师工会等。

6. 职业知识和技能

职业者之所以在社会上占有一定的地位，是因为他们具备其他人所不具备的知识和技能。但就教师这一职业来说，这种情况似乎有所减弱。虽然教育工作者做了大量的研究工作，但是人们对教师到底应该具备什么样的知识和技能还存在着不一致的意见。如果我们问"到底教师所具备的哪些知识和技能是其他职业团体所不具备的"，可能最好的回答就是有关于教育方面的知识。

7. 公众信任水平

教师作为一种职业，公众对其信任水平似乎是不断变化的：一方面，公众似乎对教师的工作充满信心。因为对教师职业的信任，许多人把管教孩子的权力交给老师，大多数情况下，家长都愿意教师对自己的孩子进行管教或塑造培养。这种意愿是基于高度信任基础上的。除此之外，许多家长都希望他们的孩子能够遵从并尊重老师。另一方面，公众对教师的信任水平似乎有下降的趋势。公众对教师评论和批评越来越多，这些从报刊、电视的话题中均可以看出，人们所关心的不仅是教师的形象，而且包括教师的教学内容、教学技巧，以及师生关系，这些批评或评价表明了公众对教师职业的关注。

虽然公众对所有的职业几乎都会去评价，但对教师的评价可能是最为突出的，因为这一职业与每个人都有关，还由于教师得到的社会保障、国家的供给都是公众提供的，所有这些都使得教师成为一个热门话题。

8. 声望、利益与报酬

与其他职业相比，教师的地位与收入都是很低的，虽然迄今为止教师的工资有所增加，但教师与其他同样学历水平的职业者相比，报酬仍然很低。

教师的社会地位似乎也不尽如人意，《中国市场经济报》的一项调查结果表明，中小学教师的总和排序仅居于第十二位，位列第二层级。这一调查引起了人们的深思。

通过以上我们对教师职业的分析可以看出，虽然教师并不能完全严格地与九条职业标准相符，但在很大程度上能满足职业的要求。因此，我们可以说教师是一种职业，它具有职业的特征，教师教育的发展方向就是要提高教师职业的专业化。教师职业专业化的发展应该朝此方向努力。

三、教师职业发展的过程

在职业发展的研究中，不同的研究者由于关注焦点不同，提出了教师职业发展的不同方向。对教师自身而言，更为重要的是发展教育教学能力，因此许多研究者对教师的教育教学能力发展进行了探讨。下面我们进行简单的介绍。

（一）三阶段发展观

福勒和布朗（Fuller&Brown，1975）根据教师所关注的焦点问题，把教师的发展分为三个阶段：关注生存阶段，关注情境阶段，关注学生阶段。每个阶段都有其不同的发展特征：

1. 关注生存阶段

处于这一阶段的教师非常关注自己的生存适应性，他们经常关心的问题是：学生喜欢我吗？同事们怎么看我？领导是否觉得我干得不错？等等。一般来说，师范生和新教师比老教师更关注这些问题。由于这种生存的忧虑，某些教师可能会把大量的时间都花在如何与学生搞好个人关系上，而不是教他们；有些教师则可能想方设法控制学生，而不是让学生获得学习上的进步。这种情况可能是由于教师对学校的社会化过程而造成的。在学校里，人们总是希望教师把学生管教得老实听话。其结果，教师们总想成为一个好的课堂管理者。

2. 关注情境阶段

当教师感到自己完全能生存时，他们将越来越关注学生的成绩而进入第二阶段——关注情境阶段。在这一阶段，教师所关注的是如何教好每一堂课的内容，他们总是关心诸如班级大小、时间的压力和核对材料是否充分等与教学情境有关的问题。一般来说，在职教师比师范生更关心这类问题。

3. 关注学生阶段

当教师顺利地适应了前两个阶段后，将进入第三个阶段——关注学生阶段。在这一阶段，教师将考虑学生的个别差异，认识到不同发展水平的儿童有着不同的社会和情感需要，某些材料不适合某些学生。事实上，有些教师从来就没有进入到第三阶段。

(二) 五阶段发展观

伯林纳（D. C. Berliner，1988）认为教育专长的发展过程包括五个阶段。

阶段一：新手（novice）

新手阶段是教师获取教学所需知识和技能的阶段。在教学方面，新手教师除了要学习一些具体的概念外，还要学习一些具体教学情景下的应对规则。新手阶段是一个获取经验的阶段，在这一阶段中，现实的、亲身的体验比口头获得的信息更重要。

阶段二：进步的新手（advanced beginner）

在这一阶段中，教师将自己的实践经验与所学的知识逐步联系起来，并能找出不同情景中的一些相似性，而且有关情景知识也在增加。随着实践经验的逐步增加，个体可以忽略或打破一些规则，这意味着教师策略知识发展了。这时，个体开始依据具体的情景来指导行为，教学行为开始变得灵活。

阶段三：胜任型（competent）

处于此阶段的教师，能按个人想法自由处理事件，依据自己的计划，对所选择的信息做出反应，并能够对所做的事情承担更多的职责。因此，与前两个阶段的教师相比，他们经常能强烈地感受到成功与失败的体验，也对成功和失败有更深刻的记忆。

阶段四：能手（proficient）

在这一阶段中，教师对教学的直觉或领会很重要。他们能从积累的大量丰富经验中综合性地识别出情景的相似性。处于此阶段的教师能从截然不同的事件中考虑到其相互联系。这种综合性的识别使个体能够更精确地预测事件。

阶段五：专家（expert）

如果说新手、熟练的新手和胜任教学的教师是理性的，精通型教师是直觉性的，那么我们可以将专家的行为看作是非理性的。这种非理性并不是说专家型教师想怎样做就怎样做，而是说他们对教学情景不但有直觉的把握，而且能以非分析性、非随意性的方式，理智地做出合适的反应。他们的行为表现流畅、灵活，不需要刻意地加工。专家型教师知道在什么时间和什么地方该做什么，与前几个阶段的教师相比，他们采用的方法更加多种多样。

(三) 原型发展观

前面两种观点以阶段的形式划分了教师职业发展的过程，而斯腾伯格 (R. J. Sternberg, 1997) 则指出了职业发展方向。他认为 "如果美国的公共学校要成为英才的中心，就必须大力发展重要的人才资源 (教师)"，而教师职业发展的方向就是成为一名专家型教师，所以教师的发展过程实际上就是由新手到专家的过程。他以类目相似性为基础建立了教学专长的原型观，指出了由新手成长为专家的发展方向，包括以下三个部分：

1. 知识

专家与新手之间最基本的差异在于专家将更多的知识应用于专业范围内的问题解决。专家教学所必需的知识类型包括：首先也是最明显的，专家型教师必须具有内容知识——要教的学科内容的知识。除此之外，专家型教师还需要有教学法的知识——如何教的知识。各种教学法的知识包括如何激发学生的学习动机，在教学过程中如何组织学生，如何设计和实施测验等。最后，专家型教师还需要有与具体内容有关的教学法知识——如何专门针对具体要教的内容实施教学的知识。

不仅知识类型存在差异，在知识的组织上，专家型教师拥有的知识以脚本、命题结构和图示的形式出现，比新教师的知识整合得更完整。而新教师却具有较简单、较孤立的知识结构。

除了良好的知识组织外，专家型教师比新教师还具有更多的教学背景知识。教学领域内的专家必须了解教材的内容和教学法，教学范围内的专家必须了解如何在某一社会和组织结构背景中运用教学知识。

2. 效率

专家和新手之间的差异还表现在，专家解决问题的效率比新手更快。这主要与两方面有关：一是专家有将熟练技能自动化的能力。这种自动化能力与原有知识和经验有关。随着知识的联系日益广泛，某些认知技能可以达到自动化水平。二是专家在元认知和认知的执行控制方面的能力。专家花费较多时间来理解所要解决的问题。新手则是用较少的时间去理解问题，而将大部分的时间花费在尝试不同的解决方法上。由此，专家比新手更有计划性。

总之，在教学领域内，专家型教师解决问题的效率高。他们靠广泛的经验，能够迅速而且只需要很少或无须认真努力来完成许多活动。

3. 洞察力

专家比新手更能创造性地解决问题，也就是说，他们能够既新颖又恰当地来解决问题。专家不仅仅解决手边的问题，还经常重新定义问题，所以能够产生具有独创的洞察力的解决方法，这在某种程度上是别人所做不到的。这些具有洞察力的解决部分表明专家对问题性质的深入透视。

首先，专家型教师能够从不相关的信息中过滤出相关的信息。

其次，专家型教师能够将一些不相关的信息结合起来，即认识到如果将两项信息分开来考虑，他们可能是不相关的，但联系起来考虑，对于解决手边的问题却是相关的。

最后，专家能够将在其他背景中获得的信息运用到手边的问题上来。在这里已获得的知识数量和组织都特别重要。这种洞察力是通过注意，找出相似性，运用类推而获得的。

通过对以上三种原型的解释，斯腾伯格指出了专家型教师与新手教师的区别，也指出了新手教师的发展方向。

这些探讨为促进教师职业发展提供了理论上的依据，指出了教师发展的过程与方向，为教师培训提供了思路。

（此文发表于《中小学教师培训》2000年第3期）

知识、反思、观念

——当前中小学教师教育的主要任务

申继亮　费广洪　高潇潇

（北京师范大学发展心理研究所　北京）

随着新世纪的到来，教育越来越成为综合国力和国际竞争力的决定因素。而科技的进步又带来了教育内容、教育技术、人才培养模式的变革，时代的发展也带来了学生发展的新特点、教育目标的新要求。这一切都向教育工作的承担者——教师提出了新的挑战。因此，必须调整教师教育体制，加强教师继续教育工程，建设高质量的教师队伍，全面推进素质教育。其中，中小学教师教育的主要任务应该是完善知识结构，提高教育反思能力，转变教育观念。

一、完善知识结构，促进教师专长发展

教育专长是教师职业独特性的反映，是教师有效从事教育职业所必备的心理特征，也是教师职业区别于其他职业的重要指标。

众所周知，专业活动需有其自身独特的理论知识作为支撑，阐明专业实践理论基础和原理，使专业实践从经验性的方法和程序中脱颖而出，上升为专业，因此知识便构成了专长标准的依据，成为专业区分和鉴定的指标，也成为专业教育的主干内容。教师知识作为教育专长的基础，是教师作为一种职业为完成教育教学任务所必备的专门知识，是教师在特定的教育教学情境中解决问题时所必备的科学文化知识，是教师从事教育教学工作的前提条件。它主要包括本体性知识、条件性知识、实践性知识和一般性文化知识。研究表明，专家型教师与新教师之间的差异在于他们所具有的知识结构存在差异。所以，要提高教师素质，必须重视构建合理、完善的知识结构。

1. 深化本体性知识

教师职业的本体性知识是教师所具有的特定的学科知识，如语文知

识、数学知识等，也即人们所熟知的科目知识。它是教学活动展开的基础。对教师而言，其职业要求他们所掌握的学科知识呈现系统深入、组织良好的状态。斯腾伯格在对专家型教师和新教师进行对比研究后指出，新教师的知识往往是孤立的，而专家型教师所拥有的知识则整合得较为完整、系统。这一完整系统状态的获得，来自教师所接受的学历教育。在我国，据教育部 2000 年最新统计，全国专职教师 1178.63 万人，其中小学教师中师学历达标率为 95.9%，初、高中教师大专、本科学历达标率分别为 85.5%、65.5%。与发达国家中小学教师本科及其以上学历将近100%的状况相比，我国中小学教师学历层次明显偏低。我国师范教育专业课程设置过细、过窄、过浅，教学中重理论、轻实践，忽视了不同学科之间的横向联系，这使我国教师本体性知识的广度、深度及时代性都远远不能满足需要。因此，改革师范教育课程设置，更新学科知识内容，构建学科知识体系，加强学科知识之间的联系势在必行。

2. 补充条件性知识

条件性知识是教师成功地进行教育教学所必备的知识，即教育科学和心理科学知识。教学过程是教师把本体性知识转化为学生可以理解的知识的过程。在此过程中，教师应用教育学和心理学规律对本体性知识进行重组和表征，以使学生能够顺利地进行同化和顺应，建立自身的知识体系。没有条件性知识，本体性知识的传授便难以得到保障。

研究表明，在教育教学活动中，教师的本体性知识必须达到一定的水准，但其水平和效果之间并非呈现线性相关。本体性知识超出一定水平之后，它与学生成绩之间不再呈现统计上的显著相关性。这其中的原因即在于条件性知识和实践性知识的中介功能。研究表明，专家型教师比较善于利用教育学原理和心理学规律来思考学科知识，即对具体的学科知识做出教育学和心理学意义的解释。所以，近年来国外已愈来愈重视教师的条件性知识，并将其作为教师培训的一个重要内容。在我国师范教育中，条件性知识也是培训内容之一。然而，令人遗憾的是，其教学效果难以让人满意。调查发现，50%以上的中学教师的条件性知识达不到基本要求，小学教师的条件性知识的通过率也只有 63.2%。

造成中小学教师条件性知识掌握不足的主要原因在于师范教育和在职继续教育的课程设置不合理，对条件性知识重视不够。与发达国家甚至其他发展中国家相比，我国师范教育课程结构中，教育学、心理学课程所占比重相对较低。当前，发达国家为了加强对教师素质和能力的培养，均增

21

加了教育心理类课程的比重，使其占总课时的 20％—25％，教育实践也占总课时的 10％—15％；而在我国高等师范院校的课程设置中，教育类课程仅占全部课程的 9％，教育实践在整个教育中也只占 3％—4％。

除此之外，师范教育所设心理、教育课程以理论为主，距离实践较远，这也是造成中小学教师条件性知识掌握不足的原因之一。当前，心理学、教育学的教材多为理论，不便操作，对于毫无教学经验的师范生来说无异于空洞教条，难于理解，使学以致用无从谈起。补充教师的条件性知识要做到以下几点：首先，要提高师范教育课程设置中教育类和心理类知识的比重；其次，要根据实际需要，把教育心理学知识与教育中实际存在的问题联系起来，对现有教师进行有针对性的教育心理知识培训，避免流于形式，以达实效。

3. 加强实践性知识

教师的实践性知识是教师在开展有目的的教育教学活动过程中解决具体问题的知识，是教师教育教学经验的积累和提炼，它主要来源于课堂教育教学情景之中和课堂内外的师生互动行为，带有明显的情景性、个体性，体现出教师个人的教育智慧和教学风格。研究表明，专家型教师在面对内在不确定性的教学条件时能做出复杂的解释和决定，能在具体思考之后再采取适宜于特殊情景的行为。调查显示，教龄对教师的实践性知识存在着显著影响，教师的实践性知识水平随着教龄的增加而逐步上升。丰富的教学经验使教师善于组织教学和处理问题。所以，把专家型教师的实践性知识结构化、系统化，并作为经验传授给新教师，使他们免于漫长的摸索过程，在尽可能短的时间内掌握实践性知识并融会贯通于教学之中，将具有不可低估的意义。

近年来，计算机网络技术被引入教育教学活动中，大大丰富了教师实践性知识的内容。计算机操作技能、网络系统知识以及应用于教育的多媒体技术等都应是新型教师所必备的实践性知识。

4. 丰富一般性文化知识

教师与文化水乳交融。作为文化的传播者、促进者，教师须接受文化的熏陶和文化教育。作为文化的继承者，教师往往会不自觉地受主流文化价值观念的制约，而对文化价值观的接受，虽有自觉意识，但更多处于无意识、不自觉状态。教师对文化的促进应是全面的、包容的。所以，教师的知识应该是复合性的，既要横向拓宽，又要纵向深化，要加强文理渗透，强化通识教育；教师的知识还应该是超前性的，要有未来意识，要超越时空界限，了解前沿知识，弥补教材内容滞后的欠缺；教师的知识也应该是动态性的，要不断补充、丰富、重组旧有知识结构，跟上时代脚步。

然而，目前，我国对教师的文化素养没有职业取向的要求，更没有考核标准，加之师范教育中缺乏对师范生做必要的系统的文化素养训练，所以，教师的文化素质普遍较低。基于此，必须加强教师文化素养教育，使教师能够真正达到"学为人师，行为世范"的职业要求。综上所述，教师合理的知识结构应涵盖本体性知识、条件性知识、实践性知识和一般文化知识。一般文化知识是其他知识的基石，在此之上，二者呈现"π"形结构，"一"表示教师的实践性知识，"儿"分别表示教师的本体性知识和条件性知识，二者是教师教学实践的支撑点。教师的本体性知识是教学活动的实体部分，教师的条件性知识对本体性知识的传授发挥着理论支撑作用，教师的实践性知识对本体性知识的传授发挥着实践指导作用，三者缺一不可。

二、提高教师的反思能力，构建自我发展机制

新世纪的教师不仅应该具有完善的知识结构，还必须具有基本的研究能力。这是所有专业人员的共同特征。对教师而言，它表现为对自己的教育实践和教育现象的反思能力。

早在 1933 年杜威就对反思进行了描述。他认为，反思是"根据情境和推论对自己的信念或知识结构进行的积极的、持久的、周密的思考"，是问题解决的一种特殊形式，它不仅涉及一系列观念，还包含其结果。它是一个连贯的观念系列，后续观念是先前观察的结果，依赖于先前的观察（Dewey，1933）。所以，反思是一个能动的、审慎的认知加工过程，是对个体观念行为的再加工过程。在杜威研究的基础之上，Schon 认为，教育教学反思是指教师在师生互动过程之中或者过程之后，对其计划或行为重新进行评估的过程。所以，一个反思型的教师会经常地对自己的目标、行为和成就进行质疑，并就教学对学生产生的近期和远期影响进行思考。众多的研究表明，反思对于提高教师自身的专长具有重要的意义。Glen（1995）等研究认为，教师进行教学反思可以提高他们的教学技能，促进其进行有效的教学。反思对教师学会如何教学和教师从教学中学会什么具有重要作用。另外，反思是促使教师认清自己的行为和观念的核心因素。Porsor（1989）指出，没有反思的经验是狭隘的经验，至多只能形成肤浅的知识。只有经过反思，教师的经验方能上升到一定的高度，对后继行为

产生影响。

鉴于反思对教师专长发展的重要功能，应该说，反思是教师自我发展的重要机制，培养教师的反思能力是提高教师职业素养的重要途径。而强化教师持续进行反思的意识则是培养教师反思能力的前提，没有对反思重要性和有效性的认识便不可能付之于行动。帮助教师掌握反思技能应是培养教师反思能力的重要手段。所以，教育研究者和教育管理者应寻求培养教师反思能力的方法和途径。只有充分了解了反思发展的过程和方法，教师们才有可能具体实施反思，并将反思活动持续地开展下去。具体来看，每次教育教学反思通常要历经以下过程：

（1）确认教育困境的存在；

（2）对引起教育困境的情境所具有的独特性及其与其他情境所具有的相似性进行充分思考，在此基础上，对困境做出解答；

（3）对教育困境进行重新建构；

（4）采用多种方法和手段进行尝试，以发现解答的结果和实质内涵；

（5）检验所用的方法、手段的结果，对所用方法、手段进行评估。

以至循环往复，不断深化发展。

随着反思功能的日渐明显，研究者们加强了对教师反思能力培养的研究与实践。概括起来，目前国外主要采用下列方法对教师进行反思能力的培养：

（1）对话法。来自不同学校的教师之间相互对话，提出课堂上所发生的问题，讨论解决的方法，最后形成的解决方法为所有参与者共享。这样，通过相互交流，互相借鉴，促进教师的自身发展。

（2）行动研究法。通过研究和提问，培养教师的反思技能，同时改变教师的态度与行为。

（3）经验记录法。包括写日记、写感受等，记录下教师自己的思想变化和行为变化的方法。

（4）文件夹法。文件夹又称档案袋，是以专题的形式存档。每个专题之下，由教师本人通过回忆自己的教育观念、教育行为并对其进行反思，从而记录下自己过去的状况、现在的状况、自己的进步、自己尚需努力之处。可以说，文件夹可以代表教师个人在某一领域发展的历史、现状和未来趋势。文件夹建立的过程是教师对已有经验进行整理和系统化的过程，是对自己成长的积累过程，也是教师自我评估的过程。它不仅可以提供关于教师个人的评估结果和发展建议，还可以对教师的发展进行定位。教师填写文件夹的过程就是教师的反思过程。

由上我们看到，教师可以综合运用多种方法对自己的教育教学活动，如观念、计划、行为、态度等进行反思，从而提高自身的教育教学能力。然而，方法的获得并不等于行动的落实。二者之间的关系并非如此简单直接，只有建立教师自我反思机制，促使教师养成教育反思的习惯，方能促使教师的反思由被动变为主动，由外在强迫变成内在需要。而帮助教师养成反思习惯的一个重要手段是形成反思模式，以便教师能够尽快熟悉反思程序，形成动力定型，达到自动化的程度。在建立反思模式的时候，要特别注意的是，应以教师日常教育教学活动为基础。针对教师常规教学活动的内容及环节程序，教师可以依据下列三个阶段来开展反思活动：

（1）课前反思，指向于未来教学，对过去的经验进行反思，使未来教学的设计建立在过去经验教训的基础之上。包括讲授内容要求的难度、材料的呈现方式、学生的现有水平、学生学习动机和兴趣的了解与激发、教育技术的应用等。

（2）课中反思，指向于当前教学，对教学过程本身进行反思。包括内容呈现的顺序、难易的程度、学生的接受状况、课堂管理、教学技能的应用、师生互动、时间安排等。

（3）课后反思，指向于过去教学，对教学经验和教学结果进行反思。包括对学生的表现和发展进行评估，对教学的成功与失败进行分析等。

上述三个阶段，构成教育教学反思的模式之一，可以称之为"三阶段模式"。这一模式的运用有助于帮助教师形成对教学过程的系统反思，促进教师教育研究能力的提高，推动其自我发展机制的完善，使教师的教学反思伴随教学活动的常规化而逐渐自动化，不断提高教育教学的质量。

三、转变教育观念，积极开拓进取

教师的教育观念是指教师在教育教学实践中形成的对相关教育观念的主体性认识。根据指向不同，教师的教育观念可以分为三个层面：第一层面指向于抽象的教育因素和属性，如教育目标观、教育价值观、教育质量观、学习观等；第二层面指向于具体的教育客体，如课程观（内容、方法、手段、材料、环境、形式）；第三层面指向于具体的教育主体，如教育效能感，教师角色观、学生观、人才观、师生观等。三个层面相互联系，共同构成完整的教育观念。

在众多的教育观念中，与学生身心健康发展关系最为密切的当属正确的学生观的确立。

1. 确立民主平等的学生观

教师学生观是教师对自己所教对象的基本看法,这种看法会直接影响教师对学生的评价判断,影响师生互动行为,影响教师的教学方式。陈会昌(1999)研究认为,目前在我国实际发挥作用的学生观概括起来主要有以下两种:

(1)学生是不懂事的,学生需要成人管。因此,家长、老师与学生之间的关系是管与被管的关系,是上对下的关系,没有什么平等可言。

(2)"师道尊严"。学生是教师的附属品,教师有权任意摆布学生,学生谈不上什么主体性。

在此基础上,教师强调对学生要严加管理,要求学生要遵守纪律、听话、努力学习。在教学上,采用"填鸭式"的教学模式,师生之间表现为"管"与"被管"的关系。这无疑扼杀了学生的个性,束缚了学生的健康发展。

树立全新的学生观,必须从改善师生关系入手,把学生看作一个独立的、发展的个体,具有发展的潜在性和教育的可塑性。总之,教师应尊重学生,尊重学生的兴趣、爱好,尊重学生的情感、意愿,尊重学生的个性差异。另外,教师对学生的尊重还应体现在对全体学生的尊重上。

正确学生观的确立,以教师对学生身心特点和发展规律的掌握为前提;教育反思能力的提高,以教师头脑中评价系统的科学化为基础,这一切又都离不开终身学习观念的树立。

2. 树立终身学习观

在知识经济条件下,财富将首先依赖于个体和民族的学习与创新能力。而学习能力和创新能力的获得依赖于不断学习的过程。所以,未来社会是一个学习化的社会,人人都将成为终身学习者,终身教育的思想也将大放异彩。职前培训、职后进修和自我教育都将成为学习的主要途径,人人都会面临学习内容、学习形式、学习时间、学习地点的多种选择,学习已成为一种高度自觉、自主、自助的日常活动,传统的被动接受式教育必将被淘汰,保守的阶段性教育观念也将被抛弃。

学习不仅是受教育者的任务,还是教育者的任务。教师以教书育人为职责,担负着传承文化、培育新生代的历史重任,应成为终身学习的先导,否则,教育者将难以胜任社会的要求,难以保持其作为教育者的社会地位。

鉴于此，每位教师都应审时度势，把握时代发展的脉搏，树立终身学习的观念，将朴素的"活到老，学到老""学习，学习，再学习"的思想贯穿于日常生活之中。对于教师职业而言，终身学习的一个重要内容和自我提高的一条有效捷径是投身教育研究，不断创新进取，更新个人教育效能感，转变教师角色观。

3. 增强教育研究意识

教师参加教育科学研究，是提高自身素质的重要途径。国外教育界早已提出应大力提倡培养专家型教师、学者型教师，重视教师参与教学改革研究。我国政府在"九五"期间也明确强调教师要参加教科研，以提高教师的整体素质。

通过参与教育研究，在专家的具体深入指导下，教师对教育发展趋势、教育规律、教改实质、学生身心发展特点和规律的认识更为迅捷、准确、深刻、系统，能将日常工作的感性认识上升到理性认识，并用理论指导日常教育教学工作，将理论与实践进行完美的结合，从而掌握教育改革的主动权，提高教育改革的自觉性，增强教育教学工作的科学性。

另外，在教育研究过程中，专家示范并指导教师进行实地调查、实验验证、筛选经验、科学论述，使教师不仅掌握了科学的认识论、方法论，而且也实现了教育工作的科学化、规范化。同时，培养了严谨细致、求真尚实的工作作风和不畏困难、坚忍不拔的精神。参与教育科研还能使教师解放思想，善于运用科学的思维模式和行为方式，大胆尝试，锐意创新。

这样，教师的教育、教学工作的模式就由"经验型"转向"科研型"，教师本身角色的模式也由"教书型"转向"专家型"与"学者型"。随着教育教学工作的科学化、规范化，教育教学工作的绩效也将明显化、高效化，教师的个人教育效能感和工作积极性也将获得强化，有所提高。

可见，突破传统狭隘的教师"授业"的职业界定限制，丰富教师角色内涵，增强教育研究意识，投身教育研究活动，勇于探索，不断创新，在研究中提高素质，增长才干，是新世纪教育向教师提出的发展方向。

参考文献

[1] 陈永明. 现代教师论 [M]. 上海：上海教育出版社，1999.

[2] 陈会昌. 德育忧思 [M]. 北京：华文出版社，1999.

[3] 董春雨. 物理学理性的旋律 [M]. 长沙：湖南师范大学出版社，2000.

[4] 宫作民，张桂芸. 新世纪教师素质论稿 [M]. 天津：天津教育出版社，1999.

27

［5］林崇德. 教育的智慧［M］. 北京：开明出版社，1999.

［6］斯腾伯格，霍瓦斯. 专家型教师教学的原型观［J］. 华东师范大学学报，1999 (1).

［7］申继亮. 教育·教师·教育质量［J］. 人民论坛，2000 (9).

［8］申继亮，辛涛. 教师素质论纲［M］. 北京：华艺出版社，1999.

［9］谈松华. 变革与创新：中国未来教育的走向［J］. 教育发展研究，1999 (11).

［10］叶澜. 新世纪教师专业素养初探［J］. 教育研究与实验，1998 (1).

［11］叶澜. 跨世纪中国教师教育发展的若干问题［J］. 教学与教材研究，1998 (2).

（此文发表于《中小学教师培训》2001 年第 3 期）

教师实践性知识论纲

万文涛

（江西师范大学教师教育研究中心　江西南昌）

近年来，随着对教师专业化问题的探讨不断深入，教师实践性知识问题已经凸显为一个焦点问题。教师实践性知识究竟是一种什么样的知识？它与其他知识究竟是什么样的关系？它究竟应当怎样去培养？针对这些问题，学者们各执己见，提出了不少有价值的观点。尽管如此，但是到目前为止，争论还没有得到令人满意的结论，还有进一步深化探讨的必要。

一、教师实践性知识的本质

何为教师的实践（性）知识，学者们的看法不一。

有学者认为，"教师的实践知识指教师在面临实现有目的的行为中所具有的课堂情境知识以及与之相关的知识，或者更具体地说，这种知识是教师教学经验的积累"[1]。这种观点强调教师拥有本体性知识、条件性知识、实践性知识、文化知识，实践性知识只是其中之一，是依存于课堂情境的经验性知识。

有学者认为，教师的实践性知识不一定是"教师个人的实践理论"或者"教师个人理论"，还包括具有一定普适性的理论；教师的实践性知识不一定是以"理论"的形式存在的，也可能以情境性、操作性等更复杂多样的形式存在。"教师的实践性知识是指教师真正信奉的，并在其教学实践中实际使用和（或）表现出来的对教育教学的认识。"[2]

还有学者认为，"教师实践知识是指以人类美好生活为目的，以教师的教育生活经验反思为基础，并用一切具有典型意义的概括唤起清晰的意识，再回到具体的教育实践中去，以得出一些因时因地因不同情况而异的行为指导性知识"[3]。这种观点强调教师实践性知识，是教师处理教育问题和进行教育活动的指导性知识，为教师共同体所具有的，不仅具有主体性，而且还具有主体间性；不仅具有明显的经验特征，而且还存在一定的理论形式。

学者们的以上探讨对深化认识实践性知识无疑具有积极意义，但含混模糊之处也是显而易见的。"经验性知识""对教育教学的认识""指导性知识"等关键性的用词，丝毫不比被解释的"实践性知识"这一概念更加清楚。用它们来界定"实践性知识"这一概念，让人很难把握实践性知识的实质。

我们认为，要准确、清晰地界定"教师实践性知识"这一概念，有必要对其进行基本定位：

（1）教师的实践性知识是指某位教师已经"拥有"了的、"刻印"在自己记忆之中的知识，而不是有待学习的、印刷在纸张上的知识。某位教师的实践性知识，可能是该教师所独有的知识，也可能是教师共同体所共有的知识。

（2）教师已经"拥有"了的知识不一定都是实践性知识，因为教师已经"拥有"的知识，有的不一定能在实践中发挥作用。只有教师已经"拥有"的，在实践中能够被迅速调用的知识，才能称为教师的实践性知识。与"实践性知识"这一概念相对应的应当是"实践中用不上的知识"，而不应当是"理论性知识"。"实践性知识"也不应当与本体性知识、条件性知识、文化知识等概念相提并论。

（3）教师的实践活动是在时间紧迫的条件下需要迅速做出正确判断的复杂的心智活动，容不得教师慢慢斟酌、逐一联想，因此，只有与课堂情境紧密相连的、高度系统化了的、加工到自动化程度的，纳入了"核心"知识范畴的知识[4]，才有可能在实践中被随时迅速调用。零散、孤立的知识"残片"，以及初步网络化的知识，均很难在紧张迅速的、无暇思索的智力活动中被调用出来。

根据以上定位分析，我们认为教师的实践性知识是指教师所拥有的、与课堂情境紧密相连的、高度系统化的、加工到自动化程度的、在教学实践活动中随时能够迅速调用的知识。我们认为，教师的实践性知识不是一种单一成分的知识，而是一个得到了深加工的、包含多种知识成分的复杂知识网络：既包括学科专业知识成分、教育专业知识成分，也包括一般科学文化知识成分；既包括情境性知识成分、理论性知识成分，也包括操作性知识成分；既包括非情感—价值知识成分，也包括情感—价值知识成分；既包括客体性知识成分，也包括元知识成分。

二、教师实践性知识的作用

在教学实践活动过程中，教师多年积累起来的实践性知识将对其进一步的思想和言行发挥重要的导向、调节、监控等作用。其中，不同的成分产生的作用不同。

1. 学科专业知识、一般科学文化知识、教育专业知识共同发挥着思维导向作用

根据知识所涉及的领域，教师已有的知识可相对划分为学科专业知识、教育专业知识和一般科学文化知识。学科专业知识是指教师所教学科方面的知识。例如，物理学知识就是物理教师的学科专业知识。教育专业知识是指教育科学、心理科学知识。一般科学文化知识则指除了以上两个领域以外的更广阔领域的知识。一般来说，教师所拥有的这三大领域的知识，均只有高度系统化、深加工了的部分才有可能在实践中用得上，才有可能纳入实践性知识的范畴。其余的相对孤立的、未及深加工的知识，在实践中不太容易用得上，还未能纳入实践性知识体系。

在教学实践活动过程中，教师面对的课堂教学情境不仅包括学科情境因素，而且还包括课堂环境、背景因素。在这些情境背景因素的刺激作用下，教师已经拥有的并加工到自动化程度的知识均会被激活，并从长时记忆库中被提取出来，隐现于短时记忆空间之中，对教师的脑海中具体显现什么样的知识，或者表现出什么具体的言行，发挥着重要导向作用。

例如，一位正在讲授物理应用题的教师，他所面对的外部情境就包括"题设情境"因素。教师在感知这一"题设情境"因素之后，与此直接相关联的已经加工到了自动化程度的物理学知识，如公式、定律、解题方法等，会被提取并隐现于脑海之中。接下来教师脑海中显现的内容，或说出、写出的物理学知识，极有可能就是其中的一部分。教师在讲授学科知识之余，有时还会从某一知识点出发向外跨学科延伸出去。此时，与这一知识点直接相连的已经加工到自动化程度的一般科学文化知识，如历史、哲学、伦理等方面的知识也会被提取并隐现于脑海之中。接下来教师能够延伸想到的或者说出、写出的知识就是这其中的一部分。教师在讲授学科知识乃至延展开的过程中，始终关注着学生的反应。教师在感知是否有学生在睡觉、是否有学生在说话、是否有学生在做小动作、哪位学生比较专心、同学们的表情变化如何等课堂情境因素之后，与此直接相关联的加工到自动化程度的教育专业知识，如课堂管理知识、课堂调控知识等，同样会被激活并隐现于脑海之中。教师时而想到自己该怎么做，时而重点强调，时而提醒注意，时而整顿纪律，时而有意停顿，时而示意学生练习等，这些闪现的念头和做出的处理，无疑都是从隐现的教育专业知识中涌

现出来的。

以上事例说明，教师所拥有的加工到了自动化程度的学科专业知识和一般科学文化知识在教学过程中主导着教师具体想到的教育内容及其背景知识，主导着教师"教什么"。教师所拥有的加工到了自动化程度的教育专业知识在教学过程中主导着教师如何调节、控制课堂教学进程，主导着教师"怎么教"。

2. "情境性—理论性—操作性"知识链发挥着思维路径的约束作用

根据知识的存在特征，教师已有的知识可相对划分为情境性知识、理论性知识、操作性知识。情境性知识指有关场景和过程的知识。理论性知识指由抽象概念、抽象命题构成的知识。操作性知识指在实际行动中获得的有关行为方式、行为过程的知识。一般来说，无论是哪个领域的知识，只有这个领域内的情境性知识、理论性知识、操作性知识之间实现了依次连接，形成相应的知识链，才有可能在实践中用得上，才有可能纳入实践性知识的范畴。其余不能实现知识链接的往往在实践中用不上，不能纳入实践性知识的范畴。

在教学实践活动的过程中，教师脑海中所显现的时而是学科专业知识，时而是一般科学文化知识，时而是教育专业知识。无论教师的脑海中显现的是哪一领域的知识，都是沿着这一领域的"情境性—理论性—操作性"知识链循环往复地依次显现的。操作性知识在脑海中显现的同时，一般还伴随着言行表现，或者伴随着内潜的言语（感）和动作（感）。

例如，某位物理教师在做课堂实验，一阵操作之后，他注意到了所期待的实验现象，随后又想到了这是什么现象及下一步该怎么做，而后继续进行下一步的操作。在整个过程中，教师的思想言行就是沿着"物理操作—物理情境—物理理论—物理操作"这样一个知识链逐步变换的。再如，在课堂上做物理实验的这位教师在注意到所期待的实验现象时还用微光扫视到了有的同学分了心，而后在闪念之间想到了要提醒一下，并随后说出"请注意观察……"。在这一过程中，教师的思想言行就是沿着"教育情境—教育理论—教育操作"这样一个知识链逐步变换的。

教师的思想言行总是沿着"情境性—理论性—操作性"知识链依次变换的。这些知识链显然不是教师临时斟酌、组织的，而是教师拥有的实践性知识的一部分。换句话说，教师已有的实践性知识链在一定程度上规范约束了他的思想言行路径。如果在已有的实践性知识链中没有所需的"知识链"可供提取显现，而是需要临时从非实践性知识中逐一筛选、链接，那么，教学就不可能那么自然流畅、行云流水。

3. 情感—价值知识网络发挥着动力定向作用

教师所拥有的知识，有的伴随着较强烈的情感记忆，有的则没有什么情感记忆相伴随，有的属于价值性知识，有的属于科学知识。在此，我们把伴随着较强烈情感的科学性知识，以及伴随着强烈情感的价值性知识统称为情感—价值知识。一般来说，情感—价值知识是包括多方面的知识内容的，如学科价值性知识、教育价值性知识、一般价值性知识，以及伴随较强烈情感的学科科学性知识、教育科学性知识、一般科学性知识。情感—价值知识往往也只有部分纳入了实践性知识体系，还有许多未能纳入这一体系。在教学实践活动的过程中，教师的脑海中显现什么样的思想内容，做出什么样的言行表现，与他已经拥有的、已经纳入实践性知识体系的情感—价值性知识也有着密切的关系。例如，在某一知识点的教学上，某位教师曾经有过失败的经历，也有过鲜明突出的成功经历，那么，这位教师在再一次开展这一知识的教学时，过去的失败经历及相伴随的失败情感体验，过去的成功经历及成功情感体验，将一起涌向心头，隐现于脑海之中，左右着这位教师的教学过程，使他在逐一选择、展现教学内容时，始终想走成功路线而避免走失败路线。又如，教师在自由漫谈时，有意无意之中，最容易将话题拉向自己最感兴趣的领域，或者自己最为关心的人或事。在这里，正是由于与教师最感兴趣的、最关心的知识内容相伴随的情感记忆，比与他所拥有的其他知识相伴随的情感记忆强烈得多，才引发这种话题"流向"的。再如，一位历史教师在讲到秦桧时，历数秦桧所做的种种见不得人的勾当，其内心对秦桧的厌恶情感也油然而生，随后最容易发出"恨不得斩了他而后快"这样的感言。这位历史教师在历数孙中山先生的丰功伟绩之时，必然不断激起他对中山先生的敬仰之情，自然引发要向他学习等类似的思考。在这里，历史教师的价值性话语起到了明显的情感调节作用，而这些情感又进一步影响着他的思想和言行。

总之，教师所拥有的人生观、道德观、政法观、世界观、学科价值观、教育价值观等价值性知识，以及与科学性知识相伴随的情感记忆，对教师的思想、言行走向发挥着动力定向作用。其中，以纳入实践性知识体系的情感—价值性知识为甚。

4. 元知识网络发挥着调节、监控作用

著名的认知心理学家弗拉维尔（Flavell）认为，"元认知是一个人所具有的关于自己思维活动和学习活动的认知和监控"[5]。人们在元认知过程中所获得的记忆内容，我们称之为元知识。元知识也分若干种类，有的富有学科特色，譬如某一物理学知识点的学习该注意什么、该怎么教这类的知识就属于富有物理学特色的元知识；有的属于普适于各学科领域的一般性元知识，譬如教育专业领域内的关于学与教的知识；有的属于关于元知识的知识，譬如学习方法是学科知识的元知识，那么学习方法的学习方法，则是学科知识元知识的元知识。

对一位教师而言，他所拥有的元知识可能比较丰富，但真正在教学实践中能够用得上的却往往并不多。教师在学习每个学科专业领域的知识时，通过自己的自主反思和积淀，在一定程度上也会获得一些富有学科特色的元知识，但这些元知识往往比较零散，往往依附于学科知识，很难自成系统。教师通过学习学与教的知识，就能获得对各学科领域来说具有普适性的、系统化的元知识，但这些元知识往往缺乏与各学科知识之间的广泛连接，极少与富有学科特色的元知识相互连接。教师只有在学科教育课程学习的基础上，通过长期的实践，才能将富有学科特色的元知识与一般性元知识连接起来，才能实现元知识体系与学科知识体系的广泛融通，将元知识全面纳入实践性知识的范畴。

在教学实践活动过程中，教师所拥有的已纳入实践性知识范畴的元知识发挥着什么样的作用，实际上我们在前面讨论教育专业知识的作用时已经有所阐述，在这里再举两个例子进一步加以说明。例如，有那么一位教小学六年级的语文教师，正专注于《向往奥运》一文的教学时，忽然有一只麻雀飞进了教室，学生们也随之喧闹起来，教师在闪念之间想到不处理一下不行，于是就说"哈哈，我们在向往奥运，这只麻雀来向往我们，我们还是把它放出去继续向往我们的奥运"。在这里，教师面对突如其来的变故，运用机智加以应对，是一般性的元知识被调用了出来，发挥了监控作用，使教学活动回归正常。又如，有位教师在解应用题时先看了一遍题目，感觉不太清楚，心里接着说"再看一遍，看看能不能画个图"，随后果真再看了一遍，并开始画图。在这里，潜藏于脑海中的"再看一遍，看看能不能画个图"这样的或许只在解题时才能用得上的元知识对教师的思维过程就发挥着调节作用。总之，已经纳入实践性知识范畴的元知识往往隐现于教师的脑海之中，犹如"看不见的手"，对教师自身的思维、教学活动的正常进行发挥着调节、监控作用。一旦思维或教学有所中断，相应的元知识就会迅速显现出来，帮助教师迅速恢复到正常的思维言行轨道上来。

综上所述，在课堂教学的过程中，教师已有的实践性知识的各种成分，都会从长时记忆库中提取出来，隐现于教师的脑海之中，对教师脑海中显现什么知识内容，伴随着教师做出什么样的言行表现，发挥着导向、调节作用。在教学实践活动过程中，教师所能获得的实践体验就是一种带有多方面因素的综合体验。其中，最鲜明的是所教内容，其次是情感体验，元知识则常留心底，偶尔露上一手，在脑海中闪现。

三、丰富实践性知识是教师培养的关键

教师的实践性知识是在教学中实际用得上的知识。这种知识丰富与否，结构良好与否，直接关系到教师的教学能力、教学水平的高低。相反，未能纳入实践性知识范畴的知识即便再多，也很难在教学中发挥作用，对教师的教学能力、教学水平影响不大。正因为如此，我们认为，少做"虚功"，尽一切可能提高未来教师的实践性知识水平，这才是教师培养的关键。可现实是，我国的教师培养没有抓住这一关键，做了许多"虚功"。调查表明，有76％的中学校长认为年轻教师最缺乏的就是实践性知识[6]，这不能不引起我们的警惕。为优化教师培养，提高未来教师的综合素质，走出教师教育的误区，我们认为有必要从以下方面改革教师的培养方式：

1. 调整教师培养的课程结构比例

我国教师培养的课程设置长期存在着重学科专业知识和一般科学文化知识，轻教育专业知识的不良倾向。从比较的角度来看，国际劳工组织和联合国教科文组织对70多个国家的教师教育的情况做了调查，结果显示，在教师职前教育中，学科专业课程和一般文化课程约占60％，教育类课程及教育实习约占40％[7]。我国在很长一段时间内，教育类课程和教育实习的学时只占总学时的12％左右，远远低于世界的平均水平。从现实情况来看，我们的学生绝大部分时间用在英语、政治理论、学科专业课程上。这对增进他们储备一般科学文化知识，提高他们在学科专业领域内的学术水平，当然起到了积极作用，但调查发现，走上中小学讲台的新教师，常常深感学与教的知识缺乏，大学里所学的很多学科专业知识和一般科学文化知识根本用不上，两三年之后就忘得一干二净。种种迹象表明，我国教师培养的课程结构不良是制约教师培养质量的重要因素之一。

为扼制课程设置不良的倾向，我们认为有必要借鉴国外的经验，调整教师培养的课程比例，教育类课程及教育实习占总学时的比例至少应达到

35％以上。其中，教育科学和心理科学的一般理论、学科教育理论课程应占 10％以上，教学及班级工作技能微格训练应占 8％以上，教育观摩、见习应占 5％以上，综合性的教育实习应占 12％以上。

我们的这种设想也许会遭到反驳。可能有人会说，这样做会降低师范生的学术水平，对教师培养不利。我们认为这种批评有失偏颇。减少学科专业课程所占的比例，的确会在一定程度上降低学生在学科专业领域内的学术水平，这一点我们不能否认。然而，反过来提高教育专业课程的比例，也会提高学生在教育专业领域内的学术水平，这也是事实。两方面综合起来看，加强了师范性，未必就降低了学术性。也可能有人会说，这样做会影响学生的基础，有碍于他们的长远发展。我们认为这种批评也有些脱离实际。未来的教师的确需要有扎实的基础，需要有长远发展的潜力。然而，无休止地打基础，就是不"盖楼"，这有何用？我们只有像建筑施工一样，教师培养在大学本科段打好了足够的基础就努力提高学生的实践性知识水平，将马上要用的"小楼"盖起来。如果教师要继续发展，还可以再读研究生，在进一步拓展基础之后盖"高楼大厦"。没有必要过于宽泛地打基础，而后又任其荒废，长期不用，徒劳无功。还可能有人会说，你们这样调整课程结构，有碍于学生报考学科专业领域内的研究生，有碍于他们从事学科专业领域内的非教学工作。我们认为，这种障碍是完全可以避免的。只要实行学分制，学生对所学专业和课程就有足够的选择余地，那么，想做老师的或想考教育类研究生的，才按照我们的要求，更多地选择教育类的课程。其余学生则无须这样做，他们完全可以按照自己的意愿选择课程。这样，就根本不存在出路上的梗阻。

2. 丰富教育专业课程的教学模式

长期以来，我国的教育专业课程主要还是以讲授的模式出现的。这种教学模式，有利于在学生心中迅速构建一个学与教的理论性知识体系。尽管如此，但是，学生这样获得的有关学与教的理论性知识往往缺乏与教学情境性知识、教学操作性知识之间的连接，很难形成具有普适性的，由情境、理论到操作的元知识链；学生这样获得的有关学与教的理论性知识，也往往缺乏与学科知识之间的连接、贯通，很难在学科教学中有效发挥调节、监控作用。

我们认为，为增进未来教师的实践性知识，必须丰富教学模式。例如，从事教学论教学的教师，除了要深入开展理论讲授外，更需要广泛联系实际，用多媒体展现各式各样的教学情境，再针对这种情境组织学生探讨该怎么认识、怎么应对。切忌不着边际、空谈理论，要贯通教学情境、教学理论与教学操作三类一般性元知识之间的正确联系。又如，在某某学科教育学的教学过程中，必须紧扣中学（或者小学）该学科的实际，研讨每个重要的知识点应该怎么去教；指出哪里容易出现问题，应当怎么应对等。这样，使学与教的一般性元知识与所教学科的知识能够正确、广泛地连接起来。

当然，以教师为主的讲授、研讨模式即使做得再好，也不能取代以学生自己为主的"教学设计""微格训练"等模式。在学习、研讨他人的教学设计之后，学生们自己动手开展教学设计，这种模式最有利于学生自主实现各学科专业知识之间的链接或者各教育专业知识之间的链接。值得注意的是，教学设计是可以反复思考、斟酌的，带有明显的尝试性，会形成一些正确的链接，也会形成一些错误的链接。正确的链接并不比错误的链接更加深刻，因此教师一到紧张的实战之中就容易不知所措，或一再出错。微格训练则是让"教师"面对着"学生"进行模拟演练，它有利于将教学设计时初步形成的正确的链接强化加工到自动化的程度，提高单方面链接的一次性成功率，为复合训练奠定必要的基础。

3. 贯彻落实教育见习、教育实习

教育见习、教育实习是教师培养不可或缺的重要环节。然而，目前我们的本科院校只用 6—8 周，专科院校只用 4—6 周开展教育见习、实习，显然时间过短，准备去一周，总结去一周，掐头去尾，师范生实际上只有3—5 节课的实战机会，严重影响了实践性知识的丰富和提高。

我们认为，教育见习是对教育全过程的观摩，是对成功教师的实践性知识体系的全面欣赏，累计时间必须在两周以上。教育见习要当自己是一个学生，要请授课者说说他的课，要像欣赏艺术作品一样，全方位欣赏他人的成功教学。教育见习要当自己是一个探索者，在评析他人教学得失之余，还得假设"如果我是老师我该怎么做"才能改进教学。

教育实习是"教师"直接参加实战演练，是实践性知识全面拓展的关键，时间至少应延续一个学期以上。其实，教师的成长与艺人的成长很类似。艺人要做到会编词、会吟唱并不难，可是要做到一边察言观色编词吟唱，一边左手打鼓右手敲锣，同时控制三四种乐器，达到浑然天成的地步，却绝非一日之功。"教师"进行学科学习，主要是学一些理论知识，这并不难；"教师"开展教学设计，参加微格训练，主要是分领域、分知识点实现情境性知识、理论性知识与操作性知识之间的正确链接，这就有点儿难；教育实习则是进行复合训练，将三大领域内的众多知识链恰到好处地交叉复合起来，并且要达到临危不乱的程度，这就难上加难。因此，教育实习至少需要延续一个学期以上，"教师"才能获得比较丰富的实践性知识，日后走上讲台才能随机应变、应付自如。除了时间保障外，教育实习还要聘请学科教育专家悉心指点、严格把关，既保障实习者不误人子弟，又保障实习者有锻炼的机会。同时，实习者还要善于反思总结，立足自我改进，提高教育实习的实际成效。

注　释

[1] 辛涛，申继亮，林崇德. 从教师的知识结构看师范教育的改革 [J]. 高等师范教育研究，1999 (6).

[2] 陈向明. 实践性知识：教师专业发展的知识基础 [J]. 北京大学教育评论，2003 (1).

[3] 曹正善. 论教师的实践知识 [J]. 江西教育科研，2004 (9).

[4] 万文涛. 论专业化教师的知识结构 [J]. 教育研究，2004 (9).

[5] 张庆林. 元认知的发展与主体教育 [M]. 重庆：西南师范大学出版社，1997：4.

[6] 张平海，向会文. 实践性知识：师范生亟需加强的知识模块 [J]. 河南师范大学学报（哲社版），2003 (6).

[7] 苏真. 比较师范教育 [M]. 北京：北京师范大学出版社，1990：381-383.

（此文发表于《中小学教师培训》2006 年第 6 期）

从教师的知识结构看教师教育课程的改革

冯建军

（南京师范大学教育科学学院　江苏南京）

一、教师的知识结构及其层次的差别

教师在教育过程中无疑要用到各种知识，我们无法描述和预测具体有哪些知识，但我们可以根据对教师专业性质的认识，研究教师知识结构的构成。教师的职业是个专业，但与医生、律师、工程师等专业不同，它具有"双专业性"或"边际性"（marginal professional）。教师不是单纯的知识传递者，而是以知识的传递为载体达到育人目的的职业。对教师"双专业性"的认定，成为研究教师知识结构的一个共识性前提。

根据教师的"双专业性"，教师既要知道"教什么"，掌握所教学科及其相关的内容，又要知道"怎么教"，掌握教育教学的方法，二者缺一不可。对于"教什么"的知识，即所教学科的专业知识，显然是第一位的，但是，知识不是孤立的，要精通所教学科的专业知识，教师还要具备广博的一般文化知识和相关学科的知识。"教什么"的知识与"怎么教"的知识在性质上有所不同。"教什么"的知识在于掌握，在于知道"它是什么"，可以通过传递的方式而掌握，但"怎么教的知识"，不在于掌握它"是什么"，而在于能够运用它。因此，"怎么教的知识"不是教师所传授的"应该怎么教的理论"，而是教师所体会、理解和实际拥有的经验和信念。"应该怎么教的理论"是教育学科所要传授的知识，而"实际拥有和使用的知识"是教师个人的实践知识，它基于教师的个人经验和个性特征，包含着自己的教育信念，体现在日常的教育教学行为中。就决定教师的教学行为而言，个人的实践知识显然比教育理论知识更重要，因为它支配着教师的日常教学行为，影响着对理论知识的选择和理解，因此它是教师专业化的主要知识基础。承认这些，并不是否认教育理论知识的重要性。相反，教师个人有效的实践知识来自对教育理论的科学认识和正确的教育观念，它以对教育理论的学习为基础，二者都是教师专业化不可缺少的必要条件。

以上着眼于教师的双专业性提出了教师知识结构的各组成部分，即学科的专业知识、通识文化知识、教育理论知识、教师个人实践性知识。前两者属于"教什么"的知识，后两者属于"怎么教"的知识。就两大类四种结构性知识而言，对不同层次教师的要求还略有差异。小学教师比中学教师要求更多地具有"怎么教"的知识，中学教师比小学教师要求更多地具有"教什么"的知识。因为小学教师要求比中学教师更多地具有教育教学水平和艺术，中学教师所教的学科比小学教师所教的学科要更专业化和更学术化，需要比小学教师具备更多的学科专业知识（强调深度）。小学的课程比中学具有更大的综合性，它要求小学教师比中学教师具有更宽广的一般文化知识（强调广度）。就教育理论知识和教师实践性知识而言，无论是对于小学教师还是对于中学教师，都是实践性知识比理论性知识重要。实践性知识是个人的实践理论，而不是客观独立于教师之外被习得或传递的东西，具有个体性、实践性、情境性和智慧性。教师的实践性知识是通过教育实践形成的，而不是通过教育理论的学习获得的。

二、教师教育的课程结构

教师的知识结构是决定教师教育课程结构的主要因素。根据上述四种知识结构类型，我们认为教师教育课程也应由四大块组成：普通教育课程、学科专业课程、教育专业课程、教育实践课程。

1. 普通教育课程

普通教育课程又称为通识教育课程，最初是由西欧的博雅教育发展而来的，旨在为学生进行人文学科的教育，使学生具有深厚的文化底蕴和高雅的人文气质，所以，最初的普通教育课程不是为知识而开设的，而是主要培养学生的一种人文素养。今天，培养学生的人文素养仍然是普通教育课程的主要任务之一，但除此之外，普通教育课程还是使学生具有广博知识、开阔视野的保证，也是对当前知识相互渗透、相互综合和中小学课程日益综合化的反映。所以，今天普通教育的课程已经超出了纯粹人文学科的范围，涉及人文科学、社会科学和自然科学三大领域，而且普通教育课程本身也呈现出较强的综合性。

就教师教育课程发展趋势来看，各国普遍认为，广博的通识知识是未来教师从事教育的必要条件，因此，各国重视和加大了普通教育课程的比重，如美国普通教育课程占课程总数的比例为 40％，日本和俄罗斯为

37％，德国为33.3％。目前我国高师的普通教育课程主要包括以大学英语和计算机为主的工具课程和以"两课"为主的德育类课程，这类课程占总课程的比例为20％—25％。相比发达国家而言，不但门类少，占总课程的比例小，而且内容主要偏重工具学科和政治学科，缺乏人文性，不能为学生提供宽广的知识背景，尤其是综合性的交叉课程更少，无法适应中小学课程日益综合化的要求。改革普通教育课程一是要加大分量，使之在课程中的比例达到35％以上；二是要调整课程设置，精简政治类课程，使普通课程涉及自然、社会、人文各个方面，加强综合性课程的建设。

2. 学科专业课程

学科专业课程是教师具备所教学科知识的保证，因此它是教师教育课程的核心和基础。长期以来，我们有一个错误的假设，以为教师具备的学科知识越多越深刻，越有利于教学水平的提高。所以，通常认为综合大学的毕业生到中小学任教要比同级师范院校的强，师范院校也常常面临"学术性"不足的尴尬，不顾师范性，盲目向综合性大学看齐。其实，这是对教师职业的错误理解。教师的职业是个"双专业"，教师具备的学科知识是为育人服务的，教师的职业不是单纯传授知识的职业，而是育人和创造精神生命的职业。研究表明，一定限度内，教师所掌握的学科专业知识与教学质量是呈正相关的，但超出了一定的水平后，学科专业知识与教学质量之间就不具有统计学意义上的相关性了。

我国的情况是学科专业课程在整个课程中所占的比重过大，一般在60％以上，远远超过了其他各国。专业课程比重过大，挤掉了普通教育课程和教育专业课程，致使二者所占比例过小。另外，学科专业课程分化过细，门类较多，存在着严重的学科本位现象，过于注重学科知识的纵深发展，忽视学科之间的横向联合，使各门学科课程缺乏内在的联系，综合性不强，主干课程不突出。学科专业课程必须按照少而精、博而通的原则进行改造。首先，要调整整个课程结构的比例，把学科专业课程压缩在35％—40％。其次，调整学科专业课程内部的比例，整合课程内容，开设学科综合课程，突出学科主干课程。综合课程要反映本学科内部的联系、本学科与其他学科的联系。由于中小学学科课程具有基础性，所以主干课程要少而精，每个专业两至三门，要反映该学科的前沿内容，达到综合性大学同类专业的学术水准。第三，要设置专业的主副修制或跨专业开设选修课程，培养一专多能的复合型教师，以适应中小学教师包班制、一职多岗和课程综合化的需要。

3. 教育专业课程

教育专业课程是解决教师"怎样教"的课程。教师作为教书育人的职业，教育专业课程的内容和教学时间就成为教师专业化程度的重要反映。世界各国都非常重视教育专业课程的开设。一方面，开设的课程门类众多，有教育理论课程，也有教育技能和方法、技术的课程；另一方面，教育课程在整个课程结构中占有较大的比例，如德国的教育课程占总课程的33%，日本占30%，英国占25%，美国占20%，法国占20%。发达国家取消了独立设置的师范院校，改由综合大学的教育学院来培养，即学生学习完综合大学的专业课程后再进入教育学院学习教育专业课程，这样做显然更加强了教育专业课程在教师培养中的分量。

我国一直重视学科专业课程，而教育专业课程并没有受到应有的重视，不仅课程门类少，内容过分学科化，缺乏实用性，而且在整个课程结构中的比例过低，授课时数过少，严重地影响了教师专业化的程度。加强教育专业课程不仅是我国教师教育课程改革的需要，还是世界教师教育课程发展的趋势。作为体现教师专业性的重要一翼，教育专业课程在课程总结构中的比例至少要达到20%。这些课程包括四个类别：第一类是基础理论课程，含教育教学的一般理论、儿童发展的一般理论，它主要帮助教师掌握教育教学的规律，形成正确的教育理念。第二类是学科教育课程，主要帮助教师认识所教学科的性质，学科教育的目标、原则、方法等，具备学科教育的正确理念，掌握该学科的教育、教学方法。第三类是教育技能、技术课，包括从事教育教学所需要的"三字一话"技能、班主任工作的技能、少先队指导的技能、心理咨询与教育的技能、特殊儿童的教育技能、现代教育技术、多媒体课件制作技术等。第四类是教育研究的课程。培养教师的反思能力和教育研究能力，既是促进教师专业化的手段，又是教师专业成熟的标志。

4. 教育实践课程

教师的教育教学能力主要是通过教学实践而形成的，因为教育教学过程是师德、文化知识、教育理论、教育技能的综合运用，教师的学科知识和教育知识必须通过实践才能内化为教师从事教育教学的能力。可以认为，教育实践是教师教育教学能力形成的关键途径。正因为如此，教师专业的成熟是发生在职后的一定时间，而非职前。换言之，单纯的职前教育理论课程是不可能促进教师的专业成熟的，正是因为教育教学实践的重要，所以在职前教师教育课程中设置教育实践课程尤为必要。

发达国家的教育实践不但时间长，而且形式灵活。如美国在第一学年就安排学生进入中小学充当课堂教师的助理，帮助辅导学生和批改作业，使职前教师体会教师职业，获得实地经验。职前教师在获得了实地经验和修完有一定学分的教学法课程后，在大学三年级时就可以提出申请，接受面试，获得实习教师的资格，在实习期内，担当起一位教师的全部责任。德国除了在理论学习阶段要参加一定的分散教育见习外，还要参加两年的教育实习，之后经过考核才能获得教师资格。英国采用小学和大学合作的制度，使实习制度化、系统化。葡萄牙建立了以中小学为基地的教师教育模式。各国教育实践课程的形式多样，有以观摩学习为主的见习、参观、调查，有亲自实践的模拟课堂、教育实习等。

我国的教育实践课程形式比较单一，通常是在最后一学期中见习和实习共4—6周。由于时间短，人数多，形式单一，不能收到很好的效果。改革教师教育课程，首先要重视实践课程，看到它在教师培养中的决定性作用，加大实践课程的比重。实践课程可以采用分散和集中相结合、见习和实习相结合、校内和校外相结合、模拟和实践相结合的形式，使教师在职前受到多层次、多方面的实践锻炼。

三、教师培养模式与教师教育课程结构的改革

课程结构与不同层次的教师对不同类型知识的需求有关。小学教师与中学教师相比，学科的专业知识要求较少，更强调知识的广度和对教育艺术的需求，因为小学的课程相对中学而言属于综合课程，知识面广博而不专业，而且多数小学要求教师承担两门以上的课程，甚至有的实行包班制。小学生由于年龄小，小学教师比中学教师更需要教育理论知识和教育技能。因此，在培养小学教师的课程中，普通课程和教育理论课程要求的比重大，学科专业课程要求的比重小。在培养中学教师的课程中学科专业课程要求的比重大，因为相对小学来说中学的知识比较深入和专门化。

根据培养不同层次教师知识结构的需要，我们认为小学、初中、高中教师需要不同的培养模式，应设置不同的课程结构。

1. 小学教师的培养模式和课程结构

从世界各国教师教育的情况看，随着各国社会对教师的要求从数量型转变为质量型，对教师的学历要求和素质要求普遍提高。我国自1996年教育部提出师范教育从三级向两级过渡以来，中等师范学校从原来的800所下降到400所，其中400所当中大多数又承担的是以培养大专为主的任

务，即五年制大专。师专从 160 多所下降到 70 所，本科院校则从 80 多所上升到 100 多所。不少师专升格为综合性本科学院，实际上还以培养教师为主要任务。目前小学教师的培养主要有这两种模式：一是从初中招生的五年制大专，二是从高中招生的本科小学教育。我认为，两者招生起点不同，学历也不同，因此在培养目标上也要有所分层。五年制大专适合于培养小学辅助学科和体音美技能学科的教师。它可以采用"3＋1＋1"的培养模式，前三年学习普通教育课程和学科专业课程，对于从事辅助学科教学的教师，普通课程要占较大的比例，学科专业课程所占比例较小；对于从事技能学科教学的教师，专业课程所占的比例较大，普通课程所占的比例较小。可用一年时间学习教育理论课程。教育理论课程要打破学科本位，以问题为中心编制综合化课程，开设实用的微型课、专题课。教育理论课程可以渗透，也可以在第四学年单独开设，就效果而言，单独开设的效果较好。最后一年是教育实践课程。教育实践课程除了通常的教育见习、实习外，部分教育实务课程，如校本课程的开发、教育方法和策略、以行动研究为主的教育研究方法等，也要通过教育实践来学习。

本科小学教育专业的目标定位应该是培养语文、数学、外语等主学科具有研究能力的教师，其培养的模式可以采用"2＋1＋1"或"3＋1"的模式。所谓"2＋1＋1"模式是指学生学习两年普通教育课程和学科专业基础课程，学习一年的教育理论课程和一年的教育实践课程。所谓"3＋1"模式是指将教育理论课程渗透到基础教育课程和专业课程学习之中，共三年，最后一年学习教育实践课程。结合教育实践，完成毕业论文。根据教育实践情况，考核学生的教育研究能力和教育教学水平，决定是否授予教师资格。

对于培养小学教师而言，除了体、音、美、技能学科外，本着"宽口径、厚基础、广适应、强能力"的思想，其课程结构一般要淡化学科专业课程，拓展普通教育课程，注重一般教育理论的学习，但更要注重教育实践课程。对教育实践可以使用"顶岗实习"的方法，让实习生全面介入小学的教育教学，负起全责，同时让实习学校的老师进行学术休假，到大专院校进修，建立起大学和小学互惠互利的伙伴关系。

2. 本科初中教师的培养模式和课程结构

以师专为基础升格的本科师范院校或综合性学院，适合于培养初中教师。由于小学教师培养的大专化和本科化的推进，初中教师不能仍然停留在专科的水平，其本科化已是必然的趋势。我们按照培养本科初中教师的设想，其培养模式可以采用"2.5＋1.5"或"3＋1"模式。这种模式的前提是各专业院系按照综合性大学的模式办学，学生入学时并没有师范的定向，只是那些愿意当教师的学生在学完本专业的基本课程后，到教师教育学院或教育学院接受教育学科的系统学习，毕业后到初中任教，其余的学生则在本院系毕业。本科"2.5＋1.5"或"3＋1"模式就是指学生入学后在各专业院系接受两年半或三年的普通文化课程和学科专业课程的教育，然后通过自愿报名和考核的形式到教师教育学院或教育学院接受一年半或一年的教育学科专业的训练，毕业后获得教师资格。

对初中教师而言，普通教育课程与学科专业课程和教育课程（包括理论和实践）要平分秋色，各占 1/3。普通教育课程要拓展，但要比培养小学教师注重学科专业课程，尤其是在打好学科基础的同时注重学科前沿内容。在教育理论课程和实践课程中，对于"2.5＋1.5"模式而言，要保证一年的教育实践，对于"3＋1"模式而言，要保证半年的教育实践课程。教育实践课程也采取"顶岗实习"的制度。

3. 高中教师教育硕士的培养模式与课程结构

从发达国家的情况看，近些年来，越来越多的国家要求高中教师具有硕士研究生的学历。我国自 1997 年也开始了教育硕士的试点，目前主要招收在职人员，脱产和半脱产相结合，学习三年，培养"临床"专家型教师。教育硕士招收在职人员的好处是，他们具备教育实践经验，经过两至三年的教育理论和学科专业课程的学习，能够从理论上反思和改进教育实践，提升教学经验，有助于他们成为研究型的教师。目前的问题是教育硕士招生数量比较少，无法满足中小学的需求，但如果就此途径扩大招生的话，又会给中小学的教学带来干扰，使他们无法保持师资的稳定。所以，适应高中教师学历化提高的需要，我主张从大学本科应届生中招收教育硕士。

高中教师的培养采取"开放性的教师教育"，允许实力较强的高等院校独立设立教育学院或教师教育学院，为所有愿意当教师的其他专业在读应届本科毕业生提供教育学科专业的课程，学生达到规定的教师教育课程学分和标准，就可获得教师资格证书和教育硕士学位。开放性教师教育采取"4＋2"模式：学生在其他专业修完该专业的四年综合大学课程，毕业后，也可以直接毕业，从事非教师的职业；愿意从事教师职业的经过一定的挑选，包括学科知识的挑选和教师潜在素质的面试和测试，然后进入教师教育学院学习。教师教育学院具有教育研究生院的性质，学生在教师教育学院学习两年的教育课程。"4+2"模式避免了长期以来困扰教师教育的"学术性"不足和"师范性"不强的弊端，意味着在教师学术性的培养上和综合性大学的毕业生并轨，只不过在职业教育上有所分离。这种模式的优点很明显：既可以提高教师的学科专业学术水平，又能够进行教育理论和教育实践的专业训练，促进教师教育的专业化，促进了教师培养机构的开放化和综合大学化。尽管师范院校还存在，但对实力较强的培养高中教师的师范大学而言，就不再设置本科师范专业，不再是定向型的师范院校。教师的培养和综合大学一样，在研究生学院性质的教师教育学院完成。学生四年学习普通教育课程和学科专业课程，两年采用"1+1"的形式学习教育理论课程和教育实践课程，并结合教育实践完成学位论文和教师技能的考核，取得教育硕士学位和高中教师的资格。从应届生中招收的教育硕士，其实习也采取顶岗的方式，顶岗的对象是在职考取教育硕士的人员，这样也可以避免由于这部分人脱产学习他们的任教学校所出现的师资暂时性短缺问题。

（此文发表于《中小学教师培训》2004 年第 8 期）

我国中小学教师专业素质的
结构性欠缺及补偿策略探讨

蔡京玉

（吉林省教育学院　吉林长春）

一、引言

　　教师专业化培训的前提是对教师专业素质结构现状与标准间差距的了解和把握——来源于借助工具对培训对象个体的诊断，更来自对培训对象群体共性问题的犀利观察和对原因的深刻分析，基于需求的培训才是有意义的培训。本文针对目前教师专业发展理论与实践中存在的因推崇某一理论而导致片面宣传该理论指导下的实践模式的做法，尝试以系统思维探讨教师专业发展问题，引发教师专业发展新路径的探索，以期更有效地促进我国中小学教师专业发展，为深化课程改革提供核心保障。

　　系统论视角下，可视教师专业素质结构为大系统，它由教师的专业知识、专业能力、专业精神三个一级子系统构成，每个一级子系统下可以继续分解为多个、多层级子系统（参见图1）。如专业知识系统作为一级子系统，由本体性知识、条件性知识、实践性知识和一般性知识四个二级子系统构成，其中的条件性知识又由教育学知识、心理学知识、课程教学论知识三级子系统构成。上一级系统的功能由下一级系统的结构完整性、要素间联系的有机性所决定。如专业知识是否能够满足教师专业实践之所需，取决于教师是否具有完整的本体性知识体系、扎实的条件性知识基础、丰富的实践性知识积累以及良好的一般性知识底蕴，且四类知识间是否形成有机联系和深度融合。同一级子系统间相对独立，又相互影响。[1]以第一层级为例，教师的专业精神影响教师专业知识的自主更新、专业能力的自我修炼；而专业知识丰富、专业能力精湛，又可以提升教师的专业自我认同，坚定专业信念，提高专业精神层次。

　　从系统论视角看，教师专业发展的实质是教师专业素质结构的不断完善与更新，是教师专业素质由旧结构向新结构的量变与质变，是其专业知识、专业能力、专业精神的全面发展和结构的整体优化。

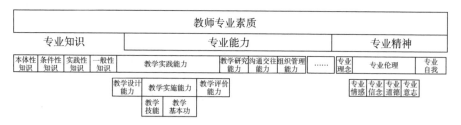

图 1　教师专业素质结构图

二、我国中小学教师专业素质的结构性欠缺分析

《我国教师专业素质研究报告》统计数据反映，我国中小学教师专业素质总体处于中等水平，待发展空间很大。[2] 在专业知识上，反映出的普遍问题是教师对关于世界教育发展趋势、我国教育发展历史、学生发展背景、自身专业发展等方面的知识缺乏关注，阅读专业著作不足；专业能力上课程资源开发能力比较薄弱……该项调查采取的是大规模问卷调查，样本选择覆盖我国东、中、西部地区 15 个省级行政单位，具有一定的代表性，结论可信度较高。数据较准确地反映了我国中小学教师专业发展的实际状况，警醒研究者走进学校、走近教师，不能盲目引进和套用西方教师专业发展理论与实践模式，要根据我国国情研究和推介教师专业发展策略。[3]

采取系统思维来审视我国中小学教师专业素质结构，不可回避以下突出的结构性欠缺：

1. 专业知识系统中条件性知识匮乏

现代教育早已脱离经验层面进入科学轨道，科学轨道的基础是教育学、心理学、课程教学论等条件性知识。纵观我国高师院校教师教育课程开设，却普遍存在教育学、心理学、课程教学论课程开设时间过早、课时不足、课程内容与中小学教育教学工作关联度低等问题。"学生在学习过程中只掌握了一些专业化的词汇和一些刻板的原则，当他们面临复杂多变的实际问题时就难免会束手无策。"高师院校课程设置及教学对中小学教师所需的条件性知识并未能提供充分保障。[4] 再反思我国如火如荼的教师职后培训，因教师对条件性知识的需求尚未被唤醒，简单以教师的显性需求为逻辑起点的职后培训课程设置中亦普遍缺少条件性知识补偿性课程。

职前、职后的教师教育课程设置盲区以及教师自身对条件性知识的价值低估，导致我国中小学教师专业知识系统中普遍存在条件性知识不足的问题，使为数众多的中小学教师教学实践处于传统的依靠经验、依靠实践性知识阶段，不能在理论指导下科学开展教育教学实践活动，反思教育教学实践成效。条件性知识板块在教师专业知识系统中的结构性欠缺，成为阻碍教师专业发展，特别是专家型教师成长的一道壁垒。

2. 专业能力系统中教育教学研究能力薄弱

教师的教育教学研究能力是指运用一定的理论和方法，研究、解决教育教学问题的能力。其核心是在教育教学实践中发现问题、解决问题。教育教学研究能力是教师由普通教师成长为专家型教师所必备的能力，从某种意义上可以视为普通教师与专家型教师的专业"分水岭"。

日新月异的教育发展进程，要求提高教师的教育教学研究能力，以解决教育教学改革中层出不穷的新问题。尽管如此，但我国多数高师院校并未将教育研究方法纳入专、本科期间的核心课程，我国中小学教师在职前学习期间很难系统地学习和掌握教育研究方法。多数中小学校和培训机构的培养重心多聚焦于教师的教学实践能力，对教师的研究能力关注较少，导致培训内容上教师教学研究能力培养课程的缺失，进而导致教师专业能力结构的不完善，教学研究能力群体性薄弱，在运用教育研究方法去发现问题、解决问题上出现明显短板，表现为不能及时发现问题、总结经验，被问题困惑不知从何处着手去认识解决，经验累积不能转化为实践性知识，实践性知识不能升华为条件性知识，有了理性认识却不能用理论话语体系概括等，影响教育教学实践的持续改进，影响自身专业素质的持续精进。集教育研究者与实践者于一身的研究型教师，在教师队伍中如凤毛麟角。

3. 专业精神系统中专业自我有待唤醒

只有具备良好专业精神素质的教师，才有可能理解教育的本质、教育的价值，理解教育工作的意义，继而产生职业认同感和神圣感，才能将其视为事业，充满激情、克服困难去坚守与奉献，才能将自身发展与事业发展紧密联系起来，为了事业去学习、求发展。而当前众多调研数据和笔者的调查结果表明，我国中小学教师的专业精神面貌特别是专业自我方面存在问题，影响和制约着教师工作的效能、自身专业发展的动能。

专业自我，是教师个体对自我从事教育工作的感受、接纳和肯定的心理倾向。专业自我是促进教师专业素质形成与发展的内在动力。在专业精神培养上，我国重视教师专业道德强化，重视专业情感培育，但在专业自我意识激发、制度激励、文化支持方面则相对欠缺。[5]特别是在严峻的工学矛盾中，多以工作的现实需求为重，较少考虑教师的长远发展、个性化

49

发展。众多优秀教师也以能上好课、带好班、完成任务为基本定位，缺乏专业自我意识，甚至将专业发展与做好教育教学工作二元对立。部分具有专业发展诉求的教师，也较难客观全面地评估自身专业发展现状，规划专业发展目标与路径，专业自主发展效果差强人意。

专业自我不彰的原因，可能源于时代、社会文化及学校文化、职业特点、教师个体等原因，归因复杂。笔者如下几点分析，来源于有限范围内的调查，有待在后续研究与实践中予以进一步论证。一是当前教育教学工作的过重压力。压力来自社会、学校、家长对教师的过高期望，来自新课程改革带来的巨大挑战，来自自身身体、心理的不适应。严峻的工学矛盾直接影响教师的专业发展积极性。二是教育教学效果的渐进、滞后和反复。中小学教师面对的教育对象是可塑性极强的发展中的人。发展的主体是学生，教师的教育活动作为外因只能通过内因才能发挥作用。此外，教育工作的独特性决定教师的教育教学劳动不能在短期内显现应有的成效，甚至会出现问题的反复。付出与收获不匹配，导致教师专业信念动摇，专业价值感受到自我质疑。三是教育理想与教育现实的冲突。新的教育理念与现实教育实践的碰撞，自身的教育理想与学校教育规范之间的矛盾，自身的努力程度与家长、学校评价之间的落差，均导致教师易陷于困惑、迷茫、失望等情绪之中，导致专业情感趋向冷漠、专业信念出现动摇、专业发展上出现彷徨与倦怠。

综上所述，我国中小学教师专业素质的结构性欠缺客观存在，归因可追溯长期以来职前教育课程设置的不合理，职后教育规划和实施的科学性论证不足，以及支持规划持续、有效实施的制度不健全，教师专业发展环境的压力等。系统发力，加大职前的教师教育改革，优化职后的教师教育实践，改善教师专业发展环境，应是破解我国中小学教师专业素质结构性欠缺问题的必由之路。

三、解决结构性欠缺的补偿策略探讨

1. 基于诊断的自主研修策略

该策略旨在弥补条件性知识的结构性欠缺。作为学校或区域教师研修中心，应着力在全体教师中普及专业素质结构理论，以即将陆续出台的各学科中小学、幼儿园"教师培训课程指导标准"为依据，研发必要的指标和工具，指导每位教师开展专业素质现状自我诊断，并基于诊断结果设计专业发展规划，制订贴近自身实际的专业发展目标、任务、路径、措施，提高规划的科学性和可操作性，分阶段完成研修任务，实现专业发展目标，从根本上提高研修的有效性。针对诊断中浮现出的条件性知识不足问题，学校和区域教师研修中心应向教师提供丰富、优质的学习资源和学习指导，支持教师开启个性化自主研修活动，自定目标，自选内容，自控过程，自评效果。因基于专业发展需求和前期实践经验，对职前学习中难以理解的理论可以实现意义建构，学习效果应可以达到较高的水平。

学校或区域教师研修中心可以根据教师学习进度，分期分批进行条件性知识过关活动，营造制度环境，推动教师克服困难坚持学习，达成研修目标。

2. 反思性行动研究策略

该策略旨在补偿教育教学研究能力的结构性欠缺。笔者研究构建"反思性行动研究专业发展模型"（参见图2），以问题反思为起始，以行为反思为过程，以个人观念反思、实践理解加深为结果，引领教师在以反思为核心的行动研究中，解决实践问题，改进实践效能，形成个人实践理论。学习、研究、实践活动聚焦于反思，统合于反思，实现思、学、研、行同期互动，进而实现学术理论输入与个人实践理论输出的同期互动，研究成果与实践转化的同期互动，使日常教育教学工作中的专业发展成为习惯，成为常态。有效破解教育教学研究能力薄弱的问题，对条件性知识匮乏、专业自我不彰等专业素质的结构性欠缺问题亦有一定程度的化解。

图 2　反思性行动研究专业发展模型[6]

3. 专业发展主体性唤醒策略

该策略旨在补偿专业自我的结构性欠缺。在教师专业发展的问题上，教师自身的专业发展主体性是内因、组织推动是外因，需要激活内因，实现专业自主发展。应提倡源于教师内在需求的、积极主动的专业自主成长方式。唤醒教师专业发展的内在需求，引导教师客观分析自己的专业发展现状，制订适合自己的专业发展目标，选择自己需要学习的内容，克服困难、创造条件坚持学，最终达成自己的专业发展目标。通过体验专业发展带来的教育教学效能的提升，教师能够感受学生更好地成长，提高自我效能感，提升职业幸福感。

四、系统促进中小学教师专业发展的几点思考

1. 促进教师的全面发展

教师专业发展应顾及专业知识、专业能力、专业精神三个子系统的协调发展，才能发挥教师专业素质系统的整体效能。研修内容设计上应顾及教师专业素质整体结构，努力培养有知识、有能力、有情怀的优秀教师。

作为学校或区域教师研修中心，在设计域内教师研修内容之前，应做好现状调研：以教师专业素质结构为框架，设计问卷、访谈提纲，编制学科知识测试卷、教育类知识测试卷等工具，通过问卷、座谈、测试、教学观察等途径，开展域内教师专业素质现状调查，并以分析结果为依据，列出专业素质结构中的普遍性短板。在此基础上，考虑国家教育改革的方向、区域（或学校）教育发展的主题等因素，决定区域或学校的研修内容，并据研修内容设计相应的研修方式、评价方法。

2. 促进教师分层发展

在实际操作中，可适当分层、分类设计研修内容。如针对新任教师、胜任教师、成熟教师三个不同发展阶段教师群体的专业素质结构特征，进行差异化设计：新任教师层面可更多关注学科教学内容结构和知识点的准确把握，关注基本的教学设计、实施与评价能力的提升；胜任教师层面可结合其实践经验，开展教育教学理论的补偿研修，开展教育研究方法的学习和实践，以夯实教育理论基础，提升教育教学研究能力，实现理论与实践的接轨；对成熟教师群体，可更多关注其实践智慧的凝练与传播，激活专业再发展的热情，促进专业发展水平的质变与升华。同时，要特别关注特殊教师群体的专业素质结构特征和发展需求，如对"所教非所学"教师群体而言，第一要务应是本体性知识的学习和实验操作等学科教学基本功的训练。如此，基本可以解决研修内容与专业发展需求之间脱节的老大难问题，提高区域性研修的针对性、实效性，提高教师参与研修的积极性、主动性。

3. 促进教师团队发展

系统论第一引理认为，如果系统外面没有任何环境，系统的功能将废退，组织性散失，直至结构解体。在教师专业发展问题上，应明确教师专业发展系统并不是孤立存在的，它需要与外界环境保持能量和物质的持续交流。教师专业自主发展，是在外在价值引导、外在环境支持下的自主完

善。教师个体的专业发展系统需要在外部环境的认同、支持中得到更多的发展能量。学校、学生、家长的认同与支持对教师专业发展都有着积极的促进作用，而影响尤为深刻的是同伴的心理及专业支持。一致的专业发展追求，共同的专业生活情境，客观理性的专业反思与对话，可以使个体在积极的组织文化中裹挟发展，增强专业归属感与幸福感。

引导教师组建专业发展团队，提供团队专业发展支持力，是学校和区域教师研修中心应有的职责。以完善的团队研修制度，保障教师团队研修的正当性，使团队研修有法可依，成为教师专业生活的正常组成部分。以积极的团队研修文化，保障教师得到正向的心理支持，可以在自我反思、同伴互助、专业引领中提高团队研修的品质。以充足的团队研修资源，保障教师团队研修内容的丰富性、方式的多样性。

注　释

[1] 魏宏森. 系统论：系统科学哲学 ［M］. 北京：清华大学出版社，1995.

[2] 陶本一，丛玉豪，李进，等. 我国教师专业素质研究报告 ［M］. 北京：北京大学出版社，2015.

[3] 蔡京玉. 行动研究对中小学教师专业发展的助推作用研究 ［D］. 长春：东北师范大学，2013.

[4] 满晶. 建构"一体化"体系的几点设想：高师公共教育学、心理学课程改革的新思路 ［J］. 东北师大学报（哲学社会科学版），1995（6）：80-84.

[5] 杨桂兰，邸春姝. 基于专业化教师特质的专业自我与专业发展 ［J］. 教书育人，2006（2）：37-39.

[6] 蔡京玉，王国霞. 行动研究对中小学教师专业发展的促进作用探析：以长春汽车产业开发区中小学教师行动研究为例 ［J］. 教育科学，2012（3）：63-69.

（此文发表于《中小学教师培训》2018 第 11 期）

教师在学习共同体中
实现专业发展路径的探析

李水霞　熊　梅

（东北师范大学　吉林长春）

教师长期生活在两个教育世界——个人的教育世界和群体的教育世界之中。教师的成长不是通过教师孤独个体的自我修为和自我成熟实现的，而是通过在教师群体中与其他教师的互动、沟通以及协作、分享实现的。随着教师专业发展研究的深入，研究的视角逐渐发生转化。托马斯认为，教师专业发展思想的一个重要转向就是将关注的重心从"专业个人主义"转向"学习共同体"。[1]学习共同体在教育研究中的内涵非常丰富，尽管不同的学者基于不同的学科视角提出过不同的定义，但总体来说，学习共同体就是由一群人亲密合作形成的稳定的学习组织。教师参与专业学习共同体（Professional Learning Community，即PLC）是教师专业实现整体、高效、迅猛成长的快行道，是突破教师专业成长上限的重要方略。[2]笔者综合其他学者的观点认为，教师学习共同体是一个学习组织，这个学习组织通过向教师提供一个寻求帮助、建立关系和信任，同时获得个人专业发展支持的场所，最终达到消除教师孤独感、促进教师专业化成长、支持教师终身学习和发展的目标，从而真正提高教学质量。目前教师学习共同体对于教师专业发展所起的积极作用和意义已经不容置疑。尽管如此，但是如何才能真正地发挥学习共同体在实现教师专业发展中的作用还是很多学校非常困惑的问题。笔者尝试从建立教师在学习共同体中的规范，让知识共享成为教师在学习共同体中实现专业发展的核心，创设教师在学习共同体中实现专业发展的环境等方面，多角度地分析和思考这一问题。

一、建立教师在学习共同体中的专业发展规范

1. 信任规范——建构教师互动的基础

在学习型组织中，教师之间的信任是教师之间互动的前提。如果一个教师群体成员期望其他成员的行为举止是正当可靠的，那么他们就会相互信任。信任度的高低决定了教师合作的可能性多少。巴伯指出："当我们

说我们信任谁或者谁值得信任时，那他将去做一个有益于我们，至少不是有害我们行为的概率高到足以使我们考虑和他进行某种形式的合作。"[3]教师在学习型组织中对知识共享的信任障碍导致其产生心理不安全感，进而影响共享知识的意愿和行为。每位教师的经验、对事物的认识及其世界观、价值观都是不同的。他们对知识的意义、价值和使用进行评价，得出的看法也是不一样的。如果个人不信任其他人的知识或者不相信其他人在学习共同体中会贡献他们的知识，团体的可信度就会很低。教师的个人主义文化，表现在对自己的要求是独立成功观，对其他教师的态度上是不干涉主义。如果大家都抱着不信任的态度来对待自己以外的其他人，那么学校之中只会有教师间的恶性竞争与猜忌，无法形成合作与分享的学习共同体。信任主要来自长期的相处和了解，学校若能增加学校教师之间的互动与相处的机会，增进教师开放的心胸，将会有助于教师之间感情的交流，进而加深教师知识分享的意愿。

2. 互惠规范——建构教师合作的原动力

共同体强调群体内成员之间的"内在的精神连接"和"共同理想、合作文化的形成"，不像一般组织那样强调外在制度性约束和契约性关系。[4]教师之间是否构成合作关系取决于教师是否自愿参加，否则合作的关系便难以长久。教师合作意愿产生的动力取决于教师本身可以从合作中获得的受益。在学习共同体的组织中，由于合作的性质，教师必须有所付出，只要付出与所得形成对等关系，有益于自身发展，教师就会产生合作意愿。互惠从根本上说是种交换，但这种交换有着更丰富的内容，交换形式更多样。在教师与其他教师的互动中，互惠可以理解为教师平等互助，不是为了谋取即时的眼前利益，而是为了自己更长远的发展。在共同体中教师的互动行为达到了利己和利他的统一。在长期的互惠关系中，教师可以在需要时得到各种有价值资源。[5]理论和实践都证明，信任和互惠能够有效推动合作的发生，使教师能够更有效地行事，同时会进一步促成良好的同事关系，这种良好的同事关系在很大程度上为教师合作文化的生成提供了基础。教师们因共享的工作目标和一种共同的工作认同感而觉得有义务和共同利益者在一起相互工作，长期的信任和互惠关系既有利于教师个体的专业发展，又有利于教师群体的专业发展。

3. 合作规范——建构教师的互动规则

美国社会学家戴维·波普诺认为，"合作是这样的一种互动形式，即由于共同的利益或目标对于单独的个人或群体来说很难或不可能达到，于

55

是人们或群体就联合在一起行动"。合作是网络中社会互动的必然结果，合作越多，教师之间的联系越多，群体中成员受惠越多。目前，我国中小学教师专业合作观念、效果、意识等方面存在着一些问题。如：教师合作意识缺失，大多数教师认为教师的专业发展是教师个人的事情，奉行个人专业主义——既不欢迎他人介入自己的课堂教学，为自己的教学提出建议，也不愿意介入他人的课堂教学。很多教师，固守着自己的教学经验，潜在地排斥开放与合作，不能以开放的心态接纳新思想。中小学教师年级组或学科组集体备课，仅限于同年级同学科教师之间进行任务的分配，缺乏教师之间实质的合作和交流。[6]这种合作文化是加拿大著名学者哈格里夫斯认为的"人为合作文化"。[7]这种教师合作文化是以教师表面合作为特征的"人为合作文化"，而不是以教师开放、信任和相互支持的心态建立起来的合作文化。教师自然合作文化强调教师在日常生活中自然而然生成一种相互开放、信赖和支援型的同事关系，这种合作关系是教师自发形成的。教师专业共同体的核心是教师自然的合作文化。这种文化更有利于专业共同体的建立。教师间自然的合作文化内化于教师自身，一经形成就会更有利于教师群体的专业发展。

二、让知识分享成为教师在学习共同体中实现专业发展的核心

任何共同体的存在都是围绕某种稀缺资源而展开的，教师专业共同体追求的是专业知识。在教师专业社群中，学习共同体是诱导专业知识生成的特殊装置，是教师个体展示专业自我的平台。[8]巴特勒（Butler）指出："教师学习教学的过程以及教师专业知识的建构首先是一种社会性的交往和对话活动，教师不是在真空中建构知识，他们的知识、能力、态度和技巧是在社会文化情境中形成的。"[9]知识分享是知识拥有者通过沟通的方式将知识传播给知识重建者的过程。学校教师的知识分享成为教师专业发展的重要手段。

教师要在学习共同体之中实现知识共享，必须做到以下几点（参见图1）：

1. 知识共享机会的保证

知识共享不是简单的学习共同体成员的互动行为，它的发生不仅需要作为知识拥有者的教师有意愿相互信任，而且还需要双方有接触机会以及双方应具备一定的传递能力。教师共享机会的保证主要通过增加组织成员间正式或非正式活动在一起的平均接触时间和加强组织成员之间人际关系

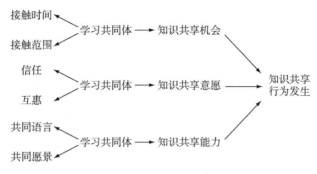

图 1　驱动共同体成员知识共享的功能模型

的接触范围来实现的。只有在教师之间平均接触时间很长和教师接触面很广的情况下，才能保证教师群体知识共享机会。个体产生知识转移的需求往往是很短暂的、瞬间的，教师之间互动时间的保证可以增加教师间知识共享的机会。教师人际关系的接触范围广，可以增加教师彼此之间的了解，使教师有机会接触到彼此专有的知识，从而提高整体的知识共享量。

2. 知识共享意愿的来源

教师群体成员之间的知识共享行为受到个人意愿的影响，而个人知识共享又与成员之间密切关系有关。教师之间的共享意愿是自发形成的，在长期而频繁的交往中，教师之间彼此熟悉，为实现长期的利益以促进个人发展，教师就会合作。教师之间的关系是否和谐是教师间成功合作并分享知识的基础。研究者认为，信任对于知识分享有重要作用。信任能促使知识分享与合作意愿，如要达成知识分享，必须相互信任。[10]教师间知识共享的过程是需要时间的。随着时间的推移，教师之间的相互信任度也会有从低到高的发展过程，知识共享会从偶发事件逐渐变成教师群体内的惯常行为。教师个人所拥有的时间、知识、精力有限，除非有利于自身，否则人们通常不愿意和他人分享职场上的专业知识。知识传播者之所以愿意花精力和时间与人分享知识，其实是在期待未来必要时也能适时得到知识分享的实惠。信任和互惠成为教师间知识共享意愿的来源。

3. 知识共享能力的基础

教师发展是通过学习型课程进行的。正如圣吉所言"学习型组织"是一种管理组织，是以学促管理，因为"传统权威组织的信条是愿景、价值观与心智模式"。[11]共同语言是沟通与知识共享的基础。在教师群体中，教师一般具有共同的知识基础，比如在教研组这样的教师群体中，专业知识结构以及相同的学科背景成为知识分享最基本的保障。共同语言决定了知识在共享过程中发出与接收的效率与程度。当作为知识拥有者的教师与作为知识接受者的教师具有较多的共同语言时，教师群体内就有更多分享知识的可能性。作为知识提供者的教师可以高效率地提供知识，作为知识接受者的教师能够快速地理解与吸收，这些都有利于成员之间进行快速、大量的知识共享。组织成员之间的共同语言为专业知识的沟通提供了支撑。

任何专业学习共同体的发展都要经历一个从无到有、从弱到强的过程。在这个过程中，成长需要的激发、学习愿景的催生尤为关键。它是推动专业学习共同体产生的基本内驱力。共同愿景意味着教师群体成员间存在着共同目标、共同认知与共同的行为规范等。共同愿景除了可以降低沟通障碍外，还会使得教师更愿意分享彼此的经验与知识。教师群体的共同愿景使教师聚集在一起，为了他们的利益和共同目标而努力。共同愿景是成员行动的力量之源，他们怀着共同的教育信念为同一个目标努力。共同愿景有助于教师群体成员从组织系统的角度理解知识的结构，从而有能力识别所交换和整合的知识对教师专业发展的潜在价值。

三、创设教师学习共同体实现专业发展的环境

1. 创设学校自然合作的文化

学校，作为一种教育组织，和其他组织一样，也具有一种精神、一种氛围，这种精神和氛围就是学校文化。教师专业学习共同体是一种生态趋向的教师专业发展模式，从宏观视角关注教师的文化、合作和专业发展等综合因素。因此，要很好地实践这种专业发展模式就需要构建一种具有自发性和自愿性的合作文化。

在同事关系良好的工作环境中，大家彼此之间存在强烈的信任互惠并在此基础上进行合作。根据"领导—成员"交换理论，领导信任会激发教师的知识分享意愿。德鲁格（Deluga）与康诺夫斯基（Konovsky）和帕夫（Pugh）的研究也发现，部属与领导有高度的信任关系会使下属展现出更多的美德行为。因此，学校领导要树立民主的管理观念，尊重和信任教师，在工作中处处体现出一种民主的作风。在对教师的管理中要处处体现出一种情感的渗透，在思想、工作和生活等各个方面关心和爱护教师。学校要避免围绕行政人员的意图、兴趣进行"合作"，或采取自上而下的教育行政方式进行"强制性合作"。强制性的"合作"会影响教师的工作积极性和长远的发展利益。合作必须处于以教师的教学与发展为基础的教

师工作的切实需要，这样才能保证教师的自愿。学校要逐步从自上而下的组织管理机制走向自下而上的教师自主、自律的合作行为。

2. 建立教师合作参与的动力机制

教师的合作参与需要一定的外部动力机制，包括教师评价制度、教师奖惩制度和教师工作绩效制度等。评价是一把双刃剑，它既可提高教师工作的积极性，又可阻碍教师工作的积极性。建立薪酬及绩效管理系统，有助于形成促进教师知识共享的制度保障。虽然奖酬及绩效系统无法长期、直接地促进员工知识分享，但是，将奖惩及绩效系统纳入学校管理可以显示出学校对知识分享的重视，呈现出知识分享在组织中的重要性。例如，学校可以根据教师的专业发展水平状况，以"以老带新"或"结对子"形式进行知识分享。学校领导可以把这一分享的工作纳入奖酬及绩效系统中，鼓励更多专业能力强的教师帮助新教师，鼓励更多的新教师向其他教师学习。对于合作行为能够及时激励和表扬，使教师不断获得成就感，不断促进教师提升合作意愿。

3. 构筑学校发展的共同愿景

共同愿景是一个组织所有成员的愿望和远景，主要包括共同目标、价值观和使命感。学校的共同愿景是学校全体人员共同持有的一种愿望和期望，是一种教育理想，体现了学校的办学理念和价值追求。共同愿景对于学习共同体至关重要，为全体成员提供奋斗目标和能力，它作为一种感召力，把所有人拉向共同目标。学校领导要善于激发、学习和聆听教职工的个人愿景和组织的团队愿景，要尊重不同教师、不同团队的不同追求。领导要经常与教师分享自己的愿景，加强和教师的沟通交流，进而形成集体的共同愿景。只有教师的个人愿景与学校愿景趋向协同时，共同愿景才会形成凝聚力，充分发挥教师在学习共同体中专业发展的潜力。

4. 构建和谐型的同事关系

如果一所学校的教师能够相处融洽，相互尊重，合作愉快，教师群体之间的关系就会充满和谐的氛围。教师在和谐的氛围中便能够相互学习，相互帮助，相互交流。如果教师之间不信任，相互排斥和轻视，他们就不会坐在一起很好地交流和沟通，教师之间的知识共享就不能够得到实现。在学校中，构建和谐的同事关系有利于教师之间形成分享和互动的学习共同体。

注　释

[1]THOMAS G，WINEBURG S，GROSSMAN P，et al. In the company of Colleagues：

An interim report on the development of a community of teacher learners ［J］. Teaching and Teacher Education，1998（14）.

［2］斐迪南·腾尼斯. 共同体与社会 ［M］. 林荣远，译. 北京：商务印书馆，1999：15.

［3］DYER J H，NOBEOKA K. Creating and managing a high-performance knowledge-sharing network：the Toyota Case ［J］. Strategic Manage ment Journal，2000，21（3）：345-367.

［4］托马斯 J 萨乔万尼. 道德领导：抵及学校改善的核心 ［M］. 冯大鸣，译. 上海：上海教育出版社，2002：92-94.

［5］田新颖. 运用社会资本的互惠原则及反思 ［J］. 湖北社会科学，2004（3）：83-84.

［6］薛正武，陈晓端. 基于自然合作文化的教师专业学习共同体建构 ［J］. 教育科学研究，2001（1）：70.

［7］邓涛，鲍传友. 教师文化的重新理解和建构：哈格里夫斯的教师文化观述评 ［J］. 外国教育研究，2005（8）：6-10.

［8］陈晓端，龙宝新. 教师专业共同体的实践基模及其本土化培育 ［J］. 课程·教材·教法，2012（1）：108.

［9］BUTLER D L，LAUSCHER H N，SANDRA J S，Beckingham B. Collaboration and self-regulation in teachers'professional development ［J］. Teaching and Teacher Educaton，2004（20）：435-455.

［10］柯江林，石金涛. 驱动员工知识转移的组织社会资本功能探讨 ［J］. 科技管理研究，2006（2）：144-146.

［11］彼得·圣吉. 第五项修炼：学习型组织的艺术与实务 ［M］. 郭进隆，译. 上海：上海三联书店，1988：4.

（此文发表于《中小学教师培训》2012 年第 8 期）

关于促进教师合作发展的思考

——兼谈学习型组织理论对教师教育的若干启示

邓　涛

（全国中小学教师继续教育东北师范大学研究中心　吉林长春）

近年来，教师同事之间的合作发展（collaboration）备受国内外教师和教育界的关注。综观学者们的研究成果，不难发现，他们大多致力于对教师合作定义的阐释、争论以及对合作之于教师专业发展价值的精心论证。尽管这些研究都是十分必要的，但缺乏对促进教师合作发展策略的深入研究，难免使这种良好的教师专业发展途径多少带有一些理想成分。这其实就向我们提出了一个非常关键的问题：如何将教师合作落实到实践中？以下几方面是我们应当思考的。

一、确立合作的专业发展观

观念是任何改革的先导。推动教师合作发展，必须首先冲破传统的教师孤立发展观的束缚，树立沟通合作的教师发展观。

早在20世纪70年代，美国学者劳蒂（Dan C. Lortie）就深刻地指出，教师的工作方式具有现实主义（realism）、保守主义（conservatism）、个人主义（individualism）等典型特征。其中，个人主义即指"教师羞于和同事合作和不乐于接受同事的批评，教师之间并没有合作共事的要求与习惯"。[1]教师为了保持自己的独立自主，喜好隔绝的工作方式。久而久之，这种孤立的发展观便占据了教师的头脑。因此，直到20世纪90年代，加拿大学者哈格里夫斯（A. Hargreaves）仍在大声疾呼："尽管后现代时代的教师工作和文化遇到了前所未有的挑战，但教师改善教学和追求专业发展所需要的合作观念还远没有确立起来。"[2]最近国内外的研究同样表明，截至目前，很少有教师真正在心目中确立了牢固的合作发展观念。

近年来国内外的推动教师合作发展的实践探索都鲜有成效，这使人们一直在思考这样一个问题：究竟是什么因素对于教师的合作最具有决定意义？美国学者彼得·圣洁（Peter M. Senge）在其学习型组织（learning organization）理论中谈及了心智模式（mental models）的概念，启示了我们从一个新的视角来探寻这个问题的答案。圣洁指出，"所谓的心智模式就是在内心深处根深蒂固的、影响人们认识世界和改造世界的意愿与方式，……不良的心智模式阻碍着系统思考和组织学习，它是一些改革难以绕开的、隐在暗处的顽石。"[3]近年来国内外有很多学者开始从教师的心智模式的改善出发来探讨合作观念的确立。他们大都认为，目前，很多教师的心智模式仍带有工业时代的人们在认识上、思维上的特征。在工业时代里，教师如同站在工厂流水线上的工人，从事着机械、独立的劳动，从而强化了教师业已形成的以封闭、孤独、独立奋斗、关注眼前利益、静态思维、习惯性防卫等为核心内容的心智模式，这与知识经济时代所需要的创造性的、开放的、合作的心智模式是存在根本冲突的。这种矛盾如果得不到有效解决，仅靠向教师宣讲合作对于专业发展如何重要是无济于事的。因此，从根本上说，树立教师的合作观就必须与时俱进地改善教师的心智模式。对于教师来说，改善心智模式就要善于与身边的领导、同事等充分交流，表达自己的想法和经验，并以反思的心态来持续地检视自己的思维和观念，以开放的心灵容纳别人的想法，逐步学会运用系统思考的方法，养成合作的意识和品质，这是一种深层次的观念变革。

二、改革教师管理制度，为教师合作提供宽松的制度环境

发轫于泰罗（F. Taylor）的科学管理理论，这一理性化的教师管理仍然是当今教师管理的主要范式之一。理性管理是指以"工作"或"组织"为中心，强调建立严格的规章制度、明确的职责分工、严厉的奖惩和强制纪律的集权化管理方式，它适合于工业时代的标准化批量生产方式。这种强调通过定量研究等手段对教师实行外在控制与监督的管理制度与教师劳动的复杂性、创造性、长效性等产生激烈的冲突。这种矛盾斗争的结果是教师丧失了改革教育教学的积极性和追求专业发展的自主性。同时，"奖优罚劣"的评价制度使教师们围绕着特定的标准展开激烈的竞争，这在一定程度上加剧了教师之间孤立、封闭的现象。如果说这种理性化的教师管理制度必然在工业时代盛行，那么，它在今天的知识经济时代就应该让位于更为先进的管理理念和方式——人文管理了。

人文管理可以追溯到 20 世纪 20 年代美国心理学家梅奥（George E.

Mayo）的人际关系理论，人文化的教师管理提倡教师主动进行教育创新和追求专业发展，用崇高的信念不断地挑战自己的能力极限。因此，教师在面对愿景与现实之间的差距时，必然会不断地进行探索以实现自我超越。而在他们遇到困惑或者为消极情绪所困扰时，他们会自然而然地走出自己的心灵世界，转向自己身边的同事来寻求专业发展所需要的各种工具性支持和社会—情感方面的支持，教师之间的合作便自然而然地形成。这种发自教师们内心的合作才是哈格里夫斯所言的真正的合作。因此，人文化的教师管理具有催生教师合作的功能。

很显然，为了促进教师的合作，教师管理制度需要适当淡化竞争，但这并不意味着竞争在教师管理中毫无必要。研究表明，教师之间适度的竞争对于保持教师专业发展的动力、发展自己的个性等大有裨益，也有利于推动教师合作不断向前发展。

三、构建合作的教师文化

教师文化有多种类型。个人主义文化和派别主义文化不利于教师之间的合作。为了促进教师的专业发展，学校应当构建合作的教师文化，而且这种合作的教师文化不是通过一系列正规的、特定的官方程序或任何前设性规定硬造出来的人为合作文化，而应该是具有自发性、自愿性、发展取向性、超越时空性、不可预测性等特征的自然合作文化。拥有了这种文化，教师才能在一个互信、互谅的环境中共同探求改变思维和习惯的方法，相互激发，共同探究，最终实现共同的愿景（vision）。

塑造合作的教师文化需要学校领导、个体教师乃至全校员工的共同努力。作为领导，要为教师的合作提供包括时间、场地、情感、成果认定等方面的支持。作为教师，应具备彼此支持、互相配合、同心协力的个人品质。在塑造合作的教师文化时，还要考虑到它具有历史性与群体性。对于教师文化来说，不仅不同教育阶段的学校教师文化类型是不同的，而且不同科目教师的教学文化、乡村和城市教师的教师文化也是不同的。因此，若要提高学校的教学效率和促进教师的专业发展，不同层次、地区的学校就要洞察自己的教师文化的已有特点，采取适宜的策略，培植有自己特色的教师文化，进一步推动教师的合作发展。

四、探索有效的教师合作形式，为教师合作提供良机

教师合作需要一定的载体，没有切实可行的教师合作形式，教师合作

就将成为空谈。我们认为，以下几种形式是值得借鉴学习和推广的。

（一）开展集体备课

集体备课是促进教师合作发展的有效形式之一。它将教师的个体创造性置于群体之中，变静止封闭为互动交流，通过集思广益、信息共享实现教师群体的共同发展，可以事半功倍地提高教师的理论水平、教学水平和科研水平。

从促进教师合作的角度来看，教师集体备课应如何开展呢？

1. 集体备课应由教师们根据自己在教学实践或专业发展中所遇到的实际问题来自行发起和组织，而不是在外界力量压迫下开展的。

2. 备课组成员应具有一定的"同质性"，即他们在目标、兴趣、利益、意见等方面有可能达成共识。在这个前提下，备课组可以尽量扩大组织成员的来源范围。

3. 教师群体的参与意识、创造精神是集体备课健康运行的前提，所以要充分调动个体教师广泛地参与讨论和交流。

4. 备课组长要做好宏观调控工作。

5. 合作虽然强调集体意识和行为，但并不排除教师个性的发展。个体教师的发展必然会惠及教师团队的发展，这体现了学习型组织理论所强调的"组织发展应当建立在个体发展基础之上"的思想。

（二）从事合作科研

合作科研也是教师合作的一种较好的形式。它是指教师们围绕一定的课题研究任务而进行的合作攻关活动。教育科研是一项系统的工程，它需要调动多种人员、运用集体智慧来共同解决问题，合作因此成为实施教育科研的客观需要。但从另一个角度来看，这种需要也为教师合作提供了难得的机会。在教师们组成课题组共同对教育课题进行研究的过程中，合作成为可能。课题组成员有着共同的目标——通过完成一定的科研任务，获得共同的专业发展；课题组的成员都是为了共同的任务自发地走到一起来的，因而其兴趣和利益有着一致性；在课题组里，教师的人际关系相对简单，大家平等协商，合作共事，没有严格的等级关系（当然，课题组里也存在着课题负责人等领导者，但他们与普通成员之间仍然是工作关系）。从学习型组织的视野来看，教师课题组初步具备了学习型组织的一些基本特征，但如果要把其培育成为真正意义上的教师学习型组织，我们必须对教师课题组进行重新定位：它不应是一般的学术性组织，而应是一个践行终身学习理念，具有使教师工作学习化和学习工作化、教师学习自主化和合作化等特点的注重培养教师的研究态度与能力、创新精神、人文关怀等品质的教师学习共同体。

（三）结合课例，进行"同事互助指导"

同事之间相互观摩（peer coaching）课堂教学和评课也是教师合作提升实践智慧的有效形式。西方学者乔依斯（Joycee B.）和许瓦斯（Showers）通过实证研究表明，学校内教师之间的相互听课和指导能帮助教师把所掌握的教育教学理论知识和技能有效地运用到课堂教学实践中去。研究者对两组参与三个月在职培训的教师进行了对比研究，其中一组是接受同伴互助式培训的教师，另一组是没有接受此类培训的教师。结果发现，前者有75%的教师在课堂中能有意识、有效地应用所学的理论知识和技能，而后一组只有15%的教师有同样的表现。以后的几项研究也都发现，校内同事之间互助指导的效果明显地超过单元式的工作坊。[4]

目前，同事互助指导的教师专业发展方式受到了美国、香港等许多国家和地区的大力推崇。一些学者认为，同一层级教师之间的互助既能避开上司对下属评鉴考绩的"干扰"，又能促进教师的专业发展。同时，相互听课还能有效缩小课程发展与教师实践之间的落差，引发相互切磋和教学研究。学校如果能长期坚持运用这种合作方式，就可以促成研讨与培训一体化的校本教师发展机制。

（四）把年级组和教研组建设成为教师学习型组织

学校里的年级组和教研组为教师的合作搭建了良好的平台。年级组和教研组一般都有一定数量的成员，而且这些成员具有共同的文化和历史传承、相似的知识背景以及共同的生活理念和实践经验，这种共同的经验就构成了团体的知识库。在互动过程中，这种经验会不断地得到更新、发展和扩大，并且在团体中得以保存、继承和发扬。

年级组和教研组能促进教师合作在多个纬度展开。从纵向上看，这两种组织都有利于教师合作保持时间上的延续性。无论在年级组，还是在教研组中，成员之间都既存在着独特的个性，又存在着一定的"社会相似性"。这种相似性由于受到组织愿景的感召，产生了稳定性和持久性，这使得组织内的教师能长期有效地进行合作，避免了教师合作的短期行为。

从横向上来看，年级组和教研组有组织开展各种跨年级组、跨教研组、跨学校甚至是跨学区的交流活动的便利条件，使教师合作在更大的范围展开。从深度上看，由于年级组和教研组是学校中比较稳定的教师组织，经过不断的积累和逐步的完善，教师合作会日益趋向理想的境界，从而使年级组和教研组最终成为成熟的教师学习型组织。

对于学校年级组和教研组的建设问题，我们要强调两点认识：其一，必须肯定这些组织对于促进教师合作发展的重要价值。因此，应当鼓励和支持这些组织的生存和发展。其二，必须客观地看到这些组织发展中的局限性。如果定位不准、引导不当，它们就会对教师派别主义文化的产生和发展推波助澜。所以，学校必须以系统和开放的原则来构建年级组和教研组，把它们建设成为推动教师群体（而不是某一部分教师）发展的组织。如果借用哈格里夫斯的话来说，这种组织的理想模式是一种"移动的马赛克"（the moving mosaic），每个组织的界限都是模糊的，各个组织之间交互重叠，具有很大的灵活性和互属性。

综上，促进教师合作发展需要我们从观念、管理、文化、形式等方面进行多方面的思考和探索。在此过程中，把学习型组织理论用作我们的思维导向和实践指南，将有助于我们自觉地克服教师合作的自身局限和风险，也有助于我们提升教师合作的水平和层次。对此，我们还要进行更为深入的研究。

注　释

[1] LOQTIE DC Schoolteacher：A Sociological Study ［M］. Chicago：The University of Chicago Press，1975.

[2] HARGREAVES A. Changing teachers, Changing times：teachers' work and culture in the postmodern age ［M］. London：Cassell，1994.

[3] 彼得·圣洁. 第五项修炼：学习型组织的艺术与务实 ［M］. 郭进隆，译. 上海：三联书店，1998.

[4] 顾泠沅，杨玉东. 教师专业发展的校本行动研究 ［J］. 教育发展研究，2003（6）.

（此文发表于《中小学教师培训》2005 年第 7 期）

乡村教师的专业获得感问题及其弥补性对策

吴亮奎

（南京师范大学课程与教学研究所　江苏南京）

随着《乡村教师支持计划（2015—2020 年）》的逐步实施，乡村教师的生活待遇、职称晋升等问题正逐步得到解决，原来不利的专业境遇得到了较大改善。然而笔者在调研中发现，当政府以积极的措施解决了那些不利于乡村教师专业发展的问题之后，乡村教师的专业发展意愿并没有明显提高，不论是教育主管部门组织的在职培训，还是教师所在学校组织的校本研修，教师的主动参与度一般不是很高。为什么一项体现了社会公平和进步的政策在实施过程中没有对乡村教师专业水平提升产生较大影响？这种现象背后的原因是什么？能不能针对这些原因探索切实有效的对策？本文从教师专业获得感的角度就这些问题进行了思考。

一、乡村教师专业获得感问题的表现及其原因

教师是一种专业，良好的教师专业获得感不但能够提升教师的专业素养，提高教师的专业能力，还可以提升教师生活的幸福指数。由于我国长期的城乡二元发展，乡村教师的生活状况与城市教师相比一直处于不利境遇。这种长期历史条件下形成的专业不利境遇使乡村教师的专业获得感被破坏，对多数乡村教师来说，教师仅仅是一种职业，而没有上升到专业水平，教师的专业获得感在乡村教师的生活中成为一种问题状态，这种问题状态主要表现为专业价值感的问题、专业知识感的问题、专业信念感的问题和专业文化感的问题四个方面。下面对这四个方面问题的表现及其形成原因进行简要分析。

（一）专业价值感的问题

专业价值是专业存在的核心概念，专业价值感是个体对其所从事专业的本质存在的体验。教师专业是一种引导心灵解放的专业，教学活动中教师通过与学生积极的交往实现情感交流、知识授受、技能训练、文化传

承，在积极和谐的教学过程中促进学生的心灵成长。在日常的教学过程中，教师将爱心无私地奉献给学生，同时在这个奉献的过程中获得自身专业的存在感，实现教师的专业幸福。这是理想状态的教师生活。然而，现实中的教师生活却与这种理想状态有较大的差异，一般教师很难在教师的职业生活中获得心灵的解放感，他们在教育生活中找不到积极的专业价值感。这种专业价值感问题在乡村教师的专业生活中表现得尤其突出。

首先，乡村教师的专业价值是一种被动赋予的价值，被动赋予的价值使个体的主体地位失落。乡村是中国社会的底层（随着中国社会城市化发展，乡村的底层地位将会越来越固化），乡村教师在乡村这样的底层社会中承担着文化知识和国家意识形态传播的任务，乡村教师的专业价值体现在这些伟大的"国家精神"上。但在具体的教学过程中，作为个体的乡村教师并不能从这些伟大的"国家精神"中获得强烈的专业价值感，对他们中的大多数个体来说，他们所从事的工作只是一个谋生的饭碗。他们日复一日地从事平凡的工作，在平凡中生存，过着平凡的生活，但人们对这种平凡的生活却总喜欢赋予"崇高伟大"，然后在他们中寻找某些平凡而伟大的个体代表，塑造成为代表乡村教师社会价值的偶像。但是对大多数乡村教师个体来说，那些被塑造的偶像并不能给他们直接带来积极的精神动力。社会赋予乡村教师的价值并不能成为一般乡村教师个体内生的需要。

其次，乡村教师朴素的专业价值没有得到广泛的社会认同。乡村教师的专业价值就存在于乡村教师的日常生活中，这种价值以朴素的日常的形式表现在他们的教学行为中。与城市教师相比，乡村教师的生活似乎不那么"专业"，他们的教师生活是简单而平凡的。他们以一种纯朴的爱心诠释着教师专业，在日常的学校生活中传播着简单的知识、通俗的道理，用自己的经验引导儿童学会生活，国家主流意识形态通过他们的教学得以传播。人们在评价乡村教师的工作时，这种朴素的专业价值常常不能引起重视，人们总是容易忽视乡村教师工作的特殊性，忽视他们工作的环境、条件的特殊性，夸大乡村教师所承担的社会责任，简单、抽象化地理解乡村教师的价值，乡村教师专业价值的特殊性被忽视，从而使乡村教师的专业获得感减弱。

（二）专业知识感的问题

教师的专业知识由学科知识、教育理论知识、个人实践知识等几个部分组成。学科知识是教师安身立命之本，只有具备了学科知识才能从事教师职业；教育理论知识和教师个人实践知识使教师从一个职业上升为一种专业，教育理论知识属于一般性或通识性的知识，教师个人实践知识是教师在具体的学校生活中形成的，代表了教师个人的专业素养，体现了教师的教学个性。不论是城市教师还是乡村教师，个人实践知识都对他们的教学行为有着直接的影响，如何选择和处理教学内容、如何对待学生、如何评价学生的学习结果都受到教师个人实践知识的影响。尽管乡村教师的个人实践知识非常丰富，但他们的课堂在多数情况下是凭着"经验"向前发展的。由于对经验缺少反省性思考，乡村教师的个人实践知识对他们的专业发展的影响相对较弱，教师的"个人经验"不能成为他们反思的材料，难以促进他们的专业成长。与城市教师相比，乡村教师较少有良好的专业知识感，其原因大致有以下三个：

首先，以城市生活经验为中心的学校课程使乡村生活远离学校课程，乡村学校的教师和学生熟悉的生活内容较难成为学校正式的课程内容，课程实施过程中教师和学生的直接经验难以进入学校课程。对许多乡村学校的儿童来说，学校的课程内容是陌生的、新奇的、遥远的。课堂上的教师和学生感到他们是在学习外面的世界，而他们自身世界的生活却没有成为学习的内容。

其次，由于我国学校教学制度发展历史的影响，教师倾向于关注既有课程内容的教学，对课程本身的问题关注较少，教师缺少课程开发、编制的意识和能力。这种影响在乡村学校表现得更加突出，乡村学校教师的课程意识相较城市教师而言更加欠缺。乡村学校的校本课程建设水平较低，多数学校的校本课程建设几近于零，一些做得较好的学校也多是模仿，不能根据已有的社会条件和学生特点开设符合本地特点的校本课程。

最后，乡村教师的个人实践知识具有"乡土性"特点，"乡土性知识"在社会日益城镇化的发展状态下是一种边缘性的知识，与主流社会知识相比处于边缘地位。在这种背景下，乡村教师本来赖以形成自身专业获得感的"乡土性知识"在城市教师的个人实践知识面前也被边缘化，使乡村教师个人的专业知识感减弱。

(三) 专业信念感的问题

专业信念生成于教师个体的内心世界，是教师专业发展的内在动力，这种产生于他们内部需要的专业信念能够增进自我认同，培养职业幸福感。教师的专业信念与教师的个人知识有着密切的关系，个人知识越丰富、实践感越强，专业信念越坚定。乡村教师的专业信念具有朴素性特点，这种朴素性可以从他们的专业态度、个人实践知识丰富程度两个方面进行分析。

首先，乡村教师的专业态度具有朴素性，这种朴素性面临着信念提升的需要。乡村教师信念朴素性表现在他们的专业认知、专业情感和专业动机中。乡村教师将教师视为一种职业或一个谋生的饭碗是较常见的看法，这种朴素的专业认知使他们在教学过程中喜欢按照"要求"或"习惯"完成自己的教学任务，对新的教学内容和新的教学方法不能很快适应，专业发展过程中教师的被动行为较多。他们中的大多数从内心喜欢教师这一职业，即使在较艰苦的条件下也默默地完成自己的工作。他们的专业动机不像常人认为的那么"高远"，他们较关注眼前的生活，关心学生现在的健康成长。生活在乡村的熟人社会中，他们也可能在学校课业之外做"家教"，但他们并不像一些城市教师那样从家教中图得回报。他们的专业态度与他们的教学行为具有高度的一致性。

其次，乡村教师个人实践知识具有朴素性，这种朴素性表现在他们对课程内容的理解、教学方法的选择、师生关系的处理以及对学生学业的评价等几个方面。由于教学习惯的影响和教学条件的限制，多数乡村教师依然运用原来的"教学计划—教学大纲—教材"这一话语体系理解学校的课程与教学，他们认为课程就是教材，完成了教材上规定的教学任务就是落实了规定的课程内容。虽然他们也经常受到要"用教材教"不要"教教材"之类的教学理念培训，但外在的培训内容难以转变成他们自身的教学行为。乡村学校生活中，体罚或变相体罚的现象依然存在，只要情况不是很严重一般不会引起强烈的反对，这也是由乡村生活的社会氛围决定的。教师体罚的一般理由都是"为了学生好"，但什么是"为了学生好"往往得不到认真的思考和讨论。对学生的学业评价，与城市教师一样，他们都关心学生的"考分"。

（四）专业文化感的问题

人是一种文化的存在，文化存在的方式决定了人的生活方式。研究乡村教师问题要关注其文化存在方式，从文化存在方式的角度分析其专业特点。理想的个体生存状态，其职业、专业和文化存在是统一的，个体的职业认同、专业认同和文化认同具有同一性。当我们考察乡村教师的生存状态时，却发现其职业、专业和文化存在彼此割裂，甚至对立，对多数乡村教师来说，教师职业难以上升到专业的层次，遑论专业与文化存在的统一。总体上看，乡村教师的专业文化存在感较弱，主要表现为专业文化双重边缘化、文化自我认同度低。

首先，专业文化双重边缘化。从社会结构的角度看，传统中国社会的乡土性特点在当代中国社会已经消失，社会的变迁趋势是走向城市化，以城市为中心的科技文明几乎取代了传统社会的乡土文明，乡土文化在城市化进程中被边缘化。虽然城市化进程的速度越来越快，但乡村不可能在当下中国消失，它必须在很长的一段时间内继续存在。相应地，乡村学校也必然长期存在。然而乡村学校所传播的文化并不是以自然生态文明为核心的乡土文化，而是以物质科技为核心的城市文化。这样，乡村学校就成为一种地域存在，而不是一种文化存在，作为文化存在的乡土性在乡村学校被忽视，乡村文化被从乡村学校文化中割裂开来，使乡村教师的文化感处于割裂状态。这种状态具体表现在两个方面：一方面，乡村教师大都经受过城市文化的培育、习染，城市文化主导着他们的生活方式；另一方面，他们实际生活的文化环境却是乡土文化。这种情形导致乡村教师的专业文化处于双重边缘化境遇：城市文化被乡村文化包围，那些在城市文化中习染成长起来的教师在乡村学校被乡土文化边缘化；在学校内部的课程与教学生活中，乡土文化内容又很难成为以城市文化为核心的学校正式课程的一部分，从而被城市文化边缘化。双重边缘化使乡村教师的专业文化感处于矛盾之中：一方面，"我"不是城市教师，城市文化远离"我"的生活；另一方面，"我"不习惯乡村生活，乡土文化也远离"我"的生活。

其次，文化自我认同感低。乡村教师专业文化双重边缘化导致教师个体文化自信缺失，教师专业的自我认同感降低。主要表现为：个体不愿长期工作于乡村学校，他们向城市学校单向流动的意愿强烈；乡土文化不能成为校本课程的核心内容，乡村学校在进行校本课程开发时，重视模仿城市学校，忽视将乡村学校自身所处的乡土文化内容纳入校本课程建设；教师专业发展盲目追逐城市教师，论文发表、课题立项等成为教师专业标准的外在形式。同时，教师话语权弱和语言表达方式的非城市化也是形成乡村教师自我认同度低的原因。

二、增强乡村教师专业获得感的弥补性对策

在生活待遇、编制职称等问题得到解决之后，乡村教师的既有专业水平与社会对教师的专业要求之间的矛盾成为主要矛盾，乡村教师的专业发

展问题将逐步成为主要问题。培养乡村教师良好的专业获得感是提高乡村教师专业发展水平的重要内容。针对乡村教师专业获得感四个方面的问题，笔者提出以下四条弥补性对策。

（一）专业价值内生对策

所谓价值内生是指个体从自身主观感受的角度形成专业价值的理解和判断，专业价值不只是简单的外在赋予，个体的主观体验、判断和选择也是专业价值形成的重要途径，个体发展的需要成为专业价值的重要因素。价值内生是当代多元社会价值背景下教师专业价值培养的一条重要途径，它可以改变社会传统对乡村教师的刻板印象，在真实的实践场景中分析教师角色，将乡村教师视为一个具有丰富现实需要的感性的人，而不是原来那种只求付出不图回报的"红烛般"的奉献者和牺牲者角色。教师专业内生价值是教师在实际的学校生活中将自己的教育理念与社会对教师理想价值要求相互结合而生成的专业价值，这种建构性的专业价值反映了个体对专业价值的真实体验，这种价值使个体内在的体验与外在的实践行动高度一致，教师人格内外统一。内生价值具有主体间性的特点。主体间性是自我主体与对象主体的互动交往，主体既是以主体间的方式存在，其本质又是个体性的。价值的主体间性打消了原来的主客二元对立的状态，在具体语言、对话情境中进行交流、理解，将人们对价值的认识转向对人类活动的关注。乡村教师的专业价值内生有以下三条路径：

首先，改变社会对乡村教师的简单的奉献者角色要求，认同乡村教师的个体需要，听取乡村教师的个体诉求，让乡村教师感到自身的专业文化存在，形成良好的文化存在感。

其次，从制度上改变乡村教师的专业评价标准，在既有教育法规对教师专业标准最低要求的基础上，结合乡村学校的具体情况对乡村教师的工作业绩进行评价，建立与城市教师专业评价标准有差异的乡村教师专业评价标准。评价内容和标准的确定充分考虑乡村学校教育的特殊性。在具体的评价活动中，对乡村教师实行倾斜政策和补偿政策，增强教师的专业价值感。

最后，对乡村教师进行价值补偿。政府以调整资源分配的形式对乡村教师不利的生活境遇和工作环境进行补偿，奖励他们为乡村学校教育发展所做的个人贡献，对那些长期执教于乡村学校的教师进行额外的工资、福利或荣誉奖励。

（二）专业知识体验对策

知识体验是主体对知识的理解、建构和生成的过程，教师专业知识是一种体验性知识，不同的专业体验知识是在不同的知识观、知识心理学、知识社会学的综合作用下形成的。"教学过程中的知识是由教师和学生共同建构起来的。知识的建构过程充满着矛盾和斗争，即作为合法化的教科书知识与建立在个人生活经验基础上的教师和学生的个人知识之间的矛盾和斗争，充斥着整个教育教学过程。"[1]教师的专业发展与教师的知识体验有着密切的联系，从知识体验入手解决乡村教师的专业知识感问题是一种有效的办法。具体措施如下：

首先，通过教师个人的教学叙事，经验性的个体知识上升为个人反省知识。教学叙事是教师对教学过程的一种再现和反思。通过叙事，教师深刻地反思自己的教学行为，在反思的过程中形成对教学过程的体验。教师对教学过程的体验有积极体验和消极体验，寻找消极体验产生的原因，减少消极体验，促成积极体验。

其次，在课程意识培养的基础上，形成课程开发、编制的知识。在校本课程开发的过程中，将乡村生活的内容纳入学校正式的课程，增强教师的课程知识感。乡村教师的课程知识感包括课程理论的知识感和课程内容的知识感。课程理论的知识感使教师产生鲜明的课程意识，在具有鲜明课程意识的教师眼中，课程不仅指教学计划、课程标准和教科书，还是学校生活中一切有助于学生积极发展的活动经验，而学校校本课程的开发实践强化了教师对广义课程观的理解。因此，乡村学校的校本课程开发对乡村教师的专业成长具有积极的意义。课程内容的知识指教师对课程内容的理解，针对乡村学校的特点，乡村生活内容是良好的课程资源，教师如果能有意识地将自身日常的生活内容纳入学校的课程体系就能够增强乡村教师专业知识的自信感。

（三）专业信念形成对策

良好的专业信念源自扎实的专业知识、坚定的专业态度和自信的专业角色。促进乡村教师专业信念形成，具体措施有专业知识的丰富与发展、专业态度的自我认同力培养两种途径。

首先，专业知识的丰富与发展。乡村教师专业知识的丰富与发展可以从教学理念、课程知识、教学方法等几个方面进行。教学理念决定着教师的态度和行为，其核心是教师的学生观，即教师如何看待学生、将学生培养成什么样的人。教育爱是良好教育理念的教学体现，乡村教师对学生的朴素的教育爱是教师专业发展的前提，将朴素的教育爱与国家教育方针的育人目标结合有助于乡村教师教学理念的发展。教师要自觉地将朴素的"教育爱"上升为教学勇气。培训机构通过形式多样的专业培训丰富他们的课程知识，改变既有传统教育观念；引导他们在课堂实践中进行教学方法改革，随着城乡教育一体化速度的加快，城市学校教师所运用的一些新的教学方法会逐步在乡村学校得到运用。

其次，专业态度自我认同力培养。具有自我认同感的教学是一种良好的教学境界，"真正好的教学不能降低到技术层面，真正好的教学来自于教师的自身认同与自身完整"[2]，教师要培养对自身的认同力。提升乡村教师专业态度的自我认同力措施主要有以下三条路径：

第一，教育主管部门积极搭建乡村教师专业发展平台，为乡村教师提供研修和表达专业观点的机会，发表专业研究成果。

第二，建立乡村学校专业发展网站，鼓励乡村教师利用网络资源进行自我专业培训。

第三，积极开展乡村学校校本课程建设，通过校本课程建设过程中的问题的解决提高乡村教师的研究意识，使乡村教师意识到自己是一名研究者，而不仅仅是知识的传授者，教师在教学研究过程中培养自己的角色自信，形成专业的自我认同力。

（四）专业文化自为对策

教学是在活动中展开的，教师是活动的主体之一，作为活动主体的教师的文化存在是一种自为的行动。"行动本身即是它的真理和现实性，而对个体性的发挥或表达，就是行动的自在自为的目的。"[3]针对乡村教师的专业文化边缘化和乡土文化认同度低的问题，笔者提出以下对策：

首先，积极倡导学校进行校本课程文化建设，以学校课程文化为核心将城市文化和乡土文化有机融为一体。在当下的城镇化建设背景下，原本意义上的乡村生活越来越远离人们的视界。乡村的渐远带来的结果是乡土的淡忘。城市的发展越快，城市文明越发达，乡土文化就越有教育价值。发挥乡村学校的自身优势，建设以自然生态文明为核心的校本课程，构建"自然、和谐和爱"的乡村学校校本课程主题。同时，鼓励乡村学校与城市学校积极交流，将乡村学校的乡土课程建设经验与城市学校的校本课程建设进行沟通，引导乡村学校通过校本课程建设实现文化的自为存在。

其次，实行民主管理，唤醒乡村教师的话语权，通过话语权的获得实现文化的自为存在。"语言自身就是思想的载体。"[4]人是生活在语言中的，语言是人类存在的重要方式。教学是一种语言的艺术，教师就是一个言说者，通过言说传承，开启人类文明智慧，教师在语言活动中完成教育过程，实现教育目标。教师本应该是学校话语的主导者，但由于一些乡村学校缺少民主的管理氛围，本该属于教师的话语权时时被剥夺，这使乡村教师陷入"无言"的境地。唤醒乡村教师的话语权有以下两种途径：一是通过教学研究增加乡村教师的话语表达机会，让教师在教学研究中以学术的话语实现自我存在；二是对乡村教师进行话语表达方式（尤其是书面话语表达方式）的培训，用合适的话语形式将自己对课程与教学的理解表达出来，通过正确的话语表达提高教师的文化自我存在意识。

参考文献

[1] 齐学红. 教学过程中知识的社会建构：一种知识社会学的观点 [J]. 南京师范大学学报（社会科学版），2003（1）：66-72.

[2] 帕克·帕尔默. 教学勇气 [M]. 吴国珍，余巍，等译. 上海：华东师范大学出版社，2005：10.

[3] 黑格尔. 精神现象学（上）[M]. 贺麟，译. 北京：商务印书馆，1979：261.

[4] 维特根斯坦. 哲学研究 [M]. 李步楼，译. 北京：商务印书馆，2010：160.

（此文发表于《中小学教师培训》2017年第8期）

城乡小学数学教师 TPACK 现状的比较与分析

——以"国培计划"江苏省卓越工作坊小学数学教师为例

段志贵　赵爱华

（盐城师范学院数学与统计学院　江苏盐城）

一、问题提出

教育部先后于 2012 年、2014 年颁发了《教育信息化十年发展规划（2011—2020 年）》《中小学教师信息技术应用能力标准（试行）》两个重要文件，这两个文件的实施，为小学数学教师卓有成效地把技术整合到课堂教学实践中去带来了活力，极大地提升了小学数学教师对于 TPACK 知识的理解和掌握。

所谓 TPACK 指的是整合技术的学科教学知识，主要包含 TK（技术知识）、PK（教学法知识）、CK（学科内容知识）三个核心要素以及这三个核心要素之间相复合的四个要素。[1] 这个概念释义清楚，但在测量与具体应用上存在一定的困难。美国俄勒冈州立大学的尼斯提出 TPACK 是由技术、课程和教学三个要素融会贯通形成的一类知识，是教师使用技术有效教学的基础。从这个视角出发，他提出了 TPACK 的四个构成要素，即：关于技术与学科教学整合目的的统领性观念；关于学生利用技术来理解、思考和学习学科主题的知识；关于技术与学科教学整合的课程和课程材料的知识；关于技术与学科教学整合的教学策略和教学表征的知识。[2] 国内学者段元美等丰富和发展了尼斯的 TPACK 理论，创造性地提出 TPACK 包括理念、学生、课程、评价和教学五个维度。[3] 这一理论的架构有助于 TPACK 知识的测评，可操作性强，对于引领教师专业成长具有一定的实际应用价值。

有关小学数学教师的 TPACK 现状调查与分析的文章比较多，但它们各有侧重，如彭旭宏、田娇玲只是调查某地一所小学 19 名数学教师，样本选取有一定的局限[4]；付丽萍等就某市城区 200 名教师进行调查，没有选取可比较的对象[5]；冯晓丽等注重了小学数学教师不同专业发展阶段 TPACK 特征的比较，而对于不同对象的不均衡发展显然缺少关注[6]。当前，基于城乡小学数学教师 TPACK 不同发展水平的比较显然还没有受到大家的重视，与此相关联的乡村小学数学教师 TPACK 知识的发展策略与途径也没有得到应有关注。本文以"国培计划（2016）"江苏省小学数学卓越教师工作坊学员为调查对象，了解江苏省城乡小学数学教师群体 TPACK 知识的现状，梳理城乡小学数学教师 TPACK 知识发展过程中存在的问题，并探讨问题产生的背景及其成因。

二、研究方法

（一）问卷的设计

在充分厘清小学、初中两个阶段数学教师差异的基础上，研究者参阅了段元美等对数学教师 TPACK 构成的研究成果[7]，并征求专家（四名高校学者和五名小学特级教师）的意见，把小学数学教师 TPACK 知识确定为包括整合技术教授数学的统领性观念、学生理解知识、课程和课程资源知识、教学评价知识、教学策略知识五个维度，分别编码为 LN、XS、KC、PJ 和 JX。在此基础上编制调查问卷。问卷主要包括基本信息和量表两部分，基本信息共 10 道题（其中前 9 道题为被调查对象的相关资料，第 10 道题为城乡小学数学教师信息技术使用情况），量表包括五个维度，共 40 道题。

问卷采用里克特 5 等级评定量表：1 代表非常不同意，2 代表不同意，3 代表既不同意也不反对，4 代表同意，5 代表非常同意。其中还设置了三道反向测试题，在最终统计时做了修订。统计结果的分值越高表示对该题目的倾向性越高。所收集的数据通过 SPSS20.0 版本进行分析。调查问卷正式实施前在两所小学进行了测试，确认本问卷具有较好的信度和效度。

（二）调查对象

本次调查对象是"国培计划（2016）"示范性教师工作坊高端研修项目江苏省小学数学卓越教师工作坊线下活动的培训学员。参加答题的共 166 名小学教师，覆盖全省 13 个市，每市 10—15 人，基本构成及相关教师工作与学习现状如表 1 所示。

从表 1 可以看出：城乡小学数学教师性别构成、教龄结构都差不多；学历上有一定差异，乡村教师比城市教师学历水平略有差距，主要体现在硕士以上学历人数相对较少。观察表1我们也发现，乡村教师的职称相对于城市教师来说偏低，特别是高级职称人数相差10个百分点，这反映出在年龄结构基本相同的情况下，乡村学校整体师资水平较低。通过个别访谈，我们了解到，出现这种情况的根源在于取得高一级职称后，一部分乡村教师想办法调到城里，或者提前"病退"，跟随子女到城市里居住了。因此，本调查中166名教师的构成与省内小学数学教师的基本现状大致相同，具有一定的代表性。

表1　被调查对象的基本情况和基本信息

	性别		教龄				学历			职称			总计（人）
	男	女	5年以下	6—10年	11—15年	16年以上	硕士以上	本科	专科	中高	小高	小一以下	
城市教师	33	77	8	13	20	69	6	103	1	21	52	37	110
%	30	70	7.3	11.8	18.1	62.7	5.5	93.6	0.9	19.1	47.3	33.6	100
乡村教师	18	38	6	5	7	38	1	52	3	5	28	23	56
%	32.1	67.8	10.7	8.93	12.5	67.8	1.8	92.8	5.4	8.9	50	41.1	100

三、研究结果与分析

（一）城乡小学数学教师信息技术使用情况

当前，小学数学课堂教学中信息技术手段的运用越来越普遍。从调查结果可以看出，城乡小学数学教师运用信息技术的基本手段大体相同。受众面比较大的有实物投影，教材配套资源库，课件制作工具，挂图、模型等实物展示，文字处理技术，电子白板，网络搜索技术等。总体来说，无论城市小学教师还是乡村小学教师，对技术含量比较高的信息技术，如数据处理软件、绘图工具、思维导图软件等，掌握和使用的人数不多。不难发现，与城市小学教师相比，在基本的挂图及模型、文字处理技术、电子白板、网络搜索技术等方面，乡村教师的使用并不逊色。

（二）城乡小学数学教师 TPACK 调查结果整体性分析和比较

为了考察城乡小学数学教师 TPACK 的总体情况差异，研究者先对量表总分的平均值进行了对比，然后对五个维度下的五种知识得分平均数进行了计算，并制作成各维度均值对比图进行比较，结果参见图 1。从整体上看，虽然城市小学数学教师的 TPACK 量表均分高于乡村小学数学教师，但是二者得分之间相差不大。

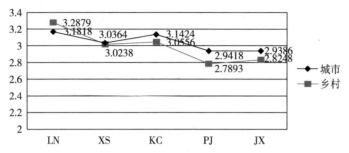

图 1　城乡小学数学教师 TPACK 各维度均值对比图

城市小学数学教师五个维度的总体均值为 3.0482，均值极差为 0.243。五个维度的平均值由高到低依次为 LN＞KC＞XS＞PJ＞JX，均值最高的是 LN，为 3.1818，说明城市数学教师的理念知识良好；其次是 KC；均值最低的是 JX。超过总体平均值的有 LN、KC。

乡村小学数学教师五个维度的总体均值为 2.9978，低于城市小学数学教师，均值极差为 0.499，高于城市小学数学教师。五个维度的平均值由高到低依次为 LN＞KC＞XS＞JX＞PJ，均值最高的是 LN，为 3.2879，高于城市数学教师；其次是 KC，同城市数学教师一样；均值最低的是 PJ。超过总体均值的有 LN、KC、XS。

再纵向进行比较发现，城市小学数学教师在除 LN 每一维度上的得分均大于乡村小学数学教师。而在 XS 上的得分，城市数学教师仅仅略高于乡村小学数学教师，相差 0.013。这说明城市与乡村数学教师在 TPACK 水平上有差异，为寻求更为科学合理的解释，研究者对量表五个维度的差异情况做了研究。

表 2　城乡小学数学教师 TPACK 五个维度的差异比较

维度	城市		乡村		T 值	Sig（双侧）
	均值	标准差	均值	标准差		
LN	3.1818	0.3521	3.2879	0.2444	0.6566	0.739
XS	3.0364	0.0649	3.0238	0.0571	−0.3186	0.3783
KC	3.1424	0.0764	3.0556	0.0654	−2.4405	0.01334
PJ	2.9418	0.1194	2.7893	0.1508	−1.5823	0.07612
JX	2.9386	0.1914	2.8248	0.2341	−1.1391	0.1334

表3 城乡小学数学教师 LN 子量表各题均值

问卷题号及问题	城市	乡村
12. 小学数学仅仅是事实性知识、程序性知识和法则的集合	2.409	2.75
13. 小学数学是教师讲知识、学生学知识的过程	2.973	3.179
16. 小学数学教学技术可有可无	3.127	3.286

表4 城乡小学数学教师 XS 子量表各题均值

问卷题号及问题	城市	乡村
20. 能使用信息技术满足学生对数学学习内容方面的需求	3.127	3.036
21. 能使用信息技术设计适合学生发展水平的数学活动任务	3.091	3.054
22. 能使用信息技术构建学习支持策略，减少学生数学学习常见错误	2.927	2.946
23. 能使用信息技术帮助学生解决教学重点	3.036	3.125
24. 能使用信息技术发展学生的推理能力、思考能力和问题解决能力	3.045	3.001

由表 2 数据可以看出，LN、XS、JX 的 P 值为 0.739、0.3783、0.1334，均大于 0.05，表明城乡小学数学教师虽有差异，但是差异不明显。PJ 的 T 值为 -1.5823，P 值为 $0.07612 > 0.05$，表明乡村小学数学教师的评价知识略低于城市教师，但是差异并不显著。KC 的 T 值为 -2.4405，P 值为 $0.01334 < 0.05$，表明乡村小学数学教师的课程知识与城市教师之间有一定的差异，而且这种差异表现得相对较明显。

（三）城乡小学数学教师 TPACK 五个维度的分析和比较

为了更好地得到城乡小学数学教师 TPACK 之间的差异，研究者结合量表具体的题项内容，对五个维度分别进行了统计与分析。限于篇幅，只呈现城乡小学教师间有比较显著差异的问卷答题分值。

1. 城乡小学数学教师 TPACK 理念维度的分析和比较

在教育理念的维度上，有关数学课程标准的体会、数学课堂的认识，以及信息技术在小学数学教学中的应用必要性理解上，城乡小学数学教师之间差异不大。结合表 3 可以明显看出来，城乡小学数学教师在理念知识上每道题的得分相差不大，乡村教师在一些理念认识水平上甚至要高于城市教师。第 16 题（这是一道反向赋值题）反映出城乡小学数学教师都能意识到信息技术在小学教学中起到的重要作用；第 12 题和第 13 题（两道反向赋值题）经过正向转换后的得分分布在［2.4，3.2］，可以看到乡村小学数学教师高于城市小学数学教师，一方面说明乡村小学数学教师在教学理念上的知识并不落后于城市教师，另一方面也反映出无论城市小学数学教师还是乡村小学数学教师，在数学观与数学教学观上都有待进一步更新，提高认识。

2. 城乡小学数学教师 TPACK 学生维度的分析和比较

城乡小学数学教师的 XS 子量表每道题得分接近，相差不大，并且得分均在2.9以上，通过表4可以看出城乡小学教师在学生方面的知识掌握得比较好。具体来看，第20题、第21题和第24题，与城市小学数学教师相比，乡村小学数学教师使用信息技术满足学生对数学学习需求、发展学生思维能力方面的水平相对较低。第22题、23题城市小学数学教师的均值略低于乡村小学数学教师，说明城市小学教师在使用信息技术减少学生学习中常见错误以及帮助学生理解教学重难点方面有待加强。

3. 城乡小学数学教师 TPACK 课程维度的分析和比较

在课程维度的调查共有9道问答题。调查显示，与城市小学数学教师相比，乡村教师在通过信息技术获得与更新课程资源，运用信息技术重新组织内容、让学习内容直观有趣、实现新旧知识的合理过渡、借助信息技术与同行或专家进行讨论交流等方面存在明显差距。在表5中，列出的第28题、29题、32题的调查结果也是这样，城市教师优于乡村教师。仅仅在第26题"借助信息技术实现新旧知识的联系和过渡"方面，城市小学数学教师稍次于乡村小学数学教师。因此，对于乡村小学数学教师来说，无论是结合信息技术对课程内容的再加工能力，对课程资源的利用能力，还是获取课程资源的能力等都需要加强。

表5　城乡小学数学教师 KC 子量表各题均值

问卷题号及问题	城市	乡村
26. 能借助信息技术实现新旧知识的联系和合理过渡	3.155	3.161
28. 能借助信息技术把数学知识的学习和学生的生活经验联系起来	3.145	3.089
29. 在使用信息技术教学时会综合考虑其他学科的知识	3.091	2.964
32. 能在现有课程资源的基础上对教学过程进行合理设计	3.2	3.036

表6 城乡小学数学教师 PJ 子量表各题均值

问卷题号及问题	城市	乡村
34. 能使用信息技术对学生的数学学习状况进行合理评价	2.818	2.625
35. 能积极探索使用信息技术评价学生数学学习的方式	2.845	2.643

表7 城乡小学数学教师 JX 子量表各题均值

问卷题号及问题	城市	乡村
41. 针对同一内容的教学能使用信息技术支持的多种教学表达方式	3.127	3.054
42. 经常鼓励学生使用信息技术进行观察探究和实验	2.745	2.482
44. 能使用信息技术构建丰富的教学环境以使学生积极投入到数学学习中	3.1	2.964
45. 在开展信息化教学的过程中能进行有效的课堂管理	3.082	2.964
47. 经常使用信息技术了解学生的学习情况	2.736	2.643

4. 城乡小学数学教师 TPACK 评价维度的分析和比较

从评价维度5道题的测试结果上看，乡村小学数学教师在评价的认识及评价手段的运用等方面都要低于城市小学数学教师，说明乡村小学数学教师在应用信息技术合理评价学生数学学习的能力相对较低，有待进一步提高。特别需要指出的是，如表6所示，在第34题测试"能使用信息技术对学生的数学学习状况进行合理评价"以及第35题测试"能积极探索使用信息技术评价学生数学学习的方式"上，乡村小学数学教师与城市小学数学教师差距较大，表明乡村教师使用信息技术评价学生数学学习的投入度不够、探究还不到位、积累的经验还不够充分。

5. 城乡小学数学教师 TPACK 教学维度的分析和比较

对 JX 子量表的调查共设置了12道题，主要考查城乡小学数学教师能否根据数学教学的需要合理地运用信息技术。依据相关题目得分，可以看出城乡小学数学教师对在教学中合理地选择和运用信息技术，不断地更新自身掌握的信息技术知识都怀有比较强烈的愿望，但对于能否解决教学中遇到的信息技术问题，教师们的信心都不是太足，特别是乡村教师。表7列出的第41题、42题、44题、45题、47题，考查的是城乡小学数学教师在组织和引导学生利用信息技术进行数学学习上的具体行动、经验积累与教学信心，相比之下，乡村教师与城市教师有一定差距，反映出乡村小学数学教师利用信息技术的熟练度还不够，课堂上利用信息技术进行有效教学的基本功还需进一步加强。

四、研究结论与讨论

（一）研究结论

1. 小学数学课堂教学中信息技术手段的运用越来越普遍，城乡小学数学教师 TPACK 整体水平较好，相差并不太大。相比之下，乡村小学数学教师稍有逊色，得分最低的两个是教学和评价两个维度。

2. 城乡小学数学教师 TPACK 的理念知识相差不大。城乡小学数学教师都能够意识到信息技术在小学教学中起到的重要作用。然而，无论城市小学数学教师还是乡村小学数学教师，在数学观与数学教学观上都有待进一步更新观念，提高认识。

3. 城乡小学数学教师 TPACK 的学生知识掌握得普遍较好。乡村小学数学教师在使用信息技术满足学生对数学学习需求、发展学生思维能力方面的水平相对较低。城市小学数学教师在使用信息技术减少学生学习常见错误以及帮助学生理解教学重难点方面有待进一步加强。

4. 乡村小学数学教师 TPACK 的课程知识弱于城市小学数学教师。城市小学数学教师在借助信息技术实现新旧知识的联系和过渡方面稍次于乡村小学数学教师。但是对于乡村小学数学教师来说，无论是结合信息技术对课程内容的再加工能力、对课程资源的利用能力，还是获取课程资源的能力等，与城市小学数学教师相比还存在一定的差距。

5. 城市小学数学教师 TPACK 的评价知识水平稍强于乡村小学数学教师。在使用信息技术手段对学生的数学情况进行合理评价，以及积极探索使用信息技术评价学生数学学习的方式方法上，乡村小学数学教师与城市小学数学教师相比有一定的差距。

6. 乡村小学数学教师 TPACK 的教学知识水平有待提高。与城市小学教师相比，乡村小学教师在组织和引导学生利用信息技术进行数学学习上的行动研究、经验积累与教学信心等方面有一定差距，自身利用信息技术的熟练度还不够，利用信息技术进行师生互动、生生互动等的有效性也比较欠缺。

（二）讨论

1. 信息技术应用的技术含量影响着城乡小学数学教师 TPACK 水平的评判。之所以城乡小学数学教师在五个维度上，一个有差异、一个稍有差异，其余三个都没有差异，其根本原因可能源于城乡教师使用的信息技术的技术性含量不算太高。当然，还应当看到，乡村教师接受的培训并不比城市教师机会少，所以在一些理念上，在学生认识与理解上，在教学策略的运用上，都没有显著性差异。而在评价的比较上，城乡教师虽有所差异但不算太大，反映出乡村教师经过这么多年的教师培训进步明显。在有关教学模式与教学策略的选择与使用上，虽然城市小学数学教师相对乡村教师稍强，但整体来说，还处于相对薄弱的态势。

2. 产生乡村小学数学教师 TPACK 课程知识维度弱于城市小学数学教师的原因在于乡村教研活动的缺乏。课程知识维度考量的是对数学内容的深度再理解，是对教学内容与信息技术融合的再加工，是对学生学情与教学内容相结合的课堂教学再设计。从这个视角上看，教师间学习共同体经常性开展的教研活动，对于促进个性教师在课程知识上的提高大有裨益。现实地看，这样的教研活动，当下并不少，但开展的地点，绝大多数安排在城市。再者，在这样的教研活动中，往往城市教师有更多的机会展示与交流自己的思想，而乡村教师参与得少，即使参与了，能够主动发言和交流的机会也不多。所以，即便乡村教师有机会到城市参加同主题的教研活动，也时常只是处于客体状态，一定程度上影响了他们在课程知识维度方面的成长和提高。

注　释

[1] MISHRA P，KOEHLER M J. Technological Pedagogical Content Knowledge：A Framework for Teacher Knowledge [J]. Teachers College Record，2006（6）：1017-1054.

[2] NIESS M L. Preparing Teachers to Teach Science and Mathematics with Technology：Developing a technology pedagogical content knowledge [J]. Teaching and Teacher Education，2005（5）：509-523.

[3] [7] 段元美，闫志明，张克俊. 初中数学教师 TPACK 构成研究 [J]. 电化教育研究，2015，36（4）：114-120.

[4] 彭旭宏，田娇玲. 小学数学教师 TPACK 现状的调查与分析 [J]. 课程教育研究，2017（5）：172-173.

[5] 付丽萍，王丽珍，薛莉. TPACK 框架下信息技术与区域小学数学深度融合的策略研究：基于大同市十所小学数学教师 TPMK 现状的调查 [J]. 基础教育，2016，13（1）：80-85.

[6] 冯晓丽，王海燕，史晓艳. 小学数学教师不同发展阶段的 TPACK 特征分析 [J]. 现代教育技术，2014（9）：43-49.

（此文发表于《中小学教师培训》2017 第 12 期）

反思性教学实践与教师素质的提高

王春光[1]　　郭根福[2]

（1. 东北师范大学　吉林长春；2. 江苏省溧阳市教师进修学校　江苏溧阳）

《思维的革命》一书的作者威廉·杜拉姆有一句名言："假如一个人掌握了思维的力量，那么他就会加速成功的频率。"这句话给我们很大启示，它意味着改变思维将是一场革命，同时预示着我们已进入了一个反思的时代。

进入 20 世纪 90 年代以来，国外关于教师素质的研究已从原来注重对教师教学理论的构建和教学技能的训练转向注重对教师已有知识结构、思维模式以及教学能力习得的研究。波斯纳（G. J. Posner）指出：没有反思的经验是狭隘的经验，至多只能成为肤浅的知识。为此，他提出了一个教师成长公式：经验＋反思＝成长。通过研究发现：教师素质的提高，可以通过教师建立自己的教学理论，总结他们教学的知识、技巧和经验来实现，并认为反思性教学实践是提高教师素质的最有效的途径。所谓反思性教学实践，是指教师在一定的教育理论指导下，对过去教学经验的一种回忆、思考、评价的活动过程，它是对过去经验的反思，同时是做出新的计划和行动的依据，以达到提高教育教学质量、促进学生进步和提升教师自身素质发展的目的。反思性教学实践要求教师在实践中反思实践的内容和结果，分析其背后隐含的背景知识，提出解决问题的假设，并在实践中检验假设，周而复始，循环往复。这一反思过程能帮助教师形成"实践理论"，使教师在总结实践的基础上，将专家的理论与自身的实践融会一体，从而使教师拥有一套能适应教学变化的富有个性特色的知识体系，这个知识体系的建构过程就是教师素质提高的过程，可归纳为：已有的知识和经验—实践＋反思—教师素质的提高。

那么，为什么说反思性教学实践是提高教师素质的有效途径，反思性教学实践的基本流程怎样，反思性教学实践的基本类型和方法有哪些，下面就这些问题谈些个人的思考。

一、为什么说反思性教学实践是提高教师素质的有效途径

第一，反思性教学实践有利于促进教师的自我教育

大量的教师教育的实践告诉我们：教师教育如果忽视教师的自主能动作用，那么，任何教育的实效将会受到影响，更难以培养出具有主动性、积极性和创造性的高素质的教师。所谓教师的自我教育，是指作为教师主体的个人自己对自己的教育。自我教育的过程，是自我认识、自我改造的过程，是实践内化为意识的过程。教师的自我教育随着教师自我意识的发展而发展，教师自我意识的发展，将会促使教师自主性的教学行为的提高，使教师实现由不自觉到自觉、由他律到自律，由他教到自教的转化。然而，反思性教学实践的过程，是教师以自己的教学过程为思考对象，对自己教学行为、教学结果进行审视和分析，从而改进自己的教学实践，并使教学实践更具合理性的过程。但是，目前，反思性教学实践没有引起人们的足够重视。有人曾对100名中小学教师进行"你认为职后培训的最好方法是什么"的抽样问卷调查，结果只有24％的教师选择反思性教学实践法，有44％的教师选择专题讲座法，从而说明相当一部分教师自我反思的意识淡薄。

丽莲·凯兹曾指出，"教师专业化的起点，在于愿意思考问题，并尝试提出自己的改进方案"。因此，在教师教育，特别是校本培训中，我们应该把重点放在如何提高教师反思性教学实践能力上，让教师在教学实践中学会反思，在反思中促进教师的自我教育。只有教师自我教育的能力提高了，教师的素质才会得到真正的提高。

第二，反思性教学实践有利于提高教师的教学理论素养

教学理论素养是构成教师素质的核心内容。在传统的教师教育中，一直存在着这样的认识误区：只要教师通过教学理论的专题培训获得有关教学理论的知识，就会导致自己教学行为的改变或改善，而实际的情形并非如此简单。

在具体的教学实践活动中，每位教师都会形成一些对教学问题的理解和认识，这种理解和认识的背后必然有某种教学理论的支撑。实际上，教师对某种教学理论的理解和认识并不能自动地对教学行为产生直接的影响。实际的情况是：教师在具体的教学实践中，将受到两类教学理论的影响。一类是外显的"倡导理论"（也叫信奉理论）。例如，我们目前所倡导的"学生是学习的主人""教学要着眼于学生的可持续发展"等。这类知

识存在于意识水平，教师容易意识到，也容易受外界新信息的影响而发生变化，但这类知识不能对教师的教学行为产生直接的影响。有的教师通过培训对现代教学理论讲得头头是道，但观察其教学实践，发现其教学行为与所讲的教学理论却是两码事。另一类是内隐的"运用理论"。这类知识将深深地植根于教师的潜意识之中，不张扬，也不外显，但这类知识更多地受文化和习惯的影响，不容易受新信息的影响而产生变化，并直接对教师的教学行为产生重要的影响。为什么目前课堂教学中普遍存在着的"教师讲，学生听"的注入式教学方式得不到根本性的改变呢？其根本原因就在于这些教师在长时间的教学实践中所积累和巩固起来的内隐的应用理论已内化为十分稳定的习惯性思维，从而使这些教师不会对新信息和倡导理论做出积极的反应，更不会清晰地意识到外显的倡导理论与内隐的应用理论之间存在着实质性的差距。

实践证明，教师所学的倡导理论不一定会成为教师改善教学行为的自觉行动。那种希望通过搞几次教学理论培训来促使教师教学行为得到立竿见影的改变的做法显然是违背教师教育规律的。但是，我们应该清楚地认识到内隐的应用理论却随时随地以无意识的方式影响着教师的教学行为。如果教师内隐的应用理论是先进的，这将有助于促进学生素质的发展，反之，将会阻碍学生素质的发展。然而，我们必须明确内隐的应用理论属于教师个人化的理论，是教师个人在自己教学实践情景中形成的某种教学观念的假设，带有鲜明的情景色彩，因而往往不具备普遍的指导意义。而外显的倡导理论属于教师群体所追求的理论，而且具有普遍的指导意义。因此，即使内隐的应用理论是进步的，也需要借助外显的倡导理论来发展它，使它不断地得到科学的调整和应用。其实，外显的倡导理论与内隐的应用理论之间不存在不可逾越的鸿沟，外显的倡导理论完全可以借助反思性教学实践转化为内隐的应用理论，从而对教学实践产生积极的影响。两类教学理论转化的过程正是教师理论素养提高的过程。两类教学理论的转化过程为：外显的倡导理论—反思性教学实践—内隐的应用理论。

在日常的教学实践活动中，教师常常意识不到自己这两类理论知识之间的不一致。正是由于教师不容易意识到自己在教学中究竟采用了什么理论，因而不容易发现自己的教学行为与外显的倡导理论之间的差别，在这种情况下，教师的教学行为自然不会发生改变。而反思性教学实践迫使教师对教学中自己的活动以及学生表现进行认真的观察和分析，并通过教师之间的相互观摩讨论，使教师看到"外显的倡导理论"与"内隐的应用理论"之间的不一致，从而真正使外显的倡导理论应用到教学中去，在不断应用的过程中，使内隐的应用理论得到丰富和发展。所以，反思性教学实践既是沟通教师"外显的倡导理论"与"内隐的应用理论"的桥梁，也是提高教师教学理论素养的有效途径。

第三，反思性教学实践有利于促进教师由经验型教师向反思型教师转变

随着信息化社会的到来，社会对教师素质的要求越来越高。在新一轮基础教育课程改革浪潮的推动下和后现代课程观的影响下，教师仅仅作为经验型教师和专家型教师已经不能满足现代教学的需要，社会呼唤着反思型的教师。后现代课程观强调，教师不再是知识的权威，教师与学生之间需要的是平等的交流和对话，教师应是学习者团体中的一个平等的成员，是"平等者中的首席"（first among equals），是与学生一起探究知识的顾问。因此，教师与学生之间是一种新型的反思关系，一种平等交往与对话的关系。教师由课程的实施者转变为课程的创造者与开发者，学生也不再是知识的旁观者，不再是由外部专家用知识来填充的容器，而是主动的学习者、创造者，是需要点燃的火炬。教师要首先"学会学习"，"学会教学"，要善于对自己的教学进行反思、总结，成为反思型教师。美国学者泽兹纳和雷斯顿（Zeichner & Liston）提出了反思型教师的五个特征：1. 观察、提出并能试图解决课堂教学中的两难问题；2. 能有意识地将解决问题的方法运用到教学中去并在教学实践中进行检验；3. 能密切关注制度和文化背景对教学的影响；4. 能积极参与课程建设和促进学校发展；5. 能承担起自己专业发展的责任。因此，反思型的教师不仅关注课堂内的教学问题，还关注制度和文化等课堂外的因素对教学的影响。他们不仅执行教学中规定了的教育内容，还参与和促进课程的构建和学校的发展。他们不仅重视学生的成长和发展，还积极完善自身的专业发展。然而，从目前中小学校教师素质的状况来看，绝大多数教师具有的只是从事课堂教学所需的基本知识以及狭隘的教学技能或教学经验，缺乏发现教育问题、探究教育问题和解决教育问题的能力。这些经验型的教师显然不能适应社会发展的要求。因此，这些教师不可能培养出社会需要的创造型人才。

可以说没有一位优秀教师不是在反思性教学实践中成长起来的。在这方面，苏霍姆林斯基可以称为反思性教学实践的成功典范，他的代表作《给教师的一百条建议》，实际上就是一部教学实践的反思性总结。

二、反思性教学实践的基本流程

反思性教学实践是促进教师素质提高的核心因素，只有经过反思，教师的有效经验才能上升到一定的理论高度，才会对后续的教学行为产生积极的影响。教师对教学经验的反思可分为四个环节，其基本流程为：确定内容—观察分析—重新概括—实际验证。

1. 确定内容

教学反思的起点是教学问题，这个阶段主要是确定反思的内容，发展教师的问题意识。教师通过对实际教学的感受，通过总结自己的经验，收集其他渠道的信息，意识到自己教学中存在的问题，并产生研究这些问题的欲望。这里的问题类型，有的来自教育教学改革中出现的两难问题，如"如何做到既减轻学生过重的学业负担，又能提高教育教学的效益""如何在学科教学中培养学生的创新能力"；有的来自自己教学实践中的困惑，如"为什么学生一听就会，一做就错""小学三年级学生和初中二年级学生为什么学习成绩会出现分化现象"；还有的来自自己想改变现状的愿望，如"我理想中的课程形式与结构是什么""教学评价是否可以取消分数评价"。

2. 观察分析

反思的内容一旦确定就要进入观察分析阶段。在这个阶段，教师既是各种信息的收集者，又是冷静的批判者，同时是经验的描述者。首先，教师要围绕所要反思的问题，通过查阅文献、观摩研讨、专访等形式广泛地收集信息，特别是关于自己教学活动的信息；然后，教师要以批判的眼光反观自己，分析产生这个问题的原因，以及他人在解决这个问题时的经验与教训。例如，针对"为什么三年级学生学习成绩会出现分化现象"这个问题，我们可以进行这样的观察分析：

△三年级学生学习成绩出现分化，是不是由来已久的普遍性问题？

△三年级学生学习成绩出现分化，与他们的身心发展、学习内容，以及教师所采用的教学方法有没有相关的联系？

△前人或优秀教师在探究这个问题时，做了哪些有益的探索？取得了哪些经验？这些经验是否存在不足之处？

△教师在探究这个问题时，其教学行为结果与期望是否一致？

以上的观察分析将会为下一阶段寻找解决问题的新思想与新策略奠定基础。

3. 重新概括

在观察分析的基础上，教师必须重新审视自己教学活动中所依据的思想，积极主动地吸取新的信息，并寻找解决问题的新思想和新策略，在此基础上提出假设，制订新的实施方案，力图解决所面临的问题。

4. 实际验证

这一阶段是将以上提出的假设和新的教学方案付之于教学实践，并根据实践的结果验证上阶段提出的假设和新的教学方案的合理性，将从验证中发现的新问题作为新一轮反思性教学实践的内容，如此反复，直至问题解决。

从以上反思性教学实践的流程中可以看出，反思性教学实践的过程，既是一个从发现问题、分析问题到解决问题的循环往复的过程，也是一个教师素质持续发展的过程，更是经验型教师走向反思型教师必须经历的过程。

三、反思性教学实践的基本类型

美国著名的反思性实践运动的倡导者肖恩（Schon）在他的《反思性实践者》（1983）一书中指出，教学反思可分为两个时段：第一个时段是在"行动"前和"行动"后；第二个时段是发生在"行动"之中。根据我国教师常规教学活动的内容及教学程序，反思性教学实践一般有以下三种基本类型。

1. 教学实践活动前的反思

这种类型的反思主要是在课前准备的备课阶段，它有助于发展教师的智慧技能。教师的智慧技能主要体现在两个方面：一是看能否预测学生在学习某一教学内容时可能会遇到哪些问题；二是看能否寻找到解决这些问题的策略和方法。从目前教师备课的现状来看，主要存在着两种不良的倾向：一是照搬现成的教案，以"他思"取代"我思"，不考虑自己所教班级学生的实际；二是一些所谓有经验的老教师备课时，过分依赖多年积累起来的教学经验，这种习惯化的思维使他们不注重反思自己的经验，凭原有的经验设计教学方案，有的甚至照抄以往的备课笔记。针对这些问题，要求我们教师在备课时，先要对过去的经验进行反思，使新的教学设计建立在对过去经验与教训的基础上。例如：

△自己或他人以前在教学这一教学内容（或相关内容）时，曾遇到过哪些问题？这些问题是采用什么策略和方法解决的？其效果如何？

△根据自己所教班级学生的实际，学生在学习这一教学内容时可能会遇到哪些新的问题？针对这些新问题，可采取哪些策略和方法？

教师在反思过去经验与教训的基础上，再写出教学设计方案。教学实践活动前的反思，一是可以增强教学设计的针对性，二是可以逐步培养教师良好的反思习惯。

2. 教学实践活动中的反思

课前的教学设计方案是否合理还要经过课堂教学实践的验证，教学实践活动中的反思，主要指向课堂教学，主要解决教师在课堂教学活动中出现的问题。教师在反思中必须具备驾驭课堂教学的调控能力，因为这一阶段的反思强调解决发生在课堂教学现场的问题。这些问题可以假设涉及以下几方面的内容。

△学生在学习教学的重点和难点时，出现了哪些意想不到的障碍？你是如何机智地处理这些问题的？

△教学中，师生之间、学生之间出现争议时，你将如何处理？

△当提问学习能力较弱的学生，该生不能按计划时间回答问题时，你将如何调整原先的教学设计？

△学生在课堂上讨论某一问题时，思维异常活跃，如果让学生继续讨论下去却不能完成预定的教学任务，针对这种情况，你将如何进行有效的调控？

3. 教学实践活动后的反思

这一类型的反思主要是课后教师对整个课堂教学行为过程进行思考性回忆，它包括对教师的教学观念、教学行为、学生的表现，以及教学的成功与失败进行理性的分析等。例如：

△当学生在学习某些教学难点出现课堂气氛沉闷时，你是如何进行有效调控的？

△在课堂教学中，哪些教学环节没有按计划施行？为什么？

△在授课过程中，是否出现了令你惊喜的"亮点"环节？这个"亮点"环节产生的原因是什么？

△假如你再教这个教学内容，教学设计方案还可以做怎样的更改？

四、反思性教学实践的基本方法

随着反思性教学实践的功能日趋明显，越来越多的教师开始注重对自己教学实践的反思。要提高反思性教学实践的效率，必须讲究科学的方法，现介绍目前常用的五种反思方法。

1. 反思总结法

反思总结法是总结反思自己或他人教学实践活动中的经验与教训的方法。俗话说，"好记性不如烂笔头"，只要我们勤于总结反思教学实践中的各种经验或教训，既可以减少自己盲目探索的工夫，又可以培养自己良好的反思习惯。教师反思总结的内容十分广泛，可以总结反思自己在教学过程中产生的各种灵感顿悟和自己对教材、学生、教法等要素的理解，可以总结反思学生和同事的反馈意见，也可以总结反思他人的宝贵经验或失败的教训，还可以总结反思教学实践中的关键事件。关键事件是指教师认为对自己专业发展影响较大的事件，可能是一堂成功或失败的课，也可能是一次师生矛盾的冲突，还可能是一次与专家的对话等。教师要对关键事件反思，首先要对关键事件进行如实的记录，因为任何事件本身是无法呈现自身意义的，只有在事后的反思中才能断定它是否真是"关键事件"。因此，我们平时要善于关注对自己的教育观念和教育行为触动较大的事件，以便为事后回顾反思提供原始的素材。

2. 对话反思法

对话反思法是通过与其他教师研讨交流来反思自己的教学行为，使自己清楚地意识到隐藏在教学行为背后的教学理念，进而提高自己教学监控能力的方法。对话反思法类似于我们平常采用的专题性的小型研会。其操作程序为：第一，由一名执教老师围绕研讨专题上课，其余老师带着问题听课。第二，由执教老师阐述自己教学设计的内容，以及这样设计的理论依据。第三，由执教老师与其他听课老师展开对话，产生思维碰撞。第四，执教老师根据讨论结果重新修改完善教学设计方案，并写出反思性总结。

3. 录像反思法

录像反思法就是通过录像再现教学过程，让教师以旁观者的身份反思自己或他人的教学过程的方法。这种反思方法能起到"旁观者清"的效果。这种方法的操作程序为：第一，上课和录像。第二，观看录像，比较录像的教学过程与预先的教学设计有什么不同。第三，反思评价，包括自我评价和听课或观看录像的人员的评价，评价主要教学环节所应用的教学技能和策略以及理论依据。第四，根据评价内容进一步修改完善原先的教学设计，写出反思性总结。

4. 行动研究法

行动研究法就是针对教学实践中某个难以解决的问题，运用观察、谈话、测验、调查问卷、查阅文献等多种手段，分析并了解问题产生的原因，设计一个研究方案，以求得问题解决的方法。行动研究法是一种自我反思的方法，也是目前比较盛行的科学研究方法。这种反思方法的操作程序为：第一，在反思自己或他人经验与教训的基础上，确定自己所要研究的问题。第二，围绕所要研究的问题，广泛地收集与该问题有关的文献资料，在此基础上提出假设，制订解决该问题的行动方案。第三，根据行动方案展开研究活动，并根据研究的实际需要对研究方案做出必要的调整。第四，收集研究信息，撰写研究报告。

5. 档案袋法

档案袋法就是以专题的形式促进教师不断反思，从而提高教师反思能力的方法。在运用这种方法时，教师首先要根据自己的教学实际确定反思的专题，并进行分类，如创新教育类、转化后进生类、课程开发类等。然后，在每个专题下，由教师本人通过回忆自己的教学观念、教学行为，并对其进行反思，从而记录下自己过去的状况、现在的状况、自己的进步以及自己尚需努力之处。可以说，档案袋可以代表教师个人在某一领域或某一专题内研究发展的历史、现状与未来趋势。档案袋建立的过程是教师对已有经验进行整理和系统化的过程，是对自己成长积累的过程，也是教师自我评估、自我教育的过程。教师填写档案袋的过程本身就是自我反思的过程。

参考文献

[1] PAQIS S G，AYRES L R. 培养反思力 [M]. 袁坤，张厚粲，译. 北京：中国轻工业出版社，2001.

[2] 傅道春. 教师的成长与发展 [M]. 北京：教育科学出版社，2001.

[3] ZEICHNER K M，LISTON D P. Reflective Teaching：An Introduction [M]. Mahwah，New Jersey：Lawrence Erlbaum Associates，Inc.，1996.

[4] SCOHON D A. The Reflective Practitioner [M]. New York：Basic Books，Inc.，1983.

（此文发表于《中小学教师培训》2003 年第 4 期）

微课推动教师专业发展：
现状、优势与策略

肖安庆[1]　李通风[2]　谢泽源[2]

（1. 江西省龙南中学　江西赣州；

2. 赣州市教学研究室　江西赣州）

一、微课相关研究在国内外的现状

　　微课最早出现在美国可汗学院。2006 年，孟加拉裔美国人萨尔曼·可汗为给远在他乡的表妹补习功课，利用简单视频录制工具，制作了一些十分精短的视频，供她选择学习。后来他发现这一做法很有效，并以此创立了一家微课教育网站，提供在线学习、进度跟踪等服务。现在该网站点击量每月超 200 多万次，成为全世界最有影响力的微课学习平台之一。

　　关于我国的微课研究，一般认为是佛山市教育信息网络中心主任胡铁生老师最早提出的[1]，他在 2010 年 11 月就在佛山启动了第一届中小学微课（10 分钟以内）征集评审活动。因为微课精悍短小，制作简单，能有效推动中小学教师的专业发展，所以在短短两个月内就收到了 1700 节微课参赛作品，发布微课的平台两个月访问量超过了 15 万次，在师生间产生了巨大的影响，引起了强大的社会效应，《南方日报》《中小学教育信息技术》等媒体对此做了专题报道。由他主持的课题《中小学"微课"学习资源的设计、开发与应用研究》也被立项为全国教育信息技术研究"十二五"规划重点课题，这是我国第一个研究微课的国家级课题。

　　显然，在微课制作热的同时，微课研究相对滞后。2013 年 5 月 26 日，我们输入"微课""微课程""微型课"，在"中国知网"检索，检索结果：从 2011 年开始，微课研究的论文总共才 10 篇，多集中在微课资源开发与应用方面，微课教学推动中小学教师专业发展研究只有 1 篇，处于探讨的阶段，是一个值得研究的领域。

二、利用微课推动教师专业发展的优势

　　微课以短小精悍为特点，只需几分钟观看视频就可获得大量有用的专

业发展知识。那么，微课推动教师专业发展有哪些主要优势呢？

1. 平民化研究，富矿式回报

利用微课推动教师专业发展，教师不需要运用太多的信息技术，只要会输入微课平台网站名，然后点击所需要的视频即可学习。整个过程"多快好省"，十分平民化。教师只要拥有接入互联网的设备，甚至可以足不出户就能获得更多的学习、交流、沟通（微课配有评价功能）和提升的机会。

2. 不受时空和人员限制

利用微课推动教师专业发展，教师无须坐在一起，无须轮流发言，只需短短的 5 分钟就可以吸收他人最先进的教学经验；不受场合约束，无须太多的表达，教师观看视频更加自由；教师可以灵活安排时间、地点。这种不受时空和人员限制的教研模式更加人性化，能提高教师专业成长的实效性。

3. 思考更充分，反思更有效

由于教师学习微课视频是自由的，视频播放可快可慢，可顺播亦可倒播，可仔细推敲，也可摘抄有价值的观点，可充分地思考，也可将比较成熟的想法在视频下面的评价窗口与他人交流，使得问题的探讨、研究更加深入。由于对微课的评价是匿名的，教师无须掩饰自己的言行，只需在键盘上敲几个字，点一下鼠标，就对该课件做了评价，这样的评价可能更公平。特别是在多人评价下，评价高的微课一般都是精品，评价低的自然没市场。这样的"真"教研、"实"教研能实现有效的专业引领，使教师的能力真正得到提高。

4. 交流研讨范围广

利用微课推动教师专业发展，不受年级组、教研组、备课组以及区域因素等的限制，教师可以点击微课资源库中的任何一个课程资源，发表自己的意见与见解，参与交流研讨，同时可以有专家的点评，可以相互借鉴教学的方法与经验。这种大范围的交流研讨，将会使得教师专业发展更加富有成效。

5. 实现教师个性化专业发展

微课的录制本身就是一种个性化教师发展形势。由于每位教师的教学经历、教学经验和教学能力不同，教师录制的微课所具有的个性也不同：年轻教师制作课件能力较强，录制的微课多注重技术含量；中年教师具有较强的课件制作能力和经验，经常能录制出一些符合各方需求的优质微课；老年教师由于课件制作能力相对较差，但注重经验，录制的微课虽形式简单，但对教学具有参考价值，需辩证看待，也值得研究。

三、利用微课推动教师专业发展的策略

1. 教育厅：重视微课资源库的建设，建立评估机制

江西省教育厅组建的江西教师网是一家全省中小学教师远程教育与科研的平台，其中微课资源库的建设是该网站近期的主要工作。建设丰富的微课资源库，是利用微课推动教师专业发展的前提。只有建设了丰富的微课资源库，各级中小学教师才有资源可用可学。为建好该微课平台，江西省教育厅统一部署，制定了《关于印发〈2012—2013 学年度全省普通中小学（幼儿园）教师全员远程培训工作安排〉的通知》，对全省中小学教师远程培训增加了上传微课这一项目。在此背景下，为推动教师的教学思想、理念更新，促进教师专业发展，共建共享优质教学资源，江西省教育厅还下发了《关于开展 2012—2013 学年全省中小学（幼儿园）教师全员远程培训优秀微课评选活动的通知》，微课录制活动逐步在我省各中小学开展。至此，"微课"成为我省最火的教育名词。

如何管理好该平台，使其成为推动教师专业发展的新途径？江西省教师网的微课平台具有显示各县、中小学校及个人微课上传数量排位功能，并及时更新微课的评选情况。江西省教育厅根据各项统计，制定了合理的评估机制，制订了明确的方案和奖励措施，在评估的基础上鼓励教师制作和学习优质微课。对参与微课评选踊跃的地县教育部门和上传优质微课的个人予以通报表扬。同时，江西省教育厅为提高微课在教师培训中的有效性，在评定名师工作室时，对工作室导师及主要成员上传微课资源做了明确的规定。

2. 市县教育主管部门：加强培训，力推微课评选及教研活动

微课虽然在江西省各中小学校被逐步认识与开展，但毕竟是一个新鲜事物，有些教师，如四五十岁的老教师，甚至一些学科带头人、骨干教师至今还不会制作微课。其实，并不是这些教师不想录制微课，而是制作微课需要一定的技术。因此，加强微课制作培训，是力推微课活动开展的关键。

如何开展微课培训？在江西省教师网主页"通知"栏有如何制作微课的一些方法介绍，按照这些方法，下载微课录制软件，学习这些微课制作技术视频，自己尝试录制、后期制作微课，教师都可以完成。但是，有了

这些学习资源，仅仅使一部分人掌握了相应的技术，并不能大面积地推动教师学习掌握。由于教师的教学压力和生活压力等因素，并不是每位教师都有时间和耐心去观看这些视频，去钻研这些技术，如果有相应的业务培训，将有效地推动教师的微课制作水平。实现教师掌握微课制作技术，现场培训是出路。实践证明，开展了微课制作培训的市县教育主管部门，教师上传微课的势头非常踊跃，如赣州的于都、赣县，它们就开展过多期微课技术的制作培训，手把手地培训，是名副其实的"真"教研，推动教师专业发展的"真"措施。它们在全省微课上传排名非常靠前，分别排名第三名和第六名（以 2013 年 6 月 4 日为准）。

利用微课，推动教师专业发展，教研室部门还可以开展优质微课的评选活动。在职称评聘等因素诱导下，开展微课评选还是非常有效的。例如赣州市教研室下发生物微课评选通知后，广大生物教师对学习微课制作和录制活动的劲头很足，报名上交微课课件非常踊跃，很多生物教师就因这一活动开始学习制作微课技术。

3. 学校教研部门：创造条件，经费鼓励

学校是推动微课教研的直接部门，也是微课推动教师专业成长的受益者，为微课教研创造一定的条件是必要的。江西省龙南中学为推动备课组教研活动，通过制订措施，允许用微课教研替代平常的备课组活动，收到了很好的效益。高三生物备课组是一个教育教学科研能力非常活跃的备课组。他们通过备课组长在江西教师网事先选好的多个微课课件，利用备课组活动，观看本校或他校的微课课件，并进行相关的评课、说课和研究课等活动。在说评交流的同时，教师自己的微课录制水平也得到了提高。特别是由于优质微课都是教师长期的经验总结，都是精品，观看这样的微课视频，教师的生物专业水平也得到了很大的提高。

龙南中学还开展了新型的"帮传带"青蓝工程。利用老教师的计算机应用能力相对较差，新教师的计算机能力普遍较好的特点，龙南中学鼓励新老教师结对，在专业上新教师向老教师学习，在微课制作上老教师向新教师学习，在年终评价青蓝工程效果时给予加分的奖励措施。

此外，龙南中学还在经费上给予了鼓励。按照《龙南中学教研科研奖惩条例》，只要是教科研成果在各级部门获奖，教师就能得到经费奖励。一个微课课件获得市级、省级和国家级奖项，教师就可获得 100 元到 300 元不等的奖励，并且可以计算多个获奖作品。在经费的刺激下，龙南中学的教师制作微课十分踊跃，其中产生了不少精品。

4.教师个体：学习反思，自我发展[2]

教师是微课的开发者，也是专业发展的最终受益者。教师专业发展过程是一个螺旋式上升的过程，在不断实践认识中再实践再认识。教师如果能自己钻研，其专业发展是很容易实现的。教师个体应改变"等""迫""懒"的思想，树立学习反思、自我发展的思想，认真学习微课制作技巧，不断提升自己的专业素养。利用微课，提高教师专业发展水平，教师个体可从三方面入手。

（1）自主学习。自主学习是自我提升的主要形式，是教师专业发展的内在动力。首先，教师可以自己观看微课制作技术，边观看边尝试录制微课，也可以借助培训的机会，或直接向其他微课制作高手讨教。其次，教师可以根据自己的特点，选择自己擅长的教学内容，精心设计好微课课件，写好微课脚本，自己录制微课资源。最后，教师将自己录制的微课视频进行后期制作，将微课资源上传到各种微课平台，虚心接受不同教师的评价，并予以修改。自主学习是教学改革所提倡的，也是教师终身学习目标所倡导的，教师运用必要的调控手段通过微课实现自己专业发展之梦是很容易实现的。

（2）微课反思。微课反思是教师对制作、学习他人微课资源后所获得经验的深刻思考。微课反思，包括教师自己对教学目标定位的反思，对教学内容的科学反思，对教学手段和技巧的反思，以及对教学评价准确性的反思。教师只有不断进行微课反思，总结教学中的成功经验，才能有的放矢，真正提高自己的专业发展水平。

（3）微课研究。微课研究是研究微课在教学中的应用模式和策略等方面的内容，其对象是微课。微课研究是当今教育技术研究的一个热点，申报相应课题也相对容易。以微课为抓手，以教科研为契机，以微课研究促进学科教育教学，积极开展微课教学与实验是提高教师专业发展水平的重要途径。中小学教师可以积极承担微课课题研究，将课题研究用于学科教学之中，开阔教育视野，提升自己的专业水平和学术水平。同时，通过微课研究，教师还可以锻炼自己的意志品质，提高自己的科研能力，增强自己教育教学的幸福感和责任感。

四、微课推动教师专业发展存在的问题

微课作为中国时下最为炙热的教育名词，在热的同时需冷的思考，我们应当清醒地认识到，当今没有哪种技术能解决所有的教学问题，其出现

的问题值得关注和研究。

1. 管理与维护困难

不管对微课平台还是教师，微课的管理和维护都有困难。一方面，微课平台管理者很难花太多的人力和物力去逐个观看每个微课，参差不齐的微课视频将微课平台装得满满的，以至于下载和观看微课都受到限制，分类和维护起来就非常困难。另一方面，教师刚开始制作微课的积极性高，但迫于教学压力，后面制作微课的积极性逐步降低，制作上传微课越来越少，真正将优质微课上传到平台的不多。

2. 微课研究有待提高

微课研究现在处于一个待开发状态，相关的研究明显滞后，不管是利用微课促进学科教学的模式研究，还是利用微课推动教师专业发展的研究，发表的相关论文十分稀少，这与微课"火热"的现状显然不对称。

总之，微课为教师专业发展搭建了自主平台，它是教师专业发展的重要工具和手段。如何实现微课促进教师专业发展还需要广大的教育工作者共同努力，共同挖掘它的功能，最大限度地发挥它的价值。

注　释

[1] 焦建利. 微课及其应用与影响 [J]. 中小学信息技术教育，2013 (4)：13-14.

[2] 郑彩国. 教师专业发展的阶段划分及其知识类型 [J]. 教育探索，2007 (11)：74-75.

（此文发表于《中小学教师培训》2013 年第 10 期）

专业学习共同体视角下的名师工作室建设

——以无锡市"许昌良语文名师工作室"成长为例

许昌良

（无锡市凤翔实验学校　江苏无锡）

专业学习共同体是以自愿为前提，以"分享（资源、技术、经验、价值观等）、合作"为核心，以共同愿景为纽带把学习者联结在一起，进行互相交流和共同学习的组织。与一般意义上的学校学习组织群体不同，专业学习共同体是以教师专业发展为根本目标，紧紧围绕学生学习需要和教学的实际困难与问题，使教师承诺共同的理念与目标，并承担责任、相互支持、共享经验、协同学习的组织。1997 年，美国西南教育发展中心（Southwest Educational Development Laboratory）首次发表了关于专业学习共同体的描述和介绍——专业学习共同体是由具有共同理念的管理者与教师构成的团队，他们致力于促进学生的学习，并且是进行合作性、持续性的学习。

作为一种组织形式，专业学习共同体被认为是促进教职工发展的有力途径，并成为学校变革与改善的有效策略。此后，SEDL 在与阿帕拉契教育中心（Appalachia Educational Laboratory）的合作下制订出"专业学习共同体问卷"，将其划分为五个主要维度：支持与共享的领导，共同的价值观与理念，合作性学习及其应用，支持性条件，个人实践的共享。

专业学习共同体的职能主要体现在对学生和教师的学习和发展的促进。在中国的教育文化语境中，专业学习共同体的职能主要体现在是否提升学校的教学质量与促进教师的发展。显然，名师工作室体现上述共同价值与理念，具有分享、支持、合作、协同学习与成长的特征。

随着教育领域综合改革的推进，培育结构合理、具有一定数量的骨干教师构成的区域学科高峰人才队伍，从而产生区域教师的"雁阵效应"与"群落效应"，显得异常重要与迫切。无锡市北塘区教育局于 2008 年 9 月成立了覆盖中小学语文、数学、美术、物理、化学几个学科的"名师工作室"。其中，江苏省特级教师、教授级高级教师许昌良领衔的"中学语文名师工作室"六年来在专业学习共同体视角下加强工作室建设，导师与学员携手，走过了艰辛而充实的历程。

一、在导师自身成长示范中建立学员专业成长对话的可能

在重视教师专业成长的今天，许多教师"被成长"，他们没有需求，缺乏动力。因为他们没有和外部建立真正的对话关系。我们工作室创办之初，笔者就始终秉承使命——打造一个专业学习共同体，以促进教师发展为核心任务，拥有共同价值与理念，相互支持，共享经验，协同学习，探索群性的养育机制，提高各自的教学质量，促进共同发展。

教师作为一个人，作为生命的存在，其最高意义和价值在于不断地超越自我。"人是一个没有完成而且不可能完成的东西，他永远向未来敞开着大门，现在没有，将来也永远不会有完整的人。"超越是人的生存方式，也是人的本性使然。在专业发展上，我始终这样要求自己。导师的自身影响力无疑是十分重要的。作为导师的我，是"江苏省人民教育家培养工程"培养对象，我将此作为一个新的平台，在读书修身、课题研究、教育表达等诸多方面潜心钻研且积极实践，科研做得扎扎实实。我力求做到：每年认真做一项课题，获得一项教育教学奖励，坚持做一本主题论文集，每年发表含核心期刊在内的省级以上教科研论文十篇以上，听课一百节以上。我本人获得江苏省首届教学成果二等奖；获得 2013 年江苏省教学成果一等奖；2010 年晋升江苏省第二批教授级中学高级教师，获得了无锡市"东方硅谷领军人才"以及"突出贡献的中青年专家"等荣誉称号。近年来，先后出版《语文教学与心理学》《沉静语文——语文教学改革的诗意旅程》《沉静语文——语文教学改革的深情瞩望》《惯习：一种内部创造的形塑》等专著。"桃李不言，下自成蹊。"学员在我的影响下，积极投身于自身的专业发展。从本质上说，工作室的运作是在我与学员的沟通交流中，基于对话展开的。最重要的是，我的专业发展行动为我与学员的对话提供了良好的经验，在此基础上他们通过反思与体悟以及与自身的对话建构了自己的经验。

二、在引导描绘成长愿景中建立学员专业发展信念

现代意义上的教师专业发展是寻求个体独立与专业归属两个方向张力的产物。共同体成员的同质性与异质性特征决定了工作室要塑造一种典型

的文化实践共同体，即具有鲜明的个体性与相互介入性的有机结合。这首先从个人规划开始。愿景规划是蓝图，是行为路径。工作室刚成立时，我就明确要求学员认真规划专业发展，形成积极的自我意向，拓展个人生命意义和职业潜能。我认真研究并设计框架，带领学员制订《三年主动发展规划框架》。先让学员分析自己的文化专业基础知识、教育观念、教育教学能力、实践技能、科研水平等现状，然后确定总体发展目标，最终分解为三年阶段性目标达成的具体措施，做好学员的专业成长方向引领。在学员规划上，我崇尚"和而不同"的培养理念，即：导师和学员应该拥有共同的教育旨趣、追求和目标，也允许保持自己的教育教学个性、风格，倡导学员在遵循教育教学规律的前提下追求多样化发展，强调个性化发展正体现了教育发展的活力与生机。

规划是前提，信心是基础，信念是灵魂。教师自身如果没有强烈的个人发展愿望，那么外力对其发展的帮助是有限的。身处变革的时代，客观上要求教师要向既往的经验惯习寻求变革，要确立并提升自己的理论意识，在日常的教育生活中，对实践对象和专家学者的理论进行去蔽与反思，在判断反思的基础上生成自己的理性认识并尝试构建自己的实践理论。所以，在工作室成立之初，我们就把这个团队定义为学习型组织，构建教师专业成长的基本逻辑通道，即"学习—实践—研究"，努力呈现精神气象，创造研究气氛，相互欣赏，相互关注，相互支持，牢牢抓住专业研修提高专业水平的核心任务，杜绝形式主义。以工作室为基础性平台，形成"导师、学员、区内学科教师专业发展"三位一体的发展目标。建立信念对教师发展至关重要，正如苏霍姆林斯基所说，"教师时间从哪里来？一昼夜只有 24 小时……优秀教师教育技巧的提高，正是由于他们持之以恒地读书，不断地补充他们知识的大海"。这就是信念，有了信念，就能去除庞杂冗枝，务本发展，精益求精。工作室就是这样一步一个脚印向既定目标迈进的。

三、在多元协商的发展路径探寻中打造独特的成长样态

教师专业发展光凭热情是不够的，需要有具体的活动平台。工作室没有成熟的活动经验，但坚持贯彻"理论与实践并举，探索与务实齐驱"的研训原则，不断和学员总结每次活动成败的经验，探索开辟了多层次、多种方式的发展路径，诸如课例研究、读书充电、课题研究、论文研磨、请进走出、论坛沙龙、专家引领、学员基本功修炼等多项举措。大胆尝试，

小心求证，共同体走过了一条艰辛的跋涉之路。

1. 用阅读铺垫成长的通道

理论乃行动之先导，工作室注重夯实学员的理论基础，我总是耐心鼓舞，为他们讲教育家与优秀教师的故事，描绘美好的愿景。我要求学员建立三个阅读圈，即语文学科阅读圈，教育科学阅读圈，哲学、文化阅读圈；要求学员在规定的时间内读规定的著作，多做读书笔记与读后感，并且提出量化的要求。每年的寒暑假，我都会给学员发放阅读书籍。每次开学的第一次活动，我都安排读书汇报会，坚持并且交流读书的情况。在我的悉心指导下，"科研先行、理论探索、紧密联系课堂教学实践"的发展理念渗透到了每个学员的心田。在阅读之中，学员的底气得到滋养，理论素养得到有力提升。

2. 以课题研究催生科研能力

科研能力的强弱是教师专业进步的决定性因素，也是决定一位优秀教师走得远近的关键因素。我首先着力于夯实学员的科研意识与规范，从具体的科研知识、方法普及开始，从如何科学有效地听、评课入手耐心细致地辅导，指点学员步入教科研的殿堂。2008 年秋季，工作室一成立就申请了中国教育学会课题"沉静语文的文化样态实验研究"，针对目前语文教学中普遍存在的功利、浮华、低效等弊端，提出为语文教学营造一方净土，给语文教师一颗沉静的心，回归语文教学的本质，培养学生的学习兴趣，释放师生潜能，真正让教师和学生沉浸在语文美好的境界中。2013 年下半年，工作室针对作文教学的空泛无序现状，申报并获批了省级科研课题"初中作文课堂教学课型与实施策略的实践研究"，让学员们在研究实践中迅速步入教育科研的正轨。

3. 在游学取经中感受科研的魅力

几年来，我积极创造机会，带领工作室成员南下北上西行，洞悉教改信息，把握当下学科教学即时动态。2010 年、2011 年，我两次到成都、重庆，参加全国中语会的赛课研讨活动。2012 年 5 月份，在南京举行了"第五届两岸三地散文教学研讨会"，工作室受邀与会。学员们一睹国内高层专家对语文教学焦点问题唇枪舌剑争论的场面，感受各地教师同课异构的风采，聆听散文教学的诸多深刻思考；2013 年、2014 年，我两次参加在济南和青岛举行的"全国第五届名家人文教育高端论坛暨名师课堂研讨会"。每次活动，学员们听了大家名家的课，犹如醍醐灌顶，研讨交流到夜里十一二点还意犹未尽，兴奋不已，真是如沐春风，如浴春雨。

4. 在课堂展示中淬炼教学本领

工作室实施"兼收并蓄，个性发展"的策略，以课堂为基本载体，锤炼学员。自 2009 年以来，工作室组织学员上研讨课近百节，组织了数十人次参加各级比赛。《爱莲说》《雪》《老王》《再别康桥》《济南的冬天》《记承天寺夜游》等一篇篇课文大家研究得有滋有味。虞芳老师参加江苏省"杏坛杯"评优课比赛，以"优雅大方的教态，深情委婉的风格"脱颖而出。2010 年秋季，工作室开展"煮酒论语文"活动，邀请了全国六十余位语文专家及青年才俊齐聚凤翔，第三届"本色语文"课堂教学研讨活动暨中语会"校际联合体"成立仪式在凤翔实验学校隆重举行。工作室全体成员作为策划、组织、主导的核心力量，三位学员和外地教学高手一起为代表和嘉宾呈现了精彩的展示课，引起强烈反响。论坛上我发表的主题演讲中阐述的"沉静语文"理念得到了与会诸多专家、教师的认同和赞许，中语会课堂教学策略优化总课题组专家对此表现出浓厚的兴趣，为"沉静语文"理念在更大范围内的传播奠定了坚实的基础。

5. 在跟踪评价中促进教师的个性化成长

针对学员在加入工作室时制订的个人发展规划，在一定阶段，导师会同学员一起对照目标进行达成情况考核点评。关注个体纵向发展，有效地促进了学员的发展信心，同时增加压力，助加动力。我始终持以积极的评价信念，同时鼓舞学员秉承积极的世界观，对学员的点滴思考与进步都予以充分肯定；积极探索个性化设计培养方案，促进学员的差异化发展。

四、在关注学科教改前沿动态中树立自己的旗帜

作为学科教学研究的工作室，应该具有鲜明的学科特色。我们针对语文学科现状，对语文教学中的物质主义与科学主义保持充分的警惕，主张语文教学的道德回归。对繁华喧闹、浮躁功利当断然拒绝，以沉静之心对待心智成长。沉静语文是一种学科教学哲学，要以超然的境界、以"语文本该精致绵密"的格调和纯真的内在气质与风格，打破以往纯技术语文、技能训练式语文中闭塞、保守、停滞的所谓"情致与意趣"，特别是自以为是的矫情与做作，从而烘托出灵动慧颖的"沉静语文"样式中的绰约风姿。"沉静语文"是生命意义的标杆，它与学生的生命成长是同呼吸共命运的，同他们人格品质的养成是同构共进的。只有沉浸于文字，让文字之美、之魅进入学生生命、灵魂深处，内化为深厚的文化沉淀和日渐完善的人格内驱力，帮助学生认识到语文殿堂的恢宏与壮观，进而奋起探索精神

世界里的秀色与美景，追寻生命路径上的方向与标尺，才能最终提升学生人格的质量与位格，让人生在"沉静语文"的引领下变得更厚实，更有人性的光辉与力度！沉静语文要求教师要有潜心会文的教学品质，沉着稳健的教学心境，最终形成宁静致远的课堂文化。

学员在"沉静语文"的理念引领之下，逐渐透视语文教学的本质，在语文教学理论根基上打牢扎稳。"沉静语文"获得 2013 年江苏省教学成果一等奖。2011 年 10 月 14 日，在"全国课改典型初中名校名师特色课堂现场精彩观摩暨全国初中名校名校长课改特色经验报告会"上，杨静老师代表工作室展示了《蔚蓝的王国》的课堂教学，受到了与会老师的一致好评，同时充分展示了宁静致远的"沉静语文"课堂文化。2012 年，学员苗新坤老师代表无锡市在参加江苏省基础教育青年教师教学基本功大赛中获二等奖，学员许玲、唐晓娴两位老师在教育部中国教育报刊社主办的全国"新理念新课标"生态课堂研讨会上的展示深受好评，学员孙一灵老师参加无锡市赛课获一等奖。2014 年 10 月 30 日、31 日，"相约凤翔、共同成长"——江苏省领军人才中学语文特级教师论坛在无锡市凤翔实验学校召开。江苏师范大学人文学院院长沙先一、魏本亚教授，江南大学吴格明教授，省教研员朱芒芒老师等一批专家及江苏省中学语文特级教师高级研修班成员 40 余人及北塘区 60 多名中学语文教师与会。官学龙、盛冬燕、苗新坤、孙一灵四位学员分别展示了《记承天寺夜游》的汇报课，都较好地遵循了"沉静语文"的理念，在牢牢抓住文本的前提下，引导学生静静地读、美美地品，通过教师灵动、细致的启发点拨，学生们走入作品主题和作者内心的深处，博得了特级教师高级研修班导师的赞许和认同。

"是水的载歌载舞，才有了鹅卵石如此的美丽。"六年多时间里，工作室走过了一段艰辛而充实的历程，教师科研素养不断提升，40 余篇文章在各级各类报刊上发表，30 余篇论文获得国家省市的奖励。多位学员获得了全国赛课的一二等奖。工作室 10 位学员基本进入市、区品牌教师行列，其中市能手一位，市教学新秀两位，区教学新秀四位——导师和学员的共同奋斗，铸就了区域初中语文教学的"铁军"，换来的是丰硕的教学成果和良好的社会声誉。2013 年、2014 年北塘区语文中考连续两年获得无锡市区第一（公办）的好成绩；《江苏教育研究》杂志于 2010 年第 11 期大篇幅报道了工作室的事迹，产生了广泛的影响。工作室的运作模式作为无锡市首批市级工作室借鉴的范例，标志着该工作室已作为北塘区乃至无锡市名师工作室的典范。2012 年，工作室被评为无锡市劳模创新工作室。近年来，广东、重庆、成都多地的教师专业发展组织到该工作室参观考察，其影响已远播至省内外。

"千淘万漉虽辛苦，吹尽狂沙始到金。"工作室六年的专业学习共同体打造，培养了一批教学骨干，不仅为区域教育率先发展注入强劲的动力，还积累了专业学习共同体发展的诸多经验。

参考文献

［1］张四方. 互助协同的教师专业发展及其实现［J］. 教育发展研究，2013（20）：68-73.

［2］殷世东. 生态取向教师专业发展的阻隔与运作［J］. 教师教育研究，2014（9）：36-41.

（此文发表于《中小学教师培训》2015 年第 3 期）

基于名师工作室的研修活动课程化探索

沈坤林

（桐乡市第一中学　浙江桐乡）

三年前，笔者所在地市特级教师协会和教育学院启动了特级教师工作室项目。笔者主持的"沈坤林（高中语文）特级教师工作室"有了名称，也有了名分。

三年来，向着全方位打造名师，并在打造名师的过程中把工作室打造成为名师培养的一张名片之目标，开发适合学员已有基础和发展需要的研修课程，取得了良好的效果。本文拟就名师工作室研修活动课程化的现实意义、路径策略等进行梳理与阐述。

一、研修活动课程化的现实意义

当前许多名师工作室的研修活动存在着亟须解决的突出问题。

1. 从研修内容和方式看，"依葫芦画瓢"式培训，使名师工作室研修脱离特定的氛围与情境，亟须贴近学员基础和需要的研修模式

不少名师工作室的活动，从内容到形式，简单重复、照搬各级教研部门、各类教师培训机构组织的专业培训。名师工作室的活动变成了90学时培训、中短期培训或其他通识性培训的简单重复：无非是听听报告，听听新课程理念；无非是开设几堂公开课，你评评我说说。

其实，名师工作室的学员一般已是教师中的骨干，有更多的机会参与各种培训。更重要的是，每个名师工作室一般有十几名学员，是"小班化"学习，且学员自主学习、互动学习的能力较强，积极性较高。因此，只有名师工作室主持人与学员共商培训内容和方式，使研修活动课程化，才能充分发掘工作室研修的优势和潜力。

2. 从研修进程设计看，"脚踩西瓜皮"式活动，使名师工作室研修缺乏突破性，呼唤"聚焦""层进""拓展"的研修系列

因为很少顾及工作室研修的情境特点，又没有明确的研修目的，所以不少名师工作室的活动，看似全面铺开，"该培训的都培训了"，实际上却

没能做到重点突破。就好像一位蹩脚的教师讲一篇课文，似乎什么都讲到了，讲的却是学生一望而知的东西，而学生的困惑或者自以为一望而知实际上一无所知的地方并没有重点突破。这样的语文课，上与不上一个样，这样的培训与没有培训一个样。

可见，从工作室学员发展的视角思考，研修活动急需在全面把握本室学员存在的不足的基础上，瞄准本室教师突出的问题或需要突破的问题，进行课程化的研修设计，点点落实，并且点点相连、点面结合，这样才能使学员获得全方位的可持续发展。

3. 从反思评价看，"靠数据说话"的偏向使名师工作室研修活动的价值评估与成果提炼缺乏依据，亟待探索倚重自我反思的完善机制

或许名师工作室由名师主持，有关部门或出于"信任其自由发挥"，或出于"不便评价干涉"的心理，一般对名师工作室没有更多的评比考核，主持人自身也常常缺乏自我反思调整。而有点儿走过场的考核要求，往往只关注一些数字。如开展了几次集中研修活动，学员在论文、课题、开课、讲座和荣誉获得等方面有哪些具体的数据。这些考核更多地指向主持人与学员专业成长上的数据，对工作室研修活动的目标、内容、过程和自我评价等有关内容不能做出价值性的判断。因而，对研修活动的高下优劣不能做出评价，即使存在有价值的研修内容与方式，也不能被发现并推广。

活动课程化之后，即使对不同工作室的不同活动也可以运用一定的方法和途径，从目标、内容、过程和效果等方面，对研修活动的特点和价值进行评估。

二、研修活动课程化的路径和策略

（一）主持人自我研究，凸显研修活动课程化的引领优势

以名师或特级教师命名的工作室，主持的名师或特级教师起着非常重要的作用。基于工作室的研修活动，不能不带有名师自身的成长体验特征。

为了积极有效地引领工作室成员全身心地投入到研修与发展之中，笔者首先对自身工作30多年来从代课教师到特级教师的体验与经历进行了回顾与思考。具体从以下方面进行。

1. 自传研究，即主要通过记述、讲述自己作为学习者和教学者的关

键事件，寻找并发现自己的经历是如何塑造自己的教学实践的。

2. 梳理、研读笔者撰写的"每日思考"。

3. 审阅论文，即整理自己获奖的 50 多篇论文、公开发表的 140 多篇专业论文及尚存于自己电脑中的 200 多篇教育教学类文章。

4. 偶像分析，即通过回忆，列出自己在文章里、讲座中及日常教学中自觉或不自觉提及的专家与教师，分析其对自身产生的影响，如魏书生、于漪、宁鸿彬、钱梦龙、黄厚江、王崧舟、于永正、孙双金等。

5. 讲座提炼，即整理近年来的讲座讲稿，对这些讲座的核心内容与主题进行概括、归类，并试图做精要式处理。

6. 课堂实录分析，主要做法是对自己的录像课边看边转换成文字实录。同时，对其他名师或结对教师的课做实录并点评。

7. "常读常新"反思。笔者在书柜里有一专栏名为"常读常新"，放置自己觉得要经常读读的书籍；在电脑中建一个名为"常读常新"的文件夹，专门收录自己读过的觉得需要不时重读的文章。笔者常常重读并思量自己为什么选择这些读物，并思考如何做些调整等。

自我研究，即试图对自己从一名在"文革"期间读完中小学后成为代课教师，到成长为一名特级教师的跨越式发展的关键要素进行探索。研究的重点放在研究自己是如何突破自身基础局限、走出成长高原期进而加速成长的。

从一定意义上说，主持人自身的成长就是一门鲜活的课程，而富有成长体验的主持人，其角色本身具有开发与实施培训活动课程的优势。

（二）学员基础与需要研究，明晰研修活动课程化的目标指向

工作室的所有活动，其主体必然是学员，考察与研究学员的状况与需要是研修活动课程化设计的基本前提。

名师工作室成立前，一般都有学员申请并递交相关个人材料，主持人与有关部门审核、面试等程序。工作室成立之初，一般都会让学员制订自己的成长目标和研修规划。除此之外，笔者还进行了以下问题或主题引领性考察。

1. 在你的学习经历中，有哪些老师给你留下了深刻的印象？说说为什么。

这是一个开放性的问题，考察者旨在了解学员基本的叙述表达能力，并在学员阐述"为什么会留下深刻印象"的过程中，考察学员心目中的

"好教师是怎样的"等观念。

2. 霍懋征在课堂提问的时候，一个学习成绩很差的学生也举手，但是问到他，他却回答不上来。这个学生哭着说："老师，别人都会，如果我不举手，别人会笑话我。"于是，霍懋征就私下和这个学生约定，再提问时，如果会答就举左手，如果不会就举右手。以后提问中，如果看到他举左手，霍老师就让他回答，如果他举右手就不提问他。这个故事给你怎样的启示？

这个问题主要考察学员在学生观、教学观、实践智慧等方面的体验、理解和存在的问题。

3. 说说自己专业成长过程中的关键事件以及这些事件对你的影响。

生活与工作中的事情，其本身可能没有关键与非关键之分，重要的是教师自己的感觉及其解释和分析。解释与分析具有很强的个人色彩，由此可以考察教师不同的专业表现和行为，了解学员对自身专业成长的基本评价和判断能力。

4. 在没有参考资料的情况下，独立解读一篇文章，撰写 2000—3000 字的文本细读文章。

独立的文本解读能力是语文教师专业能力的重要体现，也是需要在工作室研修活动中重点提升的能力。了解学员的解读能力，有利于更合理地安排文本细读的研修课程。

5. 以"我的作文教学实践与想法"为话题，写一篇不少于 3000 字的阐述文章。

作文教学是许多语文教师的专业软肋与实践缺陷。无论其日常教学中是怎样做的，此话题"逼"着学员对相关问题进行思考，可以"还原"出学员脑子里的种种观念，有利于开发更贴近学员基础和发展需求的研修课程。

6. 录下自己的一堂课，并把录像课转换成文字实录。

这样做，不但可以了解学员的课堂教学情况，了解其学科水平与教学能力，还可以考察学员的研修态度——观录像记文字实录本身是一件需要肯花时间静下来认真做的事情。如果学员自身没有良好的研修态度，就要在研修课程中有所设计以促使其调整。

另外，还可以通过座谈等方式，了解学员的基本需求和发展愿望，使研修活动课程化设计更能体现聚焦中层层突破、互动中激发学员内在自觉的特征。

（三）提炼与整合：研修活动课程化的筹划

基于名师工作室的研修活动课程化虽然不是一种严格意义上的课程开发与设计，但是也需要精心筹划。如，明晰名师工作室研修在促进学员发展上的核心目标；分析这些核心目标涉及教师哪些方面的素养；提升这些素养可以通过哪些集中研修与学员自我养育；进而确定名师工作室背景下应该组织哪些最重要的研修项目；确定这些研修项目的具体目标、合宜内容、有效过程和反思评价措施。

基于这样的思考，根据学科的特点，笔者把名师工作室背景下的首期研修活动课程聚焦于以下方面。

1. 职业情感方面的研修

"我的精神导师"引领课程。以于漪、钱梦龙、魏书生、于永正等前贤及程翔、韩军、孙双金、黄厚江等语文名师的人生追求和成长经历为核心内容，在仰慕中学习，在学习中坚定"我要成为这样的老师"的信念。可以精选《中学语文教学》《语文学习》等杂志"成长之路"栏目的部分内容。

2. 研究生活营造的研修

（1）"教育论著、语文专论"选读课程。选择《听王荣生教授评课》《语文科课程论基础》（王荣生）、《语文教育研究大系：理论卷（1978—2005）》《语文教育研究大系：中学教学卷（1978—2005）》《怎样阅读一本书》（莫提默·J. 艾德勒）、《教学勇气：漫步教师心灵》（〔美〕帕默尔）、《名作重读》（钱理群）、《文本细读讲演录》（王先霈）、《文本细读》（孙绍振）等。此外，还有《中学语文教学》《语文学习》《语文教学通讯》等专业核心期刊。

（2）"一线教师教育写作的智慧"课程。根据主持人撰写教学随笔、教学反思、教学案例和教学论文诸方面的体验，结合主持人为 50 多所学校做教育科研讲座的核心内容形成本课程。

（3）"在借鉴中寻找自己的增长点"研修课程。重点学习名师理念，研究名师课例等，把握名师的课堂智慧，在与自身的对照中，寻找基于自身长处与特点的发展关节点，从而实现自我超越。

3. 学科教学突破的研修

（1）"文本细读的智慧"专业课程。以笔者近年来发表于《语文学习》等细读文本为例，阐述文本细读的八个抓手。

（2）"写学引领"课程。这是从主持人"写的综合功能研究""写为先导的语文探究性学习""写为先导在高中语文选修课中的运用研究"等几个省级课题研究及其成果《写学：优化高中语文教学的一条路径》（《上海师范大学学报》发表）等成果中提炼出来的课程。

4."我的研究"互动课程

这是预设与生成相结合的课程，主要是在研修过程中交流和展示自己的研究内容与特色、成员之间进行互动评价与深入探讨的课程。

随着研修的深入与拓展，还可以从学生研究、课例研究、测评研究、特色建构等方面进行研修活动课程化的设计。

三、研修活动课程化的实例及其成效

研修活动名称：文学类作品文本细读及其教学策略

1. 研修目标

（1）在学员已有细读体验与能力的基础上，提升小说、散文和诗歌的解读能力。

（2）在实践体验基础上，梳理教师文本细读的基本方略和引领学生进行文本细读的教学策略。

2. 研修内容

学习文本细读的基本理论，对苏教版高中语文必修一至必修五的相关文本、人教版《外国小说欣赏》的每篇文本进行细读实践，撰写文本细读文章；通过课堂实践，总结引领学生进行文本细读的课堂策略。

3. 课程实施

（1）第一次集中研修

由三位学员根据原有积累，自行设计，展示《外国小说欣赏》之《半张纸》教学。（展现学员原有的解读基础与引领能力，使后续研修更有针对性）

主持人以自身解读《半张纸》为例，阐述《外国小说欣赏》教学中教师自身对文本解读的基本方略。（主持人发表于《语文学习》的《〈半张纸〉缘何让人怦然心动？》可以使学员把握解读的基本路径）

（2）学员带着任务自我研修

学员自学钱理群的《名作重读》、孙绍振的《文本细读》、莫提默·J.艾德勒《怎样阅读一本书》、王先霈的《文本细读讲演录》。

学员分为三个小组，解读杨绛的散文《老王》、博尔赫斯的小说《礼拜二午睡时刻》和卡夫卡的小说《骑桶者》；小组内成员先各自解读，后通过邮件进行交流，确定一位教师代表小组开设研讨课。

（3）第二次集中研修

三个小组分别展示文本细读与课堂引领的研讨课。

主持人在学员说课、碰撞的基础上做《文本细读的智慧》的讲座，从八个方面阐述文本细读的主要抓手。

（4）学员再次带着任务自我研修

学员自行选择两篇课文进行文本细读，撰写细读论文；重点就如何引领学生进行文本细读进行课堂实践并录像，然后观看录像，把自己的课转换成文字实录。

（5）第三次集中研修

由学员自我推荐开设一堂文本细读引领展示课，借班上课。其他学员就如何引领学生进行文本细读这一主题进行课堂观察。

学员观察与互动讨论之后，执教展示课的老师继续细读与设计，第二天再次执教前一天的课文，其他学员再次观察与讨论。

（6）学员小结与成果呈现

每位学员撰写一篇关于文本细读及其课堂引领的论文。

每位学员提供一篇课文的细读文章和细读教学实录，推荐发表；工作室将这些文章和实录编成册子交流。

4. 研修活动评价

除了对学员的小说与成果呈现评价以外，作为研修活动课程化的一个重要评估方式，是集中全体学员，从汪曾祺先生的散文《金岳霖先生》、余光中先生的《听听那冷雨》，以及《外国小说欣赏》中的《娜塔莎》中任选一篇，在没有参考资料的情况下，在一小时内当场撰写凸显文本细读引领的教学设计，然后每人进行 15 分钟的说课呈现，全体学员与主持人一起进行评估。在听取大家的评价与建议之后，每位学员撰写本项主题研修的主要收获以及在日常教学中继续就此研修的重点规划。

本项课程化研修活动，拓展到学员的日常教学与研究之中，取得了明显的研修效果。

相关课题"关于《外国小说欣赏》'课型'的教学策略研究""《外国小说欣赏》选择性策略探究""文本细读的真相研究"等在地市级立项并顺利结题、获奖。

学员的相关教学论文《质疑·探究·点评——关于选修课〈外国小说

欣赏〉"课型"的思考和实践》《〈外国小说欣赏〉教学内容选择刍议》《向课堂更深处漫溯》《洞悉小说形象的四个视点》《文学作品自主阅读方法指要》《浅论〈外国小说欣赏〉的文本细读》《由文本解读与教学设计的对接看课程内容开发》等文本细读与课堂引领策略论文在《语文学习》《语文月刊》《语文教学通讯》等刊物上发表。

学员文本细读论文《这"半张纸"物"超"其用——小说〈半张纸〉细读》《如何读出"交流始终停留在自身的想象"》《试论回忆性散文（以〈想北平〉为例）的"微画面"之美》《羞涩还是泼辣——对孙犁〈亡人逸事〉中一个细节的争鸣》《以"诗"悟读诗化散文的"美感"》《聚集"唤醒"，着眼"暗示"》《聚焦"傻"问题，凸显"真"阅读——伯尔〈在桥边〉的一种读法》《"客人来访"与"教员家访"解读——〈清兵卫与葫芦〉深层意蕴探究》《〈礼拜二午睡时刻〉疑点解读之辨》《这个鬼子不寻常——也说〈牲畜林〉的喜剧因子》等在《语文学习》《语文教学通讯》《中学语文教学参考》《中学语文》等刊物上发表。

（此文发表于《中小学教师培训》2014 年第 10 期）

小学特级教师与普通教师
课堂倾听行为的对比研究

李建平

（杭州采荷第一小学教育集团　浙江杭州）

何谓倾听？国际倾听协会定义：倾听是接受语言和非语言信息，确定其含义和对此做出反应的过程。从上面的定义可以看出，倾听与听不同。听是一种生理过程，而倾听是既入耳又入心的生命活动。它包括用耳听，用眼观察，用嘴提问，用脑思考，以及用心灵感受。所谓教师课堂倾听行为是指教师在课堂教学过程中接受学生所表达的语言和非语言信息，确定其含义并进行反馈的行为。新课程要求教师蹲下来倾听学生的心声，提高自己的课堂倾听能力。尽管如此，但很多教师由于将"倾听"与"听到"相混淆，对教师课堂倾听行为缺乏认识，忽视了课堂倾听这一重要的教学技能。国内有关教师课堂倾听的研究主要集中在理论层面，如对教师课堂倾听内涵、特点和价值的研究，而仅有少数研究者采用实证研究的方法进行实践层面的研究，如对教师课堂倾听现状、对策与建议的研究。因此，研究小学特级教师与普通教师课堂倾听行为具有较强的现实意义。

一、研究方法

（一）研究对象

本次研究对杭州王崧舟、王红、刘晋斌、沈传胜等 10 位小学特级教师以及笔者工作所在学校的 10 位普通教师进行课堂实录观察。同时，笔者还对杭州的部分小学普通教师进行了问卷调查，通过查阅资料搜集了特级教师与普通教师的一些教学案例作为研究的辅助材料。

（二）方法与工具

本研究以观察法为主，以调查法和文献法为辅。

1. 观察法

主要从教师课堂倾听中的身体、心理、言语参与行为与耐心品质等方

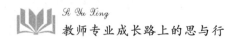

面进行观察。

2．问卷调查法

根据教师课堂倾听行为实践调查需要，笔者借鉴并对相关的倾听调查问卷进行改编，形成了《小学教师课堂倾听情况的调查问卷》。本调查选取杭州部分小学普通教师为样本进行抽样问卷调查，问卷共发放 35 份，收回有效问卷 30 份。

3．文献法

本文通过查阅资料，搜集了小学特级教师与普通教师课堂上的一些教学案例（所引用的案例，本文均已注明）。

（三）研究过程

本研究由准备阶段、实施阶段、总结阶段三部分组成。准备阶段主要是查阅相关的文献资料，确定观察角度，设计观察表格以及调查问卷。实施阶段主要是对小学特级教师与普通教师进行课堂倾听行为观察并对普通教师进行问卷调查。总结阶段主要是分析小学特级教师与小学普通教师课堂倾听行为的基本特征并做对比分析，尝试为普通教师，特别是新教师提出一些建议。

二、小学特级教师与普通教师课堂倾听行为的比较

（一）相同点

1．以课堂双向倾听为主，并注重反馈

课堂观察发现，虽然特级教师与普通教师在反馈、引导的程度上有差别，但在特定的教育情境下，他们通过传递具有倾听意愿的语言、非语言信息和评价等方式都对学生的回答予以了反馈。

2．耐心倾听学生的回答，不轻易打断

耐心地倾听学生言说，是对学生生命个体的一种尊重；耐心地倾听学生言说，会让学生感到教师有一种亲切感，从而更加信任教师，喜欢其课堂。笔者通过课堂观察发现无论特级教师还是普通教师都能耐心地倾听完学生的发言，不轻易打断。在笔者对小学普通教师课堂倾听情况的调查问卷中，当问及"在学生讲话时不急于插话，不打断学生发言"这一问题时，选"多数情况"和"一贯"两个选项的教师占 93.3%。

（二）不同点

1. 小学特级教师课堂倾听行为具有艺术性

小学特级教师的课堂倾听行为表现为一种艺术活动，充分发挥了教师课堂倾听艺术的独特魅力。与一般教师相比，有以下艺术特点：

（1）善于使用身体语言和倾听学生的非语言信息，互补地听。特级教师在课堂教学过程中，采取多种方式，正确运用身体语言，让学生感受到教师在专心地听，而且善于倾听学生的非言语信息中饱含的丰富思想与情感（每个眼神、每个皱眉、每个点头、每声叹息等）。当学生发现自己内心的情感被教师发现时，他们会感受到一种被理解的喜悦，进而与教师建立起一种信任的关系。如王崧舟老师执教五年级课文《长相思》时，他身体略微前倾，时而与学生进行适当的目光接触，面部表情随着学生所说内容而改变，让学生感受到一种专注倾听的姿态。当他提问"你想问问纳兰性德什么问题"时，一名女生站起来回答时可能有点儿紧张，断断续续地说："纳兰性德，你快点儿回家吧……你为什么……不想回家呢？"王老师敏锐地察觉到了学生因紧张难以表达清楚自己意思这一信息，亲切地对该女生说："我知道你想问'纳兰性德，你为什么不早点儿回家呢'。"王老师的倾听让学生感到温暖，她点头微笑着坐下了。

（2）善于倾听、尊重和接纳学生的言说，并适当调整自己预先的教学设计，生成地听。《语文课程标准》指出："学生是学习和发展的主体。"学生不仅是教育的对象，而且是教育的最重要资源。教师只有真心实意地倾听学生的发言，才能促进语文课堂的动态生成。如范姜翠玉老师执教课文《再生纸》时，为了说明"信纸"究竟是属于纸的"一般用途"还是"创新用途"展开了班级讨论，最后根据学生们的发言，把信纸的用途归属于既是纸的"一般用途"又是"创新用途"。由于原先设计的表格没有这一栏，于是教师最后就写在了"一般用途"与"创新用途"的分界线上。从这里我们看到了一个真心实意地倾听、尊重和接纳每个学生发言的教师。范姜翠玉老师不是为了进行下一个教学环节忽视学生的表现，而是认真耐心地倾听学生的发言，修改了自己原有的教学设计。

（3）善于捕捉学生的信息，思考地听。倾听是复杂的生理和心理活动过程，是一种非常积极的行为，需要做出心智的努力。在教师课堂倾听过程中，大脑需要高度的思维力、注意力、记忆力、想象力等方面的支持。如王红老师执教六年级课文《唯一的听众》的教学片段：

师："我"先后在哪些地方拉小提琴？都有哪些听众？心情有哪些不同？请你用心读一读课文，然后概括地说说课文的主要内容。

生：作者先在家里拉琴，爸爸和妹妹说他拉得不好，他的心情是十分沮丧的。后来他去了小树林里拉，听众是一位老人，给了他鼓励，他的心情是兴奋的。最后，他又在家里练琴了。后来，妹妹听了大吃一惊，说他拉得很好，他心里十分高兴。最后，他在文艺晚会上拉琴，有很多很多的观众，他心里是高兴的。

师：说得很完整，很连贯。但是，你可以说得更好一些！你看，一个人在舞台上拉琴，心里很高兴，可以换个更生动的词吗？

生：激动。

师：再看，你刚才说了两次"最后"，"最后"只能放在最后，不然条理就不清楚了。想一想再说一次。

在上述师生对话中，王红老师积极捕捉学生发言中表达不确切的地方，创造性地思考和理解学生的发言，并提出了十分中肯的建议，加强了学生的语言训练。

（4）善于积极、有针对性地引导和评价，机智地听。真正的倾听有丰富的内涵，教师不仅要保持沉默，还要在必要的时候对学生的发言给予引导，做出准确的评价。王崧舟老师在执教四年级课文《小珊迪》时认真倾听学生的朗读，当一名学生读课文读到"先生，请买盒火柴吧"时，王老师引导道：请停停，当时的天气非常寒冷，请你感受一下寒冷，再读一次。当学生读到孩子可怜地请求着"买一盒火柴只要一个便士呀"这个句子时，王老师打断了说："谁来再读读？注意'请求'前面有一个词是'可怜'，把可怜的请求读出来。"王崧舟老师给予的准确、积极、有针对性的引导，使学生的朗读一次比一次有进步。

2. 小学普通教师课堂倾听行为存在的问题

经笔者观察以及调查发现，小学普通教师的课堂倾听行为与特级教师的相比，存在以下问题：

（1）不注意倾听学生的非口头语言所表达的信息，表现为不全面的倾听。教师课堂倾听的内容不仅局限于学生的口头信息，还包括学生所表达的非语言信息。通过对小学普通教师课堂倾听学生的非口头语言信息情况的调查发现，教师在课堂中几乎从来没有和偶尔注意学生非口头语言所表达意思的占 56.6%，可见普通教师在课堂倾听的过程中对学生的非口头语言所表达的信息关注不够。

（2）难以全神贯注地倾听，表现为不专注的倾听。在倾听学生发言时，教师适当的目光接触、点头示意等身体参与意味着一种投入的态度，会让学生感受到教师在听自己说话，认识到自己言说的价值，从而激发学生的言说欲望。如一位教师执教二年级课文《最大的书》时，教师抛出"你从对话中读到了什么"这个问题后，一个女生站起来回答："岩石是一本厚厚的书。"这时，教师完全没有注视学生，只顾自己弄课件，心不在焉。女生回答完毕后，安静地坐下了。教师这样的行为使学生感受不到教师在听她说话。

（3）倾听具有很强的选择性，表现为不包容的倾听。《语文课程标准》倡导要珍视学生的感受、体验和理解。但是，一些教师在课堂教学中用死的教案教活的人，他们往往对那些满足自身需要和教案预设的进行倾听，对自我构成威胁或是影响教学进度的声音则予以排斥。如一位教师执教《美丽的丹顶鹤》片段，在学生体会到丹顶鹤的美丽外形后，教师提问："面对这样美丽的丹顶鹤，你最想做什么？"开始几个同学的发言符合教者的教学预设，执教者频频点头表示赞同。冷不丁一个孩子站起来说："我想和丹顶鹤做香（做香，方言是亲嘴的意思）！"这位女教师脸一红，硬生生地说："瞎说！坐下！"这个孩子一脸茫然，不知所措地坐下来。"亲亲丹顶鹤"是这个学生内心的真实想法，而这样富有童趣的回答也没有背离文本的内容价值取向，却被教师无情地排斥了。

（4）倾听难以准确、敏锐地捕捉到学生的信息，表现为不真实的倾听。普通教师虚假的倾听主要表现在对学生的回答缺乏针对性的评价或者未能发现学生表达中的错误。如一位教师执教四年级课文《去年的树》时，教师让学生分角色朗读小鸟与树的对话。一个学生读大树的话："再见了，小鸟！明年请你再回来，还唱歌给我听。"那个学生读得极其平淡，而这位教师却评价说："我听出了你对大树的依依不舍，你能说说为什么吗？"该教师的评价语让人莫名其妙。她没有根据学生在课堂上的实际表现来予以引导与评价，而只是照搬了自己的教案。这种缺乏针对性的鼓励，非但不能激发学生的学习积极性，反而会对学生产生负面的诱导作用。

（5）很少主动去锻炼自己的倾听能力，表现为不具专业意识的倾听。关于小学普通教师平时锻炼自己专心倾听能力情况的调查结果显示：普通教师几乎从来没有和偶尔主动去锻炼自己的倾听能力的占63.3%。这说明多数普通教师很少主动锻炼自己专心倾听的能力，对教师课堂倾听行为缺乏关注度。可见，教师课堂倾听这一重要教学技能被广大普通教师忽视了。

三、完善教师课堂倾听行为的建议

由于小学特级教师与普通教师在知识、经验、教学智慧以及自身素养上的差异，小学特级教师的课堂倾听行为表现为一种艺术活动，给人以美的享受，而小学普通教师在课堂倾听行为上还存在一些不足。笔者根据特级教师课堂倾听行为的基本特征和普通教师课堂倾听行为存在的不足，提出以下完善教师课堂倾听行为的建议。

（一）观念重视，倾听为要

教师课堂倾听是教师所应拥有的最为重要的教学技能之一，然而不少普通教师将"倾听"与"听到"相混淆，认为有效倾听是一种与生俱来的本能。这一错误认识使教师课堂倾听这一教学技能被普通教师所忽视，大部分教师很少致力于发展自身的课堂倾听能力，提高课堂倾听艺术水平。因此，笔者建议教师在观念上要充分重视课堂倾听的作用及意义，主动学习倾听理论知识，提高课堂倾听能力，完善课堂倾听行为。

（二）课堂构建，民主平等

教师课堂倾听是一种教学理念，它体现了以生为本的思想。在课堂教学中，教师要积极构建民主平等的课堂环境，转变自身的角色。构建民主平等的课堂环境要做到以下几点：首先，要建立平等对话的师生关系。教师对学生的倾听是一种平等与尊重，是生命与生命之间的平等，是一个生命对另一个生命的尊重。当学生"跑调"时，教师不应予以排斥，而应尊重学生内心的真实体验；当其违反正确的价值取向时，教师要予以引导。其次，教师要有一种鉴赏和向学生学习的态度。教育是一个教学相长的过程。学生拥有自己独特的鲜活的生命生活体验，他们的回答多样精彩，富有诗意。一位真正善于倾听的教师，始终怀着向学生学习的态度，努力倾听每个学生独特的声音。

（三）身体参与，展现姿态

教师适当的身体语言意味着一种投入的态度，向学生传达出教师在专心倾听的信息。首先，要近距离倾听。根据教学的需要，教师要经常走下讲台，走近学生。其次，师生要保持适当的目光接触。良好的目光接触是表现教师倾听兴趣的重要标志。当学生感受到教师认真听他们说话时，他们会受到鼓舞，从而敞开心扉，畅所欲言。最后，教师要向学生表现出一种开放的态度，让学生感到教师不是把自己作为学生来接纳，而是把自己作为一个鲜活的生命来接纳。

（四）心理参与，积极思考

倾听的核心是思考。在倾听学生发言过程中，教师要进行复杂的思维加工过程。为正确理解信息所传递的真实含义，教师既可以不断地在内心反思这些问题，即"他在说什么""他说得正确吗""他为什么要这样说"等等，也可以采用"释义"的技术，即公开地说出自己对他人讲话的理解，以便核对这种理解是否正确。通过上述的反思及"释义"，教师可以更加准确地理解学生的信息。

（五）言语参与，积极引导

心理学家认为，只有单方面的输出，沟通就无法进行。因此，普通教师要注重倾听中的言语参与，通过自身评价与引导能力的提高，来提高倾听质量。首先，要善于提问。提问是教师向学生表示倾听的一种非常恰当的行为，但问题要以一种真诚的态度和鼓励学生的方式提出。教师在学生发言基础上的进一步提问，不仅使学生意识到自己的言说价值，而且激发了学生言说的积极性，启发了学生的思维。其次，教师要用及时、准确、有针对性的评价来积极地引导学生。教师引导学生可以采用一些支持性陈述，比如"我明白""很有趣"等。在引导过程中，教师决不能把自己的想法强加于学生。教师在给予学生评价时要及时，同时要善于边听边思考，这样才能做出及时、准确、有针对性的精彩评价语，使之成为学生成长的催化剂。

（六）提高素养，展现魅力

小学特级教师的课堂倾听行为以其独特的魅力对学生产生春风化雨般的正向作用力。他们尊重和平等地接纳来自学生的不同的声音，展现独特的人格魅力；他们善于捕捉学生的信息，在倾听中思考；他们善于倾听学生，以生为本，根据学生反应调整教学设计；他们善于使用非语言沟通和倾听学生的非语言信息，并积极地引导与评价。而这一切与教师的知识、

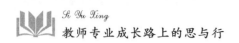

经验、语言修养、教学智慧等有关。"不是槌的打击，而是水的载歌载舞使鹅卵石臻于完美。"课堂倾听行为的完善需要教师长期的"载歌载舞"，需要教师不懈的反思、追求与超越。

参考文献

[1] 李岳. 赢在倾听 [M]. 广州：广东省出版集团，2006：42-47.

[2] 雷劲. 在比较中研究 [J]. 福建基础教育研究，2009（9）：28-32.

[3] 丁徐华. 例谈对话教学中教学倾听的缺失 [J]. 教学与管理，2009（11）：18-19.

[4] 施良方，崔允漷. 教学理论：课堂教学的原理、策略与研究 [M]. 上海：华东师范大学出版社，1999：257-258.

（此文发表于《中小学教师培训》2013 年第 11 期）

基于"核心素养"理解的
高中化学教师培训实践

张贤金　吴新建　叶燕珠　汪阿恋

（福建教育学院化学教育研究所　福建福州）

随着高中化学课程改革和高考改革的不断深入推进，"学生发展核心素养"和"高中化学学科核心素养"（下文简称"核心素养"）成为这两年来新闻媒体和教育报刊上出现频率最高的词。无论广大化学教育研究者和一线高中化学教师对"核心素养"了解多少、研究多少，未来"核心素养"都将成为指导高中化学课程改革的方向。作为中小学教师培训机构教师，面对"核心素养"，我们要思考的问题主要有以下几个：一是"核心素养"是什么；二是广大高中化学教师对"核心素养"的理解程度如何；三是广大高中化学教师自身的"核心素养"水平怎么样；四是广大高中化学教师如何在实践中培养学生的"核心素养"。这四个问题的基础就是"核心素养"是什么，广大高中化学教师对"核心素养"是否理解。因此，在以"核心素养"培养作为目标的高中化学课程改革正式推广之前，作为中小学教师培训机构教师，我们认为有必要提前通过培训的方式促进高中化学教师认识、理解和认同"核心素养"，在此基础上评价自身"核心素养"水平的高低，并探寻实践中培养学生"核心素养"的路径。

一、基于"核心素养"理解的高中化学教师培训模式构建

（一）对于"核心素养"的理解

本文的"核心素养"涉及两个概念，即"学生发展核心素养"和"高中化学学科核心素养"。"学生发展核心素养"是新一轮高中课程改革的总目标，要实现这一总目标有赖于各个学科核心素养培养的子目标的落实。

2016 年 9 月 13 日，教育部委托北京师范大学林崇德教授牵头，联合国内高校近百位专家，历时三年完成《中国学生发展核心素养》研究成果发布。"学生发展核心素养"指的是所有学生为适应未来的工作和生活所必须拥有的必备品格和关键能力，指向的是培养什么样的未来公民的问

123

题。"学生发展核心素养"是知识与技能、过程与方法、情感态度与价值观的有机整合。"学生发展核心素养"包括文化基础、自主发展、社会参与三个大的方面，细化为文化底蕴、科学精神、学会学习、健康生活、责任担当、实践创新六大素养，六大素养又可以用 18 个基本要点进行分解。

高中化学学科教育教学所形成的体现化学学科特质的素养就称为"高中化学学科核心素养"。教育部组织专家对高中化学学科核心素养进行了研制，专家们提出用"宏观辨识与微观探析""变化观念与平衡思想""证据推理与模型认知""实验探究与创新意识""科学精神与社会责任"五个维度来概括和表述高中化学学科核心素养。[1]简单来说，"高中化学学科核心素养"回答的是一个公民有没有学过化学对于他未来的工作和生活有什么区别，化学学科具有什么样的学科特质和学科价值的问题。

（二）高中化学教师培训模式构建

为了促进高中化学教师对"核心素养"的理解，我们采用近几年一直在研究和实践并取得较好成效的"课题研究"培训模式[2][3]，并对这种模式在该培训项目中进行改进和创新，构建出基于"核心素养"理解的"课题研究"培训模式（参见图 1）。

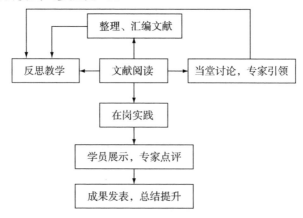

图 1 基于"核心素养"理解的"课题研究"培训模式

通过图 1，我们可以发现基于"核心素养"理解的"课题研究"培训模式以"文献阅读"作为培训环节的起点，并围绕"文献阅读"延伸出"反思教学""整理、汇编文献""当堂讨论，专家引领""在岗实践"，而"当堂讨论，专家引领""整理、汇编文献"的结果也进一步引领参训教师"反思教学"。围绕"文献阅读"对"核心素养"有了一定的了解以后，参训教师返回各自工作岗位，开展"在岗实践"，在"在岗实践"中把集中培训期间所学习、认识和理解的"核心素养"在高中化学课堂中进行实践，并探讨高中化学课堂教学如何培养学生核心素养。经过若干个月的在岗实践和研究，通过网络研修平台，并组织参训教师进行集中汇报，主要采取"学员展示，专家点评"的方式进行，参训教师将自己之前所学的"核心素养"相关文献结合自己的实践研究，展示自己对"核心素养"的理解，专家进行点评、纠偏。在此基础上，参训教师把前期文献阅读、班级研讨、教学反思、在岗实践、学员展示等环节形成的认识和思考撰写成论文，并向期刊投稿发表，把自己对"核心素养"的理解和其他同行分享，并将形成的成果进一步应用于自己的高中化学课堂教学实践中。

二、基于"核心素养"理解的高中化学教师培训实践案例剖析

下面以我们承办的教育部、财政部"国培计划"综合改革示范项目——"国培计划（2016）"跨年度递进式培训项目高中化学骨干教师能力提升高端研修班为例，探讨在该项目中如何实施基于"核心素养"理解的"课题研究"培训模式。该培训项目采取跨年度、分阶段、混合式的形式开展，在第一年的集中培训和网络培训中，本项目的定位在于通过"课题研究"促进高中化学骨干教师认识、理解和认同"核心素养"，形成有关"核心素养"的研究成果在核心期刊或主流期刊上发表，并将研究成果应用于高中化学课堂教学中。

（一）文献阅读→反思教学

在本项目第一年度第一次集中培训前，项目团队在 QQ 群共享文件中提供了一系列有关"学生发展核心素养""高中化学学科核心素养"的已公开发表的论文和相关的宣传报道文章，要求每位参训教师都要在培训前认真阅读项目团队所提供的文献。通过在班级 QQ 群里与参训教师进行交流，我们发现绝大部分教师对"学生发展核心素养"和"高中化学学科核心素养"并不熟悉，对此有系列学习和深入认识及理解的教师屈指可数。在文献阅读的基础上，参训教师在培训前就可以开始反思基于"核心素养"培养的高中化学课堂教学与基于"三维目标"培养的高中化学课堂教学究竟有什么样的差别与联系。很多参训教师在阅读文献以后，对"学生发展核心素养"和"高中化学学科核心素养"的认识和理解发生了很大的变化，由原来的陌生、困惑甚至抵触转变为初步认识和逐渐接受。他们认识到核心素养其实就是三维目标的有机整合，并不是完全地另起炉灶、推倒重来。

（二）文献阅读→整理、汇编文献→反思教学

培训班开班以后，为了帮助参训教师更为自主地收集有关"学生发展核心素养"和"高中化学学科核心素养"的最新文献进行阅读和学习，项目团队安排专家开设了《文献检索与应用》相关课程，帮助参训教师掌握文献检索的一般方法和文献阅读、分析的一般思路。为了促进参训教师形成进一步的认识和理解，项目团队还邀请中国知网讲师为参训教师介绍中国知网"大成编客"平台的使用方法。项目团队要求每位参训教师要围绕"学生发展核心素养"和"高中化学学科核心素养"整理、汇编一本关于"核心素养"的文献集，让参训教师利用"大成编客"整理、汇编文献集的主要目的在于通过任务驱动的方式，促使参训教师应用所学文献检索的技术，阅读、下载相关的文献，并在阅读、梳理的基础上对文献进行归纳、分类。比如：有的参训教师将文献分为国外有关核心素养的研究和国内有关核心素养的研究，有的参训教师将文献分为国外有关核心素养的研究、中国学生发展核心素养研究和高中各学科核心素养研究，还有的参训教师将文献分为核心素养的概念研究、核心素养的内涵研究和核心素养的培养途径研究等。在整理、汇编文献的基础上，参训教师自然而然地结合自己平时的教学实践进行反思，反思自己的课堂教学是否立足于对学生核心素养的培养，自己是否能够胜任"核心素养"的培养任务，自己在未来的教学中还有哪些地方需要改进。

（三）文献阅读→当堂讨论，专家引领→反思教学

培训前的文献阅读材料主要由项目团队提供，培训开始后的文献整理、汇编文献阅读材料主要由参训教师利用中文数据库根据自己的需要和理解下载。这个环节中的文献阅读主要采用的是文献精读和文献共读的方式。项目团队对培训课程内容和形式做了一个创新：通过与授课专家进行商量，改变过去专家"传经送道"式的专题讲座形式，采用文献阅读、当堂讨论、专家引领的方式进行。在该课程开始前两天，项目团队印发了三篇最新发表的有关核心素养的研究论文给全体的参训教师。这三篇论文分别是教育部课程改革专家、华东师范大学杨向东教授撰写的《核心素养与我国基础教育课程改革的关系》[4]，原国家督学、著名教育专家成尚荣先生撰写的《核心素养的中国表达》[5]，以及教育部高中化学课程标准修订组核心成员、特级教师王云生老师撰写的《学科核心素养的培养是学科教育的灵魂》[6]。项目组要求全体参训教师认真研读这三篇论文，并在自己

有感悟的地方做标注、写体会，在自己读不懂的地方做标注，提出自己的困惑。班级研讨由教育部高中化学课程标准修订组核心成员、特级教师王云生老师主持。主持专家围绕三篇论文提出了以下问题作为参训教师当堂讨论的方向："21世纪的中国需要什么样的人才？怎样理解'核心素养'是个体在社会中生存与生活，有能力为社会发展和人民幸福做贡献的最基本、最重要、最必需的素养？我国的基础教育要为我国未来的公民奠定怎样的基础？怎样理解《中国学生发展核心素养》？《中国学生发展核心素养》和各个学科的学科核心素养以及各个学科的课程标准是什么关系？怎样理解和评价我国提出的高中化学学科核心素养？为什么说落实学科核心素养的培养需要课堂转型？化学学科的课堂转型要转变什么？该怎样转变？"为了使整个班级研讨氛围更加热烈，项目团队在研讨开始就将班级按照"世界咖啡"的形式，将桌椅按10个人一圆桌的形式进行了重新布置，全班共分为5个小组。得益于组织形式的改变以及参训教师大多课前就认真反复地阅读和学习了三篇论文，加上主持专家列出了相当明确的研讨问题，整个班级研讨相当热烈，参训教师们围绕提出的问题，参考三篇论文，结合自身的教学实践，畅所欲言，既谈看法、观点，也谈自己的困惑以及对未来教学的思考。针对参训教师的发言，主持专家做了深入的点评；针对参训教师的困惑和提问，主持专家明确地提出了自己的建议。

（四）文献阅读→在岗实践→学员展示，专家点评

在多种形式深入阅读文献的基础上，在第一次集中培训结束后，进入了第一年度第一次集中培训和第二次集中培训间的在岗实践研修期，该阶段有若干个月的时间。在岗实践研修期间，项目团队要求参训教师要积极地将第一次集中培训期间对"核心素养"的认识和理解在高中化学课堂教学过程中进行实践和反思。在岗研修期间，参训教师可以进一步完成"大成编客"的文献整理、汇编任务，也可以通过项目团队建立的"国培计划"专题网络研修平台发布有关"核心素养"的在岗研修心得体会，其他参训教师可以通过网络研修平台对心得体会进行回复和点评，项目团队聘请的专家也可以对心得体会进行点评、纠偏。在第二次集中培训期间，项目团队将以"学员展示，专家点评"的形式为主开展总结提升活动，收集汇编参训教师关于"核心素养"的研修成果，并印发给全体参训教师。安排时间让参训教师互相交流研讨在岗研修成果，同时遴选出若干参训教师作为代表，请他们在全班进行展示汇报，并请专家对参训教师的研修成果进行有针对性的点评，既肯定参训教师认识和理解到位的地方，也指出参

训教师认识和理解上的误区，起到固化成果和认识纠偏的作用。

（五）文献阅读、班级研讨、反思教学、在岗实践→成果发表，总结提升

在文献阅读、班级研讨、反思教学、在岗实践、学员展示、专家点评等的基础上，参训教师对于"核心素养"应该有了一个"多维立体"的认识和理解。这说明，参训教师关于"核心素养"的课题研究已经取得了阶段性的成果。这个时候，相当关键的是要及时地督促参训教师将自己的阅读、反思、实践和研究的成果撰写成论文，并指导参训教师对论文进行反复修改，在此基础上向国内核心期刊或主流期刊投稿，并争取发表。论文的发表本身并不是课题研究的目的，而是为了及时总结提升研究的成果，为了使思考和研究更加系统和深入。论文发表以后，参训教师可以通过班级 QQ 群和网络研修平台发布论文成果，让其他参训教师也可以共享研究的成果，增进对"核心素养"的认识、理解和认同。同时，要将研究成果进一步应用于高中化学课堂教学中，在实践中进一步加深对"核心素养"的理解。

三、基于"核心素养"理解的高中化学教师培训反思

我们构建了基于"核心素养"的"课题研究"培训模式，并就此进行了实践探索，认为要取得较好的成效要注意以下几个方面的问题。

（一）文献阅读在"核心素养"理解中具有重要作用

文献阅读对于课题研究具有突出重要的作用。文献阅读是课题研究的起点，也是在课题研究过程中遇到疑难问题时解决问题的重要途径。基于"核心素养"理解的"课题研究"培训模式中，文献阅读是整个培训模式的起点：文献阅读，可以引发参训教师反思教学；可以布置整理、汇编文献集的任务供参训教师检索、下载、阅读、梳理、分类、归纳文献；也可以对指定的文献进行精读，针对具体问题进行深入研讨；还可以在文献阅读的基础上进行在岗实践。当然，在岗实践研修过程中，遇到相关疑难问题教师也可以进一步查阅文献，解决疑难问题。因此，文献阅读在"核心素养"理解中具有非常重要的作用。

（二）参训教师在"核心素养"理解中要发挥主动性

在整个教师培训过程中，参训教师是培训的主体。作为主体，要激活自身参与培训的动力和积极性，全身心地投入到培训中来，通过文献阅

读、反思教学、整理和汇编文献、班级研讨、学员展示、专家引领等多种形式，不断提升自己对"核心素养"的理解。同时，作为培训主体，不能对"核心素养"的学习持排斥的态度，而要积极主动地接纳"核心素养"，并积极地反思"核心素养"与"三维目标"的关系，主动地在实践中探寻培养学生"核心素养"的路径。当然，要培养学生的"核心素养"，教师首先应该具有较高水平的"核心素养"，应该积极主动地对照"核心素养"的相关要求，通过自学、培训、实践、反思等方式查缺补漏，提升自身"核心素养"水平。

(三) 参训教师对"核心素养"的理解是动态发展的

在阅读国内教育专家对"核心素养"的相关研究论文的时候，很多参训教师都发现了一个很有趣的现象：很多专家对"核心素养"的认识、理解和阐述在发生着变化。这其实也很正常，"核心素养"对于国内教育专家和一线教师来说，都是新生事物。不管是专家还是一线教师对于"核心素养"的理解都是动态发展的，而不是一成不变的。在培训过程中，我们也发现参训教师对"核心素养"的理解一直在动态发展着。很多参训教师原来对"核心素养"陌生、困惑甚至排斥，通过不断的学习和研究，他们开始转变自己对"核心素养"的认识和理解，认识到"核心素养"确实为高中化学课堂教学从教书走向育人指明了践行的方向，他们也更加积极主动地、自觉地进一步研究和实践"核心素养"培养目标。

注　释

[1] 王云生. 基础教育阶段学科核心素养及其确定：以化学学科核心素养为例 [J]. 福建基础教育研究，2016 (2)：7-9.

[2] 张贤金，吴新建，叶燕珠，等. 基于课题研究发展高中化学骨干教师学科教学知识的探索 [J]. 中小学教师培训，2016 (5)：13-16.

[3] 张贤金，吴新建，叶燕珠，等. 基于"课题研究"模式的化学教师培训改革 [J]. 中小学教师培训，2015 (10)：15-18.

[4] 杨向东. 核心素养与我国基础教育课程改革的关系 [J]. 人民教育，2016 (19)：19-22.

[5] 成尚荣. 核心素养的中国表达 [N]. 中国教育报，2016-09-19 (3).

[6] 王云生. 学科核心素养的培养是学科教育的灵魂 [J]. 基础教育课程，2016 (19)：15-19.

(此文发表于《中小学教师培训》2017 年第 4 期)

优秀英语教师个人实践知识的分析与重建

杨延从[1,3]　唐泽静[2]

(1. 厦门市翔安区教育研究中心　福建厦门；

2. 东北师范大学教育学部　吉林长春；

3. 华中师范大学教育学院　湖北武汉)

随着教育研究的不断深入，教师研究日益成为学者们研究的重点，它聚焦教师的专业情意、工作特点、教学方法与风格、知识结构等。而教师知识则是教育研究、课程改革和教师研究的重中之重，但是大多研究从宏观上考察教师的专业发展，很少从教师个人实践知识视角探讨教师的专业发展。作为来源于教师自身和他人教育实践、校园文化影响及个人经历，且融合了教师个人的信念、价值、技能与策略等因素的教师个人实践知识，是优秀教师专业发展的重要表现。[1]

一、理论依据与研究方法

1. 理论依据

最早提出"教师实践知识"这一概念的是加拿大学者埃勒巴兹(Elbaz)，他将其界定为：以特定的实践环境和社会环境为特征，以实际情景为取向的一种高度经验化和个人化的关于学生、课堂、学校、社会环境、所教学科、学生成长理论、学习和社会理论等类型的知识。[2]克兰帝尼（Clandinin，1985）进一步指出，"个人实践知识"中的"知识"是源于教师个人、社会和传统的经验并通过个人的行为表现出来有意识或无意识的一种信念。[3]它是一种源于教师的专业生活经验且对教育教学的个性化的观点和认识的知识。它依赖于教师过去的经验，存在于教师当前的教学行为中，存在于未来的计划和行为中，并预示着未来可能的教学。个人实践知识贯穿于教师的实践过程并通过教师讲述故事的方式体现出来。个体认知教师个人实践知识就是对教师教学行为的深化理解过程。

关于教师个人实践知识的分类，教育学界一直存在争议。戈隆贝克(Golombek)把个人实践知识分为自我知识、学科内容知识、教学法知识和情境知识。[4]埃勒巴兹（Elbaz）则将它分为自我的知识、环境的知识、学科的知识、课程的知识和授课的知识。[5]鉴于陈向明的六维度分类[6]更加全面且符合我国研究实际，本研究采用了陈向明的分类标准。

2. 研究问题

（1）优秀英语教师个人实践知识有什么共同的结构特征？

（2）优秀英语教师个人实践知识的构建受到什么因素的影响？

（3）如何重建优秀英语教师个人实践知识？

3. 研究对象

本研究对象是厦门市翔安区中学英语名师工作室成员，化名为陈伟、梁娟和洪芬。他们都是获得市、区级学科带头人称号且教学成绩优异的教师。这三位教师的职称、职务、年龄和性别均有一定的代表性，基本信息如表1。

表 1　研究对象基本信息表

教师	性别	年龄	教龄	学历	职称	职务	任教学段
陈伟	男	40	20	研究生	副高级	教研室主任	高中
梁娟	女	51	32	大学本科	副高级	教研组长	高中
洪芬	女	32	7	大学本科	中级	班主任	初中

4. 研究工具

研究者首先对这三位英语教师进行了背景访谈，主要包括：（1）教师的教育背景与在职专业发展经历；（2）教师对教育教学和课堂管理的实践与体会；（3）教师对自身的专业发展的规划与反思。同时，对他们进行一学期的课堂观察，并从其教学行为中提炼教师个人实践知识六大维度的表现情况。

5. 数据分析方法

本研究采用扎根理论（grounded theory）的研究方法进行数据分析。数据按照教师的教育信念、自我知识、人际知识、情境知识、策略知识和批判反思知识六个维度进行三层次的编码，注重资料之间的比较与关联。从访谈和问卷中捕捉研究问题的核心概念，对照数据编码表进行文本编码，再根据原始数据合并、分割或修改编码，最后进一步完善编码对照表（编码表略），完成数据分析。

二、研究发现与分析

1. 优秀英语教师的故事

（1）陈伟老师的故事

陈老师是位典型的 70 后，孩提时从事教师职业的父亲和初中时代一位归国华侨教师对他世界观和人生观的触动很大。于是在中考填报志愿时，他报考了师范学校英语专业。参加工作后，他一边教书育人一边进行在职学历教育，直至硕士研究生毕业。

从 20 年前成为一名农村初中英语教师开始，他坚持用英语组织教学，营造良好的英语氛围，尝试应用多样化的教学手段，把英语课上成语言的实践课。在工作第三个年头，他上了一节让他终生难忘的县级观摩课，并获得县级优秀教师的称号，这对他后来的名师成长之路产生了重要的影响。

后来，他调任高中从事高中英语教学工作，历任教研组长、教务处副主任和教研室主任。多年来，他积极参与教育科研，参加各级学科教学技能大赛并获奖。在课堂上，他善于创设语言情境，把听、说、读、写、译等技能训练贯穿于语言实践中，逐渐形成了"教为主导、学为主体、练为主线、思为主流"的个性化教学风格。他说："去加拿大两个月的访学对我的触动很大——英语教育不仅要引导学生掌握知识和技能、学会学习方法，还要陶冶心灵、塑造意志、培养品质和完善人格，使其成为合格的社会公民。"他还积极承担各级名师送教（培）下乡活动和骨干教师培训任务。

（2）梁娟老师的故事

梁老师出生于 20 世纪 60 年代，由于初中英语成绩优异，她被英语启蒙老师选为早读领读的"小先生"。后来，她的姐姐当上英语教师，姐姐的榜样作用激励她高考填报师范院校英语专业。

梁老师倡导"教是为了不教"的教育理念和民主的课堂管理风格，在班级里组建了一个个学习共同体，通过各学习团队的自我管理来提升班级的管理效能。她把培养学生的综合语言运用能力、人文素养、创新精神和社会适应能力放在首位。她善于自我反思，一方面从宏观教育的层面反思自身的教学实践，另一方面帮助学生自我剖析，她善于从学生的角度思考问题，以换位思考的方式实现教学相长的初衷。

梁老师责任心和使命感强，身为教研组长，学校里有十多名新手教师需要她"传帮带"。她总是身先士卒——要求新教师做到的，自己首先做到。年过半百的她还经常与新教师在业务技能大赛上"同台竞技"。加入区名师工作室后，她积极承担各级名师示范课、讲座和送教（培）下乡任务，并参与各级课题研究。

（3）洪芬老师的故事

洪老师是位典型的 80 后。她刚开始学习英语时成绩并不理想，但是秉持一股不服输的精神，她发愤图强，终于取得中考英语满分的佳绩。考入师范大学英语系后，她努力学习教育学、心理学和英语教学法知识，积极参加各种支教和教育实习活动，为以后从教奠定了扎实的业务基础。后来，她以优异的成绩竞聘上英语教师并在初中任教至今。洪老师非常注重孩子的养成和纪律教育，她说："初中阶段是孩子人生成长历程的重要转折点，初二更是孩子们的'心理断乳期'。初中教师要善于组织教学、控制课堂，才能更好地立德树人。"洪老师所带班级的班风与学风在全校名列前茅，班级多次荣获市、区级优秀班集体的称号。

从教七年来，洪老师经常代表全区参加省、市教学技能大赛和主题班会课大赛并屡获佳绩。她说："我坚持每年订阅学科与综合类专业杂志，及时借鉴他人的先进经验，反思自身教学上的不足。同时，参与课题研究，写作科研论文，撰写教育博客成为我最重要的专业生活和反思方式，也促进了我的专业成长。"

2. 优秀教师个人实践知识的结构特征

尽管三位教师的成长年代、教育背景和工作经历不尽相同，但是反复研读他们的访谈记录和课堂观察实录，还是不难发现他们在个人实践知识构建中具有一致的结构特征。

（1）实践性。实践性是教师个人实践知识的本质特征之一，它通过教育教学、社会生活和学习实践揭示、检验、修正并最终形成个人实践知识，使教师的教学行为更符合学生的实际需求，从而促进师生成长。在访谈中，陈老师说："教学的本质是要促进学生发展，教会学生学会学习。因此，我的教学活动，一是注重引导学生聚焦语言主干知识，提升学科核心素养，二是通过优化教学活动流程和任务设计来促进学生高效学习。"梁老师构建的课堂学习共同体是师生共同参与、合作探究和资源共享的学习型组织，师生成为课堂活动的共同实践者与建构者。在她看来，学习活动既是具有认知取向的学习活动，又是一种民主的人际交流过程。洪老师在课堂上善于引导孩子独立思考和主动探究，创设动态真实的话题情境引导孩子内化和输出语言。三位教师通过大量的教学实践逐渐形成了自己独特的教学风格。

（2）反思性。三位教师无一例外地将教学反思当成自身专业生活的常态。根据教学反思内容的指向不同，反思可分为技术水平的反思、实用水平的反思和批判水平的反思三个层次。[7]从访谈中研究者发现，洪老师因为入职时间较短，她的反思是建立在阅读相关专业文献后，对照自身教学技能和教学行为的有效性评价，属于技术水平的反思；陈老师从中专、大专、本科直至研究生学历提升一路走来，花了较长时间卓有成效地实现了自身的专业发展，也常常反思自身的教学行为，但仍局限于"英语是门教导学生实践智慧的人文学科"这一学科层次，属于实用水平的反思；梁老师的自我反思则体现了对学校教育教学行为背后更宏观的社会意义层面的思考，是对影响教学活动的社会因素的思考，达到了批判水平。这说明优秀教师通过勤于反思自身的教学实践，更新教育教学理念，有效地促进了学生的全面发展。

（3）交往性。交往性产生于教学互动实践中，在与学生多维互动和思想交流中，教师的教学实践逐渐走向成熟，并形成个性化的教学风格。梁老师说："课堂学习共同体内的交往互动使学生的归属感增强了，师生角色认知发展了，人际合作与交流顺畅了。"为深化研究互动效率，梁老师考取了国家二级心理咨询师任职资格，她认为优秀教师的素质特征会在互动式教学实践中被激活、验证、凝练和升华。陈老师凭借多年丰富的行政管理经验，狠抓课堂教学秩序，营造温馨的班级环境，并经常利用课余时间找学生谈心，了解学生的实际需求。洪老师善于营造轻松有趣的教学氛围，通过优化教学活动设计，引导学生用英语表达，实现英语为交际服务的目的。

（4）缄默性。缄默性包括自我感知和调节意识、与学生对话能力、处理偶发事件的教育智慧、教育实践活动中的批判反思精神等。[8]例如，陈老师熟知班级学生的心理结构和身心发展状况，能充分把握具体话题情境中学生的语言知识储备和特定需求，设计出符合不同发展水平学生的活动任务。洪老师擅长做学生的思想教育工作，她把班级上喜欢调皮捣蛋的学生分成了注意力不集中型、表现自己型和争执纠纷型。对注意力不集中的学生她采取"大声表扬、悄悄批评"策略，即用眼神、手势、旁敲等进行暗示；喜欢表现自己的学生常通过捣乱引起别人注意，她一般采用暗示策略或"课下教育法"；对争执纠纷型学生她常采用"冷却法"和"课下教育法"相结合的方式，既争取了时间、缓和了矛盾，又给学生留足了面子。缄默性实践知识属于一种教育实践智慧，它指导并左右着教师的教学行为。

（5）自主性。三位教师的专业成长经历例证了其强烈的自主专业发展意识，即对自己过去专业发展过程的意识、对自身现在专业发展的状态与水平所处阶段的意识和对自己未来专业发展的规划意识。[9]已进入不惑之年的陈老师参加了研究生学历教育并顺利毕业。他说："未来四年我还会继续攻读博士学位。终身学习已成为教师的生活常态，它有助于我们丰富教学思想，永葆育人活力，实现从经验型教师到专家型教师的转变。"梁老师说："我想利用心理分析法来破解学生的行为表现，更好地为我的英语教学服务。目前，我正在进行团体心理学原理与课堂学习共同体理论的整合研究。"洪老师说："现在大量阅读已成为我的生活常态，我也保持每周写 2—3 篇教育叙事的好习惯。我写教育叙事借助我的个人倾诉，重温教育经验，体验教育过程，是对教育现象再理解和再探索的过程，进而发现能引发思考的教育意义。"

3. 优秀教师个人实践知识的影响因素

从三位教师的叙事中不难发现，其个人实践知识均受到教师个体因素和社会环境因素的影响。[10]

教师个体因素包括教师性格特征、专业素养、从业动机以及专业发展内驱力等。从小"不服输"的精神使洪老师的学习后来居上并顺利竞聘上英语教师。梁老师责任心和使命感很强，这是她长期"学而不厌、诲人不倦"的动力源泉。陈老师具有较强的进取心和明确的事业奋斗目标，从学历提升和职务晋升之路可知他是位有长远职业规划的教师，这也缘于他对教育事业的热爱之情。

社会环境因素则包括了家庭、学校、社会等个人生活环境。例如，陈老师和梁老师从小就受到从事教师职业的父亲或姐姐潜移默化的影响，梁老师强调她的"课堂学习共同体"理念和教学风格的建构源自启蒙英语老师的"小先生制"的灵感。陈老师在加拿大的访学经历对他的育人理念影响颇深。他说："加拿大的教育考察对我最大的触动是教师对学生的尊重。一是尊重学生，尊重他们的想法、个性、处境，甚至他们的'弱势'，蹲下来倾听他们的声音，和他们一起想事情、做事情；二是教室是学生提升灵魂和生存技能、彰显个性及培养社会责任感的舞台，学生在教室里无时无刻不在为未来做准备，这是培养其责任心和无限潜能的场所。"三位教师均来自省一、二级达标学校。一方面，学校重视学习型组织建设，为教师的专业发展搭建了良好的平台。另一方面，区教育局均把他们聘为名师工作室成员，并要求他们每学年承担一定数量的展示课、专题讲座和送教（培）下乡活动，促进了其个人实践知识的构建。

三、优秀教师个人实践知识的重建策略

教师的个人实践知识（Personal Practical Knowledge，以下简称"PK"）在行动前已形成，且多数是缄默性知识，兼具实践性、反思性、交往性、自主性等特征，包括信念、自我、人际、情境、策略和批判反思等知识。当教师遇到新的问题情境时，自然形成意识上的冲突与博弈，并激活其缄默性特征使其显性化[11]，教师再通过自我觉醒、专家专业引领、学习共同体研修、行动反思研究等形式实现新知识形态的个人实践知识（PK_1）的自我重建（参见图1）。

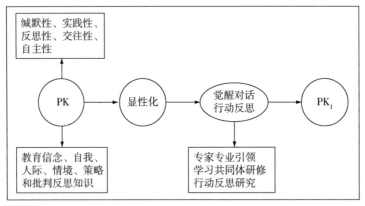

图 1　教师个人实践知识重建图

1. 个体自我觉醒

教师个人实践知识的优化亟须教师超越常规的教学图式，逐渐内生出一种自觉与能动的内在力量。首先，要勇于走出固有的教学生活方式，积极投身于充满不确定性和不断竞争的教育教学改革与教学生活之中，这会给教师带来全新的发展机遇，但也充满压力与挑战。其次，实现自我主体与自我意识的觉醒。在全面推进深化课程改革阶段，教师要努力使自身从消极被动的客体向自主自觉的主体转变。最后，建立健全与道德领导相适应的教育运行机制。学校管理中的科层体制只会束缚教师的主观能动性和创造性思维。而倡导基于共同愿景，辅之以科层、心理与"技术—理性"权威，尊重教师的心理需求与自我实现需要的道德领导式的教育运行机

制，有助于促进教师的自我觉醒，培养教师的自主能力与参与意识，有利于教师以主体自觉的精神和真正超越、自在自为的行为方式投身教育改革实践。

2. 专家专业引领

专家的专业引领要坚持尊重教师个人实践知识自我优化的实际诉求，坚持学科性与专业性有效整合和坚持发挥教师主体性三大原则。具体引领内容可涵盖学科教学内容与方法、教育技术与技能、教育理论与观念、心理知识与素养等。[12]首先，专业引领者要对教师学科知识结构和专业发展需求进行调研，在此基础上规划与指导教师的专业发展"路线图"。当然，教师的职业生涯具有其阶段性发展主题，专家要结合其周期性专业发展指向和实践经验的特点，实施分层设计与专业引领。其次，在理论与学科专题研训中，专家要结合具体教师的引领目标、内容及方法等精心设计引领方案，充分激发教师的问题意识和研究热情，创新参与式研训方式和拓展活动任务，引导教师主动与专家进行多维互动式对话。最后，倡导"回访式"专业引领方式。专家的专业引领要做到事前、事中和事后沟通的有机结合。特别是研训结束后，要继续保持专家与教师的双向互动机制，建立专家与教师的 QQ 和微信互动平台，及时进行"回访式"专业引领，使其常态化。

3. 学习共同体研修

建立以大学教授、教研员和教师之间彼此信任、互动协商、共生互补的金字塔式结构的学习共同体。首先，要深入开展主题式集体备课、片段教学、观课议课或同课异构等活动。研讨过程中，教师要检视教学各环节，反思教学中的关键事件，积极参与互动，促进思想交锋并及时形成教学反思；教研员要将课例提炼为教学范式，更好地指导教学实践；大学教授要揭示和提炼学科教学的本质、特征和风格。[13]其次，要深入开展以优化课堂教学范式和促进教师专业发展为主题的课题研究，全体成员要结合自身研究特长科学分工或分设子课题，亲历科研全过程，做到共同下校集体调研、共同参与理论研讨、共同进行课题实验和共同推广研究成果。大学教授和教研员要指导教师做好理论引领、综合分析和科学论证工作，丰富教师的个人实践知识。最后，深入开展教育沙龙活动。可针对某位教师教学实践中的困惑或难题开展漫谈式研讨，进而澄清事实、提炼观点和洞悉操作方法；也可围绕课改实践中的热点问题进行研讨，如课程资源整合的问题，大家畅所欲言，集思广益，共同发展。

4. 行动反思

教师的反思是一种实践取向的反思，表现为"对实践反思，在实践中反思，为实践而反思"[14]。教师要从描述教学行为、梳理教学经验，直至反思自己的反思方式来重新审视个人教学实践。首先，要主动审视个人实践知识。教师要有理性的专业发展意识，即把自身"不完美"的实践看作一个需要不断塑造、不断扬弃的过程，并结合自身的天赋条件加以优化，重建自身的个人实践知识。其次，要把常规化、习惯性的教学行为作为研究对象。[15]教师要通过课堂观察、话语分析等方式将其转换为有意识的文字表达状态，摒弃和改进影响教学实效的习惯性行为，完善自身的教学理念和行为。最后，要使反思性实践成为教师专业生活方式。教师的反思态度与反思性实践质量成正比。教师的反思性实践要上升为教师自觉的专业生活方式应具备反思的意愿、时间及支持环境[16]，即教师能在教学实践的任何时段，自发感悟和分析教学问题，并借助一定的技术手段和媒介来分析和解决问题，最终成为自发性研究行为和专业追求。当教师以这种态度和方式持续工作时，就形成了反思性专业生活的方式。

注 释

[1] 金晓敏. 外语教师个人实践知识的叙事研究：以一位大学英语教师为个案 [J]. 柳州职业技术学院学报，2008（6）：112-116.

[2] ELBAZ F. Teacher Thinking：A Study of Practical Knowledge [M]. London：Croom Helm，1983.

[3] CONNELLY F，Clandinin D. Teachers as Curriculum Planners：Narratives of Experience [M]. New York：Teachers College，1988.

[4] GOLOMBEK P R. A Study of Language Teachers' Personal Practical Knowledge [J]. TESOL Quarterly，1998，32（3）：447-464.

[5] ELBAZ F. The Teacher's "Practical Knowledge"：Report of a Case Study [J]. Curriculum Inquiry，1981（11）：43-71.

[6][11] 陈向明. 对教师实践性知识构成要素的探讨 [J]. 教育研究，2009（10）：66-73.

[7] 刘加霞，申继亮. 国外教学反思内涵研究述评 [J]. 比较教育研究，2003（10）：31-34.

[8] 王莉. 教师缄默性知识显性化策略探究 [J]. 临沂大学学报，2014（8）：34-39.

[9] 白益民. 教师的自我更新：背景、机制与建议 [J]. 华东师范大学学报（教育科学版），2002（4）：31-34.

[10] 刘洁. 试析影响教师专业发展的基本因素 [J]. 东北师大学报（哲学社会科学

版），2004（6）：15-22.

［12］王永奇. 农村教师专业发展诉求：学科专业引领［J］. 现代中小学教育，2010
（12）：39-41.

［13］徐丽华，吴文胜. 教师的专业成长组织：教师协作学习共同体［J］. 教师教育研
究，2005（9）：41-45.

［14］陈向明. 实践性知识：教师专业发展的知识基础［J］. 北京大学教育评论，2003
（1）：104-112.

［15］魏薇，朱苏飞. 从自在走向自为：教师个人实践知识的改善与更新［J］. 天津市
教科院学报，2009（6）：55-58.

［16］STANLEY C. A Framework for Teacher Reflectivity［J］. TESOL Quarterly，
1998，32（3）：581-591.

（此文发表于《中小学教师培训》2016 年第 5 期）

新课程背景下中小学美术教师专业发展
状况及其应对策略

王　坤

（吉林省教育学院　吉林长春）

随着基础教育课程改革十几年实践探索的不断深入，特别是近年来国培计划的实施，我国中小学教师的专业化水平得到了普遍的提高，尤其是中西部广大中小学教师素质的提升尤为明显。但是，囿于各地教育发展的不平衡，特别是基础教育学科教师配备的不均衡，也使得个别学科教师的素质状况还不能完全适应和满足当前新课程的现实需求，其中，中小学美术学科教师素质的普遍低下就是一个亟待解决的现实问题。该问题解决得如何，影响到我国未来国民的艺术素养以及民族文化自信。

一、新课程背景下中小学美术教师专业发展状况

从纵向的角度看，经过十几年新课程改革的实践和洗礼，中小学美术教师的专业发展和专业化水平较改革之前都有了较大的提高，无论是在专业情意、专业知识还是专业能力等诸方面都与之前不可同日而语；但就横向的角度，与基础教育其他学科比较而言，中小学美术学科教师的专业发展仍然存在着较大的差距，突出表现在以下几个方面：

1. 美术教师的专业化意识还比较淡薄

"所谓教师的专业化是指教师个体专业水平提高的过程以及教师群体为争取教师职业的专业地位而进行努力的过程。"[1]中小学美术教师的专业化是指从事中小学美术教育工作的教师的个体专业水平提高以及教师群体为争取其美术教育专业地位而进行努力的过程。因此，并非所有经过美术专业培养、训练过的人才能成为中小学美术教师，即达到中小学美术教师专业化的要求。在这方面，许多教师都把美术教师专业化片面理解为美术专业人才的专业化，认为只要美术专业方面强就可以了。在教育教学实践过程中，忽略或淡化了作为中小学美术教师所必须具备的教育教学理论知识和实践能力，从而导致教育教学理论知识贫乏，方法简单，课程资源陈旧，对自身专业发展的认识不足，缺乏自我发展的意识与自主行为，不能

及时根据课改的要求调整知识结构等诸多问题。一个教案、一幅范画可以讲遍一个年级、一所学校，甚至如果教材不变，可以讲述几年。对教师自身来说，这种教学的重复性、单一性也使得他们对这个教育教学的过程产生厌倦感，在一定程度上严重影响和阻碍了中小学美术教师的专业发展。

2. 美术教师的专业化程度还有待于进一步提高

受教师的来源、配备以及美术学科在基础教育中所占的比重等诸多原因的影响，相当一部分学校，受过美术教育专业培养和培训的专职美术教师的数量严重不足。有些学校，特别是广大的农村学校甚至没有专职美术教师。尽管在国培计划的各项培训中美术学科的教师得到了各地高度的重视，但其专业化的程度也是可想而知的。

3. 美术教师的知识面还需要拓宽

一是专业知识结构较为单一，重美术专业，轻教育教学的专业知识；二是在美术教育教学中，重技能轻理论、重技法轻素质培养的现象比比皆是；三是综合素养特别是人文素养明显不足，导致教师不能灵活创设和运用相关文化情境开展美术学科的教育教学活动，甚至把美术教育单纯理解为教学生"画画"。

4. 美术教师教育教学能力亟待提高

美术教师对新课程标准的理解认识不到位，忽视了"美术课程具有人文性质，是学校进行美育的主要途径"，"在实施素质教育的过程中具有不可替代的作用"（见《全日制义务教育美术课程标准》），甚至将课程中一些手工课、实践课、写生课等本该让学生走出教室，到课堂外或大自然中体验的课程用课堂内的讲授方式来替代，使学生的动手、观察能力等无法得到有效的训练和培养，学生通过美术教育所获得的感受美、鉴赏美和创造美的艺术教育目标难以得到有效落实。

二、新课程背景下中小学美术教师专业发展的现实需求

教师专业化是现代教育发展的必然要求和趋势，促进教师的专业发展，不断提高中小学教师专业化水平也是实施科教兴国战略和实现中华民族伟大复兴的现实需要。随着视觉文化时代脚步的加快，当今社会已进入读图时代，文字成为简单注解，更多的信息是由图像元素表达出来的，其影响透过互联网的广泛传播和应用，已经涉及大众传播媒体、购物中心、游戏场、地方雕塑公园或公共艺术等媒介，使得视觉艺术无处不在。因此，视觉艺术教育是视觉文化时代在全面发展的素质教育思想指导下，学

校教育体系中发展学生的观察、想象、思维、创造、审美、鉴赏和艺术表现等能力，形成基本的视觉艺术素养，并以此完善学生的人格的学科的重要领域。美术教育的重要性日益凸显，正确的审美态度，高尚的审美品格，完善的审美表达已成为一流人才所不可或缺的人文素质。因此，有效地促进中小学美术教师的专业发展，进一步提高美术教师的专业化水平已是当务之急。

就中小学美术教师专业发展的一般意义而言，主要应当包括以下三个方面。

专业知识：

（1）通识性知识：这是教师的文化基础，包括马克思主义哲学知识、现代科学和技术的一般常识，以及社会科学的理论知识和观点等。

（2）学科专业知识：这是美术学科教学的专业基础，包括美术学科的体系框架、美术学科中各逻辑知识点的内容和美术学科所需的技能知识等。

（3）教育教学知识：这是从事教师职业的必备条件，包括教育基本理论、教育发展史、教育学、心理学、教学论和教育技术学等。

专业能力：包括教育能力、教学能力、科研能力、创新能力和发展能力等。

专业精神：包括教育观念、职业道德、人格特征和教育机智等。[2]

针对当前中小学美术教师专业发展的现状，在新课程背景下亟待解决的问题突出表现在：

1. 进一步转变教育思想，更新教育观念，特别是要强化中小学美术学科的课程观[3]

新的美术课程较传统美术课程有三大突破：一是打破传统美术课程以绘画、雕塑、工艺美术以及建筑知识体系构建课程的思路和方法；二是根据美术学科具有多学科性质的特点，突出了人文性与工具性相结合的特点；三是从学生生活经验和美术学习活动的方式出发，结合美术学科的特点，将义务教育阶段的美术学习划分为"造型·表现"、"设计·应用"、"欣赏·评述"和"综合·探索"四个学习领域，使之更趋科学性和合理性。面对以学生为主体的美术学习活动，美术教师的功能不再是单纯传统的"传道、受业、解惑"，美术技法的传授也仅仅是其中一个小小的方面。这就要求美术教师不但自身要具有一定的专业技法，更重要的是还应具有这种技法的传授能力，要使自己逐步成为学生学习活动的参与者、促进者和组织者，使美术学科真正成为提高学生人文素养的重要渠道。

2. 掌握包括美术学科知识和技能在内的丰富的人文知识

中小学美术教师要想成为一位优秀的教师，首先自己要成为一位好的"美术家"。这里的"美术家"更主要强调的是教师的美术专业水平，美术教师只有能够在学生面前秀出自己的美术作品，才能在学生面前树立一定的威信，使学生真正信服。此外，成为学生心目中的优秀教师，不仅要有美术学科方面的专业知识和技能，还应从美术学科教师专业化的要求出发，掌握丰富的人文知识。只有实现教师自身的修养和美术教育与人文背景的有效融合，充分体现艺术作品中丰富的人文内涵，才能使学生更好地吸收人文精神，奠定素质教育的人文性，做到课堂内容的新颖、全面和精彩，才能有效地激发学生的学习兴趣，使学生以人文的精神去感受、鉴赏和创造世界。

3. 善于运用教育教学理论，努力提高自己独特的教学能力

新课程的教学观要求教师从教育的角度认识课程和教学，中小学的美术教育不是"专才"的教育，是国民美术教育，是培养公民必备的艺术素质和能力的教育。优秀的美术教师不能止步于仅让自己拥有较高的美术专业修养，还应当更善于将所学的知识传授给学生，这就要求美术教师要善于运用教育教学理论，努力提高自己独特的教学能力，并且能够将其熟练地运用到教育教学的全过程。

（1）教学设计阶段：要求教师制订明确的教学目标，认真分析和处理教材，在准确把握所教学生的特点基础上，根据教师的自身条件，结合所掌握的课程资源与技术确定适当的教学策略与方法，对教学过程中相互联系的各个部分的安排做出整体计划，即对"为什么教"、"教什么"和"怎么教"做出全面设计。教学过程是教师教学个性化的体现，也是教师教学智慧的体现，这个阶段教师要提高自己的创新能力，充分表达自己的教学理念。

（2）教学实施阶段：指教师对学生进行教育教学的具体实施过程。虽然根据不同的美术教学内容每节课的教学过程各有差异，但其基本模式大都包括导入新课、新课教学、练习反馈和拓展评价等几个环节。根据新课程的实践要求，教师要在新的教学理念的指导下引导学生，积极倡导以学生为中心，努力实现学生自主学习、合作学习和探究学习方式的转变，让学生成为课堂的主人，促进他们健康全面地发展。

（3）教学评价阶段：指教学过程中的评价环节，大体包括教师对学生

的评价，学生对教师的评价，以及学生对学生的评价等。教学评价对学生而言，往往是一种激励，是一种方向。教学评价中，教师一定要把握好度，充分发挥评价的积极作用，要以学生为中心，客观公正地评价学生的成果，而不应该用传统"像不像"的单一标准来评价学生及其作品。教师对学生的评价既要客观公正，又要注意保护学生学习的积极性，要用发展的眼光看待学生，善于发现学生学习过程中出现的闪光点。在评价的过程中，教师不仅应该注意学生对知识和技能的掌握，而且更应该关心学生对教学过程的参与和心得。

4. 努力增强自我发展意识，切实提高自主发展能力

自我发展意识和自主发展能力是教师专业发展的两大核心要素。教师自我发展意识是教师真正实现自我发展的基础和前提，具备了自我发展的意识，教师就可以将自己过去的发展进程、目前的发展状况以及日后将要达到的发展水平有机地结合起来，从而增强教师对自己专业发展的责任感，确保其专业发展的主动性。教师自主发展的能力是教师能否实现自身专业发展的关键所在。它不仅需要教师具备一定时间的专业生活的积累，而且需要教师在自身的教育教学专业活动中逐步形成和不断发展。中小学美术教师只有具备了自我发展意识和自主发展能力才能自觉地不断促进自我的专业成长。

三、有效提升中小学美术教师专业化水平的应对策略

教师专业化是一个动态的发展过程，中小学美术教师的专业发展更是如此。这里面，既有职前的培养，也有职后的培训；既有主观上的自主发展意识，也有客观上教师培训的针对性和实效性，更有新课程的实施与时代发展赋予美术学科的现实要求。

1. 进一步加快我国美术教师职前教育改革

就目前我国高等师范美术教育的现状而言，在一定程度上仍然存在着滞后于基础课程改革需求的环节和方面。首先，应当是培养目标的确立。作为高等师范院校，美术专业人才的培养，即美术专业知识与技能的培养固然重要，但同时，美术教育的理论知识与方法的培养同样重要。也就是说，高等美术师范院校不单纯是要培养美术专业方面的专门人才，同时要培养从事美术专业教育教学的专门人才。其次，高师美术课程设置不能与中小学美术教师专业结构完全脱节，尤其要突出美术教育学科的人文特征。因此，各高师专业课程设置在课程的理念、目标与内容等方面的调整

工作势在必行。同时，要加强教师职业技能培养方面的实践环节，有效地促进职前教育和职后发展、美术专业与美术教育专业的相互沟通和一体化的进程。

2. 夯实专业技能，拓宽专业视野，努力提高自身专业素养

在中小学美术教学中，绘画是基础，是作为一位合格的美术教师应该具备的最基本的素质能力，但随着新课程改革的不断深入，教师自身的专业素养也要与时俱进，对绘画、雕塑、工艺美术等学科门类、样式，中小学美术教师都要熟悉和掌握，做到"一专多能"。美术教师要树立"拳不离手，曲不离口"的专业发展理念，努力拓宽自己的专业视野，夯实自身的专业技能，全面提高自身的专业素养。这样，美术教师不仅在学生面前有较强的"公信力"，而且在为学生进行示范的时候也能做到游刃有余，让学生在进行美术学习的时候有迹可循，提高课堂的教学效率，能够适应新课程对美术教育的需求，全面达成中小学美术教育的教学目标。

3. 开展混合式研修是提高教师专业化水平的有效途径[4]

伴随着新课程实践的不断深入，从专业引领、自主研修到同伴互助，从集中培训、校本研修到教师自主的行动研究等多领域、多形式的教师培训，为促进教师的专业发展、提高教师专业化水平发挥了巨大的作用。随着信息化，特别是教育信息化时代的到来，以计算机为核心的网络技术的广泛普及又为教师的研修提供了新的契机，使得"互联网＋教研"这种新的旨在促进教师专业发展的混合式研修模式的应运而生不仅成为可能，而且越来越受到广大中小学教师的欢迎，成为提高中小学教师专业化水平的有效途径。

混合式研修是混合式学习模式在教研与教师培训中的应用，是将传统面对面的教研、培训活动与在线教研、培训活动的有机结合。其在一定程度上突破了时空的阻隔，实现了更广泛领域的教师之间的平等交流。由于网络技术的优势，这种研修又可以重复和延伸，便于克服时间上的限制，进而实现学习的深入。教师可以依托研修平台，根据自身专业发展的需要，真正实现以学科为基础、以教师为中心、以问题为导向和以案例为载体的自主研修，在互联网的世界中实现传统与现代、远程与现场、集中与分散、自主与合作、专家与同伴、广域与校本，以及教研与培训的有效结合。

几年来，在"国培计划"的广泛倡导和积极推动下，混合式研修取得了良好的效果，越来越受到广大中小学教师的欢迎和各级教师培训机构的

重视。我们期待，这种探索和实践也一定为促进中小学美术教师的专业发展、提高其专业化水平做出更大贡献。

注　释

[1] [2] 闫焕民. 教师自主专业发展的有效策略 [M]. 北京：教育科学出版社，2013：7-8，58-60.

[3] 王承昊. 初中美术新课程教学法 [M]. 长春：东北师范大学出版社，2005：33-35.

[4] 蒋国珍. 混合式研修：信息时代的教师专业发展 [M]. 北京：高等教育出版社，2011：10.

（此文发表于《中小学教师培训》2017年第4期）

师德建设

SHIDE JIANSHE

教学活动中教师道德敏感性
及其生成路径探析

杨　曼　　吕立杰

（东北师范大学教育学部　吉林长春）

随着"立德树人"理念的提出，教师这一具有道德规定性的群体自身所具有的道德素养也逐渐被重视，而作为教师道德素养关键构成因素的道德敏感性，其对理解教师教学行为及其背后的道德意蕴具有重要的意义，即在复杂的教学情境中，教师能够察觉潜在的道德问题，评估道德强度，辨识道德价值的优先，想象和推测各种可能的道德行为的有效性，并做出合乎逻辑的道德选择。然而，在功利主义占绝对地位的教学实践中，教师"教学道德性的偏失"[1]"道德去敏感性"[2]等问题逐渐充斥于教学实践中，教师作为"道德实践者"和"道德教育者"的专业身份也受到质疑。质疑之后进行的反思，不应该仅仅停留于对当前教育实践价值诉求的批判和对如何培养教师道德素养宏大理论的构建。或许，深入考察教学活动中教师道德敏感性的维度，探讨教师如何作为"道德实践者"以及"道德教育者"，才是生成教师道德敏感性的可能路径。

一、从教学实践看教师道德敏感性

教学在本质上是一种道德努力[3]，教学活动本身富含道德意蕴。教师作为道德活动实践者，其所采取的教学行为应该具有潜在的道德意义，这是来自教师这一职业的要求。然而，工作的烦琐性可能导致教师在学校中遭遇各种"存活危机"，从而导致他们在开展教学活动时对其中所蕴含的道德情境及道德问题处于一种无反思、无意识的状态。换言之，教师的道德敏感性可能处于一种钝化的态势。

例如，在一次小学语文公开课上，彭老师选择了《妈妈》这篇课文，其出发点是：（1）这篇课文是一首现代诗，可以采用多种朗读形式，从而激发学生的课堂参与性；（2）这是一首谈论母爱的诗歌，内容触及生活，容易引起学生的共鸣。在教学过程中，彭老师为了使孩子们更加深入地理解"妈妈是家里的太阳，有了她，家中总是暖洋洋"这句话，设计了一个师生互动谈论的环节。当时的课堂气氛融洽，孩子们争先恐后地向老师展示已经预设好的回答："老师，我妈妈每天都做好饭菜给我和爸爸吃，我和爸爸很开心，心里暖洋洋，所以妈妈是家里的太阳！""老师，我的妈妈会帮我和弟弟做饭洗衣服，我们都很开心，心里暖洋洋！""老师，我的妈妈每天都会给我扎小辫子，我心里也是暖洋洋的！"……就在这时，一个小女孩在举手与不举手之间犹豫，在彭老师的不断鼓励下，小女孩站起来断断续续地说："老师，我……我妈妈有快两年时间没回过家了，我想我妈妈给我做的可乐鸡翅。"说完，小女孩的眼泪便瞬间涌流，班级瞬间悄无声息。静止了几秒之后，惊慌之下的彭老师只是将孩子的话草草带过，继续完成着预设的教学目标和过程。

以上案例，可以引发以下几个方面的思考：首先，彭老师作为一名刚从师范院校毕业的教师，受过严格的专业培训，把"保护儿童的自然天性，关注儿童的个体差异，培养儿童的社会德性"奉为自己的教育信条，并且满怀热情地欲将其付诸自己的教学实践。然而，正如南希所言，"学生"可以被教授各种的道德框架，可以通过道德推理对一个涉及违反道德规范的案例进行识别和分类，但是（在实践中），他们还是不能通过自己的能力来识别一个情景中是否包含着道德问题。[4]其次，彭老师在准备公开课时，更多考虑的是教学技术问题，如"选择多种朗读形式""师生共同谈论"等教学组织形式，"预设学生可能做出的回答"等，却忽略了教学内容和教学方式背后蕴含的道德意义，使得教学过程中出现了道德关系的紧张，从某种程度上看，这是其道德敏感性低的直接体现。最后，彭老师受到预设的教学过程的影响，在课堂上出现道德关系紧张的局面之后，她没有试图去抚慰小女孩的心情，或是选择恰当的方式缓解课堂上的紧张气氛，而是静止了几秒之后，匆匆结束了这一话题，继续完成预设的教学过程。在之后的教学反思中，彭老师将这堂课界定为"一堂失败的课"，认为"自己对课堂偶然突发事件的处理能力不足"，"教学机智欠缺"。固然，这是教学活动中的一次突发事件，但是对于教师这一道德实践者而言，这亦是一次考验其对学生关爱和承担道德责任、践行道德义务的过程。从这一视角来看，显然，彭老师缺乏作为实践指导原则的道德敏感性。

目前，学术界对道德敏感性的研究还比较薄弱[5]，最主要的疏漏便是没有深入到道德"实践"中去反思教师道德敏感性生成性的问题[6]。因此，笔者将尝试从真实的教学情境出发，探究教师道德敏感性的生成路径。

二、何谓教师道德敏感性？

（一）教师道德敏感性的意蕴

雷斯特等人认为：道德敏感性承担着对情境的领悟和解释，是对情境中道德内容的察觉和对各种行为可能如何影响别人的意识，即敏感地认识到"这是个道德问题"。[7]教师道德敏感性作为道德敏感性的下位概念，其在继承道德敏感性共性的同时融入了教师职业的内在属性。因此，笔者认为：教师道德敏感性指的是教师基于对日常的教学活动的感知和理解，能够识别嵌入其中的潜在的道德问题，而不仅仅是"识别一个特定的教学情境中的道德问题"。它有助于教师抓住良好的教育契机，以及敏锐地意识到自身的行为是否具有教育价值，从而避免做出不道德的行为。[8]由此可以看出，教师道德敏感性在一定程度上已经脱离了道德敏感性所规定的特定情境而进入到对实践场域的讨论，这一规定性的超越对教师的道德敏感性也提出了新的要求：教师在学校这一大的场域之内，一方面，要时刻保持对场域内各种教学活动中可能包含的道德元素的察觉，如备课、日常班级管理等；另一方面，要能够平衡场域内各种关系之间的博弈，如效率与公平。此外，教师道德敏感性还与其同情能力、换位思考能力有关，因为一个有同情心和换位思考能力的人，更可能对道德问题做出反应。[9]换言之，教师的道德敏感性与其对学生观照的程度相关。一位能够时刻关注学生发展需求，并且做出及时反应的教师；一位能够将道德责任置于首要位置，并且坚持"树人"目标的教师；一位能够体验学生的情绪，想学生所想，急学生所急的教师，其自身便具有较高的道德敏感性。教师道德敏感性还应该是一个持续的、日常化的行为，而不是一次或几次对教学实践情境的"应激反应"。综上，具有道德敏感性的教师，他们对工作有担当，对学生负责任，能够不断探究和追求道德本质，努力践行"师者德为先"的价值追求。

（二）教师道德敏感性的构成维度

有学者曾将道德敏感性分解为两种不同的能力：道德想象和对道德问题的识别。[10]具体到教师职业，笔者认为不仅仅是两种能力，还应该包含道德知识，因此本文中教师道德敏感性的构成维度包括道德知识、道德想象力和对道德问题的识别。

道德知识是一种个人的专业性的能力。它使得教师能够敏捷地意识到道德价值如何在日常实践的细微之处得以表现。它驱动教师考察自身的行为，质疑自己的意图和行动。[11]换言之，道德知识是教师进行道德实践的"理论"依据，在一定程度上起到了道德指南的作用。需要说明的是，道德知识既包含间接知识的"他者"知识，也包括直接的"个体"知识，两种类型的知识共同作用于教师的道德实践，帮助其形成较高的道德敏感性。道德知识概念的提出，既是对当前教育界"道德教育"发展的附和，也是对道德相对主义价值观的猛烈抨击。道德知识经由内化转化为教师的道德实践智慧，进而通过教师潜移默化地影响学生的道德实践。

道德想象力是领会实践的道德特征和预知行为的道德后果的能力[12]，即教师能够领会到教学实践过程所蕴含的道德维度和特征，厘清道德关系脉络，预知教学行为所可能产生的道德后果。帕代尔斯认为，道德想象力的激发涉及道德原型、道德隐喻、道德叙事和道德察觉。具体到教师，道德原型来源于教师在接受培养、培训或日常教学实践过程中所"经历"过的典型案例。当一个包含着潜在道德含义的情境被呈现时，教师要判断新的情境是否与已有的原型存在差异，新的原型中都包含哪些道德问题，可能会产生什么样的道德后果。不同的情境可能包含不同的道德元素，这就需要教师不断反思自身的道德实践，从而不断地更新和充实道德原型。道德隐喻是将教师的教学实践经验与道德概念进行联结，通过隐喻的方式存在于教师个体的长时记忆中，当教师处于存在隐喻因素的情境之下，便能够激发其自身的道德想象力，进而联想到隐喻背后所包含的道德后果。道德叙事是教师通过说或写的方式将自身的经验或他者的经验呈现出来，从而引发对道德实践的思考。这是因为，一个听（读）过更多道德故事的人，一个善于道德叙事的人，会更多地以道德的眼光观察自我的生活以及他人的生活，并获得对道德认识跨越时空的理解，进而形成更丰富的道德想象和更强的道德敏感性。

对道德问题的识别指在一个特定情境中对其道德层面的特征及价值的认知，是为了把对情境的情绪反应同对事实的评价区分开来[13]，包含道德强度和道德价值两个维度。琼斯把道德问题的特征称之为道德强度，认为道德强度是在一个情境中与问题有关的道德要求起始的程度。[14]此外，琼斯还提出，教师面对已经发生或将要发生的教学情境时，可以在后果大小、社会舆论、效应可能性、效应及时性、接近性、效应集中度这六个方面进行道德强度的评估或反思。[15]一般而言，道德强度主要是通过影响教师个体对教学行为的道德后果的考量而影响其对道德问题的识别，即在教师的道德认知中，某一教学行为可能引发的道德后果越严重，那么该问题所蕴含的道德强度就越高，教师则会理所当然地将其视为一个道德问题，并且能够在教学实践中迅速地察觉和面对它。道德价值是个体对道德问题识别的价值基础，在具体的情境之中，个体所做出的行为后果的考量在很大程度上取决于个体的价值观。这是因为，每个个体既是自然人，也是社会人，他们行为背后都包含着来自家庭、社区、民族等的文化习性和价值追求，这些可能会影响他们对同一道德问题的识别和判断。教师作为文化的传承者和发扬者，其选择的"文化输出内容和形式"也必然包含自身的价值判断和价值选择，而这些价值观念不自觉地可能会影响他们对道德问题的识别，进而影响其自身道德敏感性的生成。

（三）教学活动中的教师道德敏感性

坎普贝尔在《伦理型教师》一书中提出，教师的道德实践是一种双重承诺，第一重承诺与教师作为一个道德实践者所具备的以及道德专业人员自身所坚守的严谨的伦理标准有关，第二重承诺与教师作为一个道德教育者、模仿者和榜样有关，他们的目标是引导学生过一种道德生活。当然，这只是坎普贝尔对教师职业道德性的美好愿景和蓝图，我们有必要认识到这些道德性的规定可能给教师带来压力，会影响教师对自身道德素养的判断以及对教学实践场域中道德问题的感知，进而导致不道德行为的产生。因此，为了扼制教师在教学活动中对道德问题的"过度敏感"与"极度不敏感"[16]等现象的发生，有必要对教学活动中教师道德敏感性进行认知，以期更好地理解教师的道德负担和道德压力。

1. 作为道德实践者的教师道德敏感性

道德实践是教师职业赋予教师的义务，同时是个体教师自身的道德期望，即"乐为人师"。然而，尽管教师职业内在地对教师道德做出了规范性的要求，但个体教师的道德品质才是"教师道德责任的核心"。这些道德品质具有内在倾向性，它能够引导个体教师在面临道德情境时表现出较高的道德敏感性，这种敏感性是个体教师与情境、学生交互影响所显现出来的，即在道德情境中，个体教师处于教师立场做出的道德判断最终受到教师个体道德品质的影响。教师作为道德实践者并不是能够普遍地意识到教学情境中的道德问题，但这并不意味着教师的道德钝化。笔者认为，教师要是能够在教学活动中做到以下几点，可以称得上是敏感型的道德实践者。第一，道德知识的积淀。尽管教师没有必要采用伦理和道德原则来权衡自己的每句话和每个行为，但他必须能够依靠自己的道德知识来管理自己的日常行为，这是因为，道德知识要求教师们对他们的道德实践者角色至少有一个比较固定的理解，并且能够清晰地意识到这种角色如何表现在他们的教育实践中。第二，拥有一颗发展成熟的"良心"。良心作为一种潜在的道德意识，它能够不断引导和激励着教师内在的心理活动及行为选择，进而影响其在教学实践中的道德敏感性，使其成为"知行合一"的道德实践者。第三，指向自我的道德自律。道德自律是个体教师对于自身道德发展的内在要求，指向自我的道德自律能够鼓励个体教师不断地反思自身的道德实践，使其在与学生交往的过程中，通过"学生"这面镜子，看到教师自我的"道德戒律"。

2. 作为道德教育者的教师道德敏感性

"教学既是一种知识传递的行为，也是一种培养道德的行为，教学的这两部分内容是绝对不能分开的"。[17]教师作为教学活动的主体之一，不仅要承担知识的传递，还要肩负"成人"目的。可以说，所有的教师不仅是知识传递者，更是道德教育者。因此，在教育教学中，一方面，教师要指导学生获得知识，并且帮助其理解所学知识对其自身发展的意义；另一方面，在教授知识的过程中，教师要考虑到学生的道德发展需求，有意识地在教学过程中穿插道德要素，以潜移默化的方式教会学生如何做一个有道德的人。另外，教师的自我意识是道德和责任的必要前提，教师可以在对学生情况了解的基础上按照自己的风格和期望安排教学具体事宜。[18]在选择教学内容的过程中，教师要仔细斟酌，以审视教学内容中是否包含不道德因素；在设置教学情境和安排教学环节时，教师一方面要考虑学生个体之间的差异，要能够满足大多数学生对知识的需求，另一方面还要考虑教学情境、环节等的安排是否合乎道德，是否与学生的发展程度相契合。一般而言，在具体的教学活动中，一位教师如果从备课开始，到自我反思结束，全程都将学生考虑其中，并且能够不断质疑自己的举止行为是否合乎道德要求，是否能够向学生传递"好"的道德价值观等，可以说，这位教师具有较高的道德敏感性。

三、教师道德敏感性的生成路径

（一）学校要营造伦理道德型文化氛围

伦理道德型的学校文化的创建是基于学校师生对学校内部教学伦理道德特征的内在一致性的认识，这一一致性的认识，一方面有利于学校创建伦理道德型的学校文化氛围，另一方面能够帮助校内的师生形成较为稳定的道德敏感性倾向。对于部分师生而言，他们可能没有机会参与学校文化的创建，但也应该尽快融入已构建完善的学校文化中，在文化的浸润中完成自身的"道德化"过程。此外，学校还可以构建"对话与共享"平台。在这个平台上，一方面，教师可以通过对话的形式与同伴、学校管理者等共同讨论其经历的道德困境，同伴、学校管理者等可以共享他们处理道德困境的经验，并为其提供合乎道德的思考和行动认知方式；另一方面，教师可以在平台交流的过程中找到与自身发展契合的道德榜样，通过对道德榜样的理解、认同和接纳，最终实现道德榜样的示范作用。

（二）师资培训要融通道德理论与实践

教师道德敏感性缺失的一部分原因是缺少对道德理论和道德实践的融通，不能察觉道德实践潜在的道德因素和问题。师资培训作为职后教师专业提升的重要途径，应该融通道德理论与道德实践，以提升教师的道德敏感性。教师道德敏感性的形成多是在听案例或看案例的基础之上，结合自身的道德经验，经由内化而形成的。因此，在师资培训中，教师教育者可以通过案例研究法来培养教师的"道德良心"，进而提高其道德敏感性。案例研究法可分为三大步骤：第一步，教师教育者向教师介绍并讨论与案例相关的道德理论框架和道德准则，为其后续的讨论奠定理论根基。第二步，教师进行自由分组，组长从教师教育者提供的个案中进行选择，并对该案例所呈现的真实场景进行描述，小组成员在倾听组长描述的基础上展开讨论。讨论的主题包括该案例中可能包含的道德困境、预设可能的处理道德困境的方式以及方式背后可能引发的行为后果。第三步，选择相同案例的小组之间进行观点的共享，在共享的基础之上再进行提问和质疑，可以围绕以下问题展开：（1）你做出如此预设的依据是什么？（2）你的决定能够为学生带来什么？（3）你的处理方式是否能够在实践中应用？等等。在讨论的过程中，教师能够充分地运用自身的道德知识，且基于个体经验衍生出具有自我属性的道德原型、道德隐喻以及道德故事等，进而激发其自身道德敏感性的生成。

（三）教师自身要提升道德反思和体验

提升教师自身对道德活动的反思能够促进教师道德敏感性的生成。反思是教师对某一事件或情境反复的、细致的思索与考虑，是一种在思想和情感上积极关注的体现。在教学活动中，在教师与学生的交往过程中，教师做的所有事情几乎都承载着道德重量。教师每次回答问题、布置学习任务、组织讨论、解决争议、给学生打分等，都体现着教师的道德品格。[19]这就要求教师要不断提升自身的反思能力，要对教学中可能涉及道德的所有活动进行反思。教师可以通过叙事及对话的方式相互交流自身的道德体悟，并尝试将其提炼为对自身道德发展具有重要意义的关键事件，以此不断丰富自身的道德原型。此外，教师道德敏感性的生成还有赖于教师对德育生活体验的深化，体验是个体对情境或对象的内在感受和领悟。[20]体验是一种个体化的行为，不同的个体处于相同的道德环境中所获得的体悟可能存在差异，因此，这就需要教师的角色代入，即在某一道德情境中，教师清楚自身的职业身份，在后续的体验过程中，他们必然将学生道德发展的需求纳入考量的范畴，而这也正是教师道德敏感性的生成过程。

注　释

[1] [15] 郑信军，吴琼琼. 论教师的教学伦理敏感性及其发展 [J]. 教育研究，2013，34（4）：97-104.

[2] [10] 王夫艳. 教师道德敏感性培育路径的新构想：来自西方描述视角的启示 [J]. 外国教育研究，2016，43（2）：72-82.

[3] [11] 伊丽莎白·坎普贝尔. 伦理型教师 [M]. 王凯，译. 上海：华东师范大学出版社，2011：5.

[4] TUANA N. Conceptualizing moral literacy [J]. Journal of Educational Administration，2007，45（4）：364-378.

[5] 高德胜. 再论道德冷漠与道德教育 [J]. 教育研究与实验，2015（5）：1-7.

[6] 闫兵，杜时忠. 教师道德敏感的生成性制约及其超越：基于布迪厄"实践逻辑"的视角 [J]. 教育发展研究，2016，36（18）：80-84.

[7] [16] 张添翼. 教师道德敏感性：概念、框架、问题与改善 [J]. 教育发展研究，2015，35（18）：15-19.

[8] 李春秋. 中小学教师职业道德修养 [M]. 北京：北京师范大学出版社，2011：4.

［9］［12］［13］郑信军. 道德敏感性：基于倾向与情境的视角［D］. 上海：上海师范大学，2008.

［14］JONES T M. Ethical Decision Making by Individuals in Organizations：An Issue-Contingent Model［J］. Academy of Management Review，1991，16（2）：366-395.

［17］CAMPBELL E. Connecting the Ethics of Teaching and Moral Education［J］. Journal of Teacher Education，1997，48（4）：255-263.

［18］何蓉，朱小蔓. 论教师道德敏感性与学校德育改善［J］. 教育科学，2014，30（2）：48-52.

［19］伊丽莎白·坎普贝尔，王凯. 教学的伦理维度［J］. 教育科学论坛，2015（1）：9-13，4.

［20］马多秀. 教师的道德敏感性及其生成［J］. 教育导刊，2013（2）：15-18.

（此文发表于《中小学教师培训》2018 年第 9 期）

教师专业道德教育的低效化及其应对

陆道坤　　毛经梅

（江苏大学教师教育学院　江苏镇江）

一、教师专业道德教育的低效化：一个值得警醒的问题

教师专业道德教育的核心在于推动教师的道德自觉，因而评价教师专业道德教育的核心标准在于其能否从精神层面、行为层面帮助教师提升和改变。换言之，分析教师专业道德教育的效能，可以从两个方面着眼：直接效能和根本效能。当然，这两种评价方式似乎不可以并列——分为直接效能和间接效能，更为符合规范和思维习惯。教师专业道德教育的指向和教师专业道德发展的特征决定了评价的方式和维度：教育活动带给教师的思想触动（经验汲取、精神洗礼和自我反思）、教育活动之后的长远影响（思想上的促进、精神上的提升、行动上的改进）。值得肯定的是，近些年来，面对教师专业道德建设中的新问题、新现象，从教育管理层面到学校层面，都将教师专业道德教育活动作为主要的工具和抓手，企图以教育活动的开展，推动教师专业道德规条的入心入脑，推动核心价值观在教师教育教学中的贯彻。

教师专业道德教育活动的"繁荣"背后，却危机重重：活动的效能往往被人们忽视，而其恰恰是整个活动的核心和灵魂。一个不争的事实是，教师专业道德教育活动长期以来存在着方式单一、手段贫乏、内容干瘪的问题，因而教师专业道德教育的直接效果和根本效果两个维度都存在效能低下的问题。[1]当然，造成效能低下的原因是多方面的，既有大环境方面的原因，也有教育制度、机制等方面的原因，甚至还包括教育管理等方面的因素。当然，教师个人方面的原因也在其中。如果将视线聚焦到教师专业道德教育活动本身，则会发现以下方面的深层次原因：虽然各级各类单位、学校都企图在教师专业道德教育上有所创新，但由于整体思维上未能跳出既有的条条框框，因而导致了想象空间受限。而想象空间受限，必然引发一系列的问题：内容开发受到制约，方法创新和使用墨守成规，评价

与改进形式化。因此，深入分析教师专业道德教育低效化的原因，提出相应改进措施，显得重要而紧迫。

二、教师专业道德教育低效化的原因分析

从直接效果和根本效果两个维度来看，教师专业道德教育都存在效能低下的问题。当然，造成效能低下的原因是多方面的，既有大环境方面的原因，也有教育制度、机制等方面的原因，甚至还包括教育管理等方面的因素。当然，教师个人方面的原因也在其中。如果将视线聚焦到教师专业道德教育活动本身，则会发现以下方面的深层次原因。

1. 教师专业道德教育设计上的"碎片化"

从组成上看，教师专业道德是一个立体、有机的整体，具有明显的结构化特征。从教师个体的专业道德发展来看，同样存在着发展的层次和阶段之分。因而，科学的教师专业道德教育体系应该凸显系统化。但在实践中，教师专业道德教育在设计或者是布局上却存在着"碎片化"的问题，教师专业道德发展的全面性、阶段性未能凸显出来，因而客观上影响了教师专业道德教育的整体效能。第一，缺乏整体设计理念，忽视教师专业道德的全面发展。从时空上看，教师的专业道德是由教师专业工作道德、专业身份道德、专业研究道德、专业发展道德等组成的有机整体[2]，彼此之间存在着内在的逻辑关系——教师专业道德教育体系设计必须围绕这一逻辑。而"碎片化"的专业道德教育设计，是建立在对教师专业道德发展内在逻辑"无视"的基础之上的，因而低效也是必然的。第二，缺乏对教师专业道德发展的阶段性和层次性的观照。教师的专业道德发展实际上是一个由外在他律逐渐走向内在自律的过程，因而不同教师在专业道德发展的阶段上和层次上是不同的。教师专业道德教育必须体现出对不同教师群体的观照，而"碎片化"的设计往往存在着对这一要求的忽视，降低了专业道德教育的针对性。

2. 教师专业道德典范资源开发的"造神"倾向

长期以来，无论管理层还是学校层面，在教师专业道德典范发现、塑造以及教师专业道德内涵的挖掘上，似乎走入了一个"死胡同"：教师专业道德典范一定要具体到"人"，因而必然导致完美假设的出现，最终无论是塑造者、挖掘者、宣传者还是教师专业道德典范"真人"，都被驱赶到一个"绝境"——神化。[3] 所谓神化，就是将教师专业道德典范完美化和超出常识地"拔高"。这一倾向，是对唯物主义辩证法和历史唯物主义

的"背离"。而这种"拔高"，必然的结果就是教师专业道德典范与教师专业道德典范人物等同，具体到"典范者"身上，就是"完人"化，对其教师专业道德内涵的挖掘必然也会深入到生活工作、为人为师等具体层面，因而一个问题出现了：如何面对"典范者"的"瑕疵"——回避它就会导致典范的"失真"，直面它就会导致典范的"瓦解"。在实践中，往往是各个层面都被自己的设计所绑架，最终选择了前者——这一选择的结果也是显而易见的：教师专业道德典范（人物）变得不接地气，不可信，不可学。而借助这种人为美化过的教师专业道德典范（行为）开展的相关教育，低效结果当在预料之中。

3. 教师专业道德宣导的"一维化"

教师专业道德宣导当以拓展教师的专业道德视野、触及教师的心灵、提升教师的精神境界、推动教师道德反思、引导教师专业道德自律为诉求。因而，教师专业道德宣导应该立足教师主体性的激发和内心需求的唤醒。但在实践中，教师专业道德的宣导往往走"灌输"路线[4]：很少顾及受众的需求，"强塞"预设内容；缺乏有效互动，受众的困惑难以得到解答，受众的问题难以得到解决（或者指导）。前者的问题是，教师专业道德宣导缺乏对受众的需求的调研，对受众的教师专业道德知识储备、教师专业道德能力发展状态、常见教师专业道德问题等缺乏深入了解，对不同群体的教师的具体教育教学情境的"特殊性"也很难兼顾，因而教师专业道德宣导很难满足受众的需求，其针对性也就相对不足，效果自然难尽如人意。后者的问题是，以"灌输"为主的宣导方式忽视了受众与宣导者的互动，其教师专业道德实践问题难以得到回应。由此，受众的主体性很难被激发，主动性很难被调动。久而久之，受众逐渐"麻木"：对教师专业道德宣导失去兴趣，其主动性和积极性逐渐被"淹没"。无论从哪个维度来看，教师专业道德宣导的"一维化"都会导致其效能的降低。

4. 教师专业道德活动的"运动化"

一个值得深思的现象是，教师专业道德活动往往呈现"运动化"特征：重大的教师专业道德典范事件之后、影响极大的教师专业道德"失范"现象出现之后。必须指出，无论是重大的教师专业道德典范事件还是影响极大的教师专业道德"失范"事件，在其出现之后"趁热打铁"开展教师专业道德活动，都是值得肯定的，在这一时机开展相关的教师专业道德活动无疑能够产生极好的效果。仅仅在这两类事件之后开展教师专业道德活动，往往存在着这样的问题："运动化"和"非常态"。教师专业道德是教师教育教学活动的必要"因子",潜移默化和永恒存在是其重要特征:前者是指在教育教学中的渗透,后者是指其须臾不离地存在于教师的教育世界和生活之中。因此,"运动化"的教师专业道德活动可能在当时会取得相应的效果,但这种效果能否持久,是值得拷问的。一方面,"运动式"的教师专业道德活动往往更为聚焦某一点或者某一方面,对教师专业道德发展不具有全面指导性。同时,主题的集中且存在重复(的可能),往往也会成为活动低效的重要原因。另一方面,"运动式"的教师专业道德活动,往往具有统一的色彩,很难顾及受众的特殊性,从而降低了其针对性,影响了效果的达成。

三、教师专业道德教育的反思与建议

就教师专业道德教育自身来看,其效能的提振是一个系统工程,必须从专业道德教育思想上、设计上和实施等层面综合推进,以激发教师专业道德的主体性,提升其专业道德发展的积极性,进而不断提升教师的专业道德自律能力与水平。

1. 打破思维的天花板:深入系统地探寻教师专业道德教育本真

如前所述,教师专业道德教育之所以出现多个"误区",其根源还是在于思想层面:对教师专业道德和教师专业道德教育缺乏系统而深刻的认知。因此,解决教师专业道德教育低效的问题,首先必须解决思想上的问题。第一,探寻教师专业道德的本真。毋庸置疑,专业道德嵌入教师的精神世界,融于教师的教育教学生活,渗透在教师的每个教育教学细节之中,即细微处显德行、平凡处见光辉。因而,专业道德教育必须尊重这一特征,力求做到紧贴教师平凡而又神圣的教育生活,从教师教育教学生活来,到教师教育教学生活中去。第二,深刻认知专业道德教育的内涵。专业道德教育的根本目的是推动教师的自律,即实现专业道德规条和精神的入心入脑和"塑行"。因而,要求教育要凸显"常态化"和"主题化",即以常态教育稳步推进专业道德规条和精神方面的影响与渗透,以主题教育帮助教师聚焦专业道德的某一点和某一方面,以加深教师对其理解程度。第三,教师专业教育的评价标准。好的专业道德教育必须符合以下三个标准:结构有机,可行性高,内容有针对性。"结构有机"是指专业道德教育不仅要在设计上秉持系统理念,而且要凸显对教师发展的阶段性的观照(这也是内容有针对性的要求)。而"可行性高",是指专业道德教育具有高度的灵活性,能够根据学校教育教学安排、教师培训等具体情况进行调整，能够"接地气"，有效地"落地"。

2. 教师专业道德教育资源开发：聚焦"典范行为"（或事件）

回归专业道德本真，将关注点由"典范者"转向"典范行为"（或事件），能够有效解决典范"是什么"和向典范"学什么"等多个方面的问题，它们恰恰是困扰着当前教师专业道德典范开发的重要理论和实践问题。因此，思想上打破既有的桎梏，是一个重要的先行工作。必须明确，道德典范是"事"，或者更为确切地说是"行"。必须跳出将专业道德典范固定在"人"身上的理念——"身正为范"之"范"重在"身正"，关键是"正"在哪里和如何"正"。而教师专业道德典范，是于平凡中见非凡，于关键处闪光辉，于坚持中显德行。主要包括以下三种"典范"：最为平凡的典范行为（长期的、持之以恒对学生的关爱、支持与帮助——在坚持中闪烁专业道德之光），关键事件中的典范行为（在关键时点、重大事件尤其是学生受到危害时奋不顾身的行为），某一方面特别引人注目的典范（如对后进生与特殊学生的关爱与帮助、特殊情况下坚守教育等）。上述"典范"中，最为常见的是第一种，而这种平凡和普通恰恰容易被忽视。殊不知，这种"典范"离教师的教育教学实践最近，最容易挖掘，也更能够为教师所理解、效仿。因而，必须发动教师"发现"典范，挖掘典范，并基于典范案例库对教师开展教育。

3. 教师专业道德教育实施：充分激发主体性

毋庸置疑，专业道德教育的"一维化"思路不仅是对受众特征和需求的罔顾，更是对专业道德发展逻辑的无视。专业道德教育的关键是推动教师个体的专业道德发展，而这种发展更多的是一种"自为"之事，因而"主体性"必须成为教育实施中最为重要的关注因素。而主体性的激发，关键在于教育活动的组织。第一，让教师在"对话"中提升专业道德素养。专业道德教育活动中，应该凸显"对话"的地位：推动教师与典范人物的对话，使其真正理解典范行为的内在精神、逻辑和要求，以便于其结合自身工作完善专业道德实践；推动教师与典范行为自身的对话，使其精神上接受陶冶；推动教师与专业道德理论研究者以及管理者的对话，使其明晰专业道德真正的意涵。第二，让教师在问题解决中提升专业道德能力。问题解决直指教师的教育教学生活，不仅能够帮助教师加深对专业道德的理解，更能够帮助其"迁移"知识、经验、方法等。而其中最为关键的则是能够让教师全身心地投入到问题之中，自主地加强专业道德知识、规条和精神方面的修养，并将上述方面的积累与问题解决建立内在联系，实现精神、能力等方面的全面提升。因而，专业道德教育可以采取工作坊等形式，推动教师基于共同体开展主题研修与问题解决。第三，让教师在反思中走向专业道德自律。反思是专业道德自律的重要形式和手段，反思可以帮助教师进行专业道德精神梳理，为其自我完善提供支持；反思可以帮助教师对照典范，对自己的道德行为方面的不足和缺憾进行分析，推动其在实践中改进。推动教师开展专业道德反思，应该以个体反思为主，集体反思为辅，可以借助教师专业道德反思日志等方法。第四，发现典范。帮助教师在典范的挖掘中找寻专业道德的真谛。发现典范的过程就是不断加深对专业道德精神和规条认知和理解的过程，同时是一个能力提升的过程，更是一个学习的过程。因此，培养教师发现典范的能力、帮助教师形成在自己身边的"平凡"与"普通"之中发现典范的习惯，本身就是一个专业道德自我教育的过程。

注　释

[1] 傅淳华，杜时忠. 论当前师德教育的困境与超越：基于教师道德学习阶段性特质的反思 [J]. 教师教育研究，2016，28（3）：13-17.

[2] 陆道坤，张芬芬. 论教师专业道德：从概念界定到特征分析 [J]. 教师教育研究，2016，28（3）：7-12.

[3] 罗超. 论以人为本的师德建设 [J]. 基础教育，2010，7（6）：40-44.

[4] 曹子建. 师德：从"灌输"到"养成"[N]. 光明日报，2013-01-23（16）.

（此文发表于《中小学教师培训》2018年第11期）

新时代中小学教师师德内化机制的构建

穆惠涛[1]　赵岚[2]

（1. 长春师范大学马克思主义学院　吉林长春；
2. 东北师范大学教育学部　吉林长春）

"兴国必先强师"，教师作为教育发展的第一资源，承载着新时代加快实现教育现代化，建设教育强国，全面提升国民素质和人力资源质量，为实现中华民族伟大复兴中国梦奠定坚实的人才基础的时代重任。为此，2018 年 1 月，中共中央、国务院印发了《关于全面深化新时代教师队伍建设改革的意见》（以下简称《意见》），这是对我国重视教师队伍建设传统的继承和延续，更是新中国成立以来第一个由党中央、国务院出台的最高级别的专门面向教师队伍建设的里程碑式的政策文件。《意见》突出强调教师师德在教师队伍建设中极其重要的地位，将"突出师德"作为新时代教师队伍建设的基本原则之一，强调"把提高教师职业道德水平摆在首要位置"，教师师德水平的提高"推动教师成为先进思想文化的传播者、党执政的坚定支持者、学生健康成长的指导者"，必须"突出全员全方位全过程师德养成"。

"中小学是我国基础教育的主阵地，是教育事业塔式结构的底基。"[1]中小学教师队伍师德水平的高低决定着基础教育的质量，决定着整个教育事业的基础是否牢固，直接关系着青少年学生的健康成长。因而，中小学教师队伍建设要把提高中小学教师师德水平摆在首要位置，努力"健全师德建设长效机制"[2]，而其关键就在于师德内化机制的构建。

一、中小学教师师德内化的内涵

（一）"两个转化"＋"两个统一"

法国社会学家迪尔克姆在 20 世纪初首次提出"内化"这一概念时认为："内化是社会价值观、社会道德转化为个体的行为习惯。"[3]因此，教师师德内化是指国家社会发展对教师职业道德的规范要求转化为教师个体对教师职业道德规范要求并形成自我认知、情感、信念的价值体系，在其教育教学实践活动中以教师职业道德规范的要求作为基本行为准则。因而，师德内化的内涵可以归结为实现"两个转化"和"两个统一"。

从师德内化的层次、阶段出发划分，将师德内化归结为"两个转化"。一个转化是将教师职业道德规范标准由外显的生硬的文字表述、制度表达转化为教师自身内隐的职业道德修养，这一转化也是教师职业道德规范由外在的道德"他律"转化为教师自身内在的自我职业道德"自律"；另一个转化是教师自身内隐的职业道德修养转化为高水平且严格符合教师职业道德规范要求的语言、行为、习惯。第一个转化是师德内化的基本层次，第二个转化是师德内化的高层次境界。

从个体价值与社会价值、意识与行为的关系出发，将师德内化归结为"两个统一"。第一个统一是教师个体主体的自我职业道德价值观念与国家、社会主体要求教师应然具有的职业道德价值观念保持一致、协调统一。第二个统一是教师自身内在的职业道德意识观念与教师教育教学活动中的语言、行为和习惯达到统一状态。教师内在的道德信念通过师德行为具体呈现、外显出来，外显出的道德行为和道德意识体现出高度一致的特征。这个统一是师德内化的高级层次。

（二）持久稳定性＋自觉必然性

1. 持久稳定性

教师职业道德规范一经内化转化为教师内心深处巩固化的自我职业道德修养就会具有持久稳定性。其在教育、教学实践活动中面对包括与学生、领导、同事、家长的各种复杂关系时，面对自身个体利益与学校教师集体利益、国家社会利益的价值冲突时，能够始终一贯、稳定地加以面对，做出符合规范要求的判断和选择。

2. 自觉必然性

教师职业道德规范实现内化后，道德规范的外在规约转化为了教师内在律令，规范标准成为教师教育教学实践活动的必然的基本行为准则，尤其在遇到突发的情况和事件时能够自觉主动地选择正确符合规范要求的行为。

二、中小学教师师德内化机制构建的价值和目标

（一）中小学教师师德内化机制构建的价值

师德内化机制的构建是教师素质提升的内在要求。教师的劳动是具有

特殊性的劳动，教育是教书育人的劳动，育人是最终目标，教书是载体和手段，要求教师必须具备教书育人的能力和素质，包括教师技能和教师品质两个方面，而在教师技能和教师品质二者中，教师品质、人格魅力对学生的影响是更加深远的，因而必须提高师德水平。虽然在广大教师队伍中绝大多数教师师德良好，但是仍然存在师德失范的行为，仍有不重视师德的现象。因此，必须构建具有实效性的师德内化机制。师德建设中外在力量只是手段，内在动因才是根本。

师德内化机制的构建是现实状况的必然选择。与其他教育阶段的教师相比，中小学教师劳动更具特殊性，这是由中小学阶段学生的特点决定的。中小学生人生观、价值观、世界观都还未成熟，并正在形成阶段，因此，这一阶段是其身心成长的关键时期。相关调查显示，年龄越小、年级越低的学生受教师的影响越大，尤其是受师德的影响更大。这种影响是潜移默化的。如果我们能构建一种有效的师德内化机制，不仅可以大大减少现实中的师德问题，还有助于学生快乐地学习与成长。如何促进学生的全面发展是构建师德内化机制的根本出发点。

（二）中小学教师师德内化机制构建的目标

构建中小学教师师德内化机制既有内在的目标又有外在的目标，是内在目标和外在目标的统一。

1. 师德内化机制的内在目标

师德内化机制的内在目标体现为教师内心观念、内在精神层面，即通过构建有效师德内化机制养成中小学教师内在正确的师德观念体系，如师德意识、情感、信念等。师德内化机制的内在目标包括多个层次：

自知——清楚完整地知道师德内涵，师德的重要意义，师德遵循的原则与规范，从而形成正确的师德理念、师德价值观念，主要从理论性、知识性视角出发，属初级层次。自律——对自己高标准严要求，严格遵守师德规范内容，不违反师德规范。自觉——自觉做出正确道德判断和道德行为选择，表现出道德意识自觉和道德行为自觉，即内心自觉和行为自觉。自省——对自己在教育教学工作中的思想和行为进行自我反思，从而不断提升师德水平和师德能力。自由——是师德的最高层次水平，形成教师道德观念，而且发自内心地尊崇，自然而然地遵循。

2. 师德内化机制的外在目标

师德内化机制的外在目标体现为言谈行为外部层面，即通过构建有效机制达成中小学教师正确行为习惯：不违背教师职业道德规范，不触碰师德红线，杜绝师德失范现象，采取正确行为。实现此外在目标包括以下几个层次：

接受师德规范文本要求，不触及师德底线、红线，不去做师德失范的行为。因此，师德规范文本不仅要详细，更要具有操作性，且文本内容要来源于基层。

遵从师德规范环境要求。在舆论评价、评职、评奖等获优要求的推动下，积极采取正确行为。师德行为的规范需要相关制度的完善与舆论的监督。

三、新时代中小学教师师德内化机制构建的途径与方法

《意见》中强调，在师德建设过程中必须"突出全员全方位全过程师德养成"，这是师德内化机制建构过程中必须坚持的总原则。在这个总原则下，新时代中小学教师师德内化机制构建也要遵循内外双修、"三全"的原则，它包括三级机制。如图1所示，内化机制包括两大类型机制，即师德内化的内在发展机制和外在助推机制，二者构成师德内化机制的二级机制，协调统一，形成合力作用，实现师德内化目标。师德内化的内在机制和外在机制内部又可分别包含多种机制，构成师德内化的三级机制。

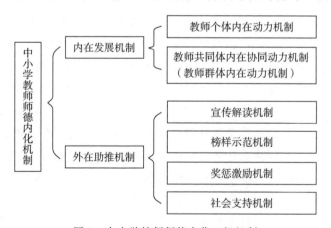

图1　中小学教师师德内化三级机制

（一）建立与完善教师内在发展机制

1. 内外联动，激发教师个体内在动力

所谓师德内化的动力机制就是师德的原动力建设，这个原动力来自教师自身，是教师的师德主体力量。内在动力机制强调发挥道德内化过程中

教师这个道德主体的自觉性、主体性。调查显示，有三分之一左右中小学教师师德内化的主体性意识较淡薄，因而建立激发教师内化主体意识、增强师德内化自觉性的内在动力机制非常重要。

如何提升教师师德内化的主体意识？教师个体主体的道德需要是师德内化的原动力。师德内化要满足教师自身发展的需要，正如美国 20 世纪著名的道德哲学家弗兰克纳·威廉所言："从道德上讲，任何道德原则都要求社会本身尊重个人的自律和自由，一般地说，道德要求社会公正地对待个人；并且不要忘记，道德的产生是有助于个人的好的生活，但不是说人是为了体现道德而生存。"[4] 所以，师德的内化动力一是教师个体对师德重要性的认识，二是关注与提升师德对教师个体的专业发展及生活质量有重要积极影响。只有在这两个条件下，才能实现教师师德的自我锻炼、自我改造和自我提高，从而推动内源式教育力量。同时，我们还应注意内在动力机制的构建还要依赖于外部力量——外源式教育力量。外部教育包括软教育和硬教育两种手段：软性教育包括各种类型、各个层级的教育培训、榜样示范等方式；硬性教育包括奖励、惩罚、激励等奖惩机制。这些外部力量对师德内在动力机制的建设起着重要的促进作用。

2. 协同发展，建立教师协同发展共同体

教师共同体是中小学教师师德内化机制构建的重要内容。"教师共同体是一种专业性的团体，是在学校推动下或在教师自发的情况下，基于教师共同的目标和兴趣自愿组织的旨在通过合作对话与分享性活动促进教师专业成长的教师团体。"[5] 教师共同体成员掌握着共同的基础教育理论，共同从事中小学教育工作，拥有共同教育信仰和师德追求，群体中形成统一的师德氛围。教师共同体是教师群体在自愿基础上成员间彼此平等分享、交流教育体悟、经验从而达到群体内部自我教育的目标。正如美国教育学者帕克·帕尔默所说，"如果想要在实践中成长，我们有两个去处：一个是达成优质教育的内心世界，一个是由教师同行所组成的共同体，从同事那里我们可以更多地了解我们自己和我们的教学"[6]。教师共同体中教师群体成员之间协同影响、共同进步，这改变了"外控式的师德教育"，转化为内控式的师德教育，从而增强推动教师共同体群体成员的师德内化程度。这个教师共同体的建设应以教师专业发展为切入点，在引领教师专业发展的过程中逐步渗透与规范教师的师德。教师共同体的建设是因为成员有相近的目标与利益追求，正因如此，在师德规范上也会达成一致，并相互学习与帮助。

（二）建立与完善教师外在助推机制

1. 进一步完善宣传解读机制——提升教师师德规范的认知度

（1）利用全媒体进行广泛宣传

经过相关调查，很多教师对教师职业道德规范并不熟知，这就需要加强对规范的宣传工作，使教师掌握教师职业道德规范内容、师德底线等。在宣传上，不仅要利用主流媒体进行广泛深入的报道，更要利用全媒体时代多种媒体的渠道充分宣传，如通过相关网站、报纸、广播等宣传报道，也可利用 App 终端等大众广泛使用的移动通信设备，扩大受众群体。

（2）全方位多视角权威解读

了解规范只是第一步，如何正确理解规范是第二步。只有知其然，也知其所以然，才能增强师德规范的执行自觉性。我们不仅要利用全媒体进行深入解读，还要请相关的规范制定者、学者、实践者、关心者等从多视角进行全方位的解读；不仅在理论上进行解读，还要在实践操作上进行有针对性的指导；不仅让教师们对规范有正确的理解，更让他们知道在实践中如何去做。这也是规范能否落到实处的关键所在。

2. 建立生活式的榜样示范机制——提升教师师德规范的感性认识

榜样示范可以增强遵从师德要求的体验感，大量具体鲜活的榜样能够塑造教师模仿的楷模形象。这样，不仅产生道德认同感，而且具体事件、具体人物、具体态度、具体解决方式都是良好师德的示范，都会起到积极的促进作用。榜样可以是全国典型的师德楷模或标兵，也可以是本地区、本学校的师德楷模。离教师越近的榜样，背景、经历越近似，其对个体教师的影响作用越大。在榜样示范的同时可以有反面的现身说法，特别是那些典型的反面案例，如体罚学生、有偿补课等，这些对教师都有警醒作用。

3. 建立更具实效性的奖惩激励机制——促进教师师德规范的遵守

对教师在实际教育教学实践工作中履行师德规范的情况进行评价，并予以奖励和惩罚，通过这种硬性手段使得教师首先在利益驱动下去认真履行师德规范，不去逾越规范红线，久而久之，这种外在约束就会在教师心中固化，从而表现为正确行为。

精神奖励与物质奖励并用。对于多年师德表现优良的教师，不仅要颁发荣誉证书，还应给予一定的物质奖励。这种奖励不仅仅是奖励个人，还会对其他教师产生引导与效仿的作用。对于师德表现不好的教师，以教育、引导为主，但对触及底线的教师必须进行严厉的惩罚，形成"火炉效应",不仅使其本人以后不会再犯同类的错误,还警示其他的教师避免出现类似的情况。当然,一切奖惩机制的有效运行必须"制置先定",并且应是由下而上民主式讨论的结果,只有让大家都了解了相关内容,并能心悦诚服地接受它,这种奖惩机制才会发挥有效的作用。

4. 建立与净化社会舆论支持机制——助推教师师德规范的践行

道德提升的一条重要途径就是依靠社会舆论的力量营造一种积极、正确的环境氛围,以此引导教师师德的规范并产生推动力量。其直接推手是社会的各种媒体与报道,其责任主体则是政府与文化媒体的监督职能部门。因此,要加强各职能部门对社会舆论报道的监督力度,建立层级化的责任制度、首问责任制度等,进行精细化管理,避免将个别师德问题以娱乐化形式进行报道,扩大负面影响。要积极引导社会对教师师德问题的正确认识,也要为广大教师营造一个包容的、促进其不断提高自己师德水平的和谐环境。

加拿大学者罗伯特·比塞隆曾指出,"在教育制度迫切需要变革的情况下,成功实际上依赖每个人根据其作用和能力所做出的负责任的承诺,依赖于教育政策的制定者、学校校长以及那些从事教育日常工作的人"[7]。所以,师德内化机制的构建是一个系统工程。师德的内化不是自然而然发生、一朝一夕就能实现的过程,它的实现是教师自身努力和教育行政部门、整个教育系统以及全社会共同努力的结果。

注　释

[1] 李春秋,王引兰. 中小学教师职业道德修养 [M]. 北京:北京师范大学出版社,2012:1.

[2] 关于全面深化新时代教师队伍建设改革的意见 [EB/OL]. (2018-01-31) [2018-03-20]. http://www.gov.cn/xinwen/2018-01/31/content_5262659.htm.

[3] 邱吉. 道德内化论 [M]. 北京:民族出版社,2004:12.

[4] 威廉·K. 弗兰克纳. 善的求索:道德哲学导论 [M]. 黄伟合,包连宗,马莉,译. 沈阳:辽宁人民出版社,1987:247.

[5] 王天晓,李敏. 教师共同体的特点及意义探析 [J]. 教育理论与实践,2014,34(8):25-27.

[6] 帕克·帕尔默. 教学勇气:漫步教师心灵 [M]. 吴国珍,译. 上海:华东师范大学出版社,2014:136.

[7] 联合国教科文组织. 为了 21 世纪的教育:问题与展望 [M]. 王晓辉,赵中建,等,译. 北京:教育科学出版社,2002:294.

(此文发表于《中小学教师培训》2018 年第 7 期)

新时期师德教育：理念、定位及体系构建

苗成彦

（临沂市教育体育局　山东临沂）

实施教师素质教育，促进教师专业化发展，成为新时期教育发展的新亮点。作为教师专业情意的教师职业道德是教师这一特殊专业素质构成的核心。加强和改进师德教育，提高广大教师的职业道德水平，对于普遍提高教育教学质量，发挥着不可替代的价值作用，师德教育在我国教育改革发展中的地位与作用日益凸显。但是，从笔者长期从事的教师教育管理实践来看，或重或轻地存在着师德教育观念陈旧，对师德规范教育的价值认识不到位，师德建设在实践中存在着随意性、操作不系统、实践不力等问题。改进师德教育，提高教师的职业道德水平，已是一个亟待解决的重要课题。

一、以人为本：师德教育的理念创新

教师职业道德是教师在社会的要求和影响下，通过学习、体验、修养和实践等方式，认同、内化或创设在教育教学工作中处理各种关系的道德准则和规范。树立新型的师德观，增强教师践履师德规范的自觉性，是师德教育取得实效的前提与关键。遵守师德规范就是要在处理各种关系时坚持"何者为本，何者为末"，"何为主，何为次"，以及"究竟谁优先"的基本准则。以人为本的师德观，揭示了当今社会的时代与信息化特征，是新型师德观的本质。我们认为，"以人为本"师德观有以下特征：

1. 人优先，"物让位于人"

教师进行教育教学工作，首先要面临处理的关系是物要素与人要素的关系。当教材、教学手段与教师、学生发生冲突时，就要坚持"人优先""人为主"的原则，坚持以教师和学生的利益、生存与学习质量以及发展前途作为决定事物价值和发展方向的基本标准。如当教材的难度超过学生的认知水平时，教师就要创造性地对教材进行删繁就简，使之既达到减轻学生负担的目的，又要符合教学大纲的要求。

2. 推己及人，"可逆性"平等

要改善学生生存与学习状态，培养具有独立人格和开拓创新精神的未来一代，必须建立进步、健康的师生关系。这就要求教育工作者在处理人与人的关系时，坚持"可逆性"平等的原则，即当你以某种态度和行为方式对待别人时，也允许别人以同样的态度和行为方式对待你。平等是一种可逆的关系，可逆性平等的师生关系有两个显著特征：一是在教育教学中，当教师要树立自己的威信，要求学生尊重自己，建立健康、进步的师生关系时，教师必须首先要以民主平等的态度，尊重学生的人格，推崇学生的创造，以自己良好的人际关系范例，以平和的话语、让人接受的行为方式，帮助学生在鲜活的生活经历中领悟出健康平等人际关系的美好道德内涵。二是在制度、知识、经验等方面对学生而言存在很大优势的教师，在建设可逆性师生关系中，要以教师的自觉导入为开端。

3. 教学相长，师生互动

随着信息化社会的到来，学生的主体意识、独立意识、平等意识不断得到增强，对学生单向灌输的教育方式必然失效或无效。他们乐于接受新事物，喜欢用一种不同于传统的方式表达对新生价值的追求，他们的观念中包含着新的社会、新的生产和生活方式的萌芽。学生们有许多值得教师学习的地方，教师与学生互为教育资源。教师"化"学生，学生也"化"教师，师生双向社会化将成为信息化社会教育的一个突出特征。向学生学习，师生共同成长，应是今天大力提倡的师德观。成长中必定有对新价值的认同，也应有对原有价值的内在认定。要实现认定与认同，必须做到教师与学生双方敞开自己，相互接纳，相互理解。

4. 学校发展，教师优先

在学校管理工作中，学生、教师、教师管理者、后勤人员、学校领导是学校教育力量的有机组成部分，他们之间互为教育资源。他们之间存在着相互依存、相互激励、互相学习的关系。当这些资源之间发生矛盾冲突时，所有力量都要凝聚到教师的发展上，要最大限度地保证以教师的创造性发展为先，因为教师是学校之本、资源之本和发展之本。[1]

二、一般规范与专业要求的价值整合：师德教育的目标定位

教师既作为社会中的个体，又作为特殊职业群体中的成员。这就决定了他们的行为实践活动一方面要自觉遵守社会公民道德规范，另一方面又要遵循教师专业的特殊规范要求。教师劳动对象的特点决定了教师必须是

所教学科方面的专业人员，同时是教育领域的专家，因此教师职业所遵循的职业道德规范比其他任何行业都要高，唯有如此，方能胜任所从事的专业工作。师德素质也同一般品德一样是"知情信意行"五要素按照一定的规律整合起来的整体，它是一般性规范（公民道德）与职业规范的统一，基础性道德规范与高尚道德理想的统一，一般职业规范与专业特殊规范的统一。加强师德教育，提高教师的专业化水平，必须予以师德以完整的专业价值认同。

（一）从专业角度认识师德规范的特殊性价值

1. 教师的"双专业"特性——教师职业道德规范存在的必然

教师是一种职业，更是一种专业。很多发达国家都对教师有具体的职业资格要求，有专门的机构进行严格的考试并认定职业资格。对于教师，目前，美国、日本、法国等国都在实施教师资格制度。

1993 年 10 月 1 日我国颁布的《教师法》把教师身份界定为"履行教育教学职责的专业人员"。在职业道德方面，由于教师"双专业"的特点，要求更高，因为教师职业有社会形象、社会影响，不仅对学生，对社会也应当以身立教、为人师表。[2]

2. 教师劳动对象的可塑性特点——教师要时时处处做出表率

教师职业的特殊性在于他们的劳动对象是可塑性强、模仿性强的青少年儿童。因此，教师要在各方面起表率作用，以自己的学识、才能、高尚的道德品质影响、培养学生。2014 年 9 月 9 日，习近平总书记与北京师范大学师生座谈时，提出了"四有"好教师标准，这就是"要有理想信念、要有道德情操、要有扎实的学识、要有仁爱之心"。[3] 在当今社会，教师要不断转变教育教学观念，加强修养，终身学习，努力实现教师角色的不断转型。在专业知识方面，那种认为"要教学生一杯水，自己必须有一桶水"的观念已经过时。教师要实现由"一桶水"向"长流水"的转变，由"单一型"向"复合型"转变。为此，教师要做到治学严谨，博学多才，才能适应科技迅猛发展的形势需要。教师职业道德不仅是对教师个人行为的要求，还是教育学生的重要手段，发挥着"以身立教"的作用。教师的劳动对象的特点决定了教师职业具有较强的表率性，要求教师具有高尚的精神境界和道德品质，以此去影响、感化和教育学生。学生因为具有主观能动性，他们通过对教师的模仿、学习、借鉴，不断发展、完善自己。教师的职业道德对学生的影响是潜移默化的，而且长期地发挥着作用。虽然学生的成长是诸多因素综合影响的结果，但在学生整个十几年的学校生活中，有时关键的一两件事、教师的言行会对学生的成长产生决定性的影响。教师的道德表现不仅对学生有教育作用，而且对社会风气有着引领和影响。因此，教师要自觉用职业道德规范约束自己的一言一行，时时处处做出表率。

3. 教师劳动过程的复杂性，劳动成果的合力性——教师要有仁爱之心，协作之长

教师劳动的复杂性不仅指教师每天面临处理教材、教学手段之间的关系，还要处理各种复杂的人际关系，这些关系包括师生关系、学生与学生的关系、教师与家长的关系等。如何处理这些关系，直接影响教育教学任务的完成。教师对上述关系处理得是否妥当，在很大限度上取决于教师的职业道德水平，因为教师不但有教育学生的职责，还有以自己的学识和道德影响包括学生家长在内的其他社会成员树立良好社会风气的责任。要担当起这些责任，教师要热爱学生，平等对待每个学生，尊重他们的人格；"弟子不必不如师"，在当今时代，教师要树立"向孩子学习"的教育观念，实现真正意义上的"教学相长"。

教师要使学生个性全面发展，成为具有开拓精神的有用人才，仅靠单个教师的努力是远远不够的。面对社会背景不同、智力基础各异、个性特点千差万别的学生，即使素质再高的教师，仅靠个人的努力也很难使全体学生都得到全面发展。再者，作为教育者本身的教师也各有所长，各有特点，在他们身上都有闪光点，教师之间决不能"文人相轻"，要有容人之量。要善于取他人的长处，补己之短。如今，科研兴校已成为教育发展的重要课题，要保证课题研究取得实效，保证教师校本培训在促进教育教学质量中的价值，更需要教师的团结协作。团结协作，是教师职业道德的重要内容，与其他行业相比，这一规范显得更为重要。

4. 教师劳动"产品"的全面性和高质量——教师要博学多才，善待学生

教师的劳动"产品"——学生，是一种特殊"产品"，在理论上不应当有"废品率"。教育的目的是对不同性格、不同爱好、不同条件的学生实行因材施教，发展各种类型学生的个性，充分调动每个学生学习与探索的积极性，使他们的特长能够得到充分发展。教师的劳动对象——学生，即使"毛病"再多，也不能将其列为"朽木不可雕""不可教也"的"另类"而置之不理，更不应抛弃对待。"发展"，只有在师生平等交往、人格

尊重，甚至是在欣赏学生、不厌弃另类的状态下才可能实现，学生的学习欲望也才能得以唤醒。因此，教师要运用教育规律去发现学生的闪光点，根据多元智能理论，用先进的教育教学方法去调动他们的积极性，挖掘他们的潜力；尊重他们的个性特点，使他们的优势智力领域得到充分而全面的发展。这也是教师职业道德中要求平等对待每个学生的基础。[4]

5. 教育"生产"周期长，教师劳动成效慢——教师要敬业乐业，无私奉献

教育生产周期长的特点决定了对教师成果的测定比较困难和复杂。教师的劳动成果和"效益"难以完全量化。学生的分数只是教师劳动成果的一个方面。由于每位教师所面对的学生个体差异极大，难以与其他教师进行横向比较。特别是不同学科、不同年级的教师进行比较就更困难。教师劳动的这些特点，决定了教师的职业道德、社会责任感、劳动的自觉性要比其他行业更为重要，职业道德的约束作用更明显。

为把学生培养成为有理想、有道德、有文化、有纪律的一代新人，教师要有强烈的历史使命感和对学生发展负责的态度，自觉加强师德修养，增强科研兴校意识，从减轻学生负担入手，敬业乐业，勇于创新，不断改进教育教学方法，向着既促进学生身心自由健康发展，又保证教师自身与学生一起创造性发展的目标而努力奋斗。

（二）从生命角度认识师德规范的价值

为人师者先做人。教师作为社会的公民，遵守基本的"做人之道"不仅是个体生命发展的需要，而且是社会发展的根本要求。教师的职业特点决定了教师须对普通公民道德规范实现超越。

研究表明，新时期教师道德品质的主要范畴包括仁爱、公正、宽容的本体部分，勤奋、谦逊、节操的基础性部分，以及开拓与进取的前沿部分。这些新型教师道德品质是我国古代教育家、思想家关于教师道德品质研究精华的继承，是对孔子的"有教无类""诲人不倦""不耻下问"教师基本道德品质论，荀子的"尊严而惮""耆艾而信""知微而论"教师道德品质论，徐特立、陶行知等教育家的"博爱""谦虚""勤奋""真诚"品质论的发展与升华。教师每种道德品质的构成都有六个最基本的要素，即道德认知、道德情感、道德意志、道德信念、道德行为、道德习惯。其反映了教师道德品质具有以下基本特征，即道德品质是道德行为的积累，道德品质是道德行为的内在根据，道德品质是道德关系的体现，道德品质是

道德原则和规范的内化，道德品质是主体自觉意志的凝结，道德品质是行为整体的稳定特征。它们的形成与发展是个体生命发展过程中道德品质生成主体因素、社会因素、实践因素交互影响与整合建构的结果，是主体自我完善、自我建构，人生价值与生活幸福的不断实现。[5]

只有从生命发展需要的角度完满认识道德品质的本质特征及其形成与发展规律，教师才能主动自觉地提高道德认识，陶冶道德情感，磨炼道德意志，建构道德信念，亲历道德实践，养成道德习惯，才能自觉加强道德修养，达到不断实现师德素质的质性飞跃和教师队伍不断优化的目的。

三、构建体系，重在落实

在师德建设实践中，构建体现针对性、实效性和主动性特征的师德教育运作体系，以尊重教师的需要为核心，不断改进师德教育，是知识经济时代的强烈呼唤。[6]

1. 构建师德教育的目标内容体系

师德教育目标体系是师德建设的方向，选择实质性的教育内容至关重要。在总体上，学校应根据自己的实际，确立以学校思想教育、政治教育、道德教育、法制教育和心理教育为主体的目标内容体系，分层次、有系统地具体制订学校公德、干部道德、教师道德教育细则。在操作上，要做到"五个统一"，即坚持公民道德教育与教师职业道德教育的统一，普遍的职业道德教育与学校职业道德教育的统一，基础性道德教育与先导性道德教育的统一，传统道德教育与现代道德教育的统一，职前道德教育与职后道德教育的统一。

2. 构建师德教育的活动体系

以实践为基本精神的道德，其达成不能没有活动的开展，活动是道德教育的有效载体。师德教育同样如此，没有活动载体的师德是"美德袋"式的教育，空袋是不能直立的。师德教育的过程就是在活动中学习师德知识、体验师德情感、内化师德信念、磨炼师德意志和养成师德习惯的过程。

学校师德建设要根据自己的情况，构建各具特色的师德教育活动体系，如：有计划、有步骤地组织开展师德理论教育活动，以法制报告、英模报告会为主体的师德专题教育活动；结合重大节日、纪念日开展各种各样的文体教育活动；开展构建学校精神家园的环境建设活动、学校与社区行业道德联谊教育活动、中小学校与大学的合作教育活动，以及德育科研活动等。

3. 构建师德教育的管理体系

师德教育管理体系是学校师德建设运行体系的重要组成部分，它包括领导体制、机构设置、德育队伍组织、规章制度建立、德育环境创设。其基本职能是决策与规划、协调与监督、组织实施、总结调整等。

为了保证整个体系的前后衔接、相互配合、有序运转，学校必须实行一把手责任制，即一把手亲自抓、分管领导具体抓、党政工团妇研等部门配合抓、学校各级机构层层落实的领导管理体制——德育队伍是师德建设的主体，是获得总体实效的关键。学校必须树立全员育人的观念，建立骨干队伍（学校的党政领导、政治课教师、管理者、优秀教师、学生优秀分子），基础队伍（各科任教师以及其他职能部门的工作人员），社会力量（社区、家庭、部队等方面的英模人物）三位一体的师德建设队伍，使"教书育人""管理育人""服务育人""环境育人"等育人理念得到全方位落实。除此之外，建立健全的岗位责任制、工作制度、会议制度、奖惩制度、日常规则、师德评定方案等规章制度，创设包括基地、场所、设备及教育手段等硬环境与校园文化、校风等软环境相结合的师德教育环境，是保证师德教育质量，促进教师专业化发展的基础性环节。

4. 构建师德教育的保障体系

建立科学的师德教育运行机制是师德建设的重要保障，它包括激励机制、宣誓机制、反思机制、科研机制和监督机制等。

（1）激励机制。建立激励机制，尊重教师生命发展的各种需要，根据不同价值选择、成就感，运用各种方式去激励先进、鼓舞高尚，从而增强广大教师进行师德实践的信心与决心。激励包括榜样激励、目标激励、成就激励和需要满足激励等。

（2）宣誓机制。就是用宣誓的方法推进师德诚信的实践。宣誓有就职宣誓、入党宣誓、决心书宣誓等，它是一种强调师德素质内化、唤起教师自醒的实践方式。

（3）科研机制。在知识经济时代，师德建设面临新的课题，如何创造性地解决教师职业道德教育的难题，促进教师队伍由数量型向质量提升的方向发展，这就要求我们必须以教育科研为先导，走内涵式发展之路，用科研成果推动教师道德的自主、自律、自由发展。

（4）监督机制。要使师德教育真正取得实效，必须在师德建设规划与师德教育实施及成果达成之间建立监督机制，它可包括"学评教"机制、

"社评教"机制等，以确保师德建设计划善始善终地落实。

5. 构建师德教育的评价体系

评价体系建构的内容包括评价的标准、原则、主体和方法。评价标准的确定必须是社会标准与职业标准的统一，历史标准与现实标准的统一，一般标准与特殊标准的统一。评价时，必须遵守实践性原则、全面性原则、过程性原则、公开性原则和集体主义的原则，采取组织、同行、自我、学生、家庭共同参与的多维互动评价方式，实行观察行为评价法、教师座谈评价法、学生座谈法、个别谈话法、教师自陈法。具体采用什么样的评价方法，学校视自己的实际情况而定。总之，要从教师的需要出发，以最大限度地调动教师的积极性为尺码。

师德建设是教师教育的一个常谈常新的话题。随着教师专业化的不断向前推进，教师队伍整体正在实现着由数量发展向质量提高的转变，教师教育的方式也在由传统单一的师范教育向以教师专业发展学校、校本培训、课题研究培训为主体的方向转型。师德教育只有不断更新教育理念，辩证地认同、内化教师职业道德规范的价值，从学校的实际问题出发，以教师的创造性发展为学校的最大政治，彻底解决教师队伍建设中师德核心地位不够凸显的问题，才能使教师专业化发展永葆活力，使教师永不愧于"人类灵魂的工程师"这个光荣的称号。

注　释

[1] 傅维利. 以人为本的师德观的本质 [N]. 中国教育报，2002-03-02 (4).

[2] 中华人民共和国教育部师范教育司. 教师专业化的理论与实践 [M]. 北京：人民教育出版社，2003.

[3] 宗河. 积极争做好老师　建一流教师队伍 [N]. 中国教育报，2014-09-12 (1).

[4] 程印学，张立兴. 教师伦理学 [M]. 上海：东方出版中心，1998.

[5] 唐爱民. 道德成长：教师教育不能遗失的伦理维度 [J]. 课程·教材·教法，2010 (2)：79-80.

[6] 苏启敏. 论教师专业道德的实践品格 [J]. 教育研究，2013 (11)：123-124.

（此文发表于《中小学教师培训》2015 年第 3 期）

"国培计划"专题研究

GUOPEI JIHUA ZHUANTI YANJIU

"国培计划"：基于政策理解与
专业实践的行动策略

李瑾瑜

（甘肃省兰州市西北师范大学教育学院　甘肃兰州）

　　"国培计划"是党和国家在新的历史时期为提升教育质量，促进教育均衡发展，实现教育公平而采取的一项重大战略举措，其目的是通过示范引领、"雪中送炭"和促进改革的作用，提高优秀骨干教师的专业化水平、教育教学能力和对青年教师的指导能力，促进他们在实施素质教育、推进基础教育改革和教师培训中更好地发挥骨干带头作用。同时，开发教师培训优质资源，创新教师培训模式和方法，推动全国尤其是中西部农村教师培训的开展，促进教师培训工作在新的起点上取得新的突破。

　　对中国的中小学教师尤其是中西部的农村教师而言，"国培计划"无疑是"一道精美的成长大餐"，也是国家史无前例地高度重视中小学教师培训的体现。但是，如何确保"国培计划"的质量，使"国培计划"能真正地实现它预设的目标和期待的作用？这是每个"国培计划"项目承办机构和每个"国培计划"的参与者必须认真对待的严肃课题。

　　基于多年参与承担"国培计划"项目实施任务的实践，我们深刻体会到，要高质量地实施"国培计划"项目，必须自始至终把握好两个方面：一是准确理解和把握"国培计划"的政策意义和内涵，二是专业化地规划"国培计划"项目实施过程的每个环节和细节，确保培训的科学性、针对性、有效性，真正使"国培计划"能体现"国家级"培训水平。之所以有这样的认识，是因为"国培计划"是具有国家意志的教师培训行动，它的意义不仅仅在于具体的教师培训本身，更在于它带来的对教师发展和教师培训所具有的持续创新的变革性效应。

　　"国培计划"的每个具体项目的理念、目标、内容、方法、组织、管理、效果、评估等，都是通过政策要求体现出来的，所以，"国培计划"项目的实施要充分关注和体现其政策性依据及其所给予的有力引导。但是，政策具有普遍性，关注和体现政策性也不是机械地按照规定要求去行事，具体活动的内容、过程、方法以及质量管理等各个方面又要依据实际情况，按照教师培训的理念、教师学习的特点与规律进行专业化的设计与实施。以下结合我们的实践谈谈基于政策理解和专业理念设计的"国培计划"项目实施的行动策略，供大家分享。

一、基于教师学习需求分析精心设计培训方案

设计一个好的教师培训方案，是每个培训项目承担者首要的任务。

"国培计划"从政策要求上明确提出要"重视培训项目的前期调研，针对培训对象需求研制方案"。有效有用的教师培训必须建立在教师培训需求的基础上。但是，在进行教师培训需求实际的调研时，我们会面临许多专业化的问题：怎样认识和理解教师的需求？怎样才能准确把握教师的需求？用什么样的方法进行调研？调研所获得的需求如何转化成为培训的课程内容？这些问题是我们必须要解决好的。

我们的认识是，教师培训需求有应然需求与实然需求之分：应然需求是通过培训要求教师必须学习和掌握的内容与达到的目标，也就是"国培计划"在政策设计上提出的要求与目标；实然需求是教师在实际工作中面临的困惑、困难、问题以及多样化的学习愿望。应然需求要通过培训引导并产生新的需求，实然需求要通过培训有效满足。所以，培训方案的设计一定要关注应然需求和实然需求的紧密结合。同时，要考虑教师培训需求有类型和层次上的差别。有些需求是共性需求，有些需求是教师的个体需求；有些需求是即时的或当下的，有些需求则是长远的；有些需求是针对问题解决的，有些需求则是关系实质性专业发展的；有些需求依靠自身的培训力量能满足，有些需求则需要借助于外部多种资源与力量的整合参与才能满足。因此，对教师培训需求的调研与仔细梳理和分析，对"国培计划"的承担机构和培训者是一项富有挑战性的专业工作。

我们在设计每个"国培计划"项目的培训方案时都要认真研习"国培计划"的政策要求、目标与效果预期，确定培训要使教师达成的应然需求目标。同时，我们也特别关注教师的实然需求。在项目具体实施前，当培训学习的教师选择确定后，我们通过问卷、访谈、座谈、观察等多种方式开展需求调查。在深入的需求调查基础上，进行教师学习需求分析。以对教师需求的充分了解和把握为基础，精心设计培训方案，再形成本地化课程，并将培训课程方案及时反馈给教师，让他们提出修改意见和建议。同时，每个培训者能够得到一份从教师培训的需求调查中整理出来的问题清单，作为教学的重要依据，确定合理的培训目标及内容。这样，培训方案从静态预设到动态操作得到顺利转换，确保教师培训的针对性和有效性。

二、多元化的专业培训者团队的形成与团队工作方式的实现

有了好的培训方案，还要有专业化的培训者去实施。"国培计划"在政策要求上提出，要"遴选熟悉中小学教学实践的高水平专家和一线优秀教师组成团队，充分调动和整合优质资源实施培训。中小学教育教学第一线特级教师和骨干教师不低于50％，省域外高水平专家和优秀教师占1/3以上"。这个政策要求的意义，其实是通过组建多元化构成的培训者队伍满足教师多样化的学习需求，同时体现"国培计划"的高水平和高质量。但从教师培训的专业性上来考虑，有两个问题必须面对：一是高水平专家和一线优秀教师（特级教师、骨干教师）是某一领域、某一学科教学实践和研究的"高手"，他们怎样成为一位满足教师学习需求的成功的培训者？二是这些来自不同地域、机构，具有不同风格、特点的高水平专家和一线优秀教师如何真正组成培训团队，使整个培训在团队协作中获得整体效果？对于这两个问题的解决，我们的做法是，充分发挥"国培计划"项目首席专家的作用。每个学科培训者的选聘按照政策要求的构成和比例，依据培训方案和专题内容的教学需要，项目首席专家确定相应的人选。当培训者确定后，对校内和省内的选聘培训者要进行为期两至三天的培训者培训，使培训者明确"国培计划"项目的要求与目标，进行学习者特征的分析，掌握如何针对教师进行培训活动的设计和如何运用多种方法开展培训。在此基础上，又要安排两至三次的集体备课、说课和研讨活动，使培训内容更具整体性和实效性。这些工作的过程，不仅帮助"专家"较为顺利地转化为"培训者"，还促进了培训者队伍的能力建设，更使他们明确团队工作的责任。对于省域外的专家和优秀教师，由项目首席专家将培训方案、教师需求、教学要求、学员简况、团队成员信息和各项工作进展动态及时发送给他们，使他们尽可能融入培训中，成为我们的培训团队成员。在具体实施培训教学过程中，我们实行"主讲＋助讲"的团队工作方式，使培训者在培训教学中互相协作、帮助和补充。实践证明，这样的尝试使来自不同地域、不同领域的专家和教师真正成为培训团队一员，也通过真正意义上的团队工作取得了良好的效果。

三、创新培训模式与方法，真正使教师成为培训的参与者和学习者

在许多人的印象里，所谓培训，就是专家在台上讲，教师在下面听。

这样的培训已经成为过时的记忆，有效的教师培训所关涉的一个根本问题是"教师为什么要培训"。这个问题的答案可以有许多，但我们的回答是：教师要学习。也就是说，教师不是不合格才来接受培训，而是要学习、要发展才需要参与培训。"国培计划"要求培训"以学科为基础，以问题为中心，以案例为载体，理论与实践相结合，研究总结教育教学经验，帮助教师解决教育教学过程中所面临的实际问题"。这一政策要求的专业意义在于，每个培训项目必须创新培训的模式与方法，真正使教师成为培训的参与者和学习者。基于这样的专业理念，我们会进一步认识到，教师培训的本质是教师的学习，而教师学习的实质又是成人学习。成人学习的基本特点是，以问题为中心，以实践为指向，以相互的合作与交流为主要方式。所以，教师真正以学习者的身份参与培训活动，使他们利用新思想、新观念反思自己的教学习惯，也让他们的日常经验获得新的意义与价值，更使他们在解决问题的过程中清晰前行的方向，增强努力的信心，获得变革的勇气和力量。正是从这样的理念出发，在"国培计划"项目实施的过程中，我们非常重视通过多元化的互动与合作方式，促进教师真正成为培训过程的参与者和学习者。在具体的培训活动中，我们根据不同的研修对象、不同的研修要求、不同的研修目标设计教学内容，摸索出了许多行之有效的"多元互动、合作学习"的培训方式，如专题研讨、角色扮演、问题咨询、游戏感悟、现场学习、实地调研、课例观摩、集体设计、小组竞赛、话题征集、有奖问答、经验分享、课题研究、导师协助、日志反思等，促使教师在互动合作中学习。这些多元化的培训方式，不仅使教师能够有效地参与到培训学习中，而且通过相互的合作解决各自具体的问题。

在促进教师成为培训的参与者和学习者的过程中，还有一个指导我们实践行动的重要的专业理念就是重视教师在培训学习中的资源价值。每位参与培训的教师都有自己丰富的教育教学经验，这本身就是重要的培训资源，是教师相互学习的宝贵财富。而且，参与培训的教师来自不同的地域、学校和学科，面临不同的教育教学问题。在培训过程中，我们特别重视通过多种方式使教师既成为自己经验的贡献者，又成为别人经验的分享者。在培训前，我们要求参与培训的教师准备经验交流的题目与内容，在培训过程中依据教师们准备的经验主题，既分组交流，又集体共同分享，同时进行现场答疑。我们也会根据培训过程中教师们反映的难点问题，进行经验话题征集，让教师借助于同伴的经验和力量解决问题。有一些关涉学科教学的培训内容，培训者组织协助，完全由参与培训的教师共同商议设计，完成任务。对有些教师个别化的问题，我们采用手拉手、张贴问题条、现场招标、展示评议、选优奖励等方式，让教师都能参与到贡献经验、分享智慧的学习过程中。实践证明，重视教师在培训中的资源价值，发挥教师自身的优势，借助同伴互助的力量学习思考，解决问题，有非常重要的意义。

四、注重培训绩效的过程性评估，及时反馈调整培训活动

按照《教育部办公厅关于加强国培计划项目绩效考评工作的意见》的政策精神和要求，"国培计划"对各类培训项目通过"建立专家评估、网络评估和第三方独立评估等方式"进行绩效评估，同时特别强调和要求培训机构的"自我评估"。这些评估，我们常常会理解为项目实施完成后对效果与结果的终结性评估。实际上，教师培训绩效评估的意义，不仅在于了解和把握培训的结果与效果，更在于不断调节和改进培训活动。所以，从"国培计划"的专业行动考虑，我们更注重培训的过程性评估，并用这种评估所获得的信息及时反馈调整培训活动。培训学习的效果如何，最有发言权的是参与培训学习的教师，来自教师的感受、意见和建议，是我们了解和自我评估培训效果、不断改进培训工作的重要依据。在"国培计划"项目实施中，我们非常重视过程性的反馈与评估，每天通过学员的学习日志、培训感受晴雨表、班主任访谈等方式及时获得反馈信息，培训团队每天召开会议，汇总分析这些信息，调整和改进培训活动。同时，在每期培训中期，所有教师都要参加一次自我学习的总结和评估活动，对照自己培训前设计的学习目标和期望，梳理得失，提出意见和建议，据此培训者及时调整和改进培训教学。另外，我们还邀请有关专家作为"独立观察员"在培训现场进行过程评估，这些评估所获得的反馈信息为我们把握培训绩效、不断持续改进教师培训效果提供了依据，奠定了基础。在培训结束时，我们依据多年教师培训自我评估的经验，专门设计了《"国培计划"学员培训效果反馈表》，从培训与教学工作的相关性、培训方案的设计、培训内容的安排、培训者对培训的准备、培训者的培训能力、培训方法、培训学习的氛围、培训班的组织、培训时间的长度、场地的安排、学习收获、培训感受和印象、培训效果与培训期望的达成度、培训的不足与建议等多个维度，进行现场问卷评估调查，所获得的信息数据与过程性评估的信息资料结合，完成"国培计划"项目实施的绩效自评报告，这样使培训评估更加趋于客观科学。

　　通过多年的教师培训，尤其是"国培计划"项目的实施，我们深深地认识到，中小学教师培训不是一项任务，而是一种由专业人员从事的专业活动；中小学教师培训更是一项事业，需要用感情、热情和激情去从事。真正的教师培训，需要关注教师需求，关注多样性的培训方式，关注教师作为成人学习者的特性，关注培训团队的建设，关注教师成为真正参与者与学习者角色的实现。唯有如此，才会体现培训的针对性和实效性，才能够帮助教师实现其专业发展。也正是基于这样的理解，对于"国培计划"的中小学教师培训，我们不仅仅看作一项任务，更视其为创新培训模式与方法，促进教师有效学习，为教师提供高效、优质的学习服务的机会。看到一批批中小学教师通过"国培计划"的培训，汲取新的营养，生成新的智慧，并用新的思想、知识和方法积极参与新的教学实践，投身新的教学改革，推动基础教育的改革和发展，我们感到由衷的欣慰，也增强了更加创造性地参与、实施"国培计划"的信心和力量。

　　　　　　　　　　（此文发表于《中小学教师培训》2011 年第 7 期）

公共政策视角下"国培计划"的
愿景、变迁及其特征分析

程明喜[1]　　马云鹏[2]

（东北师范大学教育学部　吉林长春）

公共政策是以政府为代表的公共权力机构针对社会公共问题的解决，通过民主政治程序制定和执行的行动方针和行为准则。[1]制定和执行公共政策的主体是公共权力机构。公共政策是一定历史条件下的产物，是价值选择的结果。政策的本质属性是政策制定者价值取向的政治性表达。[2]2010年由教育部、财政部决定施行的"中小学教师国家级培训计划"（简称"国培计划"）具有公共政策的三个重要特性：公共性、问题性和动态过程性。运用公共政策视角分析"国培计划"，能够在很大程度上阐释政策变迁和未来走向。同时，通过对政策的总体目标、价值取向、政策变迁、政策特征与调整趋势的分析，提升培训实施主体对"国培计划"政策的认知，避免因政策理解上的偏差导致的培训实施上的误区。

一、"国培计划"的政策愿景

（一）"国培计划"的政策目标

"国培计划"是中华人民共和国成立以来由国家主导的最大规模的以中小学、幼儿园教师为主要对象的培训工程。由于"国培计划"具有覆盖范围广、对象规模大、项目类别多、持续时间长、参与主体多元等特点，该计划的推进必然成为一个基于预定目标的不断发现问题、解决问题和自我完善的过程。国家有关部门作为"国培计划"政策制定与执行的公共权力机构，必然要通过政策调整、标准制定和工作路线图规划等举措为"国培计划"的顺利推进做顶层设计、宏观调控与过程指导。

"国培计划"施行的政策文本依据主要有《教育部财政部关于实施"中小学教师国家级培训计划"的通知》（教师〔2010〕4号）〔以下简称《通知》（2010）〕和做好年度"国培计划"实施工作的系列通知以及相关标准、意见等。分析如上政策文本发现，"国培计划"政策目标主要体现为以下四方面：首先，体现为"促进教师专业发展、提升教师队伍质量"。这一政策总目标统领并贯穿"国培计划"各政策文本，表明了"国培计划"政策制定主体的立场和方向，也表明了教师培训的宗旨。其次，体现为对全国范围内开展教师全员培训的"示范引领"。通过骨干教师培养、培训模式创新和培训师资的培养，"国培计划"实现培养"种子"、搭建"模子"和探索"路子"，为全国范围内的中小学教师培训提供经验与支持，为"省培"、"市培"、"县区级培训"和"校本培训"做出示范的目标。再次，体现为"雪中送炭"。"国培计划"以支持我国中西部 23 个省份农村教师培训为重点，助力农村教师专业能力提升，体现了政策目标对农村教育、农村教师的倾斜。最后，体现为"促进改革"，主要包括两个层面：第一，促进教师教育改革，推动高等师范院校面向基础教育，服务基础教育；第二，通过教师专业能力提升，促进与深化基础教育课程教学改革。

（二）"国培计划"的政策取向

"价值取向直接影响甚至决定着公共政策的性质、方向、合法性、有效性和社会公正的程度。因此，价值标准和取向的确认和选择是公共政策的决定性因素之一。"[3] 在公共政策学中，以效率为追求目标的功利主义原则与公平原则是现代公共政策最基本的两种价值选择。[4] "国培计划"相关政策文本作为规定、指导、管理与评估教师培训活动的公共政策，从政策取向而言具有价值上的合理性：总体上，政策的导向是保障每位农村教师都有机会接受专业的教师培训并得到专业发展的机会。具体在"国培计划"政策文本分析中，发现从政策导向、培训目标、培训过程、培训课程四方面凸显价值标准与取向，体现教师培训的"国家意志"。

1. 政策导向：促进教育公平取向

政策的制定与实施是利益再分配、再平衡的过程；政策实施成效中最常见的评价方法包括弱者优先受益评价。"国培计划"政策导向就是要明确"国培计划"政策以谁的利益为取向，要表达的是国家立场，是现阶段国家在对东部与西部、城市与农村、骨干与普通教师培训对象群体综合考虑后做出的价值排序。目前，我国农村教师群体参与政策讨论、维护自身利益的意识与能力较低，他们更多的时候是公共政策的坐等者和消费者。客观上说，教师的教育不公平感主要体现在我国教育政策的区别对待上，特别是区别对待城乡、地区和阶层，实行城市偏向、东部偏向、精英偏向的教育政策。"国培计划"第一份通知文件就表明了政策导向："中央实施'国培计划'旨在发挥示范引领、'雪中送炭'和促进改革的作用。"培训政策对象主要是我国中西部 23 个省份的农村中小学幼儿园校长和教师。"国培计划"面向、聚焦、重点倾斜农村教师的政策导向，是新时期国家倡导教育公平背景下做出的有意的、正确的选择。对农村教师来说，从"起点处的培训机会获得"到"过程中的培训质量"再到"终点的教师能力提升与专业发展"，在"国培计划"促进教育公平取向下，将他们放到了教师培训的正中央。

2. 培训目标：专业发展取向

教师专业发展是教师作为专业人员通过接受专业训练和自主学习，在专业知识和技能、专业精神和操守等方面获得不断更新和完善的过程。分析"国培计划"政策文本发现，"国培计划"政策对教师专业发展的观照体现在以下三方面：第一，遵循教师专业成长规律和成人学习规律，按照学段、学科研制各种标准；依据岗位角色和教师专业发展阶段，分设培训项目、设计课程方案，选择培训模式与方式，凸显培训的专业性。第二，强调教师专业发展自觉与自为，通过培训模式与方式的创新，唤醒教师专业发展的主体意识，鼓励教师主体参与，形成教师基于岗位需求与个人专业发展需求的混合式学习方式。第三，在专业知识、专业能力与专业情意框架下，强调基于技能训练的教学能力提高以及教学情意的提升，进而实现专业结构的更新与完善，达到促进教师专业发展的目的。

3. 培训过程：专业标准取向

教师培训是一项专业性极强的工作，中小学教师培训政策需要关注如何通过实现专业化的培训而为教师提供有效的、可持续的学习服务与学习支持，进而达到解决问题、提升能力、改善素质的目的。[5] 现实情况是："教师培训研究很薄弱，导致为教师培训工作提供的教师培训知识欠缺；教师培训的专业化水平亟须提高……"[6] 教师培训的理想与现实的矛盾，加速了教师培训专业化进程，国家通过政策文件的印发，特别是培训相关标准的研制与施行，规范、指导"国培计划"的实施。2012 年，教育部相继印发《教师专业标准》（含幼儿园、小学、初中），对合格的中小学幼儿园教师应具备的专业素质提出了基本要求，为教师培训培养怎样的教师做了具体的规定；同年研制的《"国培计划"课程标准（试行）》为课程设计与方案研制提供了重要依据。2017 年 11 月，教育部办公厅又印发了《中小学幼儿园教师培训课程指导标准》（包括义务教育语文、数学和化学三个学科）（以下简称《指导标准》）。《指导标准》从师德修养、学科教学、班级管理、学习与发展四个维度建立完善标准体系，规范和指导分类、分科、分层实施"国培计划"和五年一周期的教师全员培训工作。

4. 培训课程：实践取向

教师培训是以向教师提供课程的方式来实现教师从观念到行为的改变的。教师培训课程"只有着眼于有价值的现实问题及问题的解决，才能够有效地满足参训教师的培训需求，才能够促使参训教师培训后行为的发生与改变，才能够真正地促进教师的专业成长"[7]。进一步，只有让教师置身于熟悉的教学情境，将舍恩（Donald A. Schon）提出的"在行动中反思"和"对行动的反思"[8]这一理念贯穿于课程实施的全过程，才能真正培养"反思性实践者"。"国培计划"政策突出强调以实践为取向，以问题为中心，以案例为载体，基于真实教学现场开展教师培训，强调教师在实践观摩与教学实操中唤醒经验，激活思维与行为改进，促进教学实践力与反思力的提升。

二、"国培计划"的政策变迁逻辑

"国培计划"政策的制定与调整，是国家有关权力机构思想、意志、价值观念的动态反映，是在"国培计划"政策执行过程中参与主体多方互动的结果，也是政策的"自上而下"和实践的"自下而上"双向互动的结果。政策调整过程，有主动的政策自身调节，也有被动地回应实践之需。要对"国培计划"政策的变迁逻辑有一个宏观的了解就要厘清"国培计划"政策制定与实施的过程，清晰政策制定与调整的内容，考察政策调整与变迁的动因。

从 2010 年起至 2017 年末，以标志性政策文件发布为依据，可将"国培计划"实施划分为四个阶段，四阶段的相关政策多向兼顾，前后衔接，互为补充，作为政策系统，在"国培计划"施行中发挥了整体功能。

（一）"国培计划"启动与定位期（2010—2011 年）——政策定位与框架搭建

2010 年 6 月，《通知》（2010）作为首份下发的"国培计划"文件，对"国培计划"实施的背景、目的、任务、重点等进行了详尽说明，从精心筹划、精心组织，创新模式、务求实效，竞争择优、确保质量，整合力量、共享资源四个方面对"国培计划"的实施做了总体要求和部署，同时对"国培计划"培训项目的组织管理进行了明确规定。[9]2011年6月,《教育部办公厅财政部办公厅关于做好2011年"中小学教师国家级培训计划"实施工作的通知》(教师厅〔2011〕2号)印发,延续了《通知》(2010)的基本文件精神与内容。2011年9月,《教育部财政部关于实施幼儿教师国家级培训计划的通知》(教师〔2011〕5号)发布,至此,"国培计划"三大类项目包括"示范性项目、中西部项目和幼师国培项目"基本确定。

这一时期的系列《通知》文件作为"国培计划"实施的主要政策依据和行动指南,阐明的是"国培计划"为了谁、做什么、怎么做、谁来做、做得怎么样的系列问题。其重点在于项目的整体规划和实施方案的精心研制,起到了为"国培计划"定向、定位、定时、定量、定规的作用,为接下来"国培计划"系列政策的制定与调整奠定了基础框架。

(二)"国培计划"规范与调试期(2012—2013年)——政策强化与调整

"国培计划"经过2010—2011年两年的运行,在教育界、教师培训界业已形成了"国培"语境,得到了全社会的关注,但成效与问题并存。为了使"国培计划"健康发展,2012—2013年间,发布了《通知》(2012)和《通知》(2013)。作为例行的"国培计划"规范实施管理文件,两个《通知》分别针对上一年度培训中出现的问题提出明确改进要求:如《通知》(2012)提出了"做好参训学员的选派和管理工作,确保培训成效";为增强培训的针对性与实效性,首次对培训内容的优化做了说明,如《通知》(2013)提出"切实加强培训需求调研,做好培训规划设计""积极推动培训模式创新,不断增强培训实效性"等。同时,首次提出了增加实践性课程,并明确提出了提高教师教学技能的要求。2012年,教育部连续发布了系列《教师专业标准》和《"国培计划"课程标准(试行)》,"国培计划"课程设计进入了"标准取向"的专业化发展阶段。2013年5月,《教育部关于深化中小学教师培训模式改革全面提升培训质量的指导意见》(教师〔2013〕6号)(以下简称《意见》)发布,《意见》对解决过去几年基础教育课程改革以及实施素质教育中存在的问题,特别是解决"国培计划"实施中突出的问题做了正面回应与明确说明。

2012—2013年,在三个《教师专业标准》和《"国培计划"课程标准(试行)》以及《意见》的规范下,"国培计划"得以在启动两年后,及时总结成绩与不足,针对项目运行中的问题,及时规范与调试,对"国培计划"的健康推进起到了强化与巩固的作用。

（三）"国培计划"稳定与发展期（2014 年）——政策平稳运行与深化改革

"国培计划"经过 2010—2013 四年两个阶段的运行，项目类别与子项目设置框架基本稳定，培训目标与任务、培训内容与方式、培训管理与评估要求基本得到认同，培训院校机构、培训团队、培训课程资源、培训体系粗具规模。2014 年"国培计划"在延续成形经验的基础上，深入执行《意见》，深化培训模式与方式改革，并适当增加新的培训项目。对这一阶段核心的政策文件是《通知》（2014）（教师厅〔2014〕1 号）。分析发现，2014 年"国培计划"示范性项目由上一年度的 8 个子项目增加至 12 个，12 个项目归为四大类，每类都有一个创新点。如第一类为综合改革项目，提出"跨年度、分阶段连续递进式培训"；第二类为紧缺领域教师培训，在原有的体育、美育、特殊教育培训基础上，增加了优秀传统文化教育培训；第三类为教师网络研修，设置工作坊高端研修，试图构建网络环境下学习型教师团队，为骨干教师常态化培训做出积极探索；第四类为培训能力提升项目，努力构建基于能力测评的教师培训模式。

（四）"国培计划"改革与转向期（2015 年至今）——政策转向与新的运行

"国培计划"经过了 2010—2014 年一个五年周期的运行，在提高农村中小学教师整体素质，保障基础教育课程改革，深化素质教育实施，尤其是创新我国中小学教师培训模式等方面取得的经验，是进一步实施"国培计划"促进教育各项事业发展的宝贵财富。

2015 年 6 月，《国务院办公厅关于印发乡村教师支持计划（2015—2020 年）的通知》（国办发〔2015〕43 号）（简称《乡村教师支持计划》）发布，成为"国培计划"转向的重要政策导向依据。为落实《乡村教师支持计划》并继续推行"国培计划"走向深入，从 2015 年起，相继印发了多份重要的"国培计划"政策文件，其中《教育部财政部关于改革实施中小学幼儿园教师国家级培训计划的通知》（教师〔2015〕10 号）是"国培计划"转向并进入新阶段的标志性文件。同时，2015—2017 年的三份年度培训《通知》和 2016 年 1 月印发系列《培训指南》指导转向后"国培计划"各类项目的规范实施。

2015年至今，转向后的"国培计划"培训重心下移，重点聚焦乡村，全力支持中西部乡村教师、校长培训。培训主体下移，县区级教师培训机构加入培训队伍中来；县区级名师团队打造成为培训的重点，构建县区级教师专业发展支持服务体系成为重要的培训目标。

"国培计划"运行的过程中，若干政策文件在政策总目标的统领下形成一个政策系统，不同阶段的政策调整总体呈现出整体性、阶段性、延续性和稳定性，在一定程度上体现了"国培计划"政策价值取向的动态平衡。

三、"国培计划"的政策特征

"国培计划"实施以来，以年度《通知》文本为政策主线，宏观调控着计划实施，通过政策内容的调整，注入新的培训理念，体现新的培训侧重，其政策调整特点及培训趋势明显。

（一）在项目设置上，分层分类同步推进，在项目调整中体现不同时期的培训任务与重点

"国培计划"先后设置"示范性项目"、"中西部项目"和"幼师国培项目"。三大类项目延续至2017年保持不变，子项目根据需要适当调整。从三大类项目的关系看，"示范性项目"通过骨干教师的培养、培训课程资源的开发、培训模式方式的尝试与创新为其他两个项目的实施做出示范并提供支持。"中西部项目"和"幼师国培项目"具有普惠性质，旨在帮助中小学幼儿教师解决教学中的实际问题，提高教育教学能力和专业水平。"示范性项目"中除中小学骨干教师培训、骨干教师远程培训、班主任骨干培训和紧缺薄弱学科骨干培训等几个子项目相对稳定外，很多项目设置具有短期阶段补偿性，如高中课程改革远程培训、免费师范毕业生培训、优秀传统文化教育骨干教师培训、信息技术骨干培训者专项培训等。

分层分类设置相对稳定的培训项目，且不同类别项目有不同的培训定位，充分体现了"国培计划"政策的顶层设计的系统构思，有效地指导各省完成项目规划设计与项目过程监管，有效地指导各培训项目承担院校和机构制订方案并组织培训，确保"国培计划"大规模地有序推进。

（二）在目标定位上，宏观微观分层确定，在目标设计时体现长期目标与短期目标的统一

宏观上，国家实施"国培计划"旨在发挥示范引领、"雪中送炭"和

促进改革的作用。培训促进教师专业发展，整体提升教师队伍素质。微观目标主要指各大类和各子项目对教师改变做出的预期。示范性项目目标与中西部和幼师"国培"项目目标要求具有层次性。如示范性项目目标定位是"提高教师教育教学能力和专业水平"，具体项目目标表述主要有以下几种："提高培训教学和组织管理能力，提升教师培训专业水平""提升教学能力、研究能力和创新能力""提升教师专项技能和培训能力"。中西部项目和幼师"国培"项目目标定位是"提高课堂教学能力"，具体表述还有"将新课程理念和要求落实到教育教学中的能力"和"基本技能与专项技能"。

"国培计划"政策，做到了宏观目标与微观目标相统一，长远目标与短期目标相一致，使"国培计划"各项目形成了完整的培训目标体系，确保目标对项目的统领。

（三）在内容选择上，应然实然因需而用，基于标准，侧重实践，模块化课程是基本样态

《通知》（2012）首次在内容的选择上做出要求，强调基于培训需求调研，强调培训内容的针对性与实效性。同时，提出"按照教育部制定的'国培计划'标准，优化课程设置，采用模块化课程设计，优选培训案例，增强培训内容的针对性和实效性"。其中"'中西部项目'要求围绕新修订的义务教育学科课程标准，针对农村教师在课程改革中面临的主要问题进行有针对性培训"，体现了培训既满足教师的实然需求，又引领教师的应然需求。《通知》（2013）提出"进一步加大实践性培训比重，切实提高教师教学技能"。在培训内容选择上，提出"以提升教师教学技能为中心，以典型案例为载体，合理确定课程内容，开展主题式培训，实践性课程原则上不少于50％"。《通知》（2015）提出"科学诊断教师培训需求，分类、分科、分层设计递进式培训课程，以提升教师教学能力为重点，开展主题鲜明的培训"。《通知》（2016）提出"深入推进互联网＋""根据不同层次乡村教师的需求，建立培训需求'菜单'"。《通知》（2017）提出"要注重中华优秀传统文化教育，培养'四有'好老师，要进一步加大培训者培训技能培训力度"，对培训类课程以及跟岗培训时长做出了要求。

"国培计划"政策对培训内容选择的规定性表述，避免了课程设计与开发时的随意性，体现了国家教师培训的实践性导向。在这一导向下，"国培计划"在课程内容结构上逐渐解决了课程结构单一、课程内容拼盘、

内容间缺少逻辑等问题。

（四）在模式方式上，线上线下多元混合，重问题中心、案例载体、主体参与、情境体验

培训模式与方式上，2013 年，教育部发布了《意见》。《意见》和《通知》（2013）相继提出"强化基于教学现场、走进真实课堂的培训环节""通过现场诊断和案例教学解决实际问题""采取跟岗培训和情境体验改进教学行为"，并进一步提出"强化培训自主性，强化学员互动参与"，特别强调营造网络学习环境，推动教师终身学习，使教师形成"网上和网下研修结合、虚拟学习和教学实践结合的混合学习"。多元混合培训与学习方式从提出起其要求一直延续至今。

"国培计划"政策对培训模式与方式创新的要求，明确了基于现场、主体参与，情境体验、线上线下结合的混合式研修方式，改变了传统的以"专题讲座＋案例分析"为主要方式的培训面貌，助推了教师多元混合式学习方式的形成。

四、总结与展望

对"国培计划"政策愿景、取向和特征做历史研究，从本质上来讲，就是理解过去，认识现在，把握未来。为此，回顾"国培计划"政策演进过程，揭示政策整体价值取向有重大的现实意义。2018 年 1 月，《中共中央国务院关于全面深化新时代教师队伍建设改革的意见》发布，在教师队伍建设方面，从战略意义上提出了"强师兴国"，在指导思想上要求"遵循教育规律和教师成长发展规律"，在教师全员培训方面又进一步明确了"促进教师终身学习和专业发展"的目标和"紧密结合教育教学一线实际，组织高质量培训"的要求。在新的历史时期，展望"国培计划"的推进，它必将在终身教育理念、信息技术和教师专业化深入发展的大背景下，针对"国培计划"实施中存在的培训需求缺失、培训内容结构不合理、培训模式不完善、培训师资专业水平亟待提高和管理体制滞后等问题，通过"国培计划"政策的宏观调控和微观指导，在教师培训"社会公平取向、标准取向、专业发展取向和实践取向"的主流思想下，通过项目规划与管理、课程设计与开发、教学实施与评价，使"国培计划"规范、有序地实施，引领教师全员培训，促进教师专业发展。

注 释

[1] 王骚. 公共政策学 [M]. 天津：天津大学出版社，2010：8.

[2] 杨志成. 新中国基础教育政策价值取向演变：政策生态学视角 [M]. 北京：教育科学出版社，2015：1-2.

[3] 曹俊怀. 公共政策视角下的义务教育"就近入学政策" [J]. 教学与管理，2013（31）：3-5.

[4] 高水红. 社会学视角下的中国教育改革 [M]. 北京：教育科学出版社，2016：125-126.

[5] 李瑾瑜，史俊龙. 我国中小学教师培训政策演进及创新趋势 [J]. 西北师大学报（社会科学版），2012，49（5）：83-89.

[6] 朱旭东，宋萑. 论教师培训的核心要素 [J]. 教师教育研究，2013，25（3）：1-8.

[7][8] 王建. "国培计划"的政策演进及创新趋向 [J]. 当代继续教育，2015，33（5）：29-32.

[9] 康晓伟. 教师知识学：当代西方教师实践性知识思想研究 [M]. 北京：北京师范大学出版社，2017：86.

（此文发表于《中小学教师培训》2018 年第 8 期）

实现"国培计划"示范引领价值的路径探索

李源田　　陈昌发

（重庆市教育委员会　重庆）

教育部、财政部全面实施的"中小学教师国家级培训计划"（以下简称"国培计划"）包括"中小学教师示范性培训项目"和"中西部农村骨干教师培训项目"两大类型。"国培计划"正在成为强师兴教引人注目的重大工程。按照国家要求，"国培计划"旨在发挥"示范引领、雪中送炭和促进改革"的作用，重庆市在实施过程中积极探索实现示范引领价值的路径，在完善教师培训体系、创新教师培训模式、促进区县教师培训和教师队伍建设等方面取得了明显的成效，积累了一定的经验。

一、构建和完善了梯级联动式教师培训体系

纵观教师培训工作的发展历程，培训经费明显不足时，教师常常努力争取外出培训；培训经费相对充足、培训名额相对增加时，基层学校又出现派不出教师参培的情况。全市教师培训的规模到底多大才合适？市和区县之间该分担多少培训任务才科学合理？在调查研究的基础上，我们提出了实行梯级联动、完善培训体系的构想，即国家培训做示范，市级培训抓重点，区县培训保全员，校本培训重教研。培训任务方面，明确提出市级及以上承担全市教师培训总量的 10％，其余 90％ 的培训由区县和学校来分担。这样的总体设计，从制度层面确保了区县级真正成为教师培训的主体，从而保证市级培训能够突出重点，国家级培训更好地发挥示范引领作用。这样，厘清培训层级，划定培训比例，统筹规划联动，构建起城乡统筹背景下有效促进教师专业发展的教师培训新体系。

1. 建立教师专业发展塔形结构

根据教育人才成长的规律，为建设高素质专业化的教师队伍，全市探索建立了"骨干教师打基础、学科带头人做支撑、名师工作室搭平台、未来教育家展风采"的塔形递进结构框架。大量在农村工作的区县优秀教师经过选拔，作为市级骨干教师培养对象，参加国家级中小学教师培训，培

训合格即可参加市级骨干教师的评选认定。经过认定的骨干教师有资格参加学科带头人培养对象培训，培训合格者可参加市级学科带头人评选认定。然后在全市建立名师工作室，由一批师德高尚、业务精湛的专家型教师担任名师工作室主持人。每位主持人带领数位优秀中青年教师，组成研修团队，在围绕学科教育教学改革中的重要问题进行研究的同时，实现自身和团队的专业发展。经过上述三级台阶，未来教育家的产生就值得期待。目前，全市已经评选出 32 位培养对象，拟通过高级研修、导师引领、实践展示、思想修炼等形式，促进教育家的诞生，努力去实现"教育家办学"的梦想。

2. 建立三级联动的运行机制

重庆作为直辖市，行政层级相对简化，市以下就是直接服务区县，形成市、区县、学校三个层级。国家为重庆定位为建设全国统筹城乡综合配套改革试验区，为实现城乡统筹的教育发展职能，在加强教师队伍建设方面，我们通过市继续教育中心组织，由 17 个市级教师培训基地与 38 个区县教师培训机构联合互动，统筹开展市和区县层级的联动培训。区县提出培训需求，市级教师培训基地直接参与区县教师培训，在完善培训体系的基础上，把示范引领落实在操作层面，让区县教师培训机构和一线教师直接受益，市级教师培训基地也更多地了解到基层和教师的实际需要，开创了互动双赢的工作局面。由此，区县教师培训工作也蓬勃展开。

2011 年，全市 38 个区县共开展教师培训 566 项，培训中小学教师 13.4 万人次。

3. 建立教师培训经费的梯级增长机制

全市积极探索建立教师教育经费投入的良性运行机制，积极落实《重庆市专业技术人员继续教育条例》中关于"企、事业单位的继续教育经费按国家会计制度和财务管理的规定在职工教育经费中支付。职工继续教育经费的比例不得低于职工工资总额的 1.5％"的要求，并在此基础上提出了边远区县达到 1.5％，近郊区县达到 2％，主城区达到 2.5％的递进式增长目标。"十一五"期间，全市教育系统逐年增加教师继续教育的经费投入，全市基本落实了 1.5％的要求，其中主城区大多数达到 2.5％的目标，而江北区则在政府规划文件中提出达到 4％的目标，学校公用经费中用于教师培训的比例很多都超过了 5％，设立专项经费予以支持的力度也不断加大，较好地体现了义务教育教师培训的政府公共服务职能。

二、创生和实践了高端优效的教师培训模式

1. 在培训类型上创生生长型"国培"新品种

"国培计划"项目实施有相对的时空限制，但重庆市探索拓展"国培"时空，努力让短期不短，远程不远，置换增值。重庆市在置换脱产、短期集中和远程培训三大类型规划中，体现了长班与短班结合、集中培训与远程培训结合、线上培训与线下培训结合的几种模式。尤其是在面向未来，高端引领项目上，我们创造性地设计实施了"两地四段脱产研修"班，选派86名小学语文和初中数学学科的"国培"学员，第一阶段分赴华东师范大学和北京师范大学开展理论研修近两个月，第二阶段在上海和北京的名校开展"影子研修"20天，第三阶段到重庆主城教师进修学院和市级师培基础学校开展"影子研修"30天。第四阶段开展实践研修和深化提高培训，拟在86名学员中遴选40％左右的优秀学员，然后集中进行导师制研修，运用"工作坊"模式，为学员配备导师，分课题组织研修，再从中遴选出导师制学员中的优秀学员开展境外高级研修，倾力为学校培育一批教学名师。

2. 在培训课程中实践生态型"四板块"结构

组织实施"国培计划"—中西部项目过程中，重庆市创新设计了"国培计划"—置换脱产研修为主的"理论研修、影子研修、反思研修、实践研修"四阶段教师培训模式[1]。

在理论研修中，构建了"三位一体"的课程体系，将十大课程模块整合为上位板块、中位板块和下位板块三大板块，采取实施"三段式七方式"并举的培训模式，为重庆市农村中小学骨干教师搭建了一个高端的研修平台。

在"影子研修"中，西南大学、重庆师范大学、重庆教育学院等"国培"项目承担高校，通过与区县教师进修学院等单位合作，择优遴选46所基地学校开展"影子研修"。探索过程中，重庆市逐步形成了"项目承担高校牵头、教师进修学院协调、学科教研员蹲点、基地学校负责、学习小组互助"的"五级管理模式"。各基地学校围绕"课堂教学、教研组织、指导引领、学校发展"等主题，采用"带问、带课、带研、带学、带资"和"听、观、问、议、思、做"的"五带六步研修模式"[2]，提升了学员的教学能力。

在反思研修阶段，基于波斯纳"成长＝经验＋反思"的教师成长理

论，重庆市的"国培计划—中西部项目"置换脱产研修特别设计了学员的自我反思与总结环节。在这一阶段，各高校以任务驱动为主线，组建了由一名高校专家、一名学科教研员、一名研究生、一名参培学员构成的四位一体的学习共同体。

在"实践研修"环节，项目高校、区县教育行政部门、区县教研培训机构、所在单位四方协作，由区县教育行政部门和所在单位为学员提任务、压担子，由高校和区县教研培训机构提供远程或实地指导，引导学员将培训成果运用在课堂上。

3. 在培训过程中探索"五子"递进的路径

在"四板块"课程建设基础上，我们探索出了具有重庆特点的"五子路径"，即"区县选苗子、高校带弟子、基地当影子、回校做种子、统筹探路子"。"国培计划"的深入推进，正在为各地农村学校培育一批"种子"教师，发挥示范引领作用，助推城乡基础教育的统筹均衡发展。

为方便"国培"学员在"国培"实践研修阶段和培训结束后能继续进行研修，我们专门为"国培"学员开发了电子资源包——《好帮手伴我成长——教师实践研修资源包》，免费发给每位国培学员。资源包内含十个方面的内容，即师德修养、教育理论、教学方法、素质教育、课堂管理、班级管理、学校管理、教育科研、教师教育、教育心理，对教师后续的理论学习和教育实践具有较强的指导价值，有利于教师专业成长。

三、催生和实现了教师队伍建设的蝶动效应

"国培计划"的持续实施，在重庆产生了很大的影响力。立足"国培"，超越"国培"，由"国培"的实施带动和引领着教师培训乃至教师队伍建设的变革，正在形成显著的蝴蝶效应。

1. 带动了市级名师队伍的建设

"国培计划"实施以前，重庆市专项设立了骨干教师培训对象培训。

"国培计划"实施之后，大家明显看到，"国培计划"—置换脱产研修培训从培训时间到方式，从培训课程到师资，从培训管理到效果，都是对原来市级骨干教师培训的提升和超越。因此，重庆市教委做出决定：凡是"国培计划"—置换脱产研修结业的合格学员均按市级骨干教师培训对象对待，纳入市级骨干教师的评选系列。尤其是"两地四段高级研修"班，生动而又艺术地拨动了教师专业发展的心弦，引领教师找到了走向教学名师的路径，也增强了他们成为教学名师的信心，正在为农村学校培育一批

教学名师。有了名师和骨干教师的引领，农村教师队伍建设会更有方向和力度。

2. 催生了"教师培训编制"的诞生

随着"国培"的持续推进，教师外出参加脱产培训的工学矛盾较为突出，为转型时期教师专业发展的制度设计发出呼唤：按照教师总量安排教师培训编制，充分利用机动编制安排教师参加培训，继续通过顶岗支教方法置换教师等。"国培计划"是一项国家工程，为教师"终身学习"提供制度性保障，是新时期教师教育理论与实践的必修课程。为此，重庆市黔江区明确提出了"教师培训编制"的构想并初步得到实现。该区为保证学校顺利完成送培任务，又不影响学校的教学秩序，从 2011 年秋季开学给学校核编时预留培训人员编制作为培训专用（教师有 100 人以内的学校留 1 名、100 人及以上的学校留 2 名编制）。这一创新性的做法有效地保证了教师参加国家级（和市级）培训的参训率，在加强教师队伍建设制度层面的意义也值得充分肯定。

3. 促进了教育城乡统筹和均衡发展

在"国培计划"的直接推动下，近两年已经有 53000 多名农村义务教育学校教师参加了培训，其中一批参加集中培训的教师已经成为农村学校的"种子"教师，在加强教师队伍尤其是农村教师队伍建设方面，在助推城乡教育统筹发展方面正在发挥着积极的作用。在"国培计划"的引领影响下，重庆市选择 100 所城市优质中小学、100 所农村项目学校，启动结对发展"领雁工程"项目计划。该计划进一步整合城乡教育资源，以城带乡、合作共进，整体推进农村中小学校加快发展，每年为农村项目学校培训 10000 名教师，采取远程培训与集中培训相结合、自主研修与帮带指导相结合的方式，在带动和促进农村教师实现专业发展的同时有力地促进了农村学校的发展。

注　释

[1] 李源田，王正青."四阶段"教师培训模式设计与实践 [J]. 中国教育学刊，2012（1）：71-75.

[2] 朱福荣，刘枚，邓智勇. "五带六步"式影子研修模式 [J]. 中小学教师培训，2011（4）：6-7.

（此文发表于《中小学教师培训》2012 年第 7 期）

基于标准的主题式教师培训的设计与实施

——以 2018 年"东师小数"国培项目为例

丁　锐　马云鹏　王艳玲

（东北师范大学教育学部　吉林长春）

2010 年，教育部和财政部联合下发《关于实施"中小学教师国家级培训计划"的通知》（教师〔2010〕4 号），全面启动实施"中小学教师国家级培训计划"（简称"国培计划"）。自"国培计划"实施以来，东北师范大学一直承担小学数学学科"国培计划"——示范性项目的培训工作，而且得到了教育部和培训学员的一致好评，渐渐形成了颇具影响力和特色的"东师品牌"。东师培训团队还承担了《中小学幼儿园教师培训课程指导标准（义务教育数学学科教学）》（以下简称《培训标准》）的研制工作，并在《培训标准》的基础上提出了基于标准的教师培训项目设计理念。2018 年东北师范大学承担的"国培计划（2018）"——中小学一线优秀教师和教研员研修项目（小学数学骨干教师班）（下文简称"2018 年'东师小数'国培项目"）就根据该理念开展了基于标准的主题式培训，该项目被教育部评审为"示范性精品创建对象"。本文试图以 2018 年"东师小数"国培项目为例说明"基于培训标准的主题式教师培训"项目设计和实施过程，并为基于标准的教师培训项目设计提出参考性建议。

一、基于标准的主题式培训设计的理论依据

2017 年，教育部颁发的《培训标准》强调以数学核心内容为主线，整体设计培训目标和课程。[1]所谓数学核心内容就是数学学科中具有共同要素的主要内容，是联系数学学科中各部分的中心和纽带。以小学数学学科为例，《培训标准》确定了 8 个核心内容，建议小学数学教师培训应该以这些核心内容为主线，构建数学教师培训体系。[2]

夏海鹰（2013）认为主题式培训是《培训标准》对示范性项目的要求。[3]《培训标准》有三个主要特征，分别是：以数学核心内容为主线；

以提升教师教学能力为目标；立足学生的发展和不同发展阶段教师成长的需要。[4]因此，基于《培训标准》的教师培训项目设计必须以数学的某个核心内容为主题构建教师培训体系，使教师通过参加培训，学习如何理解一类内容的共同要素，包括这类内容的学科本质、学生的学习特征以及教学设计的核心要素等，教育理论、心理学理论以及教学理论等相关知识则需要融入具体的核心内容的理解与把握，以及该内容的设计与实施中，基于该理念的教师培训称为"基于标准的主题式教师培训"。简单地说，基于标准的主题式教师培训是以《培训标准》中某个核心内容为主题，通过剖析该核心内容的学科本质、学生学习特征以及重点内容的教学案例，来提升教师教学能力的教师培训。

基于标准的主题式教师培训项目具有集约性、辐射性和递进式的特征。集约性指的是，基于标准的主题式教师培训以核心内容为培训课程设计的焦点，围绕该内容的学科本质、学生理解、教学设计开展主题设计，实现了由少量主题代替大量主题，以深度学习代替表面覆盖。辐射性指的是，尽管每次的培训仅以某一核心内容为主题，却有着示范、引领的作用，通过这样的培养，参与培训的教师学会一种以核心内容为焦点的知识群思维方式，在教学中，他们会尝试归纳和发现相关内容具有哪些共同的特征，包括学科本质、学生学习以及教学，并尝试在教学中举一反三，灵活运用这些共同特征。递进式指的是基于标准的主题式教师培训项目的设计强调以核心内容为主线进行课程设计，这也就要求在课程设计上，要围绕核心内容采取层层深入的设计方式，让教师不仅能够听报告、看操作，更能够有机会通过亲身参与提升其对该内容的本质特征的理解。图1是基于标准的主题式教师培训项目的设计流程。[5]

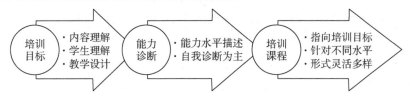

图1　基于标准的主题式教师培训项目的设计流程

二、基于标准的主题式教师培训的案例分析

下面将从项目的设计、实施及实施效果几个方面对 2018 年"东师小

数"国培项目进行案例分析，以说明基于标准的主题式教师培训项目的设计与实施的特点。

（一）培训项目的设计

2018年"东师小数"国培项目正是基于标准的主题式教师培训项目，该项目以"数的认识"这一核心内容为主题，通过目标确定、能力诊断以及培训课程设计三个环节来保证培训方案的聚合性与集约性，切实提升教师对"数的认识"的理解水平与教学能力。

1. 培训主题与目标的确定

本次培训选择"数的认识"这一核心内容为主题。在小学阶段，"数的认识"主要包括对整数、小数、分数、有理数的认识，其学科本质上都具有抽象的特征，自然数的认识是从数量抽象为数，分数和有理数也是对具体的量或关系的抽象表达。由于这样一组核心内容有共同的本质特征，所以认识和理解这些内容的关键思维方式都是从具体的数量和关系中抽象出数。同样，学生学习这类知识时所遇到的关键问题也有共同的特征，他们都可能误解或不理解抽象的数字所表达的真实的含义，而学生对整数概念的理解又在不同程度上影响着小数、分数和有理数的概念的建构。因此，在"数的认识"内容的教学设计时，教师就要抓住这类内容的学科本质，以及学生的前概念，作为课堂教学的突破口，如创设有效的问题情境、引导学生经历由数量到数的抽象过程、使学生理解数学符号产生的过程等。

《培训标准》中对"数的认识"的目标要求主要包含在"数与符号的认识"部分。基于《培训标准》，培训团队将此次基于标准的围绕"数的认识"的主题式教师培训的目标确定为如下三个方面的内容：理解"数的认识"相关内容的整体要求、学科本质、知识主线以及教材设计情况；理解学生"数的认识"的前概念、认知水平与发展路径、学习困难及原因；能够围绕核心内容，基于学生水平进行指向核心素养的教学设计和教学实践。

2. 教师教学能力诊断

本次参训学员为来自19个省市的98名小学数学骨干教师（其中女教师65名，男教师33名）。在培训前，培训团队基于《培训标准》中提供的"数与符号的认识"相关教学能力诊断工具，通过网络调查的方式对学员"数的认识"这部分内容的教学能力进行了诊断,并让学员根据自己的需求,选择《培训标准》中提供的课程专题。

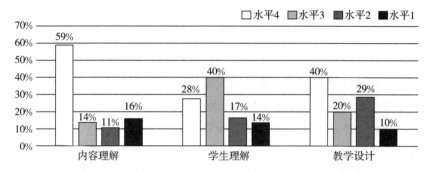

图 2 2018 年"东师小数"培训学员"数的认识"能力诊断结果

能力诊断结果如图 2 所示,学员对"数的认识"的内容理解水平较高,有 59% 的学员认为自己达到了水平 4,也就是说,他们认为自己能够准确解读数的内涵和意义,理解数与数的关系及本质。但是,也有 16% 的学员认为自己对"数的认识"内容的理解仅在水平 1,仅知道课程标准中有关数的认识的相关内容的表述,了解教材中关于数的内容有哪些。

学员认为自己在学生理解方面是最为欠缺的,只有 28% 的学员认为自己对学生在"数的认识"方面的错误和困惑的理解达到水平 4,也就是说,能够对学生各种错误进行归类、分析、解释,并从多角度提出解决的办法。大部分的学员知道学生的典型错误,能对错误原因进行简单的分析(水平 2 和水平 3,共计 57%),还有部分学员很少分析错误原因,只关心学生是否改对(14%)。

有 40% 的学员认为自己对"数的认识"的教学设计方面达到了水平 4,也就是能够从整体上把握教学内容,选择合理恰当的教学策略方法(联系、感悟),开发具有体验性和探索性的作业和练习。约 50% 的学员认为自己能够考虑到学生的不同水平,不局限于教材,设计多种教学活动(水平 2 和水平 3)。此外,还有 10% 的学员认为自己通常仅根据一个版本的教材来教学,较少关注个体差异,仅关注知识技能目标。

学员最希望学习的有关"数的认识"内容理解方面的专题是:"'数感'的内涵与培养"(83%)、"'数'的本质及性质的理解"(70%)和"小学数学'数的认识'内容相关概念解读"(54%)。关于学生"数的认识"的理解与困惑专题依次是:"问题讨论:如何把学生'数的认识'学习错误和困难开发为学习资源"（80％），"小学生'数的认识'内容学习的错误类型及对策研究"（76％），"'数的认识'内容的学习心理"（41％）。与"数的认识"的教学设计相关的专题包括"小学'数的认识'内容学生学习活动的设计"（64％）、"小学'数的认识'内容教学策略的选择与实施"（58％）。

尽管此次测试采取的是自评式，但是大部分学员还是能够相对客观地描述自己的教学能力水平，因此此次测评结果可以作为项目设计的依据。总体来说，参训学员在学生理解方面的能力比较欠缺，其次是教学设计的能力，大部分学员对自己的内容理解的评分比较高，但是在专题选择上，仍有70％的学员希望进一步学习"'数'的本质及性质的理解"，可见他们对内容理解相关专题需求仍然非常高，而且对数的本质的认识是其进行教学的基础。丁锐、马云鹏（2014）对小学数学教师专业知识的调查结果也显示，小学数学教师的专业知识水平（尤其是学科教学知识水平）欠佳。[6]因此，培训团队认为应该围绕核心内容，以案例分析和浸润式参与为主，进行整合式的培训课程设计，也就是说，尽管不同专题有不同的重点，但尽量通过案例分析等方式，将学科本质、学生学习和教学设计三者进行整合，提升教师的专业素养。

3. 培训课程的设计

基于前测结果以及学员对培训专题的选择，2018年"东师小数"国培项目团队依据图3所示的课程设计模式，展开了递进式的培训方案设计。本次培训以"数的认识"这一核心内容为中心和主轴，分别从内容理解、学生理解和教学设计三个角度来对这一内容进行深入剖析。其中的内容理解主要包括"数的认识"的本质和内涵理解相关的内容，而学生理解则包括学生的困惑、学生的思维方式、学习轨迹等方面的内容，这二者都是教师进行教学设计的基础。然后，通过一系列与教学相关的课程来让教师经历理论奠基、实践检验和反思提升几个阶段，使之更加深刻地理解如何在融合学科知识、学生知识基础上进行指向核心素养的教学设计。而标准解读是对这一培训模式、理念的介绍。为提升教师的教学能力，还将围绕"数的认识"这一核心内容开展技术融合、教学研究、教材分析等相关专题。

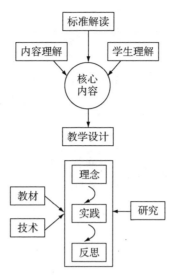

图 3　基于标准的主题式教师培训课程设计模式

基于上面的设计理念，培训团队设计了四个维度的课程，分别是培训理念与师德、内容理解、学生理解、教学设计，并根据相关主题的特征，确定了邀请专家的背景和专题活动形式（参见下表）。

2018 年"东师小数"课程设计的初步方案

维度	相关主题	专家背景	培训方式
培训理念与师德	标准的设计理念以及培训课程设计	《数学教师培训标准》编制组的专家	专题报告＋问答交流
	教师伦理与师德	教师心理教育理论背景的专家	专题报告＋交流互动
内容理解	"数"的本质及性质的理解	数学学科背景的数学教育专家	专题报告＋案例分析
	小学数学"数的认识"概念解读	数学学科背景的数学教育专家	专题报告＋问答交流
	"数的认识"教材分析	教材编者或教材研究专家	专题报告＋案例分析
学生理解	学生学习过程	学生数学学习的专家	专题报告＋参与体验
	学生学习困惑	数学学习的专家	专题报告＋案例分析

续　表

维度	相关主题	专家背景	培训方式
教学设计	指向核心素养的教学设计理论	数学教育理论专家	专题报告＋案例分析
	教学案例分析	有实践经验的一线教师＋数学教育者	案例分析＋专题研讨＋学员反思
	备课—展示—评课	数学教育专家＋一线特级教师	小组备课研讨＋示范课＋全班讨论
	教学研究	有丰富教学研究经验的专家	专题报告＋案例分析
	技术在实践中的应用	有教育技术背景的专家	专题报告＋实践操作

此次国培项目是示范性项目，其中一个目标就是进行培训者培训。所以，此次培训除了有专门针对《培训标准》的解读的专题报告之外，其他内容相当于为学员示范一个基于标准的教师培训项目的设计与实施的案例。学员通过浸润式的学习过程，深刻地体验该种课程设计的特点及实施过程。

（二）项目实施过程

在确定了培训的主题以及专家背景之后，培训设计团队开始邀请专家来参加此次培训，并与之商定了每个主题的主要内容。

本次培训有四个专题是与"内容理解"有关的，包括"小学的'数的认识'及其教学设计""分数教与学的挑战""教师专业发展：从课堂疑问开始"以及"吃透教材，创造性地使用教材"。四个专题分别从数的发展历史、数的本质、数学意义以及教材设计等角度提升学员对"数的认识"的本质性理解。

有关"学生理解"的专题有"小学生数概念学习进阶的构建与应用""小学数学教师专业发展：从课堂疑问开始"以及"数学教学研究的实践"。这些专题分别从数概念的发展轨迹、学生的主要困惑以及如何对学生数学学习进行研究的角度来帮助学员，提升其水平。

本次培训中，内容最多（共有10个专题）也最有特色的部分就是"教学设计"维度。该部分的课程安排具有整合性和递进性两个显著特点。

整合性首先指的是"教学设计"部分的专题融合了学科知识、学生知识和教学案例分析、教学实践等丰富的内容；其次，该部分的培训方式也具有整合性，一部分专题采取的是"专业引领＋案例分析"的方式（比如"小学'数的认识'及其教学设计""小学数学课堂教学中落实核心素养的策略"等专题），一部分专题采取的是"课例研讨＋实践反思"的方式（比如小组备课研讨、学员汇报、交流研讨、经验分享等）。课程安排的递进性指的是，在课程安排中，将与教学设计有关主题进行层层深入的设计和安排。在此次培训中，培训团队设计了"'数的认识'的理解与教学设计""'数的认识'典型教学案例分析与研讨""'数的认识'重点内容的教学展示与分析"等专题，这些专题环环相扣，层层深入，引导学员在这个过程中围绕"数的认识"进行深度探究与思考。

（三）培训项目实施效果

培训结束后，培训团队对参训学员开展了培训效果调查，学员访谈的结果显示，此次培训给学员留下了深刻印象。首先，主题突出、形式多样。本次培训主题突出，以"数的认识"这一领域为切入点，进行理论提升和实践检验。一位学员说："本次培训采用主题式、参与式培训，课程安排得当，针对性强，好似蜻蜓点水，而在于精。"其次，专家团队阵容强大。学员说，"本次培训针对数的认识领域，从理论到实践，既有国内领先的思想，又有国外的专家引领，让我开阔了视野，对数的认识领域有了更加系统全面的认识"。再次，课程设计合理、内容精彩。93％的学员认为全部的课程均是非常有价值的。学员认为最有用的三门课程分别是"小学'数的认识'及其教学设计"、"数学教学研究的实践"和"信息技术在教学中的应用"。学员们反映，"专家团队对小学数学'数的认识'这一领域有深度研究，精心准备了内容，比较有针对性"，"外国教授关于分数教学的培训，打破了旧有传统观念"。最后，学员参与精彩纷呈。本次培训不仅仅有教师的讲座，还有学员的公开课，同时组织学员进行研究经验交流分享，充分体现学员的主体性。公开课更打破了以往培训中以展示为主的形式，通过理论准备、课前思维碰撞、重新设计、课上汇报、课后反思提升的课例研究的形式来展开，激发了教师们的参与热情，也体验了一个理论提升、专家对话、团队合作的教学研究过程。

三、基于标准的主题式教师培训设计与实施的建议

通过上述对 2018 年"东师小数"国培项目的分析，我们认为基于标

准的主题式教师培训应该以核心内容为主线来设计课程，以教学能力提升为重点进行递进式培训安排，以全员浸润式参与为主要培训方式。

（一）以核心内容为主线来设计整合性的课程

《培训标准》确定了核心内容群（小学阶段有 7 个，初中阶段有 8 个），教师培训应该根据学员需求或培训进展安排一至两个核心内容作为培训主题，使培训活动更加聚焦，集中解决有关这一主题教学的问题，使培训学员能在较短的培训活动中深度研究一个类型的问题，提高培训的实效性。

基于标准的主题式教师培训课程设计要求以核心内容为主线，从内容理解、学生理解、教学设计几个角度来设计相关课程。从内容理解角度，可以确定有关核心内容的知识起源、发展脉络、意义、本质以及现实模型等专题。从学生理解角度，可以分析学生在该内容领域的学习特征、学习轨迹、错误类型以及原因等。而教学设计方面，可以通过"专业引领＋案例分析"和"课例研讨＋实践反思"的方式来促进教师对指向核心素养的教学设计理念的深度理解。此次以"数的认识"为主题设计并实施的培训，围绕"数的认识"这一主题对学员进行为期 10 天的培训。培训活动始终围绕小学数学中"数的认识"这一核心内容开展系列的理论与实践密切结合的实践活动。学员在培训过程中集中思考与实操一个核心内容为主题的活动，这种培训方式受到学员的一致好评，整体满意度达到 97.6%。

（二）以"核心内容"的教学能力提升为重点的递进式培训安排

针对《培训标准》确定能力目标，运用《培训标准》提供的能力诊断标准，对学员进行相关主题的教学能力诊断。在能力诊断的基础上，设计包括学科理解、学生理解、相关教学理论和方法、典型案例为主要内容的培训方案。培训方案主题突出，结构性强，紧密围绕重点研究的问题，将相关的理论与典型案例有机结合，层层深入地开展培训活动：学员可以先学习学科知识、学生知识和教学理论，再对典型案例进行研讨和分析，最后通过"集体备课—公开汇报—课后研讨"的方式促进其对理论和实践的反思。学员在这个过程中既了解了相关的理论与方法，更有机会深入探讨相关的实践问题。培训专题环环相扣，逐级深入，帮助学员在这个过程中围绕核心内容进行深度探究与思考，解决自己教学中遇到的问题，达到提升其教学能力的培训目标。

（三）开展学员全程参与的浸润式培训活动

随着课程改革的深度开展，教师培训质量的提高，培训学员的自身素质也越来越高，这一方面给培训者带来挑战，另一方面也为培训活动提供更多可利用的资源。在组织培训时培训者应当充分利用这一资源，与培训主题密切结合，设计学员全程参与的浸润式培训活动。此次"数的认识"主题式培训在对学员进行诊断的同时向学员征集培训期间进行"数的认识"典型课例展示和研究经验分享的意愿，这不但能够帮助培训者了解学员的参与意愿，还能够给学员足够的时间进行准备，提升其分享的勇气和质量。因此，在培训期间培训团队安排学员到学校实地上观摩课，还安排对观摩的课前—课后研讨与点评，并为学员提供经验交流的机会。在整个培训过程中，学员既是参训者，又是培训者，既接受培训，又提供案例、微课和微报告。这样的培训形式不但将相关的理论、方法与案例结合，又能使学员切实参与其中，切实地帮助学员解决其教学中的"真问题"。

注　释

［1］中华人民共和国教育部. 中小学幼儿园教师培训课程指导标准（义务教育数学学科教学）［S］. 北京：高等教育出版社，2019.

［2］［4］［5］马云鹏. 重构教师培训体系　提升教师专业素养：《中小学幼儿园教师培训课程指导标准（义务教育数学学科教学）》的特征与启示［J］. 中小学教师培训，2018（6）：1-5.

［3］夏海鹰. 关于《"国培计划"课程标准（试行）》实施的思考［J］. 中国成人教育，2013（17）：63-65.

［6］丁锐，马云鹏. 小学数学专家教师与普通教师的专业知识水平与表现的比较研究［J］. 教师教育研究，2014，26（6）：47-53.

（此文发表于《中小学教师培训》2019年第6期）

"国培计划"中的递进式课程
构建及其运行机制探索

——以乡村教师培训团队置换脱产研修项目初中地理学科为例

李　琳

（云南师范大学旅游与地理科学学院　云南昆明）

一、问题的提出

2010 年，教育部启动的"中小学教师国家级培训计划"（以下简称"国培计划"）以"有效教师培训"为主题，旨在通过"引领方向，示范方法，培训骨干，提供资源，促进改革"来实现教师培训工作在理论、制度、实践等层面上的创新，进一步强化教师培训的有效性。[1]与传统的相对封闭、独立、分段、"自上而下"的教师培训体系相比，"国培计划"是一项涉及政府行为、教师整体素质提升、教师专业发展的开放、综合、多行动者的系统工程。[2]

在实施过程中，由于我国教育事业发展区域差异大，涉及行动者类型多样，培训内容复杂等因素，存在着重视力度、内容针对性、专业培训队伍、培训形式、评价机制等层面的问题。[3]当前，对于"为什么要培训""谁在培训""培训什么"的问题已有较多的讨论，也取得了较多的共识，而"如何培训"特别是培训的有效性问题是当前"国培计划"理论和实践中的关键问题。[4][5]

部分基于实践的讨论强调了培训过程中学员需求评估、培训者角色定位[6]、知识更新与学者型培训队伍建设[7][8]等层面的问题，并主张教师培训需要有效结合"自上而下"和"自下而上"两种机制，发挥多主体作用[9]，改变传统教师培训以培训机构的师资、培训经验、教学设施、管理等为中心的模式，形成开放的培训资源体系，使培训形式多样化，协同提高多方教师培训参与者的重视力度[10]。

2015 年，在上述实践探索基础上，《国务院办公厅关于印发乡村教师支持计划（2015—2020 年）的通知》（国办发〔2015〕43 号）和《教育部财政部关于改革实施中小学幼儿园教师国家级培训计划的通知》（教师〔2015〕10 号），提出推进各地有效开展乡村教师培训团队置换脱产研修要"建立优质资源开发应用机制"，"建立培训机构协同机制"，项目设计和课程要求"以 3 年为一周期，实行一体化培训，……均需体现递进式、系统性特点和要求"，"以提升教师教学能力为重点，分类、分年度、分学科、分阶段设计开发递进式培训课程"，"须根据培训课程实施需要，灵活应用多种科学有效的培训方式实施培训"。显然，现在培训须在"国培计划"文件指导下，对怎样"递进"、怎样"有效培训"进行深入的实践探索。笔者一直致力于这个领域的研究与实践，努力使其在课程设计及其运行机制的层面上落实文件要求，通过近几年的积累，终于形成了地理"递进型课程"由理论到实践的一些看法。

二、"递进型课程"的构建

（一）理论依据

基于教师技能属于心智动作技能领域的认识，依据本杰明·布卢姆（Benjamin Bloom）的目标分类理论框架[11]，把教师教学能力分为由低到高的七层次，又基于观察需简便和容易操作的原因，在此把七层次归并为三层次。第一层次为"模仿"，包括"知觉、准备、反应"，指在原型示范和具体指导下完成操作，或对所提供的对象进行模拟、修改等；第二层次为"操作"，包括"自动化和复杂外显反应"，指独立完成操作，或进行调整改进，或尝试与已有技能建立联系；第三层次为"迁移"，包括"适应和创新"，指在新的情境下运用已有能力，或理解同一能力在不同情境中的适用性。

（二）培训课程层次与学员能力目标层次的匹配设计

"基础课程"培训层面，以解决最基本的教师知识和技能学习与巩固为主，保证教学不出现科学性错误，进行"合格课堂"的科学训练，其培训目标定位在能"模仿"教学；"提高课程"培训层面，要求学员熟练掌握相关教师教育理论和实践，授课达到教学结构简洁、清晰、精练，思想内容内涵表达有延伸、有拓展，方法上更丰富与深刻，思维训练深入浅出、通俗易懂，进行"有效课堂"训练，其培训目标定位在能"独立操作";"高水平课程"培训层面，要求学员能将掌握的新课程理念、改革的突破点，以及对教学的实施建议、师德养成、教育学科前沿、世界教育发展、信息技术的运用、跨学科知识的综合、课程资源开发利用等运用于教学当中，使凝固的课堂场景变成鲜活生动的"活力课堂"，其培训目标定位在能"迁移创新"上。

（三）基于地理教学和培训的能力循环提升的递进式课程构建

乡村教师培训团队置换脱产研修项目的培训目标是：打造一支"用得上、干得好"的乡村教师培训团队。作为培训者，应该具有三个核心能力：优秀一线教师的教学能力，如教学设计、评价设计等；教研员的教学解读与指导能力，如课堂观察与评价等；"教改先锋"的教学科研能力，善于发现和解决教学问题。基于此认识，设计出对应三个能力要求的七个地理教学与培训的核心能力，即教学设计能力、教学评价能力（包括作业、命题、课堂观察）、教学资源开发能力、地理实践力、教师技能（包括现代教育技术应用技能和三板教学技能）、科研能力、培训能力。最后，展开二维逻辑框架，与基础课程、提高课程、高水平课程一一组合，构建出"基于地理教学和培训的能力循环提升的递进式课程"（参见表1）。

表1 基于地理教学和培训的能力循环提升的递进式课程

核心能力	课程名称	递进式课程		
		基础课程	提高课程	高水平课程
教学设计	地理学科课堂教学设计	基于课标和教材的教学设计	基于师生和学校条件的教学设计	基于问题和效果的创新设计
教学评价	地理作业设计与评价	地理作业设计理念、分类、分层	分层作业设计水平提高	个性化作业设计
	试题命制与评价	基于互联网的试题资源收集与优化组合	地理统计图表和专题地图的设计制作（在机房讲练结合）	原创试卷的设计与制作（在机房独立操作）
	课堂观察与评价	课堂观察方法的学习与实践（讲座与案例模拟）	课堂观察方法的现场实践（定性与定量相结合，熟悉地理教师课堂能力评价标准）	课堂观察方法的应用（独立操作校本研修或送教下乡）

续　表

教学 资源开发	地理教学资源开发与利用	教学资源开发利用	培训资源开发利用（校本研修和送教下乡）	教学资源开发利用的成果展示交流
地理 实践力	地理综合实践活动（地理户外活动和野外考察及其设计）	校内实践 如：以地图三要素为例，分析课内课外教学关系，讨论交流活动设计思路	野外单项活动 如：以内陆高原湖泊考察为例，分析野外考察的意义、线路，以及考查内容设计、实施	野外综合实践活动 如：以石林考察为例，分析喀斯特地貌与可持续发展，讲解线路和考查内容设计、实施
教师 技能	现代教育信息技术与应用	1. "Powerpoint基本操作技能"标准和成绩（电子相册） 2. "Powerpoint绘图功能"标准和成绩（根据世界某区域的简图制作一个旋转的地球）	3. "Powerpoint美化和播放控制"标准和成绩（图片和视频的分享，高效率的办公和教学） 4. 微课应用	5. 微课制作 6. 综合集成应用
	"地理三板"教学基本功	模仿设计与绘制	独立绘制并有机教学	创新绘制支撑创意教学
科研 能力	地理教学科研指导	地理教学案例撰写	地理教学论文撰写	地理教研课题的申报与研究
培训 能力	地理教师培训技能指导	地理教师培训技能的构成/高校教师亲自示范送教下乡计划设计并讲课	帮助修改计划并陪同指导送教下乡	独立完成送教下乡任务，接受监督与评估

三、"国培计划"初中地理课程运行的"六机制"

　　课程设计不仅需要在实践中不断完善，而且需要一个有效的运行机制来保证课程的有效运行。爱德华兹·戴明（Edwards W. Deming）的"PDCA循环理论"表明，管理行为是一个逐层循环的"Plan—Do—Check—Adjust"过程，在涉及多行动者时要充分考虑不同层次的执行方案和监管措施。[12]结合笔者的实践，在此阐述启动、执行、管理、评价、监控、建构地理教师教育共同体"六机制"对课程运行的影响。

（一）课程运行"六机制"的基本内涵

1. 启动

课程运作的启动主要目的在于通过宣传、情感教育等方式增强学员的学习兴趣和满足感。主要包括：（1）利用《培训通知》再次提炼学员需求课程。《培训通知》中附注个性化调查，鼓励学员积极提出建设性的意见和建议，使通过训前调研设计的本已颇具针对性的课程再次关注本次培训的教师个性，形成真正意义的满足需求。（2）通过《培训指南》有效介绍课程。如介绍课程设置及其意义、介绍授课专家特色等，以激发学员的学习兴趣。（3）设计情感教育课程。如设计参观校史、项目解读等专题活动，唤起学员的大学情怀，激发其学习态度由被动转为主动，指导学习的计划及方法。

2. 执行

课程运作的执行主要目标在于保障培训项目的正常运行并尽可能使培训教师队伍得到专业化、学者型的发展。在保证项目正常运行的层面上，培训团队的每位成员应尽职尽责，如每门课程都争取备用两位任课教师，或首席专家能适应任何课程，以保证任何突发事件都不影响课程正常进行；班主任必须是专业的培训专家，熟悉整个培训流程，陪伴学员学习，做学员、专家、后勤的沟通桥梁，从时间、经费、后勤保障等多方面保证课程正常进行。在培训教师队伍发展层面上，首席专家组织授课专家集体备课，学习培训目标，梳理课程逻辑，共商培训方式，在促进教师专业化取向培训模式上达成共识，形成科学、全面的培训内容和教师发展机制。

3. 管理

课程的管理可分宏观模式和微观模式。宏观模式是适用于长期培训的课程管理模式。例如：培训团队顶岗置换项目，三年课程依次按照"基础—提高—高水平"课程递进。每年分为两阶段，每阶段按照"集中研修（学习教学原理）—岗上研修（巩固学习成果）—送教下乡（学以致用）"形成执行课表。每阶段以学员对课程的评价和送教下乡的质量衡量培训效果，并结合观察到的学员知识能力结构中的漏洞，作为下一阶段课程设计的重要参考。下一阶段的循环是上一阶段循环的提高版和升级圈。各培训阶段互为前提和基础，使学员教学与培训能力沿"模仿—操作—迁移"途径循环提升。微观模式是适用于大多培训的教学组织模式，其主要目的是使教师的个体能力持续提升，可通过"模仿—操作—迁移"三阶段的逐级提高样式来得到实现。三个阶段互为前提和基础，进行能力循环提升。教师群体中，不同水平教师，通过较低能力水平教师的展示，较高能力水平教师的完善和评价，或是通过较高能力水平教师示范，较低能力水平教师反思、模仿等，可以获得教学能力的互相启发、互动提升。[13]

4. 评价

课程运作评价以过程评价为主，采用多元评价与自我评价结合，充分发挥各种评价的功能。主要包括：

（1）诊断评价。选课为前期诊断，据此设计执行课表；训前微格和训中观察学员有效教学能力和评价能力水平，及时调整培训方案和激发学员的学习需求。

（2）过程评价。学员参加学习的表现，包括考勤、学习的参与程度和积极性，以及平时作业（如教学设计）等。

（3）终结评价。主要包括：学员在培训结束时提交的学习心得、总结、微课教学设计和评价等；学员训后微格教学设计和录像与训前微格教学设计和录像的对比分析，评价学习目标的实现程度，此亦为项目绩效评价之一。

（4）跟踪评价。院校培训课程结束后，借助包括 QQ、微信等网络平台，对学员的返岗研修进行跟踪指导并展示，范围涉及试卷命制、教研活动、教学心得、论文发表等。

（5）自我评价。通过编制学习简报，展示学习心得。

5. 监控

课程运作的监控主要是通过课程过程和课程质量的监控保证课程的正常运行并提升课程质量。在制度上，培训课程专设一位课堂观察员，负责观察和督促授课教师和学员每节课的教学状况，及时与每位教师沟通，探讨培训经验，引发培训心得。课程质量监控方面，充分应用教师教育共同体访谈和训后匿名评估结果，从项目管理、课程管理、学员管理、后勤管理、培训教学质量等多个角度，检查行为并纠错，保持培训执行与效果的良性循环。例如，"国培计划"乡村教师培训团队置换脱产研修课程阶段性的质量统计分析，它有两个功能：其一，通过学员对课程的评分和方差分析，总结本阶段培训主要的进步和问题；其二，对本阶段学员培训需求现状及问题进行分析，进而获得下一阶段的优化课程及其管理经验。

6. 建构 PTS（地理教师教育共同体）

课程运作机制作为一个系统工程，还需要建立一个外在的支持系统，为课程运作提供有效的保障。群体动力学认为，群体通常比个人能够更快、更好地解决问题，个体与其他人在一起时即使不发生任何相互接触也会产生最简单的相互作用——社会促进，这种促进作用会使人们把工作做得更好。[14]"国培"平台把高校教授（professor）、中学教师（middle school teacher）、师范本科学生和研究生（normal university student）联系起来，探讨共同感兴趣的问题及解决办法，形成一种批判性互动关系的合作性学习团体。在此把这一关联体系简称为"地理PTS"（参见图1），即"地理教师共同体"。它改善了三方教育实践和教师成长，通过此共同体的活动研讨、合作互助，实现三个主体共同培养提高、成长进步的目标。

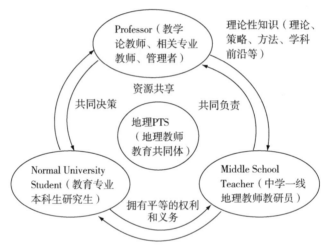

图1　地理"PTS"要素结构示意图

项目运作为地理"PTS"搭建了六种功能的基地：教师教育观摩基地、活动基地、研究基地、模拟课堂训练基地、真实课堂训练基地、地理野外活动训练基地。其不同优势特色，满足了各个层次和各种个性的教师们观摩、实习、研讨，利于进行与基础教育课程改革相适应的教师教育课程改革，理论与实践打通融合，以赛促练、多元评价等改革也为其他培训和全日制本科学生、硕士研究生的实践教学提供了非常便利的渠道和高水平平台。同时，借此平台较好地把高等学校、远程培训机构、市县级教师发展中心、优质中学四个部门进行分工合作，实现互利共赢，共同完成促进教师发展的任务，达成提升乡村教师课堂教学能力和培训能力的培训目标。

（二）运行机制六环节之间的关系

1. 六环节运行轨迹是一个质量循环圈，起点和终点均为"PTS"（参见图2）。教学相长已成为共识，因此培训的广义目标是培训系统内各主体的成长和发展。在培训项目进行过程中，涉及的主体被一一联系起来，并巩固为长期合作关系，进而为下一次培训奠定更好的基础。所以，若把"PTS"置于首位则需要"主动构建"，置于末端则为"自然形成"。起点和终点连接，构成了循环圈，运作起来，"PTS"的范围将持续扩大，系统功能变得更加强大。

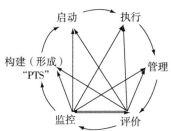

图2 教师培训六环节及其关系

2. "评价"和"监控"应该渗透到每个环节，以优化培训课程及其实施的针对性。

3. "管理"中的"分层互动—循环提高"培训教学模式是保证培训有效的关键。在实践中，比较青涩的培训者驾驭此模式比较困难，比如表现出不能确定学员的教学能力层次，不能组织"优秀带后进、后进促优秀"等互动参与活动等，致使学员对培训不感兴趣和后继留恋感淡泊，造成培训效果不佳。因此，需要对初任培训者进行必要的沟通、指导和培训。

四、结语

课程设计及其运作机制是教师培训中两个最基本、最核心的问题，也是培训过程中两个最基本的重要行动者。实践的复杂性要求理论整合运用，于是，本研究应用了"目标分类理论""PDCA质量环"理论、"群体动力学理论"等指导研究与实践，形成了"递进式"课程体系，以及保障该课程体系运行的"启动—执行—管理—评价—监控—PTS"六环节运行机制，对"国培"有效性的系统研究提供了一些成功范例，在因材施教、互动发展、循环提升、精细化监控、多主体多手段优化组合的协同培训等方面做了有意义的积极探索。

注　释

[1] 教育部，财政部. 关于实施"中小学教师国家级培训计划"的通知［J］. 中小学教师培训，2010（7）：10-14.

[2] 朱旭东. 论"国培计划"的价值［J］. 教师教育研究，2010，22（6）：3-8，25.

[3] 张二庆，王秀红. 我国教师培训中存在的主要问题及其分析：以"国培计划"为例［J］. 湖南师范大学教育科学学报，2012，11（4）：36-39.

[4] 宋萑，朱旭东. 论教师培训的需求评价要素：模型建构［J］. 教师教育研究，2017，29（1）：1-7.

[5] 叶丽新. 解析教师培训中的三个基本问题："国培计划"培训者团队研修项目实施反思［J］. 全球教育展望，2011，40（7）：60-66.

[6] 宋海英，陈睿. 关于提高农村教师培训实效性的思考：以吉林省实施"国培计划"为例［J］. 教育探索，2011（10）：127-129.

[7] 李源田，王正青. "四阶段"教师培训模式设计与实践：以重庆市组织实施"国培计划"为例［J］. 中国教育学刊，2012（1）：71-75.

[8] 王道福，蔡其勇. "国培计划"教师培训"知识—能力—实践—体验"模式建构［J］. 课程·教材·教法，2013（7）：116-121.

[9] 赵明仁，周钧. 教师培训的理念更新与制度保障：首届"中国教师培训论坛"综述［J］. 教师教育研究，2007（3）：37-40.

[10] 李琳. 地理教师培训设计与教学指导研究［M］. 昆明：云南人民出版社，2015.

[11] 布卢姆 B. 教育目标分类学：认知领域［M］. 罗黎辉，译. 上海：华东师范大学出版社，1986.

[12] AGUAYO R. Dr Deming：The American Who Taught the Japanese about Quality［M］. New York：Simon and Schuster，1991.

[13] 李琳. 地理教师教学能力的结构、层次和提升［J］. 中学地理教学参考，2015（23）：4-6.

[14] 杜旭林. 教师学习团体的性质和特点［J］. 教师教育研究，2004，16（4）：50-54，65.

（此文发表于《中小学教师培训》2018 年第 9 期）

反思性教学对"国培计划"学员
专业发展影响之叙事研究

——一项基于个案的历时调查分析

李传益

（湖北科技学院外国语学院　湖北咸宁）

20 世纪八九十年代，国际教师教育经历了从"技术培训"到"专业发展"的模式转变[1]，基于技术理性的教师培训模式逐渐被以反思性教学为核心的教师发展模式所取代[2]，从分析教师表面的教学行为到深入探索教师内在心理世界，教师专业发展研究中"反思"成为"显学"[3]。自2010 年承担"国培计划"——"农村中小学英语教师置换脱产研修项目"（以下简称"研修项目"）以来，湖北科技学院就将反思性教学作为该项目的核心培训模式以探寻学员的专业发展途径。鉴于此，本文从一位参加了我校"研修项目"学员的反思性教学为切入点进行研究，希望能真实呈现反思性教学对学员专业发展的影响。

一、研究设计

（一）研究问题

本研究主要考察"研修项目"学员通过反思性教学在哪些方面促进了专业发展及其专业发展的路径和特点。

（二）研究对象

本研究对象 W（化名）2012 年毕业于湖北某普通高校英语教育专业后进入该省某农村小学任教，2013 年参加了我校"研修项目"，2014 年荣升为任教学校教务副主任，负责学校的教研教改工作，并从事语文和英语课程教学，平均周课时 18 节。

2012—2016 年，W 的英语教学对象为三至六年级学生，所用的教材为人民教育出版社出版的《PEP 小学英语》。

（三）研究方法

本研究采用叙事探究法对 W 通过教学反思促进专业发展进行个案历时追踪研究，借助其自身理论和经验知识的相互作用，依据不断变化的具体教学场景，通过观察课堂教学、收集教学数据，审视其对教学所持有的态度、信念和假定，并以此对个人教学实践进行批判性反思与创造性建构[4]，使教学实践与反思交替循环往复，以发现新问题，寻求新策略，改善教学质量，提高专业发展水平。

（四）数据收集

本研究数据主要来源于 2013 年 9 月至 2016 年 4 月 W 的教学反思和教案。每次收集完资料，笔者都进行初步编码归类和主题分析，及时发现需要探究的新材料。根据研究需要，笔者对 W 就其教育观念和反思教学的实际行动进行了累计 10 多个小时的深度访谈，并通过电话、QQ、微信等途径进行了数据补充。访谈资料转写成书面文字后，交由 W 确认以保证数据诠释具有较高的信度和效度。

二、数据分析与讨论

研读 W 的教学反思及与 W 深度访谈后，本研究提炼出"自主发展、教学实践、学生成长、去个人化实践、社会环境"五大反思主题，具体分析如下：

（一）自主发展

自主发展是指个体专业发展所表现的认知和行为的自主性。

研修后，W 真实感受到研修课程对自己认知、教育教学理念和从教技能带来的冲击。

我以前从没想过用什么理论来指导教学。今天的"小学英语教学案例"课让我明白教学都是基于一定理论的，教学实践中也需要多次转化才能实现理念的内化于心、外显于行。

不能解决实际问题，教学成效不显著是因为行为转化要求我们应有较高的理论自觉性、教学主动性和创造性，能内化和自主建构课程内容并产生可见的行为。否则，缺乏了课程引领，独立教学时不能将所学付诸实践，就会回到教学原状。

我现在意识到教研对教学和自身发展的重要性，可以说，教研是教师专业能否持续发展的基础，我也在开展行动研究，希望能促进教学。

反思研修与学员关系，W 对自身发展规划明确，深化了对自主学习、终身学习的理解，通过自主学习在教学实践中发现和总结适合学生的教育教学理论，不再盲目追随他人理论。

研修时有专家引领，学习很容易，教学实践中独自摸索可不易；把自己的思想传授给学生很容易，让他们独立思考却不易。农村基础英语教师更要有长远发展目标，自己爱学习、善于学习才能找到基于现实条件的最佳教学解决方案，促进自我、学生和学校的发展。而反思是加强学习的重要手段和策略，也是培养终身学习能力，促进自我发展的重要途径。

教学实践让我体会到教和学绝不是一个方案对一个问题如此简单。任务驱动教学观摩中，我第一次了解到应该在教案中呈现的教学目标、内容和任务等也可以在课堂上让学生了解。但由于我校学生与观摩课中的学生英语水平不能同日而语，任务驱动教学在教学实践中无法全部实施，我不能削足适履啊！

研修前，教参是 W 使用的唯一教学参考书；研修后，W 能利用课程所学独立查找资料。

"信息搜索与利用"等课程为我们提供了一些辅助教学的网站。现在，我还能利用其他网址和微信公众号自主查找教学所需。比如 www.bbc-learning English.com 上有最完整的英语发音教学视频，这样就解决了既抽象、汉语里又没有的 /θ/、/ð/ 等音素教学。视频直观学习还让我领悟到学生习惯用母语发音代替英语中的类似发音，像发 /r/ 音时就有"咽喉吞咽"的动作。

(二) 教学实践

教学实践是指与自身课堂教学实践有关的理念、方法、内容、组织、反馈、评价等一切活动。

研修课程为 W 的教学实践提供了专业发展所需营养，其教学也逐渐由随意性、枯燥、碎片化向系统性、有趣、纵深转化。

教学目标不能广而泛化为"提高学生的听说读写技能"，而应基于学情根据教学内容具体设计知识目标、能力目标和情感目标，界定教学重难

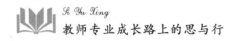

点，发展学生的学科素养。

研修前我导入新课形式单一，有些课程甚至没有导入，而有些课程的导入和新课没有关联甚至逻辑混乱。比如在讲授五年级下册 Unit 5 My Favorite Season 时，我让学生先朗读新课题目，接着复习旧课，然后直接切入新句型。研修后我意识到导入的作用，导入时形式不仅多样，与新课的衔接和过渡也自然，逻辑清晰。

研修前对不同年级的教学对象我几乎采取相同的教法，一味让学生记忆、抄写单词，没有让他们养成思考的习惯，也没有让他们觉得英语学习有乐趣。"激发学生学习兴趣和动机"等课程教会了我怎样基于学生的认知水平，让枯燥乏味的抽象内容变得生动有趣，有效提高学生主动参与课堂的积极性。比如，四年级学习 a-e 的发音时，我没有直接讲规则，而是创设 2 个元音字母与辅音字母打仗的故事引出 cat 等单词，引导学生发现这些单词里的字母"a"都被后面的辅音字母抓住了才在牢房里/æ/声叹气。待学生掌握后再出示 cake 等单词，并启发学生想象这些单词里的"a"被字母"e"偷偷解救了，因而"e"不发音，但被救的"a"看到救兵"e"很开心，用/ei/音大声回应。

教授六年级上册 Unit 2 Ways to Go to School 时，我利用学生的生活经验直接用"你们今天早上怎么来的学校"引入句型"How do you come to school?"及其答案"on foot"。在此基础上设置情境顺利引出"by car""by train""by bike""by subway"等教学重点，并启发学生观察"步行"和其他交通工具表达方式的异同。在学生掌握了该句型及其不同的回答后，针对班上留守儿童较多的现状，以"假设"的方式创设情境做拓展应用"How do（es）your father（parents）come home?"学生很容易就将课堂输入转化为输出，实现了语言能力的迁移。

（三）学生成长

学生成长是指学生学习态度、习惯，知识掌握，反馈，评价，师生关系，生生关系等。

教学中，通过倾听学生，W 拓宽了学生核心素养培养路径，有效发展了学生的认知、思维能力、行为习惯和人格，学生的合作、沟通和表达能力也在不同形式的活动中得到锻炼。

单词学习比较枯燥，为了检查学生是否掌握单词，我以脑筋急转弯的形式让学生猜词语。"What always goes up and never goes down？（age）"学生的兴趣一下子被调动起来。课后，我要求学生思考一个脑筋急转弯的题目。有个学生真的想出了"Why do I take my dog in the sun?"（hot dog）。学生课堂上体验到的成就感会推动他们更积极思考、热爱学习。

为学生每周增加阅读文章，让学生自己就文章内容提问。同时，自己找答案的阅读方式也让学生明白阅读的目的不是碎片式地多记几个单词，而是回归文本了解文字背后的意义。对于文章中开放性的问题，学生能各抒己见。

师生互动不仅表现在课堂，课余时间的师生互动更有助于我了解学生的思想、学习动态和平时自己习以为常但对学生来说是学习难点的问题。今天有个学生对我说，"我现在有想说英语的冲动，哪怕不会表达完整的句子，我也喜欢在汉语中夹杂些英语"。

自2013年秋起，我每周利用一个下午的时间为学生增设了兴趣小组课程。到2015年秋，该课程由最初的8门发展到16门，极大地拓宽和丰富了学生的视野和学习经验，也助推了学生英语学习的热情，培养了学生的学科素养。

（四）去个人化实践

去个人化实践是指同校教师、校际教师间的合作、互助、共同发展。

成人学习受个体认知以及与环境的互动机制影响，"研修项目"课程传递的新观念、新技能要内化为个人专业能力促使W开展去个人化实践。教师们在共同体中加强彼此的理解和认同，突破个人发展"瓶颈"，让行动在共同探究中发生，实现观念和行为改变，协同发展。

参加湖北省小学英语新课程探索观摩研讨会期间接触了"一起作业网"，深感网络信息技术结合多模态文本优化教学结构，充分调动学生学习积极性，有效提升课堂效果之神奇。没等研修结束，我就迫不及待将该网站分享给学校同行。

教师们通过E-mail、QQ、微信等方式成立了不同形式的专业发展共同体，结成金字塔式教学梯队，从过去保守、单干状态发展为资源共享、集体备课、互相学习、共同进步，也逐渐从以前过于依赖教材、教学方法单一、教学模式程序化转向探索适合农村学生的教学方式，能根据农村学生特点和英语水平整合教学内容，从外在、被动应付教学教改检查的压力驱动走向主动愿望驱动的听课、评课或录制自己的授课音频，反思、解读教学行为，遇到困难主动寻求帮助并改进教学。这既帮助我消化、实践了研修课程内容，展现了我的学习成果和成长足迹，也给未参训但乐于教改的教师专业化发展提供了动力，促进了他们的共同发展。但同伴听课、评课如果缺乏专家指导或理论基础，教师就很难从中受益，反而会强化定式授课模式。

2014年3月和5月，我在"区中小学英语教师说课比赛"和"区中小学英语教师电子白板说课比赛"中分别荣获一等奖和二等奖；2014年3月和2015年6月，学校两位青年教师分别在区优质课比赛中荣获一、二等奖；2014—2015年秋，五名教师撰写的论文分别荣获区一、二等奖和省二、三等奖，这是我们共同努力和进步的见证。

（五）社会环境

社会环境是指教育制度、课程改革、学校、家长、同事对教师专业发展的影响。

教师专业发展是教师内在心理认知机制与外界社会环境积极互动[8]，实现从理念内化到行动发生实质性转变的过程[9]，该环境中的各构成要素对教师专业发展产生直接影响。

1. 教育制度、课程改革等为教师专业发展提供了政策支持

《教育部关于积极推进小学开设英语课程的指导意见》，尤其是2010年全面实施的"国培计划"等文件都强调教师队伍建设，特别提到要提高教师的专业水平和教学能力，这为我们农村教师专业发展和基础英语教育提供了有利的发展空间。

2. 学校为教师专业发展提供了实践路径

研修教师返岗后职业归属感增强，工作热情提高，带动了其他教师投入教学改革，学校也日益重视教师发展，利用政策有效整合学校优质教学资源，通过定期或不定期邀请专家进校引领和指导，选派骨干教师外出等方式学习先进教学理念和管理方法，并定期召开教学研讨会，举行校内公开课、观摩课、示范课、优质课评比，参加片区、省市优质教学观摩和比赛等活动，逐步形成了以"国培计划"项目为引领，"省培"项目为拓展，市、县培训为主体，校本研修为核心，远程教育和集中培训为主要手段的多元教师培训体系，打造了课改新常态，培养了一批年轻骨干教师，影响

了大部分教师。我校 2014 年秋实行的"521 快乐大课堂导学模式"就是课改新常态和教师专业发展的成果。

3. 社会环境对教师专业发展的不利影响

学校不重视小学阶段开设英语课程，每周教学时间压缩为 1 课时，再加上小学英语内容在初中阶段会重复的事实更让英语课不时被其他课程挤占，导致部分教师缺乏职业认同感和责任感，对教改和专业发展丧失信心，教学行为退回原状。如果教师对学校和教学的热情不能被激发，怎么会全身心投入教改？怎么能谈得上有效发展自身专业能力，实现对学生潜移默化的影响并促进学校的发展和教改的积极实施呢？

返岗后，研修承训高校对我们缺少专业发展持续引领和研修效果跟踪研究，一定程度上制约了我们的专业发展。有些教师自身专业起点较低，所处农村环境使他们容易产生主观发展惰性和自我设限思维，其专业发展意识和能力较弱，功利性和目的性倾向明显。由于农村现状和教师自我发展需求的矛盾，2013 年至今，10 位骨干教师离任，学校师资更为缺乏。

部分教师习惯用分数评价学生，但考试不是教学目的，更不能成为教学指挥棒。提升学生英语能力关键靠教师当好设计者和执行者，帮助学生发展学习兴趣、培养习惯、夯实基础。

学校图书资料室英文读物很少，而农村学生也缺少电脑、手机、iPad 之类的个性辅助学习工具，只靠任课教师复印阅读材料远远解决不了问题。

大数据背景下部分教师自主整合线上线下资源，构建个性化学习网络以促进师生共进的深度研究实属有限，远未形成"教学合一、教研一体"的格局。

受经济社会影响，大部分学生父母外出打工，与学校基本没有联系，更谈不上与学校的密切配合。部分学生学业荒疏，心理关怀严重缺乏，极易受不良因素影响，健全人格发展令人担忧，"传道"是教师对这部分学生关注的重点。

三、结论

通过分析 W 的教学反思内容，其教学反思发展及其促进专业发展的路径和特点表现为：

（一）W 的反思意识由早期的空白、被动发展为中后期的自主性、目

227

的性增强。2013 年 9 月前，W 没有开展教学反思。研修时，受任务所迫开始记课程反思，但缺乏主动性且行动滞后。返岗教学后，随着教学观念深化和实践经验的积累，W 逐渐有目的地开展教学反思。担任教务主任职务后，W 开始要求教师将反思性教学常态化。W 的反思途径主要表现为教学日记、录音、教师对话和行动研究。其中，教学日记和录音是最常用的反思手段，教师对话是最快捷的反思形式，行动研究是反思后在教学实践中发现和解决问题的最有效方法。

（二）W 早期的反思内容比较单一，主要基于经验或观察反映自身教育教学理念和课堂教学实践困惑，聚焦教学技能有无提升，没有出现师生、师师、教师与学校以及与社会的关系。但随着认知提升，中后期的反思内容多样化，特别是"去个人化实践"内容和反思教育伦理，教学行为发生、发展之理论依据和条件，教育环境和背景，教学效果合理性，教学行为产生的教育后果等问题增多。

（三）W 早期的反思水平主要停留在问题描述，中期发展为经验总结和理性分析问题，后期出现一定程度的行动研究，但对行动的合理性和有效性反思不足，且缺乏程序性、循环性和持续性，不利于下一轮教学行动调整、问题解决和教学质量提升。这说明借助反思性教学，W 对教育教学观念和教学实践的认识水平不断提升，能一定程度上内化教育教学理念以探究教学困惑，解决教学问题，提高从教能力。由于基于问题开展行动研究的反思观的形成需要长期的教学理论、经验和实践积淀，而 W 反思教学深度不够，研究意识不足，因而 W 还只是教学实践者，成长为教学研究者还需时日。

（四）W 的教学反思表明，在研修课程引领下，其专业发展脉络体现个体性、主体性、经验性、情境性、互动性、动态性和复杂性等诸多特点。学习自主性和教学经验是 W 专业发展的内在优势，反思性教学则是增强该优势的关键，它源于 W 自身教学需要和致力专业发展的意识，与其所处的环境密切相关。在专业发展道路上 W 先借力、后自立，在教育教学认知和行为两个层面积极发展与自我、同伴和社会的关系，而反思贯穿始终；其反思随教学理念和实践经验的提高而提升，促进自我、学生和学校共同发展是 W 专业发展的崇高愿景。其扎根教学的专业发展路径可分为课程引领、匠人学艺，教学实践、经验积累，同伴互助、协同发展三个阶段，各阶段呈现如下特点：

1. 课程引领、匠人学艺阶段：在研修课程引领下，W 初具自我发展意识，借助专家经验与自我互动，丰富和构建个体教育教学理念和实践知识，而模仿成为该阶段自我发展的重要手段和途径。

2. 教学实践、经验积累阶段：基于自我认同，W 提升职业认同，逐渐发展自主学习和终身学习理念，具有教学自主性，能根据教学情境独特性实施教学，积极与学生互动，形成共学、共进的师生关系，能认识到自己期望使用的理论和实际所用理论之间的差距，并批判性反思教学实践，监控、改进教学，实现教学实践知识和能力迁移，构建符合学生发展需求的教学模式，促使有效学习发生。

3. 同伴互助、协同发展阶段：以自身为资源，W 与环境积极互动，克服了传统教师专业发展的局限，主动组织教研共同体以唤醒教师发展内在自觉性，促进教师共同发展。学习方式的自主性、探究性、合作性已成为该阶段教师专业发展的显著特点，沟通、交流、合作、反思是此阶段教师专业发展的核心因素。教师们普遍重教学实践、轻理论学习和积累的现状导致他们无法将教学实践上升为理论，不利于教学研究影响的扩大和研究领域向纵深发展。由于教育生态环境尚未形成，部分教师终生学习动力和持续力不足，他们既有迫于教改压力追求专业发展的愿望，也不得不"顺应"环境，在调适和博弈中艰难发展。

农村基础英语教师专业发展是个系统工程，其专业发展程度决定整个国家的教育发展水平，而基于反思的教学实践为我们探究农村基础英语教师专业发展提供了新思路、新途径。本研究显示，自我需求和专业发展意识是学员专业发展的内驱力，在"研修项目"课程引领下，学员专业发展是在教学实践中通过持续学习、反思，不断转变认知观念，更新理念，改善行为的动态发展过程。而反思性教学成为他们确立教师身份，形成自我概念[13]，发挥主导地位的教学模式，也是他们专业发展的必由之路，但社会情境中的教师发展具有社会性特征。要有效保障研修效果，保持学员专业发展的持续生命力，在研修课程引领下，除了学员实践反思取向的专业发展，还须创建和谐共生的教育生态环境，实现生态取向的教师教育和专业发展新模式，真正促进农村基础英语教师专业发展，推动农村基础英语教育的有效实施。

注　释

[1] 孟春国，刘学惠. 反思的力量：三位农村英语教师的成长故事 [J]. 全球教育展望，2007（7）：81-86.

[2] 孟春国. 高校外语教师反思教学观念与行为研究 [J]. 外语界，2011（4）：44-54.

[3] 朱旭东，周钧. 教师专业发展研究述评 [J]. 中国教育学刊，2007（1）：68-73.

[4] RICHARDS J C，LOCKHART C R. Reflective Teaching in Second Language Classrooms [M]. Cambridge：Cambridge University Press，1994.

[5] JOHNSON K E. Second Language Teacher Education：A Sociocultural Perspective [M]. New York：Routledge，2009.

[6] JOHNSON K E，GOLOMBEK P R. "Seeing" Teacher Learning [J]. TESOL Quarterly，2003（4）：729-737.

[7] BAILEY K M. The use of diary studies in teacher education programs [C] // RICHARDS J C，NUNAN D. Second Language Teacher Education. New York：Cambridge University Press，1990：215-226.

（发表于《中小学教师培训》2017 年第 3 期）

教师培训模式

JIAOSHI PEIXUN MOSHI

关于未来教师培训的一些想法

史宁中

（东北师范大学　吉林长春）

当前，国家非常重视教师培训工作，明年还要加大培训力度，计划拨出五个亿来进行教师培训。国家之所以要加大培训力度，主要是想解决"上好学"的问题。前一段时间，国家花费了很多财力解决"能上学"的问题。从今年开始（总体讲有两三年的时间）要解决"上好学"的问题。解决"上好学"的问题，关键在于校长、在于教师，所以国家对校长和教师的培训加大了力度。最近，国家正在制定中长期的教育规划，在这个规划中，还会提到对未来教师的培训问题。教师培训不是短期行为，将是一项长期的工作，而且，规定了每五年必须参加多少培训。

下面我主要从教育理念、培训的原则、如何体现《课标》精神、具体培训操作方案四个方面来阐述关于未来教师培训的一些想法。

第一，关于教育理念。一名好教师，至少应该具备以下几条：热爱教育事业，有很好的教育理念、学科知识和教学方法。热爱教育事业很重要，一个人能不能做好教师工作，很重要的在于是不是热爱这项事业。从事工作有几种形式：一种是有责任感，另一种则是作为一种谋生手段。其中，责任感非常重要。从表象上看，一个老师好不好，往往看教学方法。其实，教学方法只是一个表象，它的本质还在于教育理念、教学知识。一个人只是热爱教育事业是不够的，还要有教育理念。

过去的教育理念是以知识为本。现在的高中新课标推出以前我们使用的是教学大纲。我曾主持参加了高中数学大纲 1999 年版的审定工作。当时，我们关心的主要是两件事，即高中学生在数学方面应该学点什么和学到什么程度，这种想法导致了当时的老师们也只关心两个问题，即应当教哪些内容和应当教到什么程度。因此，过去的教学目标只是以知识技能为核心的一维目标，因此中国的教育形成了一个特色，就是以基础知识和基本技能为核心内容的"双基"教育，即基础知识扎实、基本技能熟练。基础知识包括两方面，即概念的记忆和定理的理解；基本技能就是演算的技

233

能、证明的技能。这种教育观念直接导致了考试是为了考查规定的内容教师是否教了，学生是否掌握了。而现在的教育理念应该是以人为本。一名好教师应该有自己的教育理念，一所学校也应该有自己学校的教育理念。理念可以是不一样的，但是，最核心的内容是不能变的，即以人为本的教育理念。过去以知识为本的教育理念不能说好还是不好，它完全是为了适应经济时代大工业革命的需要，所以叫培养螺丝钉——它培养的是专门性人才。而现在不一样，现在是后工业时代，是知识经济时代，人们已无法在学生学校学习时期预测他未来一定做什么工作，这样就需要我们培养的人不是专门性人才，而是适应未来工作的需要、能够终身学习的人才。

以人为本的理念提的人很多，但解释得还不够。那么到底什么是以人为本的教育理念呢？我认为，以人为本的教育应该是尊重的教育和注重学生素质全面发展的教育。尊重的教育，第一要站在学生的立场思考问题，即由过去重视如何教变为未来重视如何学，而重视学生如何学就必须站在受教育者这个角度来思考问题。首先，我们要知道教育是什么。很多教科书上都说，教育是社会发展的需要，是国家意志的体现，但是作为一名教育工作者，即一名中小学教师来讲，这样理解是不够的，这会让学生的学习变得被动。教育还应该是人生存的需要，是人的一种本能。孩子愿意接受教育应该是一种本能，人的本能都是热爱学习、喜欢接受学习的。在这个意义上，没有不愿意念书的孩子，只有不懂得教书的老师，这是根本理念。未来的教育除了要发挥人类学习的本能愿望外，更应当充分彰显人和动物在本能学习方面的最大区别。我们要思考：到底应该教给学生什么？这要求我们还要尊重教育规律，注重学生不同阶段的思维特点和理解能力，并在教学中顺应这种规律的发展。接下来谈谈培养学生素质的教育，素质教育现在谈得非常多，主要表现在两个方面：第一个是培养学生的全面素质。

第二个是培养学生的创新意识和创新能力。这两个是素质教育的根本，因为创新人才是在基础教育阶段培养的。过去提出创新人才的时候，认为这都是大学时期或大学以后培养的。其实，创新人才是在基础教育阶段培养的，因为一个在18岁以前没有独立思考过问题的人不会成为创新人才，所以创新人才问题必须从基础教育抓起。创新人才的培养可以概括为创新意识＋创新能力＋创新机遇，而创新意识和创新能力几乎都是在基础教育阶段培养的。

第二，关于培训原则。培训要逐步落实应用于学科之内，通过学科具体的知识来体现素质教育，来体现《课标》精神，即不仅仅在理念上做文章，也不仅仅在教学方法上做文章，还要深入进去，通过对学科内容的更好的理解，学会站在学生的立场思考问题，所以在培训路径上逐渐从理念到操作，从形式走向实质。而培训方法是多种多样的，例如专家报告、实例分析、现场点评、学员研讨等。学员研讨是很重要的，一个问题必须经过本人的思考，我们对学生提出这个要求，事实上，我们在培训的时候对老师也提出这个要求，他们必须经过本人的思考，而促进学员思考最好的方法就是学员研讨。根据他们的新近所学和过去已有的经验来一起思考这些问题，通过讨论来获得一种理念，获得对知识具体内涵的把握。另外，未来的培训我们还要注意开阔学员的视野、丰富评价的方法和加强对教育教学实践的反思。

第三，关于《课标》精神。《课标》精神有两条很重要：一个是总体目标，一个是内容目标。过去的教学大纲只有总体目标，即基本知识和基本技能（双基目标），现在又有了体现过程，体现情感、态度、价值观的内容目标。为了更好地体现人的全面成长，培养创新人才，未来我们还要在基本知识和基本技能的基础上，加上学科基本思想和基本活动经验，变"双基"为"四基"。学科的基本思想就是要知道一个学科研究的最基本的东西是什么，最基本的思维方法是什么。数学的本质是研究对象之间的关系，包括数量关系、图形关系和随机关系。数学发展所依赖的基本思想是抽象、推理、模型。"基本活动经验"就是对学生进行一种经验的教育、过程的教育。以知识为本的教育是一种结果的教育，我们过去的教育教的都是结果，而没有教给学生智慧。智慧是什么呢？人的智慧表现于过程，如学生解题的过程、实验的过程、游戏的过程，表现在过程中的东西是无法通过结果教育来实现的，而必须通过过程的教育，让学生亲身参与、亲身感悟。过程的教育不仅仅是知识产生的过程，更应强调学生的参与，帮助学生学会思考问题。就像康德所说，"所有的知识都产生于直观，然后进入概念，最后以理念终止"。而直觉是通过过程而非结果培养出来的。

第四，关于操作方案。在培训方案实施中，不要只讲一些脱离实际的理念，而是要把这个理念落到实处，这是很重要的。首先，不论教数学的，还是教语文的教师，都要关注学生的全面成长。第一，教师要培养学生的学习兴趣；第二，教师要培养学生良好的学习习惯；第三，教师要培养学生良好的身心素质，即活泼开朗，能与他人合作，能宽待包容他人。这三点所有的教师都能教，无论是语文教师还是数学教师，通过讲课、通过言传身教来教给孩子们。其次，体现以人为本，要实现从如何教到如何学的转变，要关注、研究学生的学习过程，包括：理解的过程、思考的过程、发表想法的过程，帮助学生积累基本活动经验，培养学生的教学直观。此外，还有要站在学生的立场思考问题，不能挫伤学生的思考热情，教学过程中启发学生思考，与学生一起思考。从这个意义上讲，教师讲课不一定要有多精彩，因为教学的目的不是为了表现老师自己的精彩，而是为了启发学生的思考，根本出发点是从教师教变为学生学。我们不能只教给学生规定性的东西，而应让学生自己学会思考和判断。我们教会学生思考，在某种程度上便奠定了学生学习的信心。关注学生的全面发展，实现从如何教到如何学的转变，关键在于把握核心教学内容，探索教学内容可能的教育价值以及实现教育价值的途径。

（此文为报告录音摘要整理稿）

（此文发表于《中小学教师培训》2010 年第 1 期）

重构教师培训体系　提升教师专业素养

——《中小学幼儿园教师培训课程指导标准（义务教育数学学科教学）》的特征与启示

马云鹏

（东北师范大学教育学部　吉林长春）

教师培训是提高中小学教育质量的重要保障。近年来，国家投入大量资源加强中小学教师培训，取得了明显的成效，大大促进了中小学教育改革，提升了中小学教师的专业素养。然而，随着教师培训规模的扩大、培训层次的增加，现有的教师培训结构与模式远远不能适应教师发展多样性的需求。教师培训课程存在"要素缺失、比例失调的课程类型结构，封闭单一、缺乏内在逻辑关联的课程模块结构"[1]等问题，突出表现为：培训内容针对性不强，培训课程缺乏系统性和层次性，培训方式单一，缺少多样性，教师不了解自身的实际需要和水平，培训机构没有很好的方法诊断教师水平与需求，很少为教师提供多样性的选择机会等。教育部于 2017年 11 月印发的《中小学幼儿园教师培训课程指导标准（义务教育数学学科教学）》（教师厅 [2017] 10 号，以下简称《数学教师培训标准》）对中小学数学教师培训进行了系统规划，提出师德为先、能力为重、学生为本、实践导向、分层培训的基本理念，以提升数学教师教学能力为宗旨，制订实践导向的培训目标，设计数学教师教学能力诊断方法，设置有针对性的分层次的培训课程，以期达到按需施训的目的，满足义务教育阶段不同层次数学教师的培训需要。这对于推进数学教师培训质量的提高、促进数学教师的专业发展有重要和深远的意义。

一、《数学教师培训标准》的特征分析

这套培训指导标准以数学核心内容为主线，以提升教师的教学能力为目标，立足学生的发展和不同发展阶段教师成长的需求，具有鲜明的时代性和实用性特征。

1. 以数学核心内容为主线

《数学教师培训标准》以数学核心内容为主线整体设计培训的目标和针对性的课程，突破了以往教育理论与学科内容脱节、理论培训与实践训练分离的弊端。所谓数学的核心内容是数学学科中具有共同要素的主要内容或关键内容，这些内容是联系数学学科中各部分的中心和纽带。数学核心内容在学科本质上有共同性，在思维方式上有同一性，在学习方式上具有共同特征，在教学设计上具有一致的核心要素。如"数与符号的认识"是一类具有共同的本质特征的内容，包括整数、小数、分数、有理数等，这些内容在学科本质上都具有抽象的特征，自然数的认识是从数量抽象为数，分数和有理数是对具体的数量或关系的抽象表达。而"数的运算"与"数与符号的认识"在这些方面的特征有很大的不同，所以是不同的核心内容群。《数学教师培训标准》在义务教育数学课程标准确定的数学内容的四个领域基础上，整合具有共同特征的数学核心内容。除"数学学科整体理解"外，小学分为 8 个核心内容，初中分为 9 个核心内容。小学阶段的核心内容是：数与符号的认识，数的运算，数量关系，图形的认识与测量，图形的运动与位置，数据收集、整理与表达，随机事件与可能性，综合与实践。初中阶段的核心内容是：数与符号的认识，数与式的运算，数量关系，图形的认识与度量，图形的位置与变换，图形的证明，数据收集、整理与表达，可能性与概率，综合与实践。

以数学的核心内容为主线建构数学教师培训体系其意义在于使教师通过培训，学习如何理解一类内容的共同要素，包括这类内容的学科本质、学生的学习特征，以及教学设计时的核心要素等。同时，将有关教育理论、心理学理论、教学方法等相关的知识融入具体的核心内容的理解与把握，以及核心内容下教学的设计与实施之中。在此基础上，以若干典型案例为依据，通过剖析少量的案例，解决这类内容的大多数问题，提高对于这类内容的教学能力。

如"数与符号的认识"作为一类核心内容，具有共同的本质特征。数的认识包括整数、小数、分数、有理数等，其学科本质上都具有抽象的特征，自然数的认识是从数量抽象为数，分数和有理数也是对具体的量或关系的抽象表达，符号是数的进一步抽象。由于这样一组核心内容有共同的本质特征，认识和理解这些内容的关键思维方式都是从具体的数量和关系中抽象出数。同样，学生学习这类知识时所遇到的关键问题也有共同的特征，他们都可能误解或不理解抽象的数字或符号所表达的真实的含义。因此，在"数与符号认识"内容的教学设计时，就要抓住这类内容教学的核心要素，作为课堂教学的突破口，如创设有效的问题情境，引导学生经历由数量到数的抽象过程，使学生理解数学符号产生的过程等。

以数学核心内容为主线是由于一类核心内容在学科理解、学生理解和教学设计等方面有共同的特征，教师对一类具有共同特征内容的理解与把握，熟悉学生学习特定内容的特点与需求，掌握核心知识的教学设计策略与实施，可以实现"由少量主题的深度覆盖代替所有主题的简单覆盖"[2]，达到举一反三、事半功倍的作用。以数学核心内容为主线，突出教师对一类内容的教学理解与教学设计的能力，目的在于为教师提供本学科具有代表性的一类问题的解决方案，一类问题的理解与把握，有助于教师教学能力的整体提升。从学生培养的角度，一类问题所反映的思维与能力的形成，对于学生整体理解把握学科知识、提升学科素养有重要意义。

2. 以数学教师的教学能力为指向

《数学教师培训标准》建立了以数学教师教学能力为指向的培训目标。教师的教学能力主要包括对内容本质的理解、对学生的理解和教学设计的策略与方法等。每项教学能力都是根据一类具体的核心内容确定的。如有关数学核心内容"数与符号的认识"，对内容本质理解的培训目标包括"理解《课程标准》对数与符号认识的整体要求，把握知识的主线，知道该主题在不同阶段的具体课程内容，理解教材相关内容的表述及编写意图；理解数的扩充，感悟数学抽象与符号表达，包括了解数域的扩充；理解位值、数的意义、用字母表示数；理解'数感'与'符号意识'的含义及其教育价值"。同样，对学生的理解包括"了解学生学习数与符号内容的已有知识基础，了解学生对数与符号认识的抽象思维水平，能分析学生学习数与符号内容的学习困难及其原因"。教学设计的策略与方法包括"能设计合理的教学情境和活动帮助学生理解数与符号的抽象过程，以及数、符号与现实生活的联系，建立数感和符号意识"等。这些基于数学核心内容的教师教学能力目标既是数学教师培训应当达到的目标，也是教师能力水平诊断的依据，以及教师培训课程设计与实施的要求。不同方面能力的提升需要教师恰当地选择和运用相关的知识、理论与方法。数学内容的理解需要更多的数学本体知识，学生的理解需要学习心理学以及学科心理学的知识，教学策略与方法需要相关的教育学和教学法的知识等。对这些知识与方法不是简单地独立地学习，而是与相关的核心内容相结合有针对性地学习和运用。将教育心理的理论和方法与相关的内容相结合，使教学的设计与组织更有依据，切实提高数学教师的教学能力。

以核心内容为主线聚焦教师教学能力的培训课程体系能更有效地提升教师的教学能力，使培训逐步应用于学科之内，通过学科具体的知识来体现素质教育，来体现《课标》精神。不仅仅停留在理念和教学方法上，还要深入到学科内部，通过对学科内容更好的理解，站在学生的立场思考问题，在培训路径上逐渐从理念到操作，从形式走向实质。[3]这样的课程体系符合教师专业知识发展的规律，特别是有助于教师的数学学科教学知识（MPCK）的形成与发展。

3. 设计了一套教学能力水平诊断工具

教师的专业成长具有阶段性，不同教师对于专业成长有个性化的需求。教师成长过程一般是以教师从教时间划分，即初任教师、熟手教师、骨干教师等。按这样的方式划分不同类型的教师，并为其设计培训课程，组织培训活动，很难满足教师的个性化需求。同是初任教师或同是骨干教师在专业成长方面的需求可能有很大差别。为解决这方面的问题，《数学教师培训标准》建立了基于目标的教师能力诊断方法，将数学核心内容为主线的教学能力目标分解，制订了可以反映教师某一方面能力水平的诊断工具。能力诊断以行为描述的方式为主，教师可以根据自己的实际情况，选择一种最贴近的行为描述，以此诊断自身的教学能力。教学能力诊断的结果，可以作为选择培训课程的依据。如在"数与符号的认识"这一核心内容，针对相关的培训目标的能力诊断参见表1。

表1 "数与符号的认识"内容的理解【能力诊断】

水平	你最像下面哪一种？	自评（√）
四	理解数也是一种符号，从数与符号发展历史角度，准确解读相关内容的内涵与意义，例如自然数就是一种符号，人们用自然数这样的符号表达数量的多少；能从位值（计数单位）的角度理解数之间的关系，尤其是关于数的大小关系和数集的包含关系，能够基于数的本质给出说明和解释；能从学生数学学科核心素养培养的角度认识和把握"数感"与"符号意识"的教育价值	
三	理解数的形成与符号的引入，数量与数的关系，符号的表达，从整数到小数和分数是如何扩充的，不同数的本质和现实中的原型是什么，在认识不同的数时哪些典型的情境会促进学生的理解	

水平	你最像下面哪一种？	自评（√）
二	对于自然数、整数、小数及分数的意义的理解不仅限于教材所给出的定义，能够基于概念的本质给出说明理解用字母不仅可以表示数，还可以表示数量关系	
一	提到"数与符号"内容，知道《课标》中对这部分内容的表述是什么；了解教材中关于"数与符号"的内容有哪些，如知道有"自然数、整数、小数、分数"；知道常用的数学符号有哪些	

　　教师可以根据自己专业发展的需求，或目前感兴趣的研究主题，确定一段时间内重点学习的内容主题。依据能力诊断的结果，有针对性地选择所需要的课程模块和学习方式。培训机构也可以通过这样的方式，了解不同教师的专业发展需求，为其设计和组织有针对性的培训方案，形成一套较为完善的、具有层次结构的和充分的选择空间的数学教师培训体系。

　　4. 设计系列化的有针对性的培训课程

　　《数学教师培训标准》提供了对应不同目标和水平的系列课程，也可以将其看作一位数学教师培训课程的自选超市。每个核心内容主题下，设计了阶梯性的培训课程，供培训机构和教师根据不同的能力水平自主选择。教师或培训机构可以根据需要选择相应的专题组合。表2是"数与符号的认识"教学设计主题培训课程。

表2　研修主题："数与符号的认识"教学设计【培训课程】

编号	专题	内容要点	适用水平
2－3－1	小学"数与符号"内容教学策略的选择与实施	针对有关"数与符号"的核心内容的教学，从教学设计角度提出相关的教学策略	一、二
2－3－2	小学"数与符号"内容学生学习活动的设计	基于数与符号等具体内容讨论学生学习活动的设计，知道什么样的学习活动更有利于学生对数与符号内容的理解	一、二
2－3－3	小学"数与符号"内容典型课例分析	选典型课例，一节是有关数的发展史，一节是有关数的认识，一节是用字母表示数，研讨小学阶段"数与符号"内容的教学设计	一、二、三

续　表

编号	专题	内容要点	适用水平
2—3—4	不同年级"数与符号"内容纸笔测验试题的编制	如何编制恰当的题目测查学生对于数与符号内容的学习情况，同时能了解学生学习的思维过程	二、三、四
2—3—5	问题研讨："大数的认识"教学设计	对于大数的认识，如何根据确定的重难点内容设计教学环节；如何设计有针对性的问题；如何根据问题的背景选择合适的方法，发展学生的数感和符号意识	一、二、三
2—3—6	实践与反思："数与符号"内容的教学反思	观摩"数与符号"内容的课堂教学，反思自己对这个内容的理解与教学策略上存在的问题	一、二

小学阶段设计了 107 个课程专题，初中阶段设计了 138 个课程专题。教师或培训机构可根据教学能力诊断的情况，选择相应的课程专题。从核心内容和教师发展水平两个维度制订多样性的培训模块和培训组合，组织不同类型的适应不同教师发展水平的培训。教师也可以根据自身发展的需要，制订持续性的专业成长规划，使数学教师的培训更具针对性、可行性和实效性。

二、《数学教师培训标准》的意义与启示

《数学教师培训标准》的制定与实施将促进我国中小学数学教师培训模式的改革，以及数学教师培训事业的发展。同时，对于数学教师培养和数学教师专业成长也会起到推动作用。其直接价值在于促进当前数学教师培训的改革，为数学教师培训提供新的模式，满足不同层次和不同发展水平数学教师对于专业发展的需求。其深远意义还在于建构数学教师培训的新模式，乃至促进数学课程与教学模式的建构。同时，对中小学各学科教师的培养与培训质量的提高，教师的专业发展的框架与路径，以及学科课程与教学体系的建构都有借鉴意义。

1. 建立一套数学教师培训课程的新框架

针对数学教师培训中存在的问题，《数学教师培训标准》为数学教师培训和数学教师的专业成长设计了一套可操作框架。以提升数学教师教学能力为宗旨，制订实践导向的培训目标，设计数学教师教学能力诊断方

法，设置有针对性的分层次的培训课程，以期达到按需施训的目的，满足义务教育阶段不同层次的数学教师的培训需要（参见图1）。图1这个培训框架以数学学科核心内容为主线，依据数学教师教学能力确定培训目标。培训目标主要包括教师对内容本质的理解、对学生学习的理解和教学设计的策略与方法等。这些目标是针对核心内容确定的，每项都有具体的指向，是以教师对于该内容的理解和学生学习为基础的教师行为的描述。如前面介绍的"数与符号的认识"的几个方面的培训目标。这些目标的达成是数学教师教学能力提升的重要标志。

图1

针对每组培训目标，设计了教师自我诊断的工具。针对教师对某一个具体问题的理解或教师的教学行为表现，以陈述性的语言表述。教师可以运用这个工具进行自我诊断，了解自己在某类内容的某项能力上处于什么水平，培训机构也可以利用诊断工具判断教师在特定项目上的水平。诊断的目标在于为教师或培训机构提供选择培训课程与培训方式的依据，而不是简单地区分水平。

依据培训目标设计适合不同水平教师需要的培训课程。培训课程与学科核心内容相对应，具有结构性和层次性，包括理论课程和实践性课程，为提升不同水平、不同类型数学教师的专业能力提供了可操作的实用的培训课程体系。在此基础上设计了针对不同水平的课程模块，如"数与符号的本质的理解""小学'数与符号'内容典型课例分析"等。教师和培训机构有更大的选择与组合的空间。以往的教师培训课程都是以相对独立的模块设计的，包括学科专业知识、教育技术、文化基础、教育心理学、教育科研方法、学科教学法等。[4]这种设计和组织模式将不同的培训内容分开设计，是横向组合的形式。不同模块内容之间没有联系，接受培训的教师不能形成一个完整的以解决教学中的问题和提升教学能力为目标的知识结构，没有体现在职教师学习和专业提升的特点，不能形成整体的面向实践能力的培训框架。新的培训框架将相关的知识与方法整合，统整在以学科核心内容为主线、教师教学能力为重点的系统之中。教师可以带着问题学习，将有关的理论与方法融入相关的问题解决过程之中，进而达到有效提升教育教学能力的目的。

2. 满足不同教师的专业发展需求

针对数学教师专业成长过程中的个性化的需求，《数学教师培训标准》建立了基于培训目标的教师能力诊断方法，将教师在几个方面的教学能力目标进行分层，制订了相应的诊断工具，同时设置了与之相适应的多样化的培训课程。教师或培训机构可以运用诊断工具，了解教师在该主题所处的教学能力水平。在实际的培训过程中，教师可以根据自己专业发展的需求，或教学实践中遇到的问题和研究的主题，选择不同核心内容下的主题作为培训的重点。教学能力诊断的结果可以作为教师选择具体课程模块的依据。培训机构利用《数学教师培训标准》进行系统的和系列化的教师培训设计，运用教师诊断的结果，确定不同类型教师的培训目标，形成多样化的、个性化的培训方案。

不同水平的灵活性的课程设计，符合成人学习理论与规律。成人学习的内容是以"问题"为中心的。职前阶段的学习是面向将来而积累知识和技术的过程，而成人的学习则是为了解决当前生活课题和满足要求而去学习，倾向于"问题中心"。[5]在职数学教师的学习更多地解决教育教学中遇到的问题，提升面对具体的教育对象和学习主题如何有效地解决问题。以数学的核心内容和教师发展水平两个维度制订多样性的培训模块和培训组合，组织不同类型的适应不同教师发展水平的培训。教师更可以根据自身发展的需要，制订持续性的专业成长规划，使数学教师的培训更具针对性、可行性和实效性。

3. 有助于推进学科教师教育课程体系的重建

《数学教师培训标准》的公布为义务教育阶段数学教师的培训提出新的思路与要求，也为数学教师的专业成长提供路径与指导。《数学教师培训标准》的实施对我国的数学教师培训具有重要意义，依据标准设计与实施的培训将打破以往笼统的、简单组合式的、学科性不强、针对性不强的数学教师培训体系，建立一套全新的数学教师培训模式，也对中小学数学课程与教学的改革引发一些新的思考。

我国的数学课程与教学论体系（主要指师范教育系统中的数学课程与教学体系）在20世纪50年代形成一套相对稳定的结构框架。这种体系基本上以苏联的学科教学论体系为基础，从教育学的框架体系脱胎而成，大致包括课程与教学的目标、内容、方法、评价等方面的内容。具体的教学一般是按概念教学、命题与法则教学，或数与代数教学、几何教学、统计教学等方式安排。这样的学科体系有一定的合理性，可以系统地学习和掌握学科课程与教学的基本问题，掌握数学教学设计的基本模式等。这样的设计模式使得原理、方法与学科内容脱节，在解决具体的学科内容主题时针对性不强。同样的教学原则与方法，对于不同类型的内容可能是不同的，在这样的教学体系中反映不出来。以学科核心内容为主线，将学科知识、教育心理学原理、教育技术等要素融入其中，使教师形成新的实践性强的知识与方法，丰富教师的学科教学知识，可能是一个学科课程与教学改革的新思路。

《数学教师培训标准》的制定与实施对义务教育阶段数学教师的培训提出新的思路与要求，为数学教师的专业成长提供路径与指导，也为中小学数学课程与教学的改革引发一些新的思考。

注　释

［1］郑志辉. 教师培训课程开发中存在的问题：基于课程结构优化的视角［J］. 内蒙古师范大学学报（教育科学版），2011（10）：72-76.

［2］约翰·D. 布兰思福特. 人是如何学习的［M］. 程可拉，孙亚玲，王旭卿，译. 上海：华东师范大学出版社，2013：18.

［3］史宁中. 关于未来教师培训的一些想法［J］. 中小学教师培训，2010（1）：3-4.

［4］温荣. 中学教师继续教育课程设置研究［D］. 重庆：西南大学，2006.

［5］易斌. 诺尔茨成人学习理论对中国成人教学的启示［J］. 中国成人教育，2008（12）：113-114.

（此文发表于《中小学教师培训》2018 年第 6 期）

中小学教师培训基本问题探讨

李源田[1]　　杨晓峰[2]

（1. 重庆市教委　重庆；2. 重庆教育改革研究中心　重庆）

一、教师培训进入"国培"阶段的重大意义

2010 年，为落实《国家中长期教育改革和发展规划纲要（2010—2020 年）》（简称《纲要》）要求，完善我国教师的培养培训体系，教育部、财政部在全国范围内启动了中小学教师国家级培训计划（以下简称"国培计划"）。"国培计划"的大面积实施开启了我国教师培训的新篇章，标志着我国教师培训工作进入新阶段：形成了新的教师培训机制体制，构建了多层次教师培训体系，生长出多类型的教师培训项目，研制出系列化的教师培训标准，实施了教师培训学分管理制度，建成了丰富的教师培训资源，培养了日趋专业的教师培训团队，开创了竞争性教师培训新格局。"国培计划"在基础教育领域形成的改革与创新效应，对基础教育可持续发展的深远影响，在学习型社会建构方面衍生出的探索价值将会随着时间的推移而日渐凸显。

目前，"国培计划"已经处于从规模扩张转向内涵提升、从任务推动转向机制驱动的新阶段。习近平总书记在考察"国培计划（2014）"北京师范大学贵州研修班时指出，"'国培计划'要可持续；要进一步总结完善'国培计划'的方式方法；要进一步突出雪中送炭，重点关注农村教师，尤其关注老少边穷岛乡村教师"。历时八年的"国培计划"，客观上需要在总结培训经验的基础上，升华形成具有中国特色、体现本土意识、符合培训规律的基本认识，以便在高素质专业化教师队伍建设的历史进程中，为中小学教师发展提供更有指导性与解释力的理论依据。

二、"国培"创新实践中形成的教师培训认识

"国培计划"自 2010 年全面推行以来，总共获取近 100 亿元的专项经费投入，促使 800 万名中小学教师特别是农村基层教师从中接受培训并切

实受益。重庆市把"国培计划"作为城乡教育均衡发展和改变基础教育生态的重大机遇，八年共获得"国培"专项资金近5亿元，培训教师超过23万人次，在"国培计划"实施过程中不断探索创新，形成了五个方面的鲜明特色。

其一，加强统筹规划，建立健全培训体系。重庆市确立"战略'国培'、专业'国培'、示范'国培'、满意'国培'"的工作方针，采取政策导向、改革转型导向、重大数据导向的宏观引导策略，构建"'国培'做示范、'市培'抓重点、区县保全员、校本重教研"的四级培训体系，探索出"苗子—弟子—影子—种子—路子"的运行路径。

其二，科学设计项目，贴近教师的真实需求。通过培训情况统计表、需求网络问卷调查、实地走访基层等方式，充分了解教师课堂教学现状和培训需求；建立了教师发展激励机制，推行"十百千万"名师工程，设立了"合格教师—骨干教师—学科名师—学科带头人—未来教育家"五级成长目标；形成了"高等学校＋网络培训机构＋县级教师发展中心＋片区研修中心＋中小学幼儿园"五位一体的协同实施机制。

其三，创新培训模式，探索教师成长规律。重庆市在全国率先建立了理论研修、影子研修、实践研修、反思研修"四阶段"培训理论；将网络研修与校本研修进行"二元整合"，搭建了"个人学习空间、学科工作坊、区域研修社区"的"三维学习平台"；研究提炼出重心下移的送教下乡培训模式；总结出"听、看、问、思、行"名校访学模式。

其四，注重质量监管，规范项目实施流程。先后出台《"国培计划"项目管理办法》等二十余项管理制度；采取"训前审核实施方案、训中实地巡查指导、训后开展绩效评价、全程实行网络监控"等方式对项目实施进行有效监管和及时调控；从组织管理、研训能力建设、学员推荐遴选、送教下乡培训等方面，对项目区县进行考核评价并实行末位淘汰制。

其五，强化服务保障，形成常态发展机制。在精细组织确保项目顺畅运行、做好服务保障的同时，重庆市抓住"国培计划"持续推进的有利时机，深入推动了研训机构的专业化建设，搭建了优质网络研修平台，打造出市区（县）两级专家团队，建立了常态化经费投入保障机制。

"国培计划"既是将千百万中小学教师融入我国教育变革历史征途的"站台"，又是进行思想碰撞的丰富载体。在推进"国培计划"过程中，规划教师培训工作，构建教师培训体系，了解教师培训需求，观察教师专业成长，体会教师培训难题等，深化甚至再造了我们的教师培训观。具体表现在将教师培训本质理解为教师学习、将教师培训的逻辑起点理解为变量控制、将按需定制作为教师培训的关键环节、将教育生态作为培训终极归宿、将整体优化作为培训评价原则，是我们结合国家战略与重庆实践，在建构本土教师发展理论与凝练中国教育气派取向下形成的探索性思考与认识。

三、我国中小学教师培训的基本问题探究

（一）教师培训的本质属性：引导教师学习

对教师培训本质属性的理解是动员、组织、实施培训工作的根本性认识。教师培训，就其本质和核心要义而言就是引导教师学习。教师是学习的主体，引导其主动地参与学习，通过培训，"教师学习"真正发生，确立这样的认识，可以帮助我们更好地认识教师学习特有的追求、特殊的方式、特别的过程。

1. 教师学习的特有追求：教育至道

培训过程中，不少教师对"器"的追求情有独钟，忽略"道"的现象比较普遍。此处的"器"指那些有立竿见影效果的教育教学技能，而"道"则指具有基石作用的教育思想与理论。《礼记·学记》云，"虽有至道，弗学不知其善也"。教师学习，基于器却要超越器的局限，志于道通过领悟近于"至道"，这样的教育才是中国现代化的力量源泉。而立德树人才是教育的根本大计。教育至道，才是教师学习应有的价值追求。

2. 教师学习的必备心态：虚壹而静

现实生活中，一些教师容易固守已有而缺乏纳新与探索的理性自觉。"虚壹而静"的学习准备状态，是教师趋近教育真谛、发现教育规律的客观要求。面对各种教育"流派"和主张，理应"叩其两端而执其中"——回到中庸智慧，立足本土，辩证吸纳。教师信息接触面越广，知识面越开阔，知识构成越合理，越能够发现教育教学规律。教育"至道"蕴含在人类发展的历史积淀中，并随着社会发展不断增容，是"苟日新、日日新、又日新"的过程，因而教师的知识结构既需要"壹"的相对稳态，更需要"虚"的敞开状态，也就是荀子倡导的"虚壹而静"。只有持续不断地学习，教师才能在"兼陈中衡"的基础上做到"解蔽纠偏"。

3. 教师学习的必要方式：相观而善

不同类型知识和教师个体成功经验的分享与流动，是教师充盈认知结

构、摆脱先验偏执的内在要求。"独学而无友"则"孤陋而寡闻"，中小学教师群体受文化传统与交往模式等因素影响，不善于甚至不屑于向同行"请教"的现象客观存在着。教师拥有教育教学知识，具有公共性知识特点，但在市场竞争性机制下，学校与教师之间存在难以共享原创性知识、有效经验的现象。同时，高等院校与科研机构的专业人员形成理论知识"场域"，基础教育领域的教师形成实践知识"场域"，彼此缺乏进入对方"场域"的兴趣、动力和机制。在教育理念、教育实践不断创新的时代，教师培训通过组织化的交互学习，推动实践与理论知识"横向"交织与"纵向"联通，是促进教师发展、缩小城乡差距、全面提高教育质量的重要途径。

4. 教师学习的内在过程：学问思辨

教师学习的高位起点与实践归宿，决定了"学问思辨"的学习过程。教师学习是高阶学习，是求精求深的学习，需要在追问中甄别信息，选择性吸收；教师学习是理论联系实际的学习，需要深究反思，发现寻找解决问题的办法；教师学习需要明辨穷理、分辨是非。教师学习最终要以"行"的方式投入到教育生活，需要在教育实践中去伪存真，进而转化为职业信奉与生命追求。在教师集中培训环节，精心设计"学问思辨"的学习过程，有助于教师返回工作岗位后的实践应用和验证，推动教育教学改革创新。

(二) 教师培训的逻辑起点：实现变量控制

教师个体在专业道德、专业知识、专业能力之间的差距，是影响教育质量尤其是教育公平的关键因素。我们在了解教师学历层次、专业结构等要素时，往往带有整体视角中的类别认识，对师德师风与专业化水准的判断，往往含有模糊化的平均认识。实际上，从教育均衡发展进程观察，诸多影响因子中，教师是最重要、最复杂、最多元的变量，理当成为教师培训的逻辑起点。

1. 空间维度中的教师变量

"空间维度中的教师变量"指的是物理空间作用于心理空间后，教师认识、情感、态度等方面形成的差异。首先，地域文化心理对教师状态的影响，表现在平原、山区、城市、乡村的教师，呈现不同变量。其次，区域发展水平对教师状态的影响，表现在典型二元结构，工业与农业、东部与西部发展不平衡，导致政策、资源、投入、待遇差异，为教师成长、激励与发展营造着不同的氛围。第三，学校场域对教师状态的影响。"社会空间将其权力结构投射到学校空间中，而学校空间也通过特定的文化延续与社会复制"[1]，即学校领导力、发展状况、生源结构与质量文化等校情，对教师发展影响很大。上述空间在教师变量中的差异，培训教师时值得充分关注。

2. 时间维度中的教师变量

"时间维度中的教师变量"指的是生命历程不同阶段的教师，其职业生涯会表现出迥然不同的面貌。人的德行修为、价值体系、认识水平、心理状态、行为方式等会随年龄发生变化。因此，生命历程理论把"年龄"概念视为"个体生命、社会文化与历史背景的联结点"[2]。不是每个人都能发展出和年龄阶段一致的德行、认知、心理、行为。教师的职业生涯，既有"吾日三省吾身"不断丰富并发展自我者，也有长期固守重复劳动者，还有受偏颇观念影响表现出选择性倒退现象。诸如职业倦怠，优秀教师没有时间倦怠，有的确实出现倦怠现象，但倦怠程度不尽相同。在时间长河中，每位教师都会演绎出不同的人生轨迹，形成不一样的世界观、人生观、价值观，继而成为他们建构职业生涯意义的根本观念。

3. 事件维度中的教师变量

"事件维度中的教师变量"指政治、经济、社会以及社区、单位、家庭生活中某些事件对教师认识、情感、价值取向的影响。教师以何种眼界、胸襟、方式回应教育、教学、学生，会受到社会、学校、个体面临各种事件的影响。正能量的事件会增强教师的精气神，负面事件亦会构成潜在的消极影响。闭塞时局限于口耳相传，影响力沿中心向周边递减。高速互联的自媒体时代，"事件"瞬间传遍全球。无限纷繁的事件，蕴含着特定的内涵，却容易被误读和误传，作用于个体后会形成大小、程度、结果不同的意义建构。形成良好的信息处理能力，是教师培训的必修课程。

4. 人性维度中的教师变量

"人性维度中的教师变量"指的是从人类自然与社会属性看，教师群体既有某些共同的积极倾向，也有某些共同的消极倾向（人性的弱点）。教师承载着社会的殷切期待，肩负着建设教育强国的历史使命。相当一段时间，我国话语体系中高频率出现"灵魂工程师""辛勤园丁"等词汇。人们倾向于从国家、社会的角度赋予教师角色属性，并提出相应道德伦理要求，却很少从人性的视角去探讨教师角色。教师既具有求真向善、渴望进步、天下为公的一面，也有趋利避害、求稳求安的一面。我国教师群体既继承了勤俭、善良的品德，也有安于现状的一面。具体到每位教师，人性的弱点可能是一种实然，抑或是偶尔表现出来的闪念；可能是潜在的隐约，抑或是修炼至善的欣慰。

教师专业发展，既遵循一致性、可判断、可解读的成长规律，也表现出独特性、难以把握、千差万别的差异性风貌。教师职业生涯的发展阶段、生命成长的人生阶段、生活经历中的各种际遇，通过耦合，使师德、教育教学行为呈现出丰富的个体特质。教师培训的根本价值追求，旨在通过国家政策的广泛宣传、师德师风的专业引导、教学前沿的系统介绍，提振教师理想信念，激发教师精神境界，丰富教师实践行为，提升教育教学水平，从而谋求最广泛的共识，最大限度扩展公约数，严格控制个体低于合格均值的变量，通过全面提升教师素质来实现"教师变量最大"的培训目标。

(三) 教师培训的关键环节：力求按需定制

教师作为教育发展的最大变量，既表明教师培训的客观规律性，也奠定了教师培训方案设计的科学性原则。我们研究发现，早期的培训工作很容易组织，因为教师对培训趋之若鹜，因为中小学校对教师培训充满期待。这种情形经历几轮培训后，学校和教师对培训工作的态度有所改变。学校认为频繁的培训冲击了教学与管理，教师觉得培训没有达到预期效果。根本原因是教师培训机构还处在"培训者本位"阶段，从培训思路成型、方案设计，到组织实施、后续跟踪，没有充分考虑教师的实际需要。从"培训者本位"转向"需求者本位"，由地方教委定制培训项目、中小学校定制培训日程、教师个人定制培训内容，是培训工作从规模发展转向内涵发展的关键。

1. 地方教委参与培训定制

常见的"通识"培训主要面向全体教师，起着宣传政策、优化师风、更新理念、熟悉新技术的作用；"专题"培训具有较强的针对性，受辖区教师学历和年龄、城乡结构、地方教育发展规划、管理部门发现问题等因素影响。无论"通识"还是"专题"培训，内容都需要根据教师的实际情况进行设计。不同地区中小学教师的差异较大，教师发展短板各不相同。因此，教师培训项目设计，需要基于区域具体实际，由地方教委统筹。上级教育管理部门，在汇集各地需求基础上，对其进行整合，发布相应任务。

2. 中小学校参与培训定制

培训面临的外部困境是工学冲突，多数学校外派教师离岗参训就意味着这个教师的工作要由其他教师承担，外派教师人次越多，对学校冲击就越大。这在专业结构不均衡的结构性缺编的学校，表现尤为突出。即便安排代课，学校又面临来自家长的压力。频繁更换教师，会让学生不适应。实际上，一旦深入分析，情况往往变得更加复杂。比如同样是高级中学，重点高中面临更大的升学压力，轻易不敢让教师尤其是毕业班的教师外出参训。个别中小学校为完成培训任务，同时不影响教学管理，甚至让个别教师反复参加培训。解决工学矛盾的关键，是由各所学校根据本校实际，提交可行的培训日程、分批外出的教师人数及其学科类别、可行的培训方式等。

3. 教师个人参与培训定制

面对需求多元的中小学教师，一些培训机构往往采取诸如邀请更加有名气的专家、特级教师和校长为学员授课，组织学员观摩等方式，但满意度仍然不高。教师同样如此，即便是在授课教师那里受到启迪，面对不一样的学生，学到的方法不一定实用。解决这些问题的根本途径，是落实教师定制策略。教师定制培训，不仅是培训需求调研，更要根据教师在课堂上遇到的问题和困惑提出培训的要求，定制培训方案，采取培训机会送上门、指导跟踪在学校、问题解决在课堂、行动研究面对面的新型培训模式。从远期看，更深层次的教师培训（课程模块）定制，应着眼于促进教师教育教学生涯与生存状态改善、实现职业理想、提升生命价值、增益生活幸福的有机融合。

(四) 教师培训的终极归宿：改善教育生态

教育生态指教育协调发展的静态面貌与可持续发展的动态趋势有机结合呈现出来的教育形态。改善基础教育生态是"民族腾飞最大的奠基工程"[3]，是我国教育领域综合改革的目标追求，也是教师培训的终极归宿。将生态学的认识观与方法论引入教育领域，强调从整体与联系角度全面优化环境，系统提高质量。

1. "整体—动态"联系中的基础教育生态改善

"教育生态分析是一种注重全面联系、突出整体价值和强调动态过程、追求持续发展的教育生态研究方式。""整体—动态"联系中的基础教育生态改善，教育改革与发展要系统推进。[4]深入审视"国培计划"过程与环节，我们发现，"国培计划"这一阶段的教师培训，本身就是一种体现国家意志的教育生态改善，是一场教育领域的集体总动员。党中央、国务院高层关注，财政部、教育部系统设计，地方教委、高校、教研机构、中小学校、幼儿园广泛参与；三大类项目以整体与局部交叉、东部与西部分类、城市与乡村并重、国家与省市层面共进的方式，全面涵盖基础教育教师队伍建设。

"国培计划"涉及对象，在重点关注一线教师的基础上，涵盖学校校长与幼儿园园长、中层管理人员、班主任教师、教研员等。其真正体现了教育家陶行知1922年在《新学制与师范教育》一文中所说的"教育界需要什么样的人才，就该培养什么样的人才；教育界的人才要什么，就该教他什么；谁在那里就教谁"的师范教育思想。这种培训，可以有效解决零散或局部教师培训导致的效果被"现实"抵消的问题。当领导群体、中层人员、班主任、学科教师、教研员等群体能量被激发出来，做出新的努力时，一种群体发力、多维着力、广域聚力的局面就会形成，原来的"瓶颈"就会消解。客观看待培训效果，外部性制度设计不一定能推动教师实现内在自我更新，使每位教师都能发生立竿见影的变化。然而，经过区县选拔出来的"苗子"，培训机构精心培育的"弟子"，实践基地潜心引领的"影子"，参训教师中成长出来的"种子"，发展城乡教育探索出来的"路子"，正在发挥"雁型模式"的带领作用，在基础教育领域起到燎原效应。

2. "个体—静态"层面上的基础教育生态改善

"个体—静态"层面上的基础教育生态改善，指的是从变量控制来看，个体教师的专业素养提高了，教育总体形态就会改变。论及基础教育生态，人们常常从生态自身的系统与联系机制，通过类比思维模式进行分析与探讨。实际上，整体与部分之间、群体与个体之间，是一种相互影响与制约的关系。整体生态改善的逻辑起点是部分与局部的生态改善。换句话说，基础教育的生态环境改善，根本上是一位位教师在原有基础上，不断在教育理想、专业思想、专业知识、专业艺术等方面取得持续进步的结果。教师培训的目的，是通过改变个体教师的方式，作用于教师整体队伍，通过个体教师思想与行为的改变，汇聚成强大的基础教育发展合力。从"个体—静态"角度看，教师培训不可能解决所有问题，但如果促进教师以下几个方面的改变，则基础教育呈现新气象就值得期待。

在思想道德上，培训要把教师带向历史使命感层面，促进形成"为天地立心，为生民立命，为往圣继绝学，为万世开太平"的情怀。热爱教育的根本动力，源自教师内心的"天职召唤"。忠于祖国、化育英才的情怀让教师全心全意"皈依"教育。在改革创新上，培训要推动教师培养"常以天下为己任"的担当和"虽千万人吾往矣"的勇气。个体改变历史进程是罕见的，但改变一群学生、一个班级、一所学校是可以做到的。只要绝大多数教师不在问题面前"退缩"，教育领域就会呈现出生动活泼的改革浪潮。在教育艺术上，培训要引导教师形成"道而弗牵，强而弗抑，开而弗达"的"善喻"状态。在学生信息渠道多元化、学习方式多样化的当下，教师不再居高临下，而应循循善诱、寓教于乐，成为信息的甄别者、知识的建构者、思想的拥有者。在响应学生能力上，培训要鼓励教师成为"仁义观"的践行者。中国现代化不像韦伯所述，而应"将人性化看作中国现代性的特征"[5]。"我欲仁，斯仁至矣"，教师主动拥抱仁爱情怀，善待学生，既是人性化社会的基本要求，也是参与人性化社会建设的途径。努力实现《孟子·尽心上》中列举的五种育人方式："有如时雨化之者，有成德者，有达财者，有答问者，有私淑艾者。此五者，君子之所以教也。"

　　循着这样的思路研究教师培训，我们回到上述逻辑：教育"至道"蕴含在人类发展的历史积淀之中，并随着人类社会的发展不断增容，"教育至道"之术无法枚举，需要每位教师秉持学习者姿态，以"积土成山，风雨兴焉"的积累意识，以"行成于思毁于随"的习惯，将学习融入人格完善、专业成长与社会奉献之中，为我国基础教育生态的全面改善做出持续的贡献。

（五）教师培训的评价原则：保持整体优化

　　长期的传统文化浸润和主流思想的导引，使得我国具有从整体角度分析事物、进行决策、实施评估的理性自觉与认识基础。从"国培计划"的经验来看，中小学教师培训是落实教育的基础性、先导性、战略性地位，推动教师队伍现代化，改变我国基础教育生态，探索终身学习路径，奠基创新驱动发展的系统工程，因而在教师培训评价方面同样要贯彻整体性原则，要从总体规划、项目设计、机构遴选、组织实施、课程建设、过程监管等方面，进行全程评价与系统评估。在教师培训的总体规划设计与落实评价方面，可从思想认识、政策导向、培训体系、人才规划等角度展开；在培训主体分工与协同评价方面，可从协同调研、协同论证、协同设计、协同实施、协同评估等角度展开；在课程体系建构与实施评价方面，可从课程目标设置与培训类型及环节的契合度、课程内容设计的针对性与选择性、课程实施方式的创新、课程评价的多元化与发展性等角度展开；在培训资源建设与开发评价方面，可从专家资源库的丰富程度、课程资源的优化配置质量、网络课程的建设水平、培训期间积累的教师作品等角度展开。除上述四个方面外，在系统优化评价理念下，培训管理工作如组织机构、管理团队、过程监管、服务保障等也应纳入评价体系。

注　释

［1］石艳. 现代性与学校空间的生产［J］. 教育研究，2010（2）：22-27.

［2］包蕾萍. 生命历程理论的时间观探析［J］. 社会学研究，2005（4）：120-133.

［3］张羽，黄振中，李曼丽. 北京"坑班"式择校及其对基础教育生态的影响［J］. 教育发展研究，2014（2）：28-36.

［4］王加强，范国睿. 教育生态分析：教育生态研究方式初探［J］. 教育理论与实践，2008（7）：7-10.

［5］陈嘉明. "理性化"或是"人性化"：中国现代性问题的一点思考［J］. 文史哲，2009（4）：139-143.

（此文发表于《中小学教师培训》2018 年第 2 期）

影响新课程师资培训质量的
因素分析与对策研究

卞金祥　毕诗文

（山东省中小学师资培训中心　山东济南）

新课程师资培训是基础教育课程改革的关键环节，是今后一段时期中小学教师继续教育的核心内容。影响新课程师资培训质量的因素很多，既有制约继续教育发展的传统因素，又有新课程自身特点带来的挑战性因素。从宏观角度看，影响新课程师资培训质量的因素涉及培训者、培训过程、中小学教师和培训环境四个层面。

一、在新课程师资培训中，培训者自身的素质是影响新课程师资培训质量的关键性因素，培训效果的"递减"现象必须得到有关部门的高度重视

由于新课程师资培训在理念、内容、方式上的变化，培训者的角色将发生很大的变化：培训者不再是传统意义上的信息提供者、标准答案的发布者或核实者，也不是上级行政命令的"二传手"。在新课程面前，培训者作为中小学教师实施新课程的"协助者"与"合作者"，与中小学教师一起在新课程中共同学习，共同提高。这一角色的转变，对培训者素质提出了很高的要求：

培训者应能准确理解和把握新课程的理念和要求；具备丰富的中小学教育教学实践经验；具备丰富的培训经验和合作意识。

培训者应能在培训中把中小学教师关注改革、参与改革、自我发展的内在动力调动起来，做新课程理论与教育教学实践结合的"促进者"。然而，在培训实践中我们发现，目前培训工作中存在着培训不到位、实践指导滞后的问题。因此，一方面，需要尽快提高培训者的培训质量，提高培训者素质，使一大批既富于理论素养又谙熟教学实践的新型教育专家脱颖而出；另一方面，要进一步调整培训者队伍结构，发挥不同类型培训专家的优势，共同提高新课程师资培训的质量。

从新课程师资培训的初期效果看，的确取得了一定的成效，但我们对新课程培训前景却不能盲目乐观。不应该忽视这样几个事实：首批国家38个实验区、实验校乃至实验教师都是经过精心选择的，保证了实验人员内部的需求与动力；高质量的国家级培训保证了实验人员的素质；课程专家直接的"一线"指导保证了教师困难的及时解决。当实验大面积推广后，就很难从人力、物力、财力等各方面满足这些条件，不可避免地会出现新的问题。其中一个突出的现象是培训效果的"递减"。在新课程师资培训初始阶段，培训资源严重不足，特别是能够承担新课程培训任务的师资力量极为薄弱，大部分地区在骨干培训者由国家级培训基础上，采取"省—市—实验区—实验学校"逐级培训骨干力量的方式开展培训。这是目前短期内开发培训资源、积蓄骨干力量的有效措施。但由于各地特别是基层单位受培训对象选拔范围、人员素质、物力、财力等方面条件的限制，出现培训层次逐级降低、培训时间逐级缩短、培训效果逐级递减的问题，培训内容的科学性、准确性受到影响，以至于到一线中小学教师，新课程培训的时间、质量远远不能达到培训要求。这一问题必须得到有关部门的高度重视，否则将严重影响新课程师资培训质量，甚至导致各地教育发展出现新的不平衡。要尽快解决这一问题，一是要加快各级骨干培训者培训的规模，努力使更多的一线教师接受高水平的培训和指导；二是要充分利用现代教育网络和卫星电视等远程教育手段，建立中小学教师与课程专家的交流平台，使高水平的培训直接面向一线教师，尽量减少培训的中间环节。

二、培训内容分离和培训形式单一是培训实施过程中影响新课程师资培训质量的突出问题

新课程师资培训内容是不完整的体系，从通识培训到学科培训（课程标准解读—教材培训—课堂教学实践训练），是抽象的新课程理念逐步物化、具体化的过程，是现代教育思想的实现过程。通识培训和学科培训是紧密联系的整体：通识培训是学科培训的思想基础，是开展课程改革实验的理论前提；学科培训是实现新课程教育目标的载体，是新课程培训的目的和重点。在培训实践中，必须在课程设计、时间安排、师资配备等方面把二者有机结合起来。通过调查发现，部分地区在新课程师资培训中存在着重视学科培训、忽视通识培训的现象，把系统的新课程培训变为单纯的

"教材培训"。中小学教师由于缺乏必要的观念转变和思想准备，在学科培训中，被动接受，缺乏参与课程改革的积极性、主动性和创造性，面对新教材和新的教学要求，表现得无所适从，甚至"穿新鞋走老路"，用原有的观念、方法去应对新课程改革，严重影响新课程师资培训的质量。

影响新课程师资培训质量的因素不仅来自培训内容，还体现在培训形式上，与传统的培训形式相比，新课程师资培训最大的特点体现在倡导平等参与式培训。"培训者通过创设情境，引导学员对新课程的理念和做法进行探究，在活动、表现和体验中反思自己的经验与观念，在交流与分享中学习他人的长处，产生新的思想，达到新的认识，从而实现自我提高。"（《新课程的理念与创新》，新课程实施过程中培训问题研究课题组）这种新的培训形式与新课程所倡导的理念是一脉相承的，可以说，这种培训形式本身就是培训的重要内容之一。由于这种新的培训形式对培训者、参与者都提出了较高的要求，实施过程中有一定的难度，加之传统继续教育培训模式的影响，培训实践中效果不理想。培训基本上仍以讲授为主。部分地区由于培训师资和培训经费等因素的限制，甚至采取"会议式"的培训形式，学员的自主参与、平等交流、小组讨论、现场观摩等有针对性的培训形式无从谈起。单一的培训形式难以保证新课程的培训质量，因此今后的培训工作应该将教师作为学习的主体，辅之以讲座、报告、讲授、阅读，使之在发现、思考和解决问题的过程中成长。在培训工作中应针对教师的学科、年龄、教龄、学历层次、所在地区等不同的个人条件与需要开展针对性强的培训。

三、要尽快理顺管理体制，积极开发培训资源，加快教师继续教育法规建设，为新课程师资培训和教师继续教育创造良好的外部环境

基础教育课程改革是一项复杂的系统工程，是一项涉及范围广，政策性、业务性很强的工程。要顺利实施，必须有完善、健全、严格的管理体制作为保障。课程改革实验之初，教育部就课程改革的组织管理提出了明确的要求，要求基础教育部门、师资工作部门、人事部门、教研室、师范院校及教师培训机构一方面要明确分工，落实责任，各司其职，另一方面要密切配合，相互支持，形成促进基础教育课程改革的合力，推动新课程实验工作的顺利展开。然而，不少地方在课程改革实验过程中并没有建立

起这种明确、严格的师资培训体制和机制。培训管理体制不顺，导致培训秩序混乱，出现政出多门、盲目培训、重复培训的现象，社会上的一些团体、私人甚至以追求经济利益为目的，用各种名义滥办各种培训班、研讨会，误导教师，骗取钱财。这些现象，严重影响了新课程师资培训的质量，加重了教师的经济、课业负担。因此，新课程师资培训的当务之急，是要尽快按照教育部的统一部署，理顺管理体制，整顿培训秩序，确保培训质量和教师继续教育的健康发展。

新课程师资培训工作面临的一个突出的矛盾是培训任务艰巨、紧迫与培训资源的相对不足。培训资源是一个包含广泛的概念，包括培训师资，培训基地，培训教材（包括文本、音像、网络等多种模式），培训手段等多方面。研究与开发培训资源是搞好师资培训工作一项不可缺少的长期的艰巨任务，培训资源的开发建设，要把现有资源充分利用起来，按照集约的原则，统一组织，统一调度。需要强调的是，各省、市、实验区要把参加国家级、省级培训的教师利用起来，把现有教师培训机构的培训资源利用起来，把教育部开发的培训资源有组织地利用起来，在此基础上，充分利用教育部基础教育课程研究中心、出版机构的培训资源，充分调动师范院校、教研、教育科研等部门以及中小学骨干教师的积极性，有计划地开发建设有地方特色、有实验区特色的补充性地方资源。

经费问题是长期以来制约教师继续教育的关键问题，在新课程师资培训中并没有得到根本性的解决。各地普遍存在师资培训缺少专项经费，没有统一标准和固定来源的问题，严重制约新课程师资培训的正常开展，甚至加重了教师的经济负担，影响教师参加培训和参与课程改革的积极性。在新课程师资培训任务面前，教师培训机构办学条件薄弱、继续教育信息化建设步伐缓慢的问题更加明显，成为制约教师继续教育和新课程师资培训的"瓶颈"。解决这些问题的根本出路在于加快教师继续教育法规建设，为新课程师资培训和教师继续教育提供坚实的保障。

（此文发表于《中小学教师培训》2003 年第 5 期）

教师培训师的角色特征与专业职责

余　新

（北京教育学院　北京）

教育改革与发展对教师队伍建设和素质要求空前提高，教师培训工作具有巨大的社会需求，也面临着极大的质量挑战。随着各级政府对教师培训经费投入的增加，教师培训项目迅速增多，越来越多的中小学教师有机会参加各级各类培训活动，以针对性和实效性为质量特征的教师培训工作，呼唤着教师培训专业化，由此要求教师培训工作人员逐渐实现角色转换，即从兼职、专职的培训者走向专业化的教师培训师。

一、教师培训师的含义

培训师在中国企业界尚属比较新鲜的职业，一般统称在培训领域具备一定专业知识与技能特长者。国家和一些地方的劳动和社会保障部门已经把培训师正式列入国家职业大典和职业资格证书体系，并先后颁布了有关职业标准和能力鉴定要求。如 2002 年，国家劳动和社会保障部发布《企业培训师国家职业标准》，意味着培训师作为一种新职业在企业中正式出现。2004 年，上海市劳动与社会保障局开发了《培训师职业标准（试行）》，对培训师职业做了如下界定：培训师是在任何类型的组织中，能够运用现代培训理念和手段，策划开发、营销培训项目，制订、实施培训计划，从事培训教学、培训管理和培训咨询活动的人员。[1]

当前，我国中小学教师继续教育已经从以知识补偿为中心的成人学历教育逐渐过渡到以教师专业化发展为特征的成人非学历教育（培训），两类教育存在较大区别（参见表 1）。教师培训的目的与任务与企业培训所倡导的"促进学习和改进绩效"理念日益趋同。教师培训与企业培训同属于成人职业教育范畴，因此我们不妨把企业培训师的概念引入教师培训领域，探寻教师培训者专业化发展的新路径。

表1　成人学历教育和非学历教育区别

类型	学历教育特征	非学历教育（培训）特征
施教者	教师	培训师
目标	高素质、通识性	高绩效、专业化
内容	系统性、知识补偿	针对性、问题解决
方式	渐进式、间接经验积累	裂变式、直接经验生成
时间	阶段性、长时段	终身性、短时段
预期结果	学以致用	用以促学
评价方式	作业质量、考试分数、论文	参与度、满意度、转化度
结果认定	毕业证书	业务能力和工作绩效改进

教师培训师是指在教师教育机构中接受过长期专业教育和专门训练，掌握系统教育科学知识和培训专业技能，能够运用现代教育、培训理念和手段，开发、管理教师培训项目，制订、实施教师培训方案，监测与评估教师培训质量，从事教师培训的需求分析、课程设计、教学组织、管理服务、领导咨询活动的专业人员。

教师培训师应获得普通教师资格和培训师的双重资格认定，或在将来得到教师培训师资格认定专门权威机构统一认定。教师培训师的职业特征主要体现在教师培训工作的专业性和自主性上，是普通教师、企业培训师或社会其他领域工作人员不可单独替代的。

二、教师培训师的角色特征

传统培训师的基本职业角色主要包括三种类别：培训管理者、培训开发者和培训实施者。在培训实践中，一位培训师可能担任一个或者兼任两个、三个角色的多重工作。

美国培训专家伊莱恩·比斯（Elaine Biech）博士指出，培训师的角色是不断变化的，在培训舞台上经常出现新角色，包括职业生涯指导者、首席学习官、能力专家、计算机培训设计者、持续学习指导者、企业培训师、课程软件设计师、课程开发专家、执行指导者、工作绩效咨询员、工作绩效技能专家、工作绩效改进专家、教育设计者、教育技术专家、知识经理、领导培训师、战略规划经理、媒介设计师、多媒介工程师、组织发展专家、工作绩效分析家、技术培训师、培训领导者等。[2]

针对时代变化，美国培训专家吉列·爱格兰（Gilley Eggland）就培训师的职业角色进行了系统研究，并高度概括了现代培训师的四种职业角色，即管理者、教学设计专家、实施者、咨询顾问，并规定了每种职业角色相应的职业任务（参见表2）。[3]

表2　培训师的四类职业角色及其职业任务

管理者	教学设计专家	实施者	咨询顾问
培训战略	学习理论	活动设计	企业发展与变革
培训规划	需求分析	课程实施	培训战略
培训营销	教材编写	学习促进	需求分析
培训政策与制度	媒体设计	行为改变	团队协作
培训评估	培训评估	成果评估	培训咨询

不难看出，现代培训师的职业角色是多重的、动态的、立体的。他们不仅充当传统的讲师，而且兼任培训项目开发、管理、咨询、领导和技术服务的部分角色；不仅要确保受培训者获得知识、技能或是转变态度，而且要使培训能改进员工的工作绩效；不仅要帮助组织制订战略构想和开发人力资源，而且要参与、领导组织变革与战略决策。

教师培训师的工作横跨"教师"与"培训"两个交叉业务领域。"教师"维度由"教师学习"和"教师工作"两个关键节点构成；"培训"维度包含"培训内容"和"培训方略"两个关键节点。两个维度和四个关键点形成了教师培训师的四大角色空间，即培训讲师、培训管理师、教育教学专家、学校管理专家。（如图1所示）

图1　教师培训师职业角色

培训讲师角色：培训讲师主要在理解学生、课程、教材和教法的基础上理解教师学习，从而开发和实施教师培训专题课程。主要任务是围绕教师培训主题，诊断教师学习需求，设计培训教学内容与方法，提供教师学习资源，组织教师学习活动，监测教师学习质量及指导。

培训管理师角色：培训管理师主要从培训方略角度，对培训活动计划、组织、控制和改进，其角色任务主要包括制订培训规划、政策和制度，开发、设计和发展培训项目，安排、组织、协调培训需要的人财物资源，监测和评估培训质量，以及提供与培训管理活动相关的支持。

教育教学专家角色：教育教学专家主要为教师工作提供学校教育教学专业咨询与指导服务。其角色任务包括：诊断教师工作问题，指导教师教学活动，评价课堂教学效果，促进教师将学习结果转化为工作行为，提供其他有关学校教育教学专业方面的咨询与帮助等。

学校管理专家角色：学校管理专家主要提供与教师工作紧密相关的学校人力资源开发与管理咨询及指导服务。其角色任务包括：为学校组织发展与人力资源开发提供咨询、指导教师制订职业生涯规划、帮助开发教师校本培训项目、协助建设教师学习共同体，以及为学校人力资源发展提供其他专业指导和帮助等。

在以上四种角色中，有的培训师可能担任一种角色，但更多的培训师可能兼任两种、三种甚至四种角色。随着教师培训专业化标准要求越来越高，教师培训师的专业知识与技能将朝着纵横方向发展，既要把教师培训工作从教师学习角度延伸到教师工作绩效提高（即站位于教育教学专家角色，高度担当培训讲师；站位于学校管理专家角色，高度担当培训管理师），又要把教师培训从关注培训内容延伸到关注培训方略（即兼任教师培训师和培训管理师双重角色，贯通学校教育教学与学校管理两大专业领域）。

三、教师培训师的专业职责

教师培训师的专业职责主要体现在项目管理、课程开发和培训教学三个业务领域，并且兼任其中两个或三个领域的任务，比较多样、交叉、系统、综合。

（一）承担培训项目管理职责

教师培训师需要学习项目管理理论，掌握项目管理方法和工具，积极探索教师培训项目开发与管理的规律，开展教师培训项目的规划、开发、实施、管理和创新工作，主要承担以下项目管理职责：

1. 项目规划

研究社会发展和教育改革需要，调研教师队伍现状和学校组织发展需求，制订教师培训规划，设计教师培训体系。

2. 项目开发

掌握教师队伍建设政策，遵循教师专业发展规律，开发分层、分岗、分类的系列教师培训项目。

3. 项目实施

承担项目组织实施任务。负责指导、组织和协调项目团队制订项目实施方案、招生计划、教学计划、管理计划和经费预算。

4. 项目管理

对内负责项目进度控制和质量监测，对外负责与项目相关部门的沟通协调工作。履行项目经费管理和业务审批的一定职责。

5. 项目创新

负责项目团队建设与发展任务，组织团队开展研究和工作经验交流活动，不断探索培训项目在理论、制度和实践上的创新之路。

（二）承担培训课程开发职责

教师培训师需要积极从事教师培训课程的研究工作，掌握课程开发流程、技术和工具，善于根据学员变化中的需要开发和完善培训课程，同时承担以下工作职责：

1. 明确培训需求

运用有效调研方法了解学员的学习需求、学习风格、学习兴趣和学习基础，为培训课程设计做好准备。

2. 设计培训课程

设计课程目标，明确预期学习结果；编写课程大纲，设计专题内容和培训方法；编写详细课时计划和学习活动计划，准备培训手册和学员手册；设计培训场所和学习环境，准备培训工具等。

3. 开发课程资源

包括开发培训课程需要的师资、观摩实践和临堂学习资源、参观考察资源、网络学习资源、教材与阅读资料以及培训需要的相关硬件资源。

4. 评价课程效果

分别从评价教师教学和学员学习角度，运用多种方式有效监测和评估课程实施效果。

5. 不断完善课程

研究培训课程理论，综合运用各类反馈信息，反思和总结课程实践经验，掌握新的学习需求，完善课程内容，改进课程实施方法，使课程在实践中持续发展。

(三) 主持教师培训的教学活动

教师培训师需要根据项目安排和课程设置承担备课、上课、课后跟进、培训研究等工作，加强学员思想品德教育，具体承担以下教学职责：

1. 备好课

全面了解培训项目的目标和任务要求，主动了解参训教师学情，积极开发多种培训资源，认真准备教案和有关教学材料。

2. 上好课

把握学员学习需求和成人学习规律，创新培训模式，掌握专业培训方法，运用多种培训技巧和现代培训技术，有效组织课堂教学与培训实践活动，保障培训质量。

3. 课后跟进

认真指导学员结业论文或设计，为学员提出有价值的指导意见；开展培训后的追踪指导活动，促进学习成果有效转化到工作实践中；采取可能的措施，为学员学习提供其他持续性帮助。

4. 教学研究

积极参加项目和学科组织的集体备课活动，开展教学研究，总结培训与教学经验，并不断学习，更新专业知识，提高专业能力。

四、展望

可预见，随着教育改革的深入，教育和社会发展步伐加快，教师培训师将扮演更多新角色。除了心理咨询师、课程设计师等西方国家已存在的工作角色以外，教师培训师的工作将引领传统的学科教师身份和角色转变与发展。

假如中小学教师将来如同医生、律师、工程师等专业工作者那样分工逐渐细化，那么除了学科教师外，还可能出现解决学生学习兴趣培养、学习方法指导、学习习惯养成、学习质量评价、学习生涯规划等问题的学习指导类的"专科"教师，能够从事学生网迷、早恋、课堂违纪、校园暴力等不良行为矫治类的"专科"教师，以及专门从事"后现代"不可预知的教育异化类的"专科"教师。而这些"专科"教师的培训就需要大量的"专科"教练和教育专家，这些都是教师培训师的未来角色。

教师培训师作为教师的教师，要引领教师专业化发展，就需要在教育改革与发展上有所作为，从对教师培训关注，转变为从更广意义上注重教师学习和知识的创造及共享。未来教师培训师会继续关注开发培训项目，传授具体的知识和技能，但更会关注改进教师的工作绩效，并且帮助他们适应社会发展。

注　释

［1］黄健，熊燕. 培训师：21 世纪的职业新宠［J］. 教育发展研究，2005（3）：45.

［2］伊莱恩·比斯. 培训师手册［M］. 叶盛龙，译. 北京：机械工业出版社，2007（1）：14-15.

［3］黄健. 培训师［M］. 北京：中国劳动社会保障出版社，2008：7.

（此文发表于《中小学教师培训》2012 年第 5 期）

内生式培训理念及其实践模式解析

孟繁胜¹ 于伟² 梅秀娟¹

（1. 东北师范大学教育学部 吉林长春；
2. 东北师范大学附属小学 吉林长春）

教师队伍建设是教育质量的根本保障，"国培计划"实施经费已由 2009 年的 0.35 亿元增长到 2013 年的 16.5 亿元。与此同时，政府对培训实效愈发关注，并于 2013 年出台《教育部关于深化中小学教师培训模式改革全面提升培训质量的指导意见》（教师〔2013〕6 号），要求各地"转变培训方式，提升教师参训实效"。伴随着"国培计划"专家库和课程资源库的建立，伴随着《"国培计划"课程标准（试行）》和"国培计划"项目管理办法的研制，进行培训模式改革探索已成为增强培训实效的关键。为此，在国培项目实施中，东北师范大学紧紧围绕学员自主学习氛围营造和内驱力激发，加大培训教学模式改革探索力度，并提出内生式培训的理念。

一、内生式培训理念的内涵

所谓内生式培训，是一种强调尊重学员主体地位，唤醒、激发学员学习内驱力，激励、支持学员自主建构知识、习得专业技能，获得丰富情感体验和价值感的培训模式。内生包含学习动力内生、知识技能内生和情感体验内生三层含义。

1. 内生式培训追求学员学习动力内生

桑代克发现，影响成人学习效果的主要因素，相对于智力而言，更在于学习兴趣、动机等因素。[1]学习动机包括内部动机和外部动机，内生式培训两者兼顾，同时强调内部动机激发。与外部动机指向于学习的工具性目标，追求由学习过程所带来的其他结果不同，内部动机是学员对学习内容本身的需要，指向于求知欲的满足、问题解决过程中的兴奋体验、渴求真理的理智感，它是一种自我实现的需要，其满足会产生"高峰体验"，是最稳定有力的学习动机。[2]内生式培训重视以问题解决法激发学员学习动机，驱动其自主发展。国培学员作为骨干教师，实践经验丰富，对教育教学有独立见解，但也有自己的专业困惑和发展需求，其学习重在解决职业生活问题，最佳学习方法是问题解决法。内生式培训鼓励学员反思自身实践，质疑"没有问题"的问题，把发现问题看作捕捉到学习契机，把解决问题看作学习和发展的过程[3]。学者指出，专家教师总是倾向于将貌似正常的现象"问题化"，并且为了能在更复杂和更具综合性的层次上解决问题而投入心血和努力；他们积极面对挑战，更愿意"在能力的边缘工作"，为解决问题，他们常常超越本身能力现状而去学习新技能、新知识，进而实现专业发展。[4]

2. 内生式培训强调学员知识技能内生

内生式培训在重视学员主体性发挥的同时，引导他们珍视自身经验资源，并对既有经验进行批判性分析、解构和重构，使来自经验的默会知识显性化；重视参与性实践，在理论应用的具体情境和大量变式练习中，对理论知识进行个人诠释，从而将其活化为个人实践知识，修正和发展主观理论；重视反思关键事件和撰写案例，学习、总结、形成并不断积累问题解决策略，发展教育教学实践知能。内生式培训重视学员反思意识的唤醒和反思习惯的养成，并将其作为教师培训尤其是高级研修项目实施的中心任务，以增强教师对自身工作各个方面的分析意识，促进教育教学经验的梳理与升华，使实践知识理论化。

3. 内生式培训重视学员情感体验内生

教师发展是一个面向自然性、理性、德性和社会性的人性丰满过程。[5]在问题解决中，学员所收获的绝不止知识结构的完善、学习方法的优化和相关策略的丰富，还在于自身情感和精神的发展。学员基于先前经验和外界因素的影响，在形成认知图式的同时，其内在价值尺度也会随之发展，最终形成主导专业实践的价值取向和信念。内生式培训以参训需求调查、"温馨提示"等形式，邀请学员参与情境期待；以带教育案例、教学视频参训，制订个人研修计划、选择培训课程、共商考核指标等方式来参与预设培训情境；通过开课暖场、经验分享、课终小结等参与培训情境创生和"自我教育"。他们在培训教学情境中全面感受研修过程，鉴赏学习名师风范，以情境体验来充实研修经历，丰富和强化情景记忆，并在感性经验理性化的研修反思中，引发自身情感态度价值观深化和专业精神提升。培训情境中含有培训师和学员及其相互关系，培训师既要关注学员在培训生活世界中的体验和既有经验，发现其作为培训课堂意义建构者的地位和价值，又要通过创设活动情境激发学员思考，与其共同探讨、选择解决问题的方法。培训师和学员正是在各自精神世界彻底敞开过程中了解对方，在知识、意义与价值分享中相遇、理解，进而建构共享真理，实现"视界融合"。

二、内生式培训的模式群

内生式培训是一种以学习者为本的理念，它认同主体性理论，接受建构主义、实践知识理论，重视培训文化对于教师学习的意义和价值。它有一系列培训组织模式和教学形式，在"学习动力内生、知识技能内生、情感体验内生"理念统领下，按照培训专业流程需要组合而成。内生式培训倡导实施参与式教学、案例式教学、探究式教学和体验式教学，关注任务驱动、互动参与、情感体验、实践反思、经验分享等知能转化过程，追求学习者快乐学习和主动发展。下面从内生式培训模式中列举几种典型形式加以分析和解读。

1. 自传式档案袋

学员对教育生活既有的态度、情感、价值观与知识经验背景会被带入进修活动而作为理解与建构新知识的起点。有效培训要求明确学员学习起点，找准其所处发展阶段并帮助其明确发展方向和"最近发展区"，进而确定研修需求。学员需求存在现实需求与发展需求，显性需求与隐性需求，合理需求与不合理需求，这使需求分析相当复杂。在传统培训中，外在于学员的培训者在学员需求分析与兼顾上总是捉襟见肘，课程针对性难以保证，培训极易遭到学员拒斥。内生式培训重视思维方式转换，即从"自然的思维方式"转向"哲学的思维方式"，使主体意识由直接指向已有客体转向认识主体自身，进行"反观自照"：反思自己的教育生活，将注意焦点由课程学习转向由课程、学习者即时反应和学习者"传记性情境"（biographic situation）所构成的生活连续体，追问教育生活世界中教育事件的本质及其对自身专业成长的意义。受派纳等"自我履历法"（autobiography method）[6]的启发，建议指导学员建立自传式档案袋，以帮助他们反省、认识自己学术基础和发展方向。自传式档案袋可帮助学员回忆影响自己专业发展的关键事件，追踪自己思想观念形成的来龙去脉，检视其形成逻辑，重新解读关键事件的影响作用，检视归因过程是否理性，同时将先前经验和当前体验置于更加开阔的与未来发展相关的时空情境中加以理解，进而将由此获得的自我认识组成一个更有意义的整体。东北师范大学在与全国继教网联合申报的教育部"国培计划"示范性综合改革项目"'国培计划（2014）'——吉林省特级教师高级研修项目"中，就将"学员教学电子档案袋的建立和评估"作为超出需求调查、兼顾了解学员个性化需求与唤醒学员专业发展内驱力的一种方法。希望借此指导学员反思实践，帮助其诊断教育教学问题，"量身定制"个人发展规划，遵循以行动研究解决问题的逻辑，结合理论提升与实践能力发展的需要，组织面授、在岗实践和网络研修，结合主题研讨、经验分享和成果展示，在专家引领、同伴互助与同行督导中，实现教学能力、研究能力和创造能力的提升，以及情感态度价值观的发展。我们认为，这种做法比训前需求调查更能关注学员的个性化需求，据此调整形成的培训方案和课堂氛围更能唤醒学员与组织管理者之间心理契约的力量，激发学员作为研修主体的积极性和主动性。

在教师自传撰写和档案袋建立过程中，既要揭示其专业发展困惑和挫折，更要彰显其得意之作，记下经过长久探索最后实现"华丽转身"的思想瞬间——这不仅是成长经历中经验积淀的内核，更是专业自信获得的源泉。唤醒学员生命直觉，发展感受幸福、追求幸福的能力，是培训应有的要义。自传中的关键事件，可以是一次成功或失败的教学活动，可以是一次受到思想震撼、促进观念松动的研讨活动，可以是一次启发良多、收获满满的考察观摩，可以是一次充满乐趣、如醉如痴的手工制作，可以是一次凄美动人或令人振奋的影视欣赏，可以是一次经历沮丧痛苦、瞬间顿悟和自信满满的反思写作，可以是一次屡投不中、千年磨一剑、最后终获刊用的论文发表，等等。记录这些关键事件的图片、视频、录音、实物等，都可纳入学员专业成长档案袋。借助档案袋内容解读，我们可以透视学员专业成长的崎岖路径和思想智慧花朵盛开的清晰脉络，同时可发现学员专业自信的来源。

2. 情境性潜在课程

这类课程是指在培训方案中没有明确规定，只是作为培训情境拓展或反映培训者意愿的实践活动。它在方案中是隐含的，不被标注的，甚至是未被认识的，属于支持情感体验和顿悟产生的背景性的培训环境，是隐性知识获取的重要渠道，也是培训影响力借以发挥的重要媒介。情境性潜在课程的设置旨在帮助学员在正式学习之外，实现对态度、理想、情感和兴趣等方面的发展。这种课程内容丰富，包括反映班级文化建设的壁纸、荟萃学员理念的结业寄语、体现培训指导意见的温馨提示、规范班级学习生活秩序的研修制度、反映积极校园文化的影像库、记载教师研修生活的案例故事和图片墙、指导学员阅读的图书展示区，以及体现培训新理念的无讲台教室、双重配置的电动幕和小组教学式桌椅摆放等。

内生式培训从追求教师人性完善、发展动力内生和情感体验内生出发，重视潜在课程建设和学员个体生活经验重构；重视学员"自我"意识唤醒和感受能力提升；倡导培训课程向生活世界回归——生活世界重视人的直觉、情感和体验，与"科学世界鄙夷人的直觉，轻视人的情感，忽视人的体验，将人的生命活动机械化、刻板化，排斥激情和感悟，并将人的交往看作一种机械化动作的规则性组合"的做法正好相反[7]——鼓励学员自由体验、探究、反思与表达。学员在反思与解释教育生活体验，追求践行课堂管理规范、教师专业标准及高效课堂理念过程中，最终解放其主体性，在教育教学及专业发展中成为积极主动、自主自为的个体。学员通过参与小组活动，譬如绘制有利于视觉学习者、听觉学习者和行动学习者学习的媒体图和行动模式图，自觉或不自觉地参与到潜在课程建设中去。学员在活动中经历适度紧张的课堂氛围、略显难堪的"隐私展示"、畅快淋漓的大显身手，其情感体验也得到深入发展。培训情境及其与学员关系的产生，有赖于培训行为发生，尤其是学员对培训方行动和意向所表现出的教育关怀的感受和反馈。从这个意义上讲，潜在课程需要借助培训行为启发和学员自主感悟而发挥应有的教育作用。

3. "研修一体"模式

"研修一体"对培训师而言即结合培训所需，将学员日常教学问题提炼成课题，然后对课题进行研究，并将最终研究成果转化为培训课程；对学员而言，则是反思自己教育教学中遇到的问题，将其提炼成课题，然后围绕着课题研究需要进修学习。本文中的"研修一体"主要是面向学员而言的。该模式改变传统教师培训片面进行知识灌输的做法，注重培养学员科研意识和能力，指导他们掌握由问题到课题、以课题研究解决实际问题的一整套教科研方法。在这里，研究与进修有效衔接，以问题为中心，以研究为主线，以课堂为阵地，以改进为目的，以研究所需确定课程内容，拉动培训进修。简而言之，它以问题解决为指向，以研究任务驱动学员积极主动学习。这里的研究指向课堂改进，主要是行动研究，强调从学员教育教学实践困惑中确定选题，在专业引领和组织支持下，结合具体问题和研究基础分析拟定行动方案，通过行动跟进、情境体验、实践反思来推进方案实施，进而最终解决问题，提高教学能力，获得专业自信。学员根据行动研究需求在导师指导下积极选学理论课程，接受技能训练，经历情感体验，学习更加积极有效。行动研究唤醒了学员追求对自己意义世界发挥影响作用的内在化自我，它能赋予每个人以个人特性感，激励我们自省和唤醒自我意识，并内在地要求我们开发潜能和选择外部资源条件。

在"国培计划（2014）"——示范性综合改革项目"中小学优秀青年教师助力研修"子项目评审中，专家组根据教育部相关文件精神和高层次项目实施经验讨论认为，应以行动研究拉动项目实施，面授环节、在岗实践和网络研修阶段应分别服务于理论水平提升和实践能力发展。很明显，行动研究课题的确立为学员进修提供了一种任务驱动机制，学员学习要围绕研究任务完成和问题解决而展开。在"厦门市中学专家型教师培养高级研修项目"实施过程中，东北师范大学项目组为了使培养对象最终成为具有自己教育思想和独特教学风格的专家型教师，将增强反思与科研能力作为培训主题。[8]希望借助实践反思和行动研究，帮助学员将感性经验提升为理性的策略性、原理性认识；通过对自己的主观理论和外来理论碎片进行审视、扬弃、整合与梳理，最终形成自己关于教育教学的思想理念；在此思想理念指导下，再分析、矫正自己的教学行为，最终形成和完善自己独特的教学风格。

4. 影子培训

影子培训，是选派学员到作为培训实践基地的教学质量较高或有特色的中小学，以该校优秀教师为实践导师，如影随形地对其跟岗学习。在影子培训中，学员对师傅的日常教育教学行为进行近距离观察和体验，在耳濡目染中，全面感受、领悟和学习师傅的专业精神、职业操守、人生态度、思想理念、治学方法、教学风格、问题解决策略与技巧，并逐渐习得师傅的卓越特点甚至习性。在影子培训中，学员观课属于必备课目。学员通过形象直观和全息体验，获得对导师课堂教学的感性经验，并在情境体验、行为观摩和经验反思中领悟其教育教学行为背后隐含的教育理念、职业伦理和专业精神。个体感性经验的获得，是一个亲历自省、内在习得的过程，常常与强烈的情感体验相伴随，并以事件形式存在，是案例的重要来源。其实，课堂观察既包括示范课观摩，也包括研究课观察。前者是观看优质课，旨在通过观察和模仿执教者的教学行为和策略，体悟、学习执教者的教学理念和教学风格；而后者是观看同课异构课、家常课甚至问题课，旨在比较教学，获得启发，诊断课堂，发现问题。综观各类观课，可以发现，它们都由相应观课任务所驱动，是观课者在专业引领下的主动观察、思考和研究过程，遵循着内在行动与发展的逻辑，符合内生式培训理念。

影子培训总是与理论研修结合进行的，整个培训能够取得实效，与理论导师的教育教学理论水平、教学行为解释能力，与实践导师的合作意愿、实践导师是否重视和认同角色担当、是否愿意与学员共享经验和思想、是否有可行的指导计划、是否建有将整个影子培训统整起来的驱动机制等息息相关。东北师范大学在实施"国培计划（2012）"——吉林省小学校本研修培训者置换脱产研修项目时，发现校本研修有效性问题归根结底是"如何促进教师自主高效学习"，与高校师资培训机构面临的问题一样，于是便围绕此问题搭建了共研平台。项目组组织培训师和学员共同探究教师研修的基本问题、教师学习特点和需求等，使项目实施本身成为学员学习的范例。[9]在该项目实施中，"共研平台"正是统整和拉动整个项目有效实施的动力机制。项目的实施还启发我们须加强作为理论导师的高校专家或教研员与实践导师的合作，鼓励他们为实践导师实践反思与经验升华提供指导。这样，从项目中获益的就不只是学员，实践导师与理论导师也会因为与学员的"教学相长"以及彼此间的支持与合作而获益。学员不仅可从导师那里获得教育教学的观念影响和技能指导，还可在专业发展目标、职业理想、人格风范、处世哲学等方面受到启发和积极影响，领悟和习得优秀教师专业发展的路径和策略。

5. 案例教学法

案例是培训师为帮助学员加深对所学理论知识的理解以及加强用其解决实际问题的能力而有针对性地呈现的，其本质是一种教育的两难情境，没有特定解决之道。在这里，培训师不再作为知识权威单向传输知识，而是作为教学活动的设计者和激励者，重在鼓励学员积极参与讨论。案例有助于学员提高教育教学情况分析和应对突发事件的能力。案例教学法在鼓励学员自主学习、建构知识的同时，更注重问题解决能力的发展。在案例教学中，学员为了理解消化案例，需要积极学习和主动建构理论，在知识理解中发展理论理性。在此基础上，学员还要经过缜密思考提出解决问题的方案，进而实现由知识向能力的升华，发展实践理性。案例教学法为教育理论描述教育现象，解释和改进教育实践提供了机会和可能，并以其"鼓励学员独立思考""引导学员变注重知识为注重能力""重视双向交流"等特点受到培训组织者重视，进而成为"国培计划"积极倡导的教学形式。

具体实施中，可由培训机构在学员参训前通知学员准备和提交案例，学员进校后先让他们预习已汇编成册的案例集，查阅指定的资料和读物，搜集必要信息，积极思索并初步形成关于案例中问题的原因分析和解决方案，培训师可在该阶段为学员出一些思考题，使其准备工作更加充分；培训时，由培训师结合授课需要选择典型案例，并根据学员年龄、学历、工作经历，将他们分为若干异质性小组（每组 3—6 人），就案例问题产生的原因和解决方案展开相对独立深入的讨论。然后，各小组派出代表，发表本组对于案例的分析和处理意见。之后，发言人要接受其他小组的成员质讯并做出解释，此时本小组其他成员可代为回答。小组讨论过程为学员发挥的过程，发言和讨论旨在深化学员对案例的理解。作为组织者和主持人的培训师，此后可提出几个意见比较集中的问题和处理方式，组织各组重点讨论，进而将学员的注意力引导到合理的问题解决方案的形成上来。在小组和小组集中讨论完成后，培训师还需留出一定时间让学员自己进行思考和书面总结。这种总结可以是总结规律和经验，也可以是总结知识和经验获取的方式。让学员以书面形式进行总结可使其体会更深入，对案例及其内隐问题认识得更加全面和深刻。

新手教师向专家型教师发展的过程，是教学策略积累的漫长过程，案例教学法可有效缩短该过程。案例教学可拉近教学情境与实际生活情境的距离，帮助学员深入理解教育故事背后蕴含的教育原理和教学行为背后隐藏的教育理念，帮助学员将理论思考与实践改进联系起来，促进学员教育教学问题解决策略的内化和积累，实现知识技能的内生与发展。案例教学过程，是实践性知识横向传递与纵向提升的过程，是间接经验吸收与直接经验反思升华的过程，也是知识的主动建构和二次情感体验的过程。案例教学法的采用，可促进学员反思能力的发展、教育理念的提炼、处突能力的提升和创新精神的发展。案例教学法是内生式培训的有效方式。

当然，符合内生式培训理念的实践模式还有很多，如能为学员提供交流机会、专业支持、协同攻关动力的学习共同体；构建学员与学员、专家、文本、经验间的反思对话机制，促进学员主动建构知识和发现新问题的主题研讨；指向按需施训、因学定教的"训前需求调研—训中意见征集—训后效果反馈"需求分析机制；强调训前解读培训方案以指导学员明确学习重点、方法和考核目标，训后为学员提供展示平台以盘点所学、阐发感悟、立志践行的"示之以始，正之以终"[10]的导学和结业设计；重视网络跟踪服务、课程资源建设和学员个性化选修的课程方案设计；等等。

当前，无论是政府组织实施的"国培计划"项目，还是 U-G-S 模式等区域协同框架下的教师教育，都已转向以"问题诊断—行动研究—问题解决—新问题产生"为逻辑的任务驱动式培训，这也为内生式培训理念的实践提供了广阔空间。

注　释

[1] 黄健. 成人教育课程开发的理论与技术 [M]. 上海：上海教育出版社，2002.

[2] 董守文，张华，李雁冰. 成人学习学 [M]. 东营：石油大学出版社，1994：201-201.

[3] [9] 孟繁胜，梅秀娟，王敬，等. 有效培训的内核：学员自主学习：以东北师范大学实施"国培计划"项目为例 [J]. 中小学教师培训，2013（3）：5-7，29.

[4] 徐碧美（Amy B. M. Tsui）. 追求卓越：教师专业发展案例研究 [M]. 北京：人民教育出版社，2003：280-290.

[5] 孟繁胜. 国际视野下教师人性及其发展初探 [D]. 长春：东北师范大学，2006.

[6] 张华. 活动课程的"概念重建主义"理论探究 [J]. 外国教育资料，1996（1）：14-16.

[7] 郭元祥. 论"生活世界"的教育：兼论教育中的生活问题 [J]. 教育研究与实验，2000（5）：21-24.

[8] 孟繁胜，梅秀娟，王敬. 关于专家型教师培养的创新实践与理性思考 [J]. 中小学教师培训，2008（11）：15-17.

[10] 吴玉琦. 我最敬仰和怀念的一位大师 [M] //于伟，李桢，缴润凯. 教育学家之路：纪念陈元晖先生诞辰一百周年集. 长春：东北师范大学出版社，2013：47.

（此文发表于《中小学教师培训》2014 年第 11 期）

教师培训的教学特征分析与教学方式转型研究

——基于 30 个培训课堂的教学行为分析

杨 玖 季春晓

（华中师范大学终身教育研究所 湖北武汉）

《国家中长期教育改革和发展规划纲要（2010—2020 年）》明确指出"努力造就一支师德高尚、业务精湛、结构合理、充满活力的高素质专业化教师队伍"的总目标。《教育部关于大力加强中小学教师培训工作的意见》（教师〔2011〕1 号）强调："教师培训是加强教师队伍建设的重要环节，是推进素质教育，促进教育公平，提高教育质量的重要保证。"可见，教师培训应发挥积极的示范引领作用，从教学理念、教学活动等各个方面影响参训教师，为他们树立一个良好的借鉴模仿对象。那么，教师培训的教学现状究竟如何？本研究试图基于文献分析、教学行为分析等方法回应上述问题，以期为教师培训的质量保证和教学方式的变革提供合理建议。

一、问题提出

近年来，中小学教师培训受到各级部门的高度关注，教师培训工作也在我国各地如火如荼地开展。一方面，教师培训是教师专业化成长的需要。教师培训是教师形成其所需的专业知识、技能及专业素养的重要途径，贯穿教师职业生涯的全过程。同时，教师的专业发展呈现出明显的特殊性、阶段性和连续性。[1]因此，教师培训需要为不同发展阶段的教师提供相适应的培训方案和培训方式。另一方面，教师培训是促进中小学课堂转型的必要手段。我国在世纪之交启动了声势浩大的基础教育课程改革，其中《国务院关于基础教育改革与发展的决定》（国发〔2001〕21 号）提出，"深化教育教学改革，扎实推进素质教育"，"建设一支高素质的教师队伍是扎实推进素质教育的关键"。与此同时，教育部《基础教育课程改革纲要（试行）》指出：承担师资培养和培训任务的高等学校和机构，应根据基础教育课程改革的目标与内容改革教学方法，中小学教师继续教育应以基础教育课程改革为核心内容。2013 年，《教育部关于深化中小学教师培训模式改革全面提升培训质量的指导意见》（教师〔2013〕6 号）进一步指出："教师培训需要改革传统讲授方式，强化学员互动参与，增强培训吸引力、感染力。"由此可见，教师培训通过教师进而影响课程改革成效，聚焦教学既是课程改革的应有之义，也是教师培训发挥引导作用的着力点。

然而，目前教师培训的教学现状却不容乐观。黄一璜教授根据自身多年的实践经验发现，培训方式简单化是当前中小学教师培训的突出问题之一。[2]傅岳新等人通过反思培训的课程设置及培训模式认为，教师培训的不足之处在于师生互动形式化、学员缺乏真正的思考等。[3]也有研究者认为，传统的培训模式基于行为主义理论，只注重教师的理论授课，不强调学员的学习参与，学习者本人并没有真正参与到培训活动中。[4]总之，众多学者指出教师培训的教学方式比较单一，过于注重知识讲授和传递。而学员参与度较低的课堂，尤其培训者的"一言堂"，忽视了成人的内在学习规律及主体地位，严重影响培训效果，既无法促进教师的专业化成长，又难以启发学员开展教学变革与课堂转型。

尽管如此，但教师培训教学的评价大多基于研究者的主观感受，缺少客观数据的支撑。因此，本研究深入教师培训的真实课堂，探究培训的教学特征与教学方式，旨在引发人们从教学本质与培训功能的视角审视教师培训的现状，找出关键问题所在，尤其在教师培训覆盖面和影响力不断扩大和提升的情况下，对培训教学进行研究，对提高教师培训的实效性至关重要。

二、研究设计

（一）研究对象

近年来，中部地区某高校承办了大量教师培训项目，教师培训服务已经在行业内形成了一定的影响力。本研究从该机构承担的项目中，按照分层随机抽样法选取 30 个教学视频作为研究对象，样本覆盖"国培""省培""地培"等不同层次类型。从培训者的角度来分析，男性培训者 18

名、女性培训者 12 名；高校教师 17 名、中小学一线教师或教研员 13 名。

（二）研究工具

本研究主要采用课堂教学行为分析框架（CTBAS）[5]等工具，收集教师培训课堂的各项一手数据。CTBAS 参考并借鉴了弗兰德斯分析系统（FIAS）[6]、基于信息技术的互动分析系统（ITIAS）[7]、S－T 教学分析法[8]等经典编码框架，并且结合了研究者长期的课堂观察实践，符合我国课堂教学具体情境。考虑到操作的准确性和便捷性，本研究按照教学行为转换点进行切片采样。另外，参照借鉴何克抗对教学策略的研究[9]，以及谢幼如对教学策略的性质分类[10]，结合教师培训课堂教学的特点，本文将教学策略分为"以教为主"和"以学为主"两大类，前者包括"示范—模仿"先行组织者、"情感—陶冶"等策略，后者包括启发式教学、情境教学、课堂讨论、探究教学、竞争和协同等策略。

（三）分析方法

30 节培训课堂均有完整录像，每个视频时长 0.5—2 小时不等。首先，利用 CTBAS 分析系统对每节课堂的教学行为进行切片，计算每种教学活动的占比，进而得出师生活动的整体分布状况，分析变量包括培训者活动率 Rt、学员活动率 Rsl、课堂互动率 Rci 等。其次，根据教师培训课堂教学的特点以及本研究的采样方法，将 CTBAS 课堂教学模式及教学控制做出一些调整（如表 1 所示）。最后，观看分析 30 个教学视频，判断每节课所采取的教学策略种类，了解整体上教学策略的应用水平。

表 1　教学模式及课堂类型的判断条件

课堂类型	标准条件
讲授型课堂	$Rt \geq 0.7$
互动型课堂	$Rt < 0.7$ 且 $Rci \geq 0.6$
混合型课堂	$Rt < 0.7$ 且 $Rci < 0.6$
培训者主控课堂	$Rt \geq 0.6$
学员主控课堂	$Rt < 0.6$ 且 $Rs \geq 0.6$
双方共同控制	$0.4 < Rt < 0.6$ 且 $0.4 < Rs < 0.6$

三、教师培训课堂教学行为与教学模式分析

（一）教学活动分析

30个培训课堂的教学活动分布情况如表2所示。培训者活动、学员活动、沉寂或混乱分别占比96.03％、3.64％、0.33％，所占比率排名前三的教学活动分别是：知识讲授77.78％、演示或示范9.33％、激发动机4.07％。数据分析发现：（1）培训者知识讲授所占比重大，并且远远超过其他活动类型。（2）每位培训者花费近3分钟来激发学员动机，约7分钟进行演示或示范，而在课堂管理、组织教学活动所花费时间较少。（3）学员活动中缺乏展示与自主学习环节，讨论与合作活动严重不足，仅占0.02％。

表2　教师培训的教学活动整体分析结果

行为类型	行为编码	行为表述	各活动总时长(s)	活动比率
培训者活动	1	激发动机	5209	4.07％
	2	提问	1407	1.10％
	3	组织教学活动	438	0.34％
	4	反馈与评价	2368	1.85％
	5	知识讲授	99487	77.78％
	6	演示或示范	11930	9.33％
	7	课堂管理	96	0.08％
	8	板书	637	0.50％
	9	操作设备	1251	0.98％
学员活动	10	应答	1612	1.26％
	11	提问	121	0.09％
	12	讨论与合作	25	0.02％
	13	学员展示	0	0.00％
	14	操作与练习	2289	1.79％
	15	独立思考	613	0.48％
沉寂混乱	16	沉寂或混乱	425	0.33％

（二）师生互动分析

互动率是师生在教学过程中所开展互动交流活动占用总教学时长的比率，包括培训者提问、学员应答与自主提问、培训者评价与反馈等环节。各课堂互动率如表3所示，30个教师培训课堂的平均互动率 R_{ci} 仅为4.33%，互动时间较短，互动频率较低。另有7节课师生互动率为0，即这些课堂师生之间没有直接的语言交流。分析不同性别、不同职称培训者的课堂平均互动率得知：（1）女性培训者的课堂互动率高于男性培训者。女性培训者课堂平均互动率为7.15%，而男性培训者的课堂平均互动率仅为2.49%。（2）一线教师或教研员平均互动率高于高校教师。前者互动率均值为6.43%，后者平均互动率仅为2.09%。究其原因，可能是由于一线教师或教研员与学员有着相似的工作环境和经历，更能预测和理解学员遇到的问题以及引起学员的共鸣，而高校教师虽专业理论素质较强，但相对远离中小学课堂，培训内容与教学方式易与学员的工作情境脱离。

表3　各个课堂的教学行为变量与教学模式分析结果

培训主题名称	培训者活动率 Rt	学员活动率 Rs	培训者语言率 Rtl	培训者讲授率 Rtt	学员语言率 Rsl	课堂互动率 Rc	教学模式	课堂控制
中小学教师心理辅导	99.00%	0.10%	98.80%	72.10%	0.10%	0.50%	讲授型	教师
幼儿教师角色转变	97.63%	2.15%	97.20%	73.43%	0.39%	6.93%	讲授型	教师
中小学教师职业道德	99.60%	0.40%	99.60%	85.29%	0.40%	1.25%	讲授型	教师
高中数学教师的 PCK	98.70%	0.46%	98.42%	92.61%	0.46%	1.53%	讲授型	教师
学习的最佳路径	99.73%	0.00%	99.73%	97.91%	0.00%	0.00%	讲授型	教师
数学教学的艺术	98.40%	0.00%	85.80%	85.80%	0.00%	0.00%	讲授型	教师
探索有效课堂	98.90%	0.00%	98.90%	97.40%	0.00%	0.10%	讲授型	教师
比较文学研究方法探讨	97.97%	0.99%	97.97%	97.58%	0.00%	0.00%	讲授型	教师
有效教学的理论与实践	92.68%	5.33%	90.20%	77.22%	4.90%	7.49%	讲授型	教师
高中写作教学研究	95.88%	2.06%	95.88%	84.56%	1.09%	2.74%	讲授型	教师
诗歌欣赏与教学	99.37%	0.31%	98.54%	88.04%	0.31%	1.15%	讲授型	教师

续 表

培训 主题名称	培训者活动率 Rt	学员活动率 Rs	培训者语言率 Rtl	培训者讲授率 Rtt	学员语言率 Rsl	课堂互动率 Rc	教学模式	课堂控制
教师职业生涯与幸福力	100.00%	0.00%	100.00%	88.39%	0.00%	0.00%	讲授型	教师
获取利用网络公共资源	95.41%	3.68%	95.41%	74.55%	3.46%	7.82%	讲授型	教师
网络与校本研修	92.35%	3.22%	92.35%	80.37%	3.22%	7.39%	讲授型	教师
信息化教学	98.50%	0.90%	98.50%	84.76%	0.90%	11.72%	讲授型	教师
微作文的开发与运用	99.50%	0.42%	99.50%	83.31%	0.00%	0.00%	讲授型	教师
小学语文课程资源	99.74%	0.17%	99.74%	95.42%	0.17%	0.67%	讲授型	教师
初中语文教学评价标准	99.89%	0.08%	99.89%	86.67%	0.08%	0.39%	讲授型	教师
教师发展规划	99.72%	0.00%	99.72%	97.58%	0.00%	0.36%	讲授型	教师
有品位的课堂生活	92.63%	6.18%	92.63%	60.75%	6.18%	14.42%	讲授型	教师
课堂行为分析	92.61%	7.17%	89.22%	68.59%	4.72%	9.94%	讲授型	教师
学科工具与信息化教学	90.27%	5.48%	90.27%	46.53%	0.53%	5.56%	讲授型	教师
歌唱：让音乐走进生活	84.63%	14.70%	83.95%	44.31%	0.99%	14.36%	讲授型	教师
行动研究与教育叙事	99.98%	0.02%	99.98%	99.33%	0.02%	0.26%	讲授型	教师
高中数学的导入与小结	99.67%	0.33%	99.67%	31.00%	0.00%	0.00%	讲授型	教师
数学思想方法	54.83%	44.60%	54.83%	47.83%	1.38%	1.87%	混合型	师生
新课程高中数学的解析	99.58%	0.00%	99.58%	98.14%	0.00%	0.00%	讲授型	教师
物理教学研究方法	99.00%	0.78%	99.00%	92.35%	0.09%	0.32%	讲授型	教师
物理课题研究与成果	84.58%	14.62%	83.91%	58.15%	4.92%	10.64%	讲授型	教师
物理学业测评	99.44%	0.37%	99.44%	95.18%	0.37%	2.09%	讲授型	教师
平均值	95.05%	4.14%	94.55%	77.78%	1.37%	4.33%	讲授型	教师

（三）教学模式分析

按照 CTBAS 分析框架的教学模式及课堂类型判断条件，各节课的教学行为变量、教学模式及课堂控制分析结果如表 3 所示。分析发现：

①培训者平均活动率 $Rt = 95.05\% > 0.7$，教学模式属于培训者讲授型，教学活动由培训者控制。

②在 30 个培训课堂中，不存在互动型课堂；混合型课堂仅有 1 节，占比 3.33%；讲授型课堂有 29 节，占比 96.67%。另外，没有学员控制的课堂，双方共同控制的课堂仅有 1 节，其余课堂均为培训者控制。而在 29 节讲授型课堂中，只有两个课堂的培训者活动率在 85% 左右，其他都在 90% 以上，甚至存在一门课全程由培训者讲授。

（3）在学员活动中，学员平均活动率 $Rs = 4.14\%$，学员平均语言率 $Rsl = 1.37\%$，学员讨论合作与提问等活动比例很低，学员的主体地位没有得到应有的体现。可见，教师讲授是教师培训的主要教学模式，课堂由培训者高度控制。另外，分析 30 个教师培训课堂的教学策略发现：

①使用频率较高的教学策略主要有：示范模仿策略 22 次，启发式教学策略 19 次，情境教学策略 15 次，先行组织者策略 13 次，情感陶冶策略 10 次。

②支架式教学策略、抛锚式教学策略、探究教学策略、竞争策略、协同策略等以学为主的教学策略并没有被广泛应用到教学。

四、教师培训课堂教学行为特征分析

（一）培训者角色单一

教师培训者角色是指培训者作为一名专业人员在教师培训中所必备的功能，是培训者在培训过程中社会关系的具体体现。[11]根据教师培训的性质可知，培训者在参与培训项目过程中所承担的角色应该是多元丰富的，主要有授课者、指导者、研究者、服务者和课程开发者等。然而分析 30 个教师培训课堂发现，大多数培训者仅承担了授课者单一的角色，能够合理地融合各种角色的培训者非常少，这样极易导致培训内容深度与学员的认知不相匹配：培训者"侃侃而谈"，而学员"不知所措"。例如，在"高中数学教师的 PCK"培训专题中，培训者作为授课者角色考虑到通过抛出问题而引起学员的兴趣和思考，但每次都以沉寂收场。而如果从指导者和研究者的角度出发，培训者应当提前了解学员的认知结构和学习能力。在学员们的认知里，可能知道 PCK 是教师的教学经验、学科知识及教育学知识的整合，但学员刚接触到这个专业概念，对于它的认识还处于陌生的状态，无法基于新概念进行交流。

（二）学员参与度不高

学员是教师培训的对象，理应是培训的主体，然而课堂中却是培训者主宰课堂，学员的参与性不强。在 30 个培训课堂中，培训者活动率、教师语言率及教师讲授率的均值分别为 95.05％、94.55％、77.78％，而相应的学员活动率和学员语言率只有 4.14％、1.37％，比例差距悬殊。在所有教学活动中培训者讲授的比例为 77.78％，并且远大于其他各类活动的总和，甚至有些课堂成了培训者的一言堂。学员未能充分参与培训活动，极易感觉受到冷落而弱化学习动力，无法产生与培训者间的共鸣，最终影响培训效果。30 个课堂中，有 6 个课堂的学员活动率均为零，学员可能在一定程度上理解培训者表达的内容和理念，但缺少思想、观点的交流和碰撞，培训者没有真正地引导学员进入课堂、参与课堂、把握课堂。总之，师生课堂地位不平等，培训者讲授比例过高，学员的课堂参与度不高，是当前教师培训工作亟待解决的主要问题之一。

（三）教学策略以教为主

通过对教师培训课堂教学策略的分析发现，示范模仿、先行组织者等以教为主的教学策略应用较多。有 22 节课即 73.33％的课堂用到了示范模仿策略，说明培训者擅长通过教学媒体或者个人展示等帮助学员理解、掌握、内化知识；另外有 19 节课即 63.33％的课堂应用了启发式教学策略，培训者有意识地驱动学员积极思考，诱导学员主动学习。然而，从教师个体情况来看，教学策略的应用尚不理想，有 1/3 的课堂仅用一至两种策略，部分培训者并没有综合运用多种教学策略。例如《数学教学的艺术》这个培训专题中，培训者大部分时间在分享自己的解题思路和创新之处，通过亲身示范引导学员观察模仿，但学员的参与性和积极性均不高，课堂教学沉闷、程序简单僵化。如果该培训者能够进一步应用竞争策略，为学员搭建一个展示平台，鼓励学员积极发言，更能激发学员思考。

（四）教学互动意识薄弱

学员只有通过与培训者积极高效的互动，才能形成师生对话、观点碰撞、共同反思的循环圈，内化培训者传达的教育观念，将理论和实践紧密结合。然而，在 30 个培训教学视频中，培训者提问占 1.10％，学员应答占 1.26％，培训者的反馈与评价占 1.85％，讨论与合作占 0.02％，师生之间平均互动率仅为 4.33％，教学互动意识比较薄弱。分析发现，互动率低的主要原因如下：

（1）培训者提问次数偏少。培训者处于传授者的角色，主要是将个人见解和前沿动态传递给学员，并没有把学员看作需要深入交流并为其解答实践问题的成人。

（2）学员思考间歇太短。可能是时间紧迫或者为了避免尴尬，培训者抛出问题后，若没有学员在短时间内做出回答，培训者则自行解答所提问题。

（3）互动形式较为单一。除传统的"培训者问—学员答—培训者反馈"外，几乎没有师生之间的深层次互动，生生互动环节活跃性也不高。

五、促进教师培训教学方式转型的策略

（一）实施培训者培训：角色融合

培训者担任着培训项目的"转化中枢"，他们需要将笼统上的培训理念转化成学员可接受的信息，并以学员可接受的方式表达出来。一个项目的培训更需要专家间的合力协作、相互呼应。然而，这种转化和合作能力并不是培训者自带的，也并不是所有的培训者都具备的。目前，我国教师培训的培训者主要由高校教师、一线优秀教师或资深教研员、各级教育行政机构的管理人员三类人员组成，他们或远离中小学课堂，或缺乏理论知识，或缺乏培训技巧等，尚不具备理想培训者的能力素质，培训者要根据自身的特点有针对性地参与培训者培训，从而组建知识深厚、技巧得力、互相配合的教师培训团队。

（二）更新教学理念：学员为本

有研究表明，在教师培训过程中，学员的主体意识和主体价值的体现是影响培训效果的重要因素。[12]培训者要充分考虑学员作为成人的学习特点和实践经验，始终以学员为本，而不是上演培训者自己的独角戏。其一，教师培训需要唤起学员对教育的自觉责任。培训是学员学习训练和自我培养的机会，而不是强制性的义务，学员需要避免"现场听着很感动，想起回忆很激动，一线课堂却不动"的情况。其二，学员不是培训的"旁观者"，而是"参与主体"，组织者和培训者等要充分尊重学员的主体地

位，促进学员积极参与课堂，激发和保护他们的自主能动性。其三，教师培训应从学员的实际出发，最终回归到教育实践。培训者不仅需要传授具体的知识和技能，更要关注教师个人修养的提升，促进其专业素养的可持续发展。总之，厘清培训者与学员的角色，立足于学员的专业素质发展，致力于学员实际需求的满足，这既是教师培训以学员为本的实质内涵，也是构建新时期教师队伍的迫切需要。

（三）变革教学方式：学教并重

教学方式是教与学的方法和形式，包括观念性的方式和物质性的方式，是教学方法、手段等方面的综合。[13]根据陈佑清教授的研究，相对于单纯的知识讲授，调动学习者的能动性、师生间的交流互动等行为更能促进有效教学的达成[14]，课堂中"学"和"教"具有同等重要的地位。传统讲授式的教学方式更适合系统学习新知识和新技能等，但不利于学习者的主动探究、创新能力等的培养，与终身学习的要求背道而驰。教师培训必须发挥示范作用，引领一线教师进行教学方式的逐步变革。首先，培训者设计教学时，应充分考虑学员的内在需求及一线教师的身份，通过设计高质量的情境、问题和任务，促进学员充分参与课堂活动。其次，培训者在教学过程中时刻谨记"转化中枢"的要求，根据课堂情况灵活选择教学方式，激发学员的学习兴趣和表现欲望，为学员提供可操作的课堂改革示范。最后，在进行课堂总结时，培训者有必要针对问题发起专门的讨论，学员基于各自的实践经验各抒己见，在观念的碰撞和融合中领略教学方式的择取原则。

（四）增强师生交互：凝聚共同体

在培训项目中，培训者与学员形成了一个暂时的共同体，师生以共同目标为纽带，旨在通过彼此的通力合作，促进知识不断获取和转化。[15]培训效果的达成是一个不断生成的过程，离不开培训者和学员的相互吸引和互相作用。一方面，培训者应积极主动靠近学员。一般而言，同一批的学员在参加培训前并不相识，他们来自不同学科、年级，甚至不同地区，每个学员都处于陌生的课堂环境，他们羞于发言，缺乏互动，甚至产生抵触心理。此时培训者要主动抛出问题，组织师生、生生深层次互动活动，这时，培训者亲切耐心的态度显得尤为重要。另一方面，学员需要积极回应培训者。教师培训的目的是使学员知识深层建构、理念及时更新、技能熟练内化等，总归是以学员的发展为最终目标。然而通过分析视频发现，部分学员不知如何面对培训者，甚至把培训者放在不可反驳的权威位置，不敢表达自己的所想所思。师生共同体不是指师生在形式上的同时"在场"，而是个体心理和情感的"在场"，表现为群体共同学习、充满活力、深入互动。换句话说，师生共同体需要通过师生两方面的深度交互凝聚而成，缺一不可。

注　释

[1] 陈桃. 教师专业发展阶段及与之相适应的培训模式的构建 [J]. 中小学教师培训，2016（3）：6-8.

[2] 黄一璜. 信息技术条件下中小学教师开放培训的思考 [J]. 教育发展研究，2015，35（4）：61-66.

[3] 傅岳新，张静."教学做合一"中学数学教师培训模式 [J]. 内蒙古师范大学学报（教育科学版），2012，25（12）：55-58.

[4] 杜秀果. 新课程背景下对中小学教师培训教学的新思维 [J]. 教育与职业，2011（14）：58-59.

[5] 蒋立兵，毛齐明，万真，等. 智慧教室促进高校课堂教学变革的绩效研究：基于课堂教学行为的分析 [J]. 中国电化教育，2018（6）：52-58.

[6] 顾小清，王炜. 支持教师专业发展的课堂分析技术新探索 [J]. 中国电化教育，2004（7）：18-21.

[7] 穆肃，左萍萍. 信息化教学环境下课堂教学行为分析方法的研究 [J]. 电化教育研究，2015，36（9）：62-69.

[8] 程云，刘清堂，王锋，等. 基于视频的改进型S—T分析法的应用研究 [J]. 电化教育研究，2016，37（6）：90-96.

[9] 何克抗. 教学系统设计 [M]. 北京：北京师范大学出版社，2002：132-188.

[10] 谢幼如，王芹磊，彭丽丽，等. 精品视频公开课的教学特征与师生行为研究 [J]. 电化教育研究，2013，34（10）：90-96.

[11] 王会亭，赵蒙成. 我国教师培训者研究：回顾与反思 [J]. 当代教育科学，2016（23）：38-43.

[12] 王金涛. 凸显教师主体性的教师培训策略剖析 [J]. 中小学教师培训，2011（12）：12-14.

[13] 赵茜，王佳. 论教师教学方式的转变 [J]. 教育科学研究，2012（2）：24-27.

[14] 陈佑清. 论有效教学的分析模型 [J]. 课程·教材·教法，2012，32（11）：3-9.

[15] 张志坚，蔡伟. 以对话为核心的教师培训模式探究 [J]. 教育理论与实践，2013，33（23）：38-40.

（此文发表于《中小学教师培训》2019年第5期）

教师培训：以"问题为中心 案例为载体"的内涵与设计方法

汪文华

（安徽省中小学教师继续教育中心 安徽合肥）

《教育部关于大力加强中小学教师培训工作的意见》（教师［2011］1号）要求，当前和今后一个时期中小学教师培训要"根据实施素质教育的要求，并针对不同类别、层次、岗位教师的需求，以问题为中心、案例为载体，科学设计培训课程，丰富和优化培训内容，不断提高教师培训的针对性和实效性"。"以问题为中心，案例为载体"（以下简称"问题中心，案例载体"），频繁出现在最近几年的教师培训文件通知和方案计划中，成为教师培训模式创新及培训内容优化的基本要求。研究"问题中心，案例载体"的基本内涵与设计方法，是教师培训机构及其培训者应该共同关注的课题。

一、"问题中心，案例载体"的基本内涵

对"问题中心，案例载体"基本内涵的把握，至少涉及三个问题：一是何谓"以问题为中心"，二是何谓"以案例为载体"，三是"问题中心"与"案例载体"之间是怎样的关系。

(一)"以问题为中心"的教师培训模式

"以问题为中心"的培训模式最早出现在哈佛大学医学院的医师培训中，后经改造引入校长培训和教师培训领域，成为美国最受欢迎的教师培训模式之一。其基本信条是"先问题，后学习"。问题是参训教师的学习起点，也是他们选择知识的依据。

"以问题为中心"的培训模式指的是，在"问题"的情景中，培训者引导参训教师围绕"问题"主动探索、发现事物发展的起因和规律，进而建构自己的知识体系，提高发现问题、分析问题和解决问题的能力，获得情感、态度、价值观的直接体验。

"以问题为中心"的教师培训，对于培训者来说，一要始终围绕"问

题"开展培训活动；二要转变角色，由知识的讲解者或传授者转变为培训活动的设计者、促进者和点评者。模式操作一般包括三个阶段：前期设计、培训实施和后期工作。"前期设计"的主要任务是提出问题、设置情景、提供资源，并明确成果的数量、质量和时间等要求。"培训实施"采用小组合作的学习方式，培训者的主要任务是指导合作小组建设、辅导参训教师学习和进行过程性考核。"后期工作"的主要任务是组织双向反馈、进行个别化评价和修订原培训设计。

（二）案例、案例教学与"以案例为载体"

案例最早用于法律、医学及工商管理界教学领域，用来教授学生业务实践中的重要思想、技能及内在原理。案例在师范教育和教师培训中的运用相对较晚。案例是对一个实际情境的描述，在这个情境中，包含一个或多个疑难问题，同时可能包含解决这些问题的方法。教师培训领域的教学案例描述的是教学实践，它以丰富的叙述形式，向人们展示了一些包含教师和学生的典型行为、思想、感情在内的故事。

案例教学是运用案例进行教学实践，改变了传统教学以本为本、从概念到概念的注入式教学方式，是一种促进学生成为教学主体，学生自主学习、合作学习、研究性学习、探索性学习的开放式教学方式。案例教学可分为两种类型：一是从例到理型，即引导学生运用案例，经过自主合作，群体思维撞击，寻找知识形成规律，发现基本概念并运用掌握的规律和概念去解决实际问题；二是从理到例型，即给出基本概念，启发学生运用基本概念，发散思维，以例释理，以例证理，从而获得解决问题的能力。有效的案例教学需要建立一个"由理到例、由例到理"的闭合环，促进学习者由理论知识到实践的迁移。

笔者以为，"以案例为载体"包含两层含义。一是"案例"是教学的内容载体，也就是培训者组织参训教师围绕"案例"展开自主学习、合作学习和探究学习，进行经验交流、问题研讨、实践反思和策略改进等。二是"案例"是"问题"的形式载体，"案例"包含着培训者帮助参训教师解决的诸多问题，以及"案例"中教师用来解决问题的策略，"问题"和"策略"是参训教师学习活动的对象，对参训教师起着调动经验和启发思考的作用。

（三）"问题中心"与"案例载体"的关系

"中心"，即核心，指事物的主要部分。教师培训"以问题为中心"就是要将需要研究讨论并加以解决的矛盾、疑难作为参训教师学习活动的视觉聚焦点和内容重点。"载体"，指能传递能量或运载其他物质的物体。作为教师培训的内容载体和形式载体的"案例"就是要将教学实践实录（文本的、视频的或现场的）呈现给参训教师，使他们身处真实情景，在"案例"研讨中，激活经验，反思实践，促进教学行为的改进。当下的教师培训活动，存在"问题中心"与"案例载体"形式化和两者隔离的现象，是培训低效的原因之一。

"问题中心"形式化的主要表现为：（1）将学科教学知识转化为所谓的"问题"，内容却建构在学科的逻辑体系中，其本质仍是学科教材教法知识的再传授。（2）从参训教师提交的问题中选择若干个问题，进行问题解答（放在培训教学的最后环节，或单独组织集中答疑），其实质是知识和方法的告知。

"案例载体"形式化的主要表现为：（1）案例缺乏适用性。多数案例不是来自培训者亲历的教学事件，而是通过文献检索和网络搜集得来的，没有吸引力，难以调动起参训教师的实践经验和反思动机。（2）案例缺乏严谨性。许多案例直接取自一线，没有进行结构性加工，往往是一节课的文字描述或一些教师的课后反思，存在形式单一、内容简单、结构不规范等问题。（3）案例缺乏启发性。案例分析与评价部分通常是培训者"一家之言"或数种观点的简单罗列，参训教师难以对案例做深刻的反思。

"问题中心"与"案例载体"两者隔离的主要表现有：（1）将"问题"与"案例"分开。如在同期（次）培训活动中，既安排"问题诊断"，又安排"案例评析"，还往往由不同的培训者开展教学活动，导致出现各行其道、各唱其调、内容重复和浅尝辄止等问题。（2）案例教学与"以问题为中心"培训模式分离。如采用讲解的方法"由理到例"或"由例到理"，没有采用小组合作的学习方式——实际上是知识讲授。即便采用小组合作方式，却因培训者注重告知（而不是引导）导致案例所承载的问题没有得到深入的探讨——实际上没有以问题为"中心"。

因此，笔者以为，"以问题为中心，案例为载体"不是"以问题为中心"培训模式与案例教学的简单相加，而是两者的整合优化。培训者应该在训前征集参训教师的现实案例，进行分析和加工，并在培训过程中不断地修改完善，使培训活动中使用的教学案例所描述的实际情境包含一个或多个疑难问题，这些问题的解决策略，要有情节、有问题、有策略、有启发，以增强吸引力和感染力。这样，"案例"就成为"问题"的形式载体，"问题"则成为参训教师的"话题"或"议题"。蔡可认为，问题并非凭空而生，而是有真实场景，即在对案例的回顾中发现问题；解释问题时，通过对案例的分析来深化认识；形成认识之后，再应用于实践，进而促成教师生成更好的课堂案例。

二、"问题中心，案例载体"的设计方法

作为"问题"载体的教学案例的收集、分析和加工，与"以问题为中心"的教师培训模式相结合，是培训者需要有效完成的工作。与其他的教师培训模式相比，其实施更重视"前期设计"，包括"案例"的提交、加工、选用和"问题"的设计等环节。

（一）承载"问题"的案例形成

"以问题为中心"的教师培训模式第一阶段的"前期设计"任务中，提出问题和设置情景都需要依托教学案例；第二阶段的"培训实施"中，参训教师将对教学案例的"问题"进行诊断，对案例中解决问题的策略展开研讨，并形成"成果"（一般是形成解决问题的策略和行动计划）；必要时还需要通过实践验证"成果"，并生成教学案例，发现新的问题。因此，承载"问题"的案例质量是确保内容针对性和活动实效性的前提。

1. 提交实践案例

一般来说，教师培训所用的教学案例由三条途径获得：文献检索、网络搜集和参训教师提供。文献检索和网络搜集得到的教学案例对于培训者来说是重要的资源，可以帮助培训者（特别是不在中小学一线的培训者）熟悉学科教学现状，发现普遍存在的问题。让参训教师训前提供教学案例，虽然存在形式单一、内容简单、结构不规范等问题，但是却能真实地呈现他们需要解决的重点难点问题、实践困惑和其他现实需求。这才是作为成人的参训教师的学习起点。根据这个起点设定的培训目标、选择的培训内容才能富有针对性。

因此，培训院校在设计培训方案前，要向参训教师发出邀请，组织他们按照要求撰写教学案例并提供给培训实施机构。培训实施机构组织培训者召开集体备课会，也可将参训教师的案例发给培训者，要求培训者从众多的案例中梳理出核心问题、重难点问题和急需解决的问题。

对于参训教师的教学案例，培训院校可按照以下程序来提高案例的质量：案例收集—分类整理—案例筛选。

（1）案例收集。采用案例征集的方式，发动尽可能多的教师撰写现实案例。

（2）分类整理。依托中小学的教研组（备课组）、学校校本研修指导组（教导处）和县级教师培训机构，进行分学习领域、分专业层次的归类。

（3）案例筛选。对县级教师培训机构提交的分类整理后的案例，组织培训者集体研讨，初选出较为典型的案例，分发给相关的培训者进行加工处理。

2. 分析加工案例

培训目标的设定受到诸多因素的制约。其中，培训需求是核心要素。"问题中心，案例载体"的有效实施更多关注的是从参训教师提供的教学案例中反映出来的现实需求和潜在需求。同时，培训者设定培训目标还必须考虑参训教师的专业层次和培训时间。有效的处理方法是，实行脱产研修等较长时间的培训，其对象如果是经验教师中的骨干，培训的目的是培养专家型教师的话，培训的目标应指向于解决学科教学的"核心问题"。而实行短期集中培训和远程培训，其对象如果是经验教师中的多数的话，培训的目标应指向于帮助参训教师解决学科教学的"重难点问题"。如果是面向全员的培训，解决"急需解决的问题"应是培训的目标指向。因此，对承载"问题"的案例进行分析和加工时，培训者要根据培训目标指向的层次区别对待，特别是对案例的分析与评价要"量身定制"。

教学案例主要包括"案例背景"、"案例内容"和"案例分析"三个部分。有研究指出，加工教学案例，一要保证案例发生的现象描述、原因分析、经过叙述等，内容真实、详尽；二要做到案例的分析与评价，由多领域专家给出，切中主题，有实际导向意义，能引发复杂性思考；三要促进案例教学能够实现培训者与参训教师的互动、参训教师之间的合作，促进对问题发现、归因分析和解决策略的探讨，促进参训者自觉地加强理论学习。

（二）"案例"选用与"问题"设计教师培训"问题中心，案例载体"

有效实施的第二个关键点在于选用能够起到启发作用的"案例"，提出能够调动经验再现并自觉反思的"问题"。承载"问题"的好"案例"，可以帮助参训教师建立自己的知识体系；能够调动参训教师学习的积极性和主动性，提高各自发现问题、分析问题和解决问题的能力；能够促进同伴间的沟通，加强交流与合作；能够扩展培训者和参训教师的知识面；有利于训练参训教师的实际操作能力和理论联系实际的能力。否则，期望培训有效就成为奢望。

1. "案例" 的选用

蔡可认为，教学案例要正反兼选。既要有"正例"，即对教师教学具有引领和示范价值的创新性案例，也要有"反例"（不好的案例、反面的案例）。为了强化案例的启发作用，不宜选择那种所有人都能一眼就看出问题的"反例"。好的"反例"往往是那种"似是而非"的案例：深度剖析不够，在关键点上有缺陷、有问题，但通过培训者引领解读，能促进参训教师"醒悟"。换句话说，浅白直露的案例不是好案例。劳伦斯（Lawrence, P. R.）说："一个好的案例是把部分真实生活引入课堂，从而使教师和全班学生对之进行分析和学习的工具。一个好的案例可使课堂讨论一直围绕只有真实生活中才能存在的棘手问题来进行。它是学术思绪驰骋的依据。案例是对一个复杂情景的记录，必须要把这一复杂情景解剖分析再如实复原以使人们能够理解它。"

"案例"的选用还要具有层次性。"层次性"至少可以从两个视角去考量。第一，参训教师的专业层次不同，对"案例"的需求呈现出不同的特点。专家教师面对的"案例"应富有开放性，通过呈现多领域专家的分析与评价，引发他们的复杂性思考，以生成新策略，研究新问题。经验教师中的骨干宜以"似是而非"的"反例"为主，以促进反思水平的提升和实践行为的改善。而面向全员的"案例"更多的是具有引领和示范价值的创新性案例。第二，对于同一专业层次的参训教师，在某期（次）培训中，也有三个层次：一是培训的直接目标，如"发现、认识、解决新课程教学实践中出现的具体问题"；二是生成性目标，如"追求教学实践的改进和教学理论的完善"；三是发展性目标，如"明了教师专业发展的核心因素与过程环节，促进教师的专业发展"。

2. "问题" 的设计

"以问题为中心"的教师培训模式，"问题"是培训的基本单元。一般来说，问题可分为四种类型。一是泥沼型问题，指问题涉及纷繁复杂的各个方面，而各个因素之间又互相牵连，互相牵制。例如，如何处理好语文学科的工具性和人文性。二是两难型问题，指虽然知道什么是错的，但是要纠正这一错误却要以牺牲另一些重要的目标为代价。例如，将字写规范、写端正与课外作业量大之间的矛盾。三是常规型问题，指大多数教师经常会遇到，但解决起来又每每感到棘手的问题。例如，完成教学任务与关注学习"问题生"的矛盾处理。四是实施型问题，指在具体实施过程中常遇到来自各方面阻力的问题。例如，课外作业量的多少处理。

如果从问题设计的系统性考虑，对于某期（次）培训来说，一般宜根据"问题"的层级，按照"主题—模块—专题"的层级进行课程内容的设计。这样，可以避免培训课程因无中心而导致"拼盘式"现象的发生。第一，应该有明确的主题。因为"以问题为中心"是将需要研究讨论并加以解决的矛盾、疑难作为参训教师学习活动的视觉聚焦点和内容重点，没有焦点和重点，面面俱到的培训肯定是低效的。例如，"赢在课堂"就是较好的主题设计。第二，在主题之下，应该设若干个模块，模块的多少取决于培训目标、对象专业层次和培训时间的长短等。例如，50学时的"赢在课堂"主题培训，可以设置"学科教学实施""课例研修"等两三个模块，以课堂教学技能、有效教学策略、课堂教学反思和课堂教学研究等"问题域"建构课程结构。第三，在模块之下设置"专题"（"话题""议题"）。这需要根据参训教师的"问题"来设计。

三、结论

提高教师培训的针对性和实效性一直是培训院校和培训者的绩效追求。"问题中心，案例载体"是提高培训绩效的具有可行性的选择之一，它已在2010年中小学教师国家级培训计划（"国培计划"）中付诸实践，其效果在"国培计划"实施成果中得以显现。"问题中心，案例载体"的基本内涵还有待于进一步挖掘和深化，其设计方法还有待于进一步充实和完善。通过对其实施的案例研究和行为跟进，逐步实现促进参训教师解决问题、改善行为、提升能力、发展专业的目标。

参考文献

[1] 教育部关于大力加强中小学教师培训工作的意见 [EB/OL]. http：//www. jyb. cn/info/jyzck/201101/t20110105—409364. html, 2011-01-05.

[2] 冯大鸣. 美国以问题为中心的教师培训模式 [J]. 中小学教师培训，2002（1）：57-58.

[3] 何丽君，何丽霞. "以问题为中心"的干部培训模式初探 [J]. 云南行政学院学报，2009（2）：122-124.

[4] 李雅玲. 教师教育案例库建设及其案例研究 [D]. 北京：首都师范大学，2004.

[5] 蔡可. 对教师培训课程"以问题为中心，以案例为载体"实践解读：以"国培计划"中西部远程培训北京大学项目为例 [J]. 当代教育科学，2011（10）：13-16.

[6] 汪文华，胡建球. 去伪存真转虚为实有效确定培训需求 [J]. 中小学教师培训，2011（4）：8-9.

（此文发表于《中小学教师培训》2014年第4期）

案例教学：当代中国教师教育模式的新视野

许立新

（华东师范大学课程与教学研究所　上海）

在开展教师教育的过程中，案例教学为学生（即师范生或接受在职教育的教师）提供了真实的、具体的课堂教学案例让学生分析与思考，为学生在教育理论学习和教学实践之间架起了一座桥梁，是一种极具价值、值得借鉴的教师教育的新模式。

一、案例教学的理论溯源

案例教学发端于美国哈佛大学商学院。自 20 世纪 20 年代以来，一直被作为商业、法律和医学领域职业培训的基本教学模式，尤其是广泛地被运用于 MBA 的教学之中。有人做过统计，美国 500 家最大财团的决策经理中，三分之二是哈佛商学院毕业生，而这家学院最为人称道的便是它独具特色的"案例教学"。后来，案例教学逐渐地被运用到教育中来，包括学科教学和教师教育领域。

教师教育领域中的案例教学，是指教育者根据一定的教育目的，以案例为基本教学材料，将学习者引入教育实践的情境中，通过师生之间、生生之间的多向互动、平等对话和积极研讨等形式，提高学习者面对复杂教育情境的决策能力和行动能力的一系列教学方式的总和。它不仅仅强调教师的"教"（引导），更强调学生的"学"（研讨），要求教师和学生的角色都要有相当大程度的转变。巴西著名教育家保罗·佛莱雷曾指出："没有对话就没有交流，没有交流就没有教育。"师生之间、生生之间的讨论与对话进一步深化了人们对案例的认识与理解，从而促进了学生实际课堂教学能力的培养与提高。

例如，美国的一则教学案例讲述了在阿拉斯加州的一个乡村学校，一名土著学生（因纽特人）和一名白人学生之间发生了一场课堂殴斗。这一教学案例提供了事件发生的背景，即乡村学校的背景及社区背景（在阿拉斯加的极地地区居住着一些因纽特人——作者注），呈现了教师对此事的紧急应对措施，展示了随之而来所发生的事件。随着学生对案例的阅读和讨论，他们开始考虑教师在这一实际情境之下可能会考虑的问题：打斗的原因、两名学生的情绪和他们各自对这一事件的解释，以及土著居民社区和白人之间的由来已久的不信任的历史。随着学生们对这一教学案例的"解剖"，他们开始意识到这些具体而真实地发生在班级里的事件不仅仅反映了教学方面的问题，而且暴露了社会道德规范、种族、政治和教育政策等方面的问题。

二、案例教学的新近升温

由于20世纪60、70年代结构功能主义教育一直占据主导地位，案例教学在美国教师教育中并没有占据主流地位。近几年，教育工作者们开始探究案例教学在教师准备中的价值。在美国、英国、法国和挪威等西方国家，案例教学被广泛地运用于教师教育中，许多大学不仅建立起了案例教学的网站，举办过案例教学的比赛，还开发了许许多多适用于教师教育的在线教学案例（online cases for teacher education）。哈佛大学教育学院现任院长凯瑟琳·梅塞思（Katherine K. Merseth）对案例教学也推崇备至。对案例教学的不断增长的兴趣更是来自人们对作为与抽象和概括相对立的"叙事"这一思想形式及其价值的日益欣赏。"我以为，当不同的教育叙述成为可能，文化才如此地被我们所进入、所经历；当不同的教育叙述成为我们共同的经历时，文化就因此获得了新的生命，成为我们当代生活中的重要组成部分。……教育研究的困境之一即教育研究越精确，其与人类经验的联系则越少。人们不禁要问：这究竟是谁的声音在说话？如何才能听到沉默的大多数（比如学生、教师、家长等）的声音？……由此，叙事探究成为在科学与人文这两极之间的一个中间道路，逐渐成为教育研究中的一个核心学术话语方式，其对教育的重要意义在于：它把有关生活性质的理论思想引入到活生生的教育经验之中，并通过生活（如教与学）经验的叙述促进人们对于教育及其意义的理解。"

美国学者西奥多·可瓦尔斯基（Theodore J. Kowalski）在谈到案例教学在教育管理学上的运用时指出，如果教育管理想继续保持为一种真正的专业，其从业者必须具备：（1）教育实践的理论基础。（2）履行管理职责所要求的专门技能。（3）从事反思性实践的能力——教育从业者整合知识、技能和经验的过程。教育管理专业的研究生应该在理论反思、（教育）哲学探究、（教育）研究、（教育）历史等方面得到彻底的实践，并且在管理和技能实践领域做好充分准备。研究生经历应该强调教育实践的理论、学校管理实践的历史和教育研究、培训——这一传输管理技能的过程——是专业准备的重要组成部分，但是单就培训本身来说，它是不够的。传统的讲授法和演示法或许适合教具体的任务，但是，在诸如信息收集、观察技能和分析技能等领域，需要用其他的方法教育学生。

事实上，教学的专业知识和其他领域的知识在很大程度上是靠教学经验的积累而形成的，而这些教学经验又是以具体的教学案例的形式出现的。有经验的教师，在处理真实的课堂问题的过程中，增长了自己应对将来有可能遇到的问题的知识，使自己搞清楚问题的实质和原因，思考采取什么样的解决措施才具有生成性。教师通过为学生提供各种具体的案例，让他们产生替代性经验的形式，案例教学扩展并加深了学生对教师职业的理解。

案例教学也为学生提供了如何对教学问题进行专业思考的模式。通过自己独立地对教学案例进行分析和在课堂上共同讨论，学生可以学会如何运用所学到的教育理论来说明一个实际的教学问题，他们可以通过一个似乎是极其微小的课堂决断觉察出其中所蕴含的重要论点。运用案例教学能够帮助学生学会遵循一定的逻辑步骤去分析所面对的问题，让学生学会如何从不同的角度或不同的角色去思考问题，如何富有成效地联系具体的教育经验，从而提高了学生从自己的经验中学习的能力。

三、案例教学法的优势和缺陷

案例教学在教师教育中极有价值。对学生们来说，他们更喜欢从案例中学到知识和经验，因为以精彩故事的形式所呈现的教学案例让他们感到耳目一新。案例教学是以一个个具体的教学案例为载体的，教学案例的质量如何也在很大程度上关系着案例教学的成败。在笔者看来，教师教育中的教学案例应该具有以下特征：（1）案例要具有很强的故事性；（2）案例要含有教育两难问题；（3）案例要蕴含深刻的教育学或教育心理学等学科的理论、原则与原理；（4）案例要具有新颖性，讲究时效性；（5）案例的背景要清晰。

案例教学不是交流信息的一种经济途径，讲授课（lecture）可以做到这一点。然而案例教学提供了加深内容理解、应用、评价、综合能力和提高长时信息保持力的途径。有一项研究结果清楚地表明：把案例教学运用于教育心理学课程，相同的教学内容，运用案例教学方式学习的学生比起那些没有运用过案例教学的学生，学习收获明显较多，运用案例教学的学生在道德推理能力和对教育事件的反思性水平上取得了长进，他们具有较高的课堂学习动机水平，而且，在学生的教学实习中，合作教师和教学指导教师评定认为他们的"反思能力"较强。笔者以为，案例教学法可与教师教育的其他教学法互为补充，而不是将它们取而代之。最为关键的问题是，作为教师教育的一种新途径，要使得案例教学在我国教师教育的土壤中生根、开花与结果还需要教师教育者和学生转变传统陈旧的教学观和学习观，这可能将是我国实施案例教学所面临的最大阻力和挑战。

另外，还有一些教师发现找到好的案例材料非常困难，许多教师不知道如何着手实施案例教学，担心课堂教学会因此蜕变为一场漫无目的的个人观点的交流，使得案例教学最终流于形式。

四、案例的编制和使用

教师没有必要完全依赖并使用商业界出版的案例，甚至是已经写好的案例作为教学案例。可以留心将他们自己的教学经历和现场观察中的教学故事编写成教学案例。教师教育者可以把一些零散的"趣闻逸事"改编成教学案例。教学片段需要做更加全面的描述，尤其不能忽略对社区和学校背景的描述、教学情境和班级背景的描述；对问题情境也要做更加深刻的思考，而且案例教学一定要能引发一场具有分析框架的课堂讨论。例如，引发案例讨论的问题可以包括：

1. 这一情境中的主要问题有哪些？哪些是最紧急的？哪些是最关键的？

2. 如果有解决问题的办法，应该采取什么办法？谁来做？何时做？如何做？你为什么这样考虑？

3. 教师实际采取了什么措施？结果如何？有什么风险？有什么不良后果？

4. 你认为这一情境对其他当事人——学生、教育督导、家长和学校董事会分别意味着什么？你为什么这样认为？

5. 这一情境是如何发展的？如果可能的话，有哪些因素可能改变产生目前这些困难的基本条件？

6. 你从这个案例中学到了什么？

总之，教学案例不一定非得是一段文字作品，从本质上说，它是情境问题和经验分析的表现方式。

教师教育者可以开发他们自己的教学案例，为学生应对校本背景下的特定教学问题做准备。例如，在美国的阿拉斯加州，教学案例就是由当地教师、教职员和研究生共同开发的。发生在阿拉斯加州的尤皮可人和阿萨巴斯加人的遥远乡村的教学问题竟是如此独特，以至于人们无法预先获得相关的课程材料，这种境况无疑也适用于许多乡村小学校和其他少数民族学校的教育情境之中。为此，哈佛大学商学院陆续出版了一些非常有益的关于如何编写教学案例的指导书。

教师教育者也可以把案例写作作为学生的作业，以提高学生的反思探究能力。一般说来，反思性实践活动（the reflective practice）包括五大步骤：论题（issues），即感知案例中的问题或两难问题、存在的机遇，辨明案例情境的论题；观点（perspectives），即考虑不同的观点，思量个人行动背后所隐含的价值；知识（knowledge），唤醒来自学业准备、教育理论和实践经验的知识；行动（actions），即运用知识和技能做出决定；结果（consequences），即评价决定和行动方案可能带来什么样的后果。在美国阿拉斯加州，教师要求学生基于他们的教学实习经历编写教学案例，这种作业为学生创造了反省他们所遇到的问题情境的机会。学生们可以从不同的视角来考察这些问题情境，评价他们自己过去的实际教学行为和当时可能采取的措施，并认真思考他们从教学实习的经历中有可能学到了什么。为了防止案例讨论演变成表面化的个人意见交流或偏离案例讨论的主题，教师必须要预先通盘考虑：在课程目标的指引下，他们要试图达成的教学目标——案例要说明的主要论点是什么，阐明的理论概念是什么，案例要达成什么样的理解，有哪些问题将要被涉及，哪些问题有可能被忽略。笔者以为，把一场案例讨论分成问题分析、问题解决两个阶段通常是非常有用的。

五、结论

从某种程度上说，案例教学正在成为教育理论界和实践界共同关注的"新宠"，人们对教学案例也抱有高涨的热情，但是尽管如此，我国教育界对案例教学的认识大体上还处于探索、试验阶段。华东师范大学教育系郑金洲教授曾指出，案例教学并不单纯是一种教学方法，它实际上是以教学内容的变革为前提条件的，因为正是首先有了形形色色的案例，才使得案例教学成为可能；案例教学也并不单纯是一种教授法，它实际上也是以学生行为的转变为前提条件的，如果学生仍然热衷于自己先前的角色，把自已置身于教学过程之外，只是作为一个旁观者，案例教学也就失去了意义。案例教学甚至不能简单地定位在方法上，它所涉及的层面是多样、繁复的，如果教育观念还是固守于传递既定知识、培养一统人才上，案例教学的运用也就显得多余了。

案例教学有着自己独特的优势，为教师教育的有效实施开辟了新途径。教学案例为学生提供了各种教学问题的充分的描述，这些问题是他们将来在学校里有可能遇到的实际问题，这些案例本身包含了分析问题的不同思路和解决这些问题的多种渠道。案例教学让学生看到如何对课堂情境问题进行专业思考，它有助于学生为将来可能会遇到的代表性问题做情感上的准备，让学生产生替代性经验。当学生们将来遇到这类问题的时候，他们肯定是以前已经遇到过并考虑过这些问题了。

教师工作情境是一个错综复杂的系统，教师必须持续面临各种新的处境、新的问题与新的挑战，也必须时时采取各种专业行动决策，解决形形色色的问题状况，因此专业判断的能力养成是教师教育中非常重要的课题。国内外许多专业教育领域都已非常重视运用案例来教学，并鼓励一线教育工作者动手开发自己的案例，来反省和锤炼自己的专业决策能力，促进教师专业能力的持续发展。西方一些人士甚至还提出创立一种案例教学论（toward pedagogy of cases），足见其发展势头之强劲。毫无疑问，案例教学这一极具价值的教学模式将在我国当代教师教育中大有可为。

（发表于《中小学教师培训》2004 年第 1 期）

常态课校本研修模式的构建与探索

何　彪　陈静勉

(广州市荔湾区教育发展研究中心　广东广州)

一、问题的提出

《国家中长期教育改革和发展规划纲要（2010—2020 年）》明确提出："完善教师培养培训体系，做好培养培训规划，通过研修培训、学术交流、项目资助等方式，培养教育教学骨干、'双师型'教师、学术带头人和校长，造就一批教学名师和学科领军人才。"而在实践过程中，从我们组织过的专题讲座和以学校为基础的课堂教学校本研究活动来看，虽然研修等培训方式取得了一些成效，但也存在以下一些不容忽视的问题：第一，培训本身多数偏理论，较少能被直接应用于指导课堂教学，广大中小学教师较难得到有效触动；第二，培训对于多数教师来说常被视为一项任务来应付，教师参与的积极性不高，缺乏教研动力；第三，多数培训或教研活动"以应对考试为中心"，对学生综合发展的关注不足；第四，培训反思针对教学问题的深入研讨少，教师们往往含糊其词评点几句，敷衍了事；第五，学校对培训后的实际运用监管不及时、不到位，不了了之。

深入反思上述存在的各种问题，究其原因，很重要的一点就是没有贴合学校、教师和学生的实际，即未能建立并形成良好的校本研修机制。那么，能否根据学校现有的教学问题和教研能力，从外部为学校提供一种新的研修模式，帮助学校建立起良好的研修机制，进而促进教师的专业发展，提高教学的有效性呢？

二、常态课校本研修模式的构建

围绕上述问题，本着完善中小学教师研修制度、创新研修模式、全面提升教师专业化水平的考虑，针对以往教师研修的这些弊端，广州市荔湾区教育发展研究中心自 2009 年始在区内的中小学开始了系列探索，逐步创建了以"教学问题发现和解决"为校本研修载体的"五环节"常态课研修模式。

（一）常态课校本研修模式的理论思考

常态课校本研修模式的构建，出于以下理论层面的思考：

其一，从知识性质看，教师培训的知识更多的是实践性知识[1]，也是一种默会知识，教师需要在实践中，通过团队内部互学、互助、互动、共同探索才能领会，而不能仅通过诸如讲座、授课等单向度传递的方式获取。而常态课是广大教师最为熟悉的实践活动，可以作为教师之间和教师们与专家之间实现多向度知识互动的桥梁。因此，我们认为校本研修模式必须回归常态课，将常态课作为校本研修探索的立足点。

其二，从学习角度看，教师实践性知识具有情境性特征和内隐性特征，须采用"学"的方式来"习"得，这里的"学"是指在实践中学、在情境中学，主动地学，为了自身发展的学。[2]而常态课中的教学问题，正是广大教师开展实践性知识学习很好的切入点，因此，我们将"教学问题发现和解决"作为常态课校本研修模式的主要载体。[3]

其三，从知识管理角度看，教师实践性知识发生在教师共同体成员之间，知识管理有必要通过教师共同体这一组织实现。具言之，则包括了共同体内进行的知识获取、传递、应用、生成和创造等知识管理活动。共同体知识管理的最终目的是实现共同体内部的知识共享，提升知识管理效率，实现知识再生产。因此，开展常态课校本研修，不是单兵作战，而是要通过创建团队、搭建交流平台，让教师群体参与其中，让专家做出适当引导，促进团队内实践性知识在教师个体之间发生流动。[4]因此，我们将教师共同体作为常态课校本研修模式的知识管理组织形式。

其四，从研修效度看，教师以问题为中心的"实践＋反思"的方式学习效果会更好。对实践进行反思，反思又是为了更好地实践，从而大大提高未来教学实践的效率。因此，我们将立足常态课的集体反思和教师的个体反思，以此作为校本研修模式中评价研修效度的主要指标。

（二）常态课校本研修模式的实践建构

基于上述理论层面的思考，结合具体实践经验，我们经过多年探索和实践，形成了"五环节"常态课校本研修模式。

1. 常态课校本研修模式的界定

常态课校本研修模式是依托教师共同体和"五环节"技术手段，集常态课校本行动研究与在职进修学习于一体的教师发展研修模式。

"常态课"是指基于现实教学条件和教学资源、基于教师现有能力水平的自然和真实状态下的课堂教学。

教师共同体不局限于进修教师自身，而是由培训者（专家、教研员）和进修者（学校教师）组成"1＋1＋1"专业学术团队的学习共同体，其中三个"1"代表学习共同体的异质性特点：第一个"1"为省区市教育专家，他们作为团队中的理论专家引领研修活动；第二个"1"主要指学科教研员或有经验的学科教师，他们作为团队中的实践专家参与研修活动；第三个"1"就是指进修者，也就是最需提升教学能力水平的一线教师。前两个"1"共同起到专业引领、丰实共同体知识资本、提升共同体知识管理水平的作用。

"五环节"是指教师研修活动中教师参与"发现问题"和"解决问题"的五个具体环节，一般包括说课（听说课），讲课（听课、观课），评课（议课），再讲课（再听课、再观课），以及再评课（再议课）等。

"研修模式"中的"研"指教研，指紧接在常态课之后的教学研讨，参与讲课、听课和评课的教师作为其主体，在两次授课后针对教学中的优缺点进行集体讨论。"修"则指教师进修学习，指围绕课例及其研讨，在教师共同体的协作下教师所进行的从边缘性参与到取得合法地位参与的自我进修学习。

"校本"包含两个方面的含义：一是研修基于学校年级备课组和学科教研组的日常教研活动，二是"五次"研修活动环节都围绕学校课堂的"教学问题发现和解决"。

"五环节"常态课校本研修模式旨在创设一种体验课堂教学的具体情境，通过边缘性参与，让学习共同体成员之间能充分地互动交流，通过专家、教研员的教育思想、观念与一线教师的直接教学经验的正面碰撞，制造经验与理论的冲突契机。由此，生动活泼、富有成效的教学研修环境得以营造，使教师的实践性知识在此环境中得到引导、提升和共享，最终实现提升教师专业技术和水平的培训目的。

2．"五环节"常态课校本研修模式的操作流程

常态课校本研修模式的操作流程（如图1所示）包括"课前说课""教学及同伴观课""反思及评估修订""修订后再教及观课""再反思及成果分享"五个具体环节：

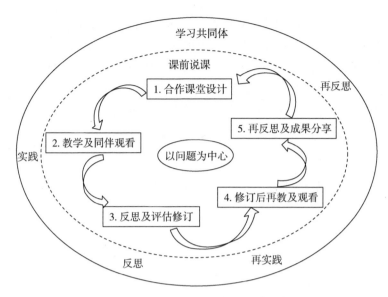

图1 "五环节"常态课校本研修模式操作流程图

（1）"课前说课"：在课前会议中进行，由执教者阐述本节课设计思路，说明"亮点"和困惑，备课组教师聆听教学设计，共同商议本课期望解决的问题，备课组教师以问题为中心分别选择课堂观察点。

（2）"教学及同伴观课"：是由一名教师执教"常态课"，其他教师根据不同的课堂观察点进行观课。这是学习共同体的第一次课堂实践，包括执教者课堂授课和观课者课堂观察的实践，其关键是聚焦课堂问题的发现，包括执教者发现实操问题和观课者发现教学问题。

（3）"反思及评估修订"：进行课后会议，执教者进行授课反思，观课者根据观察记录讨论"听课情形"，团队对每位教师所发现的问题进行提炼和归类，并分析原因，共同提出整改意见和计划。这是学习共同体第一次反思行动，其关键是聚焦问题的反思，并就问题解决的对策形成团队集体意见，共同面对和解决问题。

（4）"修订后再教及观课"：根据团队对上次执教改进的建议，由一名教师在不同课堂上实施第二次教学实践，称之为"常态课的改进课"，观课教师继续进行观课。这是学习共同体再次的课堂实践，其关键仍是聚焦课堂，进一步发现问题。

（5）"再反思及成果分享"：进行第二次课后会议，执教者再次进行授课反思，观课教师继续讨论"听课情形"，团队进一步提出改进意见。这是学习共同体再次反思行动，其关键是成果的交流和分享，团队成员在思

303

想交流、观点碰撞中实现互相促动、互相启发，从而分享经验、共同获益，在更进一步的"实践＋反思"中更深层次地发现和解决问题。

单纯的循环是从原点回到原点，而"五环节"常态课研修模式的循环则并不是"单纯的循环"，而是呈螺旋式上升的。在学习共同体以问题为中心的循环和体验行动中，授课者和观课者通过两轮的"听、说、评、讲、议"等活动序列，不断发生群体内的思想碰撞、相互启发，专业知识和技能都可得到不断的完善和提升，最后实现互利共赢。

三、常态课校本研修模式中的评课单策略

传统的听课评课，教师往往都是基于各自的经验认识，缺乏较为系统的思考和课堂观察的指导理论。针对该问题，为了促进教师基于实践进行反思、通过反思改进实践，我们结合课堂评价理论和实践经验，设计开发了《常态课课例研究课堂观察 & 评课单》，并从整体视角和分类视角将其进一步分为《整体课堂观察 & 评课单》和《分类课堂观察 & 评课单》，包括学生学习、教师教学、课程性质和课堂文化等多个维度，为"五环节"常态课研修中的观课和评课提供更有针对性的观察和研讨的指导框架。

当然，上述课堂"观察 & 评课单"只是观察和评价视角的举例，实际操作中，教师们可以根据学校的教学现状、师生实际、课堂实际问题等进行适当的调整。除了上述观课评课单外，我们还设计和开发了《常态课课例研究互助式观课表》，这是一种横向的同伴互助活动的指导性工具。具体使用步骤如下：

（1）双方在课前共同商定好课堂观察的主题和重点。

（2）观课者做好课堂观察和记录，记录下课堂里发生的真实情况及自己的思考。

（3）开展课后的讨论，讨论要针对主题和要点，问题一定要具体。

（4）后续行动，上课教师要把改进措施实施到后续课堂教学活动中，并取出该互助式观课表的记录予以一一比较。

以 L 小学 S 老师执教的人教版课标教材第八册第 5 单元《三角形三边关系》课例研究为例，荔湾区小学数学教研员、高校数学教学论专家、L小学数学科组全体教师以及荔湾区来自 8 所小学的数学教师，全程参与了"五环节"的常态课校本研修。在 S 教师的两轮授课过程中，本次研修过程中，学科组的其他教师分别就某一主题进行课堂观察，包括课堂应答、

学生的错误、教师的处理与评价、学生倾听状态观察、学生探究活动记录等研究资料，从不同角度观察和评价教学过程。以科组 K 老师的《课堂应答全过程记录评价小结》为例，她既记录了课堂上学生的应答情况，又进行了分析并提出了教学建议，具体如表 1 所示。

表 1　课堂应答全过程记录评价小结

班级学生总数（人）	37	应答总次数	59
集体应答次数（次）	30	集体应答所占百分比	50.8%
未单独应答学生数（人）	20	未单独应答学生所占百分比	54.1%
应答次数特别多学生人数（人）	3	应答次数特别多学生所占百分比	8.1%
回答 2 次的学生人数	6	回答 2 次的学生所占百分比	16.2%
回答 1 次的学生人数	8	回答 1 次的学生所占百分比	21.6%

总评：

　　本课是几何图形的概念教学，教师组织学生操作、讨论、探究、交流的活动较多。教师设计的问题能有效地引导学生从数学角度有层次地思考问题。从课堂观察数据统计的结果来看，本堂课学生的应答以集体应答为主，个别应答的概率相对低些，但应答基本覆盖了不同位置与不同水平的学生。教师能及时全面地掌握大部分学生的反馈情况，据此再做出进一步的追问，引导学生一步步归纳出完整的结论。

　　对统计数据的分析发现，本班有几个学生的应答次数较多，反映出他们思维比较活跃，对不同问题都能做出较快速、准确的反应，并能积极举手发言，对于具有发展性的问题表现尤为突出。教师可以进一步做出鼓励，令他们带动其他同学也积极发言。

　　建议教师在分组探究活动中进一步引导学生组内交流，让更多的学生能用数学语言说明实验结果，提高学生归纳结论的能力。对于重要的结论，可以请学生以不同的形式多说（如指名说、同位说、齐说……）。这样，既可提高学生的口头表达能力，也可加深对知识的理解，从而更熟练地掌握新知。

　　评课单策略的引入，为"五环节"常态课校本研修模式指出了各次研修的侧重点。同伴间的互助记录，帮授课教师记录下课堂真实的情况，不仅能够有效促进授课教师的反思与专业成长，而且为共同体成员评课提供了重要的研修素材。

四、效果与展望

（一）常态课校本研修模式实施成效

实践表明，自从荔湾区开展了常态课校本研修模式以来，教师研修的组织架构正逐步由事务性转向业务性，从公开课、示范课转向对常态课堂的关注，真正地实现了以问题为中心，以课堂为载体，以教研组、学科组为平台，以学校为主体的校本研修行动的资源共享，并已形成常态化、规范化、深入化，做实了常态教研，做深了教研常态。

在常态课校本研修模式的引领下，实施近五年来，全区共成立了26个"品牌教师工作站"，1150人次被评为荔湾区品牌教师，5人被评为广东省特级教师，7人被评为省市基础教育系统名教师，14人被评为广东省南粤优秀教师，6人被选为广东省基础教育"百千万人才工程"培养对象，31人被选为省市名教师培养对象。相关研究成果于2010年由广东教育出版社出版《荔园耕读》和《师门凝望》共两卷，并得到了电视媒体和报刊的多次专题报道。

（二）研究展望

在现有的常态课校本研修模式的基础上，荔湾区正朝以下两大方向进行区域教研与教师专业发展的新探索。

一方面，为促进研修成果转化，将小课题研究纳入常态课校本研修模式之中。教师们在教学设计切磋交流中发现问题，从课堂观察和学生的反应中寻觅问题，在课后反思中找出问题，并将有价值的、需要长期追踪解决的问题形成学科小课题，按照"提炼课题—团队研究—形成成果—实践检验"的主线，在开展课题研修的同时，同步开展学科小课题研究，进而形成行动研究、校本研修、学科培训"三合一"。同时，把小课题研究的过程和成果通过研修转化为课堂教学的实际效果，让学校最基础的学习型组织，例如年级备课组和学科教研组，其日常活动实现教研问题化、问题主题化、主题研究常态化和规范化。

另一方面，为创新研修管理方式，建立学分银行，使教师能根据个人需要选修课程存储学分。建立学分银行的同时革新教师继续教育（进修）评价机制，研修与评价紧密结合，以评价促进研修。我们正在不断思考、完善学员研训学分登入方式，尝试将教师在本校、本学科、本年级组浸入课堂所进行的常态课例校本行动研究活动，以学期为单位，根据教师所完成的研训工作、工作职责及所取得的成效，灵活折算成继续教育学分，为教师们创设一种静心、踏实，全情在课堂中培训、在培训中教学的教师继续教育平台。

注 释

[1] 陈向明. 实践性知识：教师专业发展的知识基础［J］. 北京大学教育评论，2003（1）：104-112.

[2] 莱夫 J，温格 E. 情境学习：合法的边缘性参与［M］. 王文静，译. 上海：华东师范大学出版社，2004：96.

[3] 王洁，顾泠沅. 行动教育：教师在职学习的范式革新［M］. 上海：华东师范大学出版社，2007：16.

[4] 李更生，刘力. 走进教育现场：基于研修共同体的教师培训新模式［J］. 教育发展研究，2012（8）：76-80.

（此文发表于《中小学教师培训》2017 年第 3 期）

改进教师培训教材设计的若干策略

张　恰

（东北师范大学出版社　吉林长春）

教师培训教材是教师培训课程资源中最基本的课程资源之一，近十几年来发展非常迅速，在整个教师培训课程资源体系中占有十分重要的地位。然而，我国的教师培训教材出版还不适应教师培训方式的转变，不适应教师教育课程改革的要求，不适应教师自主学习与发展的需要。究其原因，这些不适应的症结可以归结为教师培训教材的设计问题。要改变这些不适应的现状，就必须对教师培训教材设计问题展开深入而又系统的研究，提出改进教师培训教材设计的"行动路线图"。

运用整体和发展的观点来看待如何改进教师培训教材设计这一实际问题：我们不仅要着眼于教师培训教材设计的过程本身，还要关注教师培训教材设计的主体——设计（编写）人员队伍；不仅要着眼于"静态"的文本设计，追求对培训课程内容的完美预设，还要关注教师培训教材在教师行动学习中的"动态"实施；不仅要着眼于教师培训教材设计的模式与策略，还要关注教师培训教材质量的外部保障措施。

根据这一思路，本文提出改进教师培训教材设计的如下策略：

一、更新设计理念，采用实践—反思取向的设计模式与策略

通过问卷调查和访谈的统计数据可以发现[1]，我国当前的教师培训教材在设计理念、选题确定、目标设计、媒体规划、内容选择、内容组织、内容呈现等设计过程中存在着诸多问题。产生这些问题的主要原因可以归结为教师培训教材设计者以理论阐述式的"知识本位"为核心的设计理念，没有形成问题解决式的"教师本位"设计理念。解决我国教师培训教材设计存在问题的关键在于促进教师基于经验的反思，实现理论与实践的紧密结合。

为此，教师培训教材设计人员应该更新设计理念，广泛采用实践—反

思取向的设计模式与策略。因此，教师培训机构或者以教师培训教材为主要出版方向的出版社应设立专项的培训经费，为教材设计人员提供有关教师培训教材设计的专题培训，更新其设计理念，提升其教材设计的专业素养，以培养一支高水平的、相对稳定的、善于将理论与实践紧密结合的教师培训教材设计人员队伍。

二、发挥各自优势，组成人员结构合理的教材设计（编写）队伍

为了使教师培训教材既有一定的理论高度，又符合一线教师的实际需求，避免培训教材出现那种"纯理论搬家式"或者"浅层次经验总结式"两种极端现象，教师培训教材设计（编写）队伍应由培训课程专家、培训机构领导及培训者、教师教育行政领导、一线教师的代表、出版社编辑人员五类人员组成。在教师培训教材设计过程中，他们各自扮演的角色、承担的责任和发挥的作用各不相同，分别负责并共同参与培训教材的设计工作。特别应该说明的是，应创造机会吸纳一线教师的代表参与教材设计的全过程。在这一过程中，一线教师的代表可以从教材使用者的角度提出建设性意见。

这种设计团队有以下优点：一是成员间可以发挥各自的优势，互相支持，取长补短；二是群策群力，可以在较短时间内完成大型的教材设计和编写工作；三是成员间能相互鼓励，可以发挥个人的最大潜能。

当然，由团队进行的教材设计，缺点也会同时存在：一是花费太多的时间在讨论、协调、等待甚至争执之中；二是完成的教材其协调性可能很差；三是团队工作时可能会互相推诿责任。因此，在具体的团队教材设计过程中，要注意克服以上可能出现的缺点，进行合理的人力资源管理。

三、追踪反馈信息，在教师的行动学习中完善教材设计

通常对教材的评价主要有两种途径[2]：一是教材开发者或者有关专家依据一定的标准或经验对教材本身进行的定性分析，这是一种静态分析；二是在具体的教学实施中收集学生、教师对教材使用的意见，了解教材对学生、教师的适应情况，这是一种动态的评价。根据教材评价动态分析的要求，我们认为，科学、完整的教师培训教材设计过程应该是一个"设计—实验—修订"的不断往复递进的动态过程，其中通过教师的行动学习

获得教材使用的反馈信息，是不断完善教师培训教材设计的关键环节。根据教材评价的动态分析结果，教材设计者要对培训教材进行修订和调整，以更好地完善教师培训教材的设计。

为了准确地获取对教师培训教材评价的动态分析结果，应该将教师培训教材的动态评价置于完整的教师行动学习之中，而不是一两次的教师培训活动中。这是因为，教师的培训学习可以分为两种类型，即理论的学习与行动的学习。而基于实践—反思取向的教师培训教材设计所倡导的理念与行动学习的内涵完全一致。行动学习建立在反思与行动二者相互联系的基础上，是一个计划、行动、观察、反思，进而制订下一步行动研究计划的循环过程。反思是行动学习的一个重要环节，教师通过对自己在学习应用中的实际问题进行反思，在反思的基础上形成对问题的新见解，进而制订新的行动计划加以实施检验。如此不断反复，构成行动学习的全过程。

虽然对教师培训教材的静态分析是必需的，但更重要的是在教师行动学习中获得教师培训者和教材使用者的动态信息。

为了获取这种动态信息，可以采取以下两种方法：

1. 全面了解教师培训者对教师培训教材的意见和要求

教师培训者是教师培训教材评价和修订的重要参与者，必须保证让教师培训者能以某种形式参与培训教材的修订和评价工作。这是因为教师培训者在培训活动中掌握了大量的第一手资料，而这些资料是科学地评价教材必不可少的根据，离开具有丰富培训经验的教师培训者的反馈信息，对培训教材评价和修订的结果往往是难以令人满意的。

在教师的行动学习过程中，教材设计者一方面可以通过召开座谈会、进行访问等方式了解教师培训者对教材使用的意见和要求，对教材中的某些问题做出深入的分析和判断；另一方面，为了更全面、更及时地收集教师培训者使用教材的意见，可以选择部分教师培训机构的培训者，指导他们直接将培训活动中发现的问题记录下来。教材设计者可以定期收集教师培训者有关培训教材存在问题的记录，加以整理归纳，并同教师培训者交流讨论，从而找出问题的原因，制订改进的措施。

2. 深入分析教师在使用培训教材后的反应和行为变化

作为教师培训教材的价值主体，教师使用培训教材后的反应和行为变化是评价教师培训教材的重要依据。对教师使用培训教材后的反应和行为变化的分析，主要通过以下两种途径来完成：一是采用大规模问卷调查的方式来了解教师对培训教材的喜爱程度及培训教材中存在的问题等内容，从整体上了解教师对培训教材所持的态度及存在的问题，这一点对于教师培训教材的修订和完善具有十分重要的作用；二是采用观察和访谈的方式来获得有关教师培训教材的信息。在教师培训活动中，为了深入了解教师对培训教材的学习情况，教材设计者需要深入到培训的第一线，选择一定数量的教材使用者，对他们的学习行为进行连续、系统的观察和研究，及时发现他们在学习中出现的困难和问题，并通过访谈等方式查明原因，以获取有关培训教材修订的反馈信息。

总之，基于实践—反思取向的教师培训教材设计，要重视及时收集和整理在行动学习中教师培训者和教材使用者的信息，将教师培训者和教材使用者的反馈信息作为教师培训教材设计的重要资源，从而使教师培训教材的设计真正成为一个在实践、反馈、修订基础上不断往复递进的、动态的开放系统。

四、开展理论研究，提升教材设计的科学化水平

当前，教师培训教材的设计与开发还没有步入科学化、规范化的轨道。由于教材设计理论研究十分薄弱，特别是系统的、高水平的、真正体现教师专业发展需求的教材设计理论研究极度匮乏，这使得教师培训教材设计长期缺乏一种扎实的理论根基，教师培训教材设计还只是停留在直觉的经验水平上，从而导致教师培训教材的设计"先天营养不良"。没有坚实的、科学的理论做指引，教师培训教材设计的科学性和规范性就无法得到保障。因此，开展理论研究是提升教师培训教材设计科学化水平充分而又必要的条件。

开展教师培训教材设计的理论研究，应该成为教材设计相关人员（教师培训者、教材编写者以及教材出版者）必须开展的一项工作。一方面，我国的教师培训教材设计理论研究还十分薄弱；另一方面，教师培训教材设计的实践却发展得十分迅速，不断呼唤着理论的指导。因此，鼓励教材设计相关人员发挥各自的研究优势，建立适应教师学习规律的教师培训教材设计理论，已成为当务之急。教材设计相关人员应该以强烈的使命感和责任感，积极开展教师培训教材设计理论的研究。比如，从理论上展示不同的教材观，揭示影响教师培训教材设计的诸多因素，比较不同教材设计模式的特点，以及提供教材设计的一系列技术规范，都能为教师培训教材

设计的实践提供相关的理论指引。

鉴于我国教师培训教材设计研究底子薄，起步晚，建议开展这方面的理论研究既要以国际化的视野借鉴国际教师培训教材设计理论的最新成果，又必须坚持本土化的原则，以构建符合我国教师培训现实状况的教师培训教材设计理论。

五、完善审定制度，提高教师培训教材的准入门槛

我国已经初步建立了相对规范的国家级和省级评审、遴选和招投标机制，促进了优质教师教育课程资源的共建共享。在国家层面上，教育部委托全国教师教育课程资源专家委员会负责统筹规划教师教育课程资源建设，定期在全国范围内组织征集、遴选、评审和推荐。实践证明，通过公开征集、评审、推荐，把好的教师教育课程资源遴选出来，把不好的课程资源淘汰掉，这是一种行之有效的机制[3]。

随着我国教师教育课程改革的推进和培训教材的市场化发展，教师培训教材的审定工作愈加艰巨和繁重。由于目前教师培训教材管理体制的不健全、不规范，教材审定工作也亟待加强制度建设。

1. 科学设置组织机构，严格审定程序

审定组织机构的设置应使评审队伍专业化、专家化，教育行政领导退出，防止行政命令的干预，增强教材审定的科学性。建立委员信息库，随机抽取参加审定工作，并且要精简机构设置，由教育部委托教材审定专业行会组织、协调教材的审定工作。

审定程序应该包括：申请送审；出版资质审查；样书初审、复审、终审；公布审定结果。其中要规范申请送审的条件，严格审查出版教师培训教材单位的资质，保证给专家充分进行"三审"的时间。

2. 加强审定委员资格的认证

从现实情况来看，教师培训教材评审委员多来自教育行政部门、高校、教师培训机构等，而且很多委员都参加了大部分教材的编写，不可避免地形成了编写和审定的队伍部分重合的现象。一些审定委员年龄偏大，知识结构单一，很难把握和审查有创意、有新意的教材。由于受市场经济的冲击，教材审定中的"人情风"等弊端也暴露出来。因此，教育行政部门首先应严把教材审定人员资格关，制定相应的资格认证标准，对那些与培训教材编写相关的人员要实行回避制度，以防止教材审定工作中不公

平、不公正现象的出现。

教材审定工作是一项很重要的专业研究活动，在这个过程中，加强审定委员资格认证，建立教材审定委员会信息库，随机抽取参加教材审定等，会在一定程度上有效提高专家的保密程度，避免一些不必要的干扰，保证教材审定的科学性、严肃性和公正性。

3. 对审定委员会进行问责，增加公众的参与

教材审定的结果对教材的发行有很大的影响，尤其对主要采用系统发行方式的教师培训教材来说更是如此。在教师培训机构选用教材时，是否通过国家课程资源评审推荐或者是否通过本地教材审定专家组的评审都起着决定性的作用。因此，教材审定委员们的这种决定权，涉及很多出版单位和相关部门的经济利益，可谓是位高权重。在教材审定过程中，应该引入问责机制，明确委员们的责任和权力[4]。目前，我国国家级中小学教师培训教材的审定，还是由教育部师范教育司委托全国教师教育课程资源专家委员会召集全国各地不同类型的教师教育机构的各学科、各领域的知名专家参加评审，在这个过程中虽然制定了严格的评审标准，规定了初审和复审的比例，但是没有对委员们评审的结果制定相应的考查指标。当通过评审的教材在使用中出现错误或问题时，应当建立对评审委员的问责制，严格查处教材审定过程中的粗心大意、滥用职权、营私舞弊、收受贿赂等行为。

广大教师是教师培训教材的最终使用者，教师对培训教材的编写质量、适用性、特色等更有发言权。但是在目前的教材审定组织结构中，没有教师的发言权。随着决策科学化、民主化的发展，重视公众的意见，让公众参与教材审定已是大势所趋[5]。要强调的是，这里说的公众是指广大教师和关注教育事业、投身教育事业的社会人士。笔者认为，在我国的教师培训教材审定组织机构中，应分配给一线教师一定的比例，调动一线教师的参与积极性，发挥一线教师的智慧和力量，共同搞好教师培训教材的审定工作。

4. 建立监督机制，对通过审定的教材进行质量监管

目前，我国教师培训教材市场还很不成熟，各出版单位都在稳定或扩大市场占有率上下功夫，还没有建立一个良好的自律机制。在没有有效的外力监管下，出版单位不会对通过审定的教材进行质量监督。因此，必须建立监督机制，对通过审定的教材进行质量监管。教材质量监管工作主要

是发现选用教材在使用中的问题，如是否适合当地的教师继续教育要求，是否符合教师的学习特点，教材的编辑加工质量以及定价等问题，都可以作为监管的内容，并督促出版单位及时予以纠正或改进。

注　释

［1］张恰. 教师培训教材设计研究：基于实践—反思取向的设计模式与策略［D］. 长春：东北师范大学博士学位论文，2009.

［2］毕华林等. 化学新教材开发与使用［M］. 北京：高等教育出版社，2003：15.

［3］宋永刚. 在 2006 年全国教师教育优秀课程资源评审启动会议上的讲话摘要［EB/OL］.［2006-09-19］. http：//www. jswl. cn/xiang. asp？id＝6711.

［4］［5］王爱菊，徐文彬. "新课程"改善：批判与反思：教材审定制度及其存在的问题［J］. 当代教育科学，2006（2）：13-18.

（此文发表于《中小学教师培训》2010 年第 8 期）

管理与评价

GUANLI YU PINGJIA

教育部农村校长助力工程校长培训
研究现状及其发展趋势

梅秀娟[1]　梁红梅[1,2]　孙福胜[3]

（1. 东北师范大学教育学部　吉林长春；
2. 中国基础教育质量监测协同创新中心东北师范大学分中心　吉林长春；
3. 首都师范大学马克思主义学院　北京）

教育部农村校长助力工程自 2013 年启动实施以来引起了国内各界的高度关注，农村校长助力工程运用独具特色的培训理念和培训模式来提高农村学校校长解决办学重点难点问题的能力和专业素养，为各地培养了一大批实施素质教育、推进农村义务教育改革发展的带头人。项目的深入实施需要相应的研究为理论支撑。国内学者积极探讨农村校长助力工程校长培训的相关问题，取得了显著的研究成果，为更好开展新时代农村校长助力工程校长培训工作积累了丰富经验，提供了有益参考。

一、提升农村学校办学品质，农村校长助力工程应运而生

农村校长助力工程是教育部"校长国培计划"的重要组成部分，旨在提高农村学校校长解决办学重点难点问题的能力，为各地培养一批实施素质教育、推进农村义务教育改革发展的带头人。农村校长助力工程的鲜明时代特色主要体现在实施背景和体系架构两个方面。

1. 提高农村校长办学治校能力是农村校长助力工程实施的主要目标

2013 年 10 月和 2014 年 6 月，教育部先后印发了关于实施农村校长助力工程的政策文件。一是为切实提高中西部地区、集中连片特殊困难地区农村义务教育学校校长队伍的整体素质和办学治校能力，着力推动义务教育均衡发展，根据《教育部关于进一步加强中小学校长培训工作的意见》（教师〔2013〕11 号），教育部于 2013 年 10 月 12 日印发了《关于实施农村校长助力工程的通知》（教师司〔2013〕91 号）[1]，决定从 2013 年起启动实施农村校长助力工程。其中，36 家院校（机构）被选为 2013 年农村校长助力工程培训机构，要求"各院校（机构）高度重视农村校长助力工程实施工作，加强组织领导，组建高水平培训专家团队，开发优质培训课

程资源，根据农村校长需求优化培训内容，强化影子培训环节，健全项目管理机制，为参训校长提供高质量的培训服务"。二是为贯彻党的十八届三中全会精神，落实《教育部关于进一步加强中小学校长培训工作的意见》（教师〔2013〕11号），造就一支高素质专业化的中小学校长（含幼儿园园长、特殊教育学校校长）队伍，教育部于2014年6月6日印发了《教育部办公厅关于启动实施中小学校长国家级培训计划的通知》（教师厅函〔2014〕9号）[2]（简称"校长国培计划"），提出实施"'校长国培计划'——中小学校长示范性培训项目"，指出中小学校长示范性培训项目是"教育部直接组织实施面向全国中小学校长示范性培训项目，主要包括边远贫困地区农村校长助力工程、特殊教育学校校长能力提升工程、卓越校长领航工程、培训者专业能力提升工程"。同时，明确指出边远贫困地区农村校长助力工程主要包括农村幼儿园园长培训班、农村小学校长培训班、农村中学校长培训班。

2. 农村校长助力工程的体系架构自成一体

农村校长助力工程培训目标、培训对象、培训内容、培训方式以及组织运作机制等自成一体，且具有系统性强、针对性强、可操作性强、可推广性强以及灵活创新性强等特征。

整个工程系统性强，从招投标到公布入选培训机构，再到培训实施和评估结果公布等环节，都有明确要求，彰显了农村校长助力工程的系统性和连贯性。组织运作机制方面：一是实行培训项目招投标机制，择优遴选中小学校长培训机构、高等学校、中小学校承担培训任务，要求"具有承担中小学校长国家级培训项目或三年以上中小学校长省级培训项目经验，培训效果良好、社会信誉度高的省级以上专职校长培训机构、师范大学、中小学校参与竞标，参与竞标机构需具有一批优质的影子培训基地学校"；二是组建专兼结合的培训者队伍，要求"各培训机构要组建高水平的专兼职培训者队伍，其中优秀一线校长和教育管理干部所占比例应不少于50%，项目实行首席专家制，由首席专家主持培训课程设计、资源开发和培训教学等"；三是探索参训校长自主选择培训机构的机制，提出"建设菜单式、开放式、信息化的选学服务平台，为参训校长提供自主选择培训机构的机会，相关省（区、市）教育行政部门组织参训校长通过选学服务平台自主选择培训机构"；四是建立评估监管制度，要求"各培训机构要认真做好绩效自评工作，中小学校长和幼儿园园长国家级培训项目管理办公室采取适当方式对培训机构的培训内容、教学安排、管理服务、学员满意度等状况进行检查，公布评估结果，并将评估结果作为下拨培训经费的重要依据"。

农村校长助力工程的针对性强主要表现在培训目标和培训对象十分明确。从培训目标来看，每年组织 2000 名农村义务教育学校校长参加国家级培训，提高农村学校校长解决办学重点难点问题的能力，为各地培养一批实施素质教育、推进农村义务教育改革发展的带头人。从培训对象来看，参训主体是中西部地区国贫县、集中连片特殊困难地区乡镇及以下农村义务教育学校正职校长。

在培训内容和培训方式方面，农村校长助力工程对各培训机构的规定动作做出了严格要求，同时鼓励立足实际积极创新，有些培训机构积极创新培训模式，构建了独具特色的培训模式，具有很强的学术价值和推广应用价值。培训内容方面，强调要根据义务教育学校校长专业标准，围绕实施素质教育和义务教育改革发展的重点难点问题，针对农村学校校长的实际需求，设计安排有针对性的培训内容，其中实践性课程不少于 50%，帮助农村学校校长开阔教育视野，更新办学理念，提升专业素质和解决实际问题的能力，将义务教育学校校长专业标准、师德建设长效机制和信息技术作为培训的必修内容，鼓励培训机构邀请全国教书育人楷模等优秀典型做先进事迹报告，提高职业道德教育实效。培训方式方面，采取"集中培训＋返岗实践"培训方式：集中培训阶段共 25 天，通过专题讲座、案例教学、影子培训等环节，帮助农村学校校长学习借鉴优秀中小学的办学经验，掌握诊断学校发展问题、制订学校发展规划的基本方法；返岗实践阶段共 50 天，农村学校校长在培训专家的指导下，制订学校中长期发展规划，实施学校改进行动计划，提高管理水平。

启动实施农村校长助力工程积极回应了人民对农村基础教育高质量的呼唤，符合新时代中小学农村校长成长和发展需要，顺应了新时代中小学农村校长培训工作的发展趋势，为高素质专业化的教育人才竞相迸发、充分涌现提供了良好环境。

二、坚持问题导向，深入探讨农村校长助力工程校长培训的相关问题

从现有文献资料来看，国内学者较为关注农村校长助力工程校长培训的现实问题，坚持问题导向，主要对农村校长助力工程的培训政策与层次

地位、参训校长专业能力、培训模式和培训实效等问题进行了研究。

1. 重视农村校长助力工程培训政策与层次地位的研究

郭垒研究了中小学校长培训工作的一系列培训政策，认为在培训体系框架下，"校长国培计划"进行了"校长国培"的项目安排，这相当于建立了中小学校长培训的"招生体系"。"校长国培"的项目包括：边远贫困地区农村校长助力工程、全国中小学骨干校长研修班、全国中小学优秀校长研究班、名校长领航班。围绕《义务教育学校校长专业标准》中的专业素质要求，针对不同层次、类别、岗位的校长，以及校长成长的各个专业发展阶段，建立"任职资格培训"、"提高培训"、"高级研修"和"专题培训"的体系。农村校长助力工程属于提高培训层次，提高培训重点，提升校长实施素质教育能力。[3]

孙福胜梳理了新中国成立以来我国中小学校长培训工作的相关政策，认为 2013 年 10 月，教育部发布的《关于实施农村校长助力工程的通知》中明确提出"每年组织 2000 名农村义务教育学校校长参加国家级培训，提高农村学校校长解决办学重点难点问题的能力，为各地培养一批实施素质教育、推进农村义务教育改革发展的带头人"，这是首次将农村校长培训提高到国家级培训层面。[4]

2. 关注助力项目培训对象专业能力的分析

把握中西部农村中小学校长领导风格的现状，为推进农村校长领导力研究提供借鉴。刘利平、刘春平等采用问卷调查和访谈法对 2013 年农村校长助力工程新疆师范大学培训班中 38 位参训校长的领导风格进行了深入分析，发现 38 位参训校长的领导风格以交易型领导风格为主导，偏向"胡萝卜加大棒"式的管理方法，希望通过外部刺激促使教职员工做出工作成绩。分析了这种风格主要是由学历层次偏低、引领教师成长的后劲不足，学习途径单一、自主学习意识不强，受客观环境的制约缺乏开拓精神等因素造成的。提出了要促使变革型与交易型领导行为有机结合，引导农村校长不断提升个人权威，充分发掘资源，创建农村特色学校等优化农村校长领导风格的策略。[5]

校长自觉增强反思意识和提升反思能力，是校长专业发展的需要，有利于促进学校有效管理。梅秀娟、马喜、梁红梅等对 2016 年农村校长助力工程东北师范大学研修班参训校长在培训过程中的反思状况进行了深入分析，发现农村校长存在着反思意识淡薄、反思能力薄弱（主要表现为反思表层化、反思缺乏连续性、反思缺乏针对性等）等现实状况，提出要增强反思意识，自觉反思；完善评价制度，重视反思；建立激励机制，促进反思；加强过程指导，有效反思等提升农村校长反思能力的策略。[6]

3. 探索适切的农村校长助力工程培训模式

成都师范学院通过基于"五位一体"实践引领的培训模式创新，探索了农村校长培训模式改革的方向。张佳、郭平认为，农村校长助力工程是国家对农村校长培训模式创新改革的试点，在实施"五位一体"的培训模式中，应重点突出培训的"实践性"，坚持"从实践中来，到实践中去"的理念，实行"训前调研、训中诊断、训后跟踪"的三阶段递进，落实"需求调研、导师引领、影子跟岗、反思提高、岗位追踪"五位一体的培训，促进理论与实践结合、校长与校长互动、反思与改进并进。[7]

吉林省教育学院基于思、行经验融粹与道、器创新升华生成的"吉林模式"农村校长培训课程探索与教学实践，聚焦农村校长培训专业化课程建设与教学改革，做出了积极的实践应答，提升了农村校长助力工程的品牌力和学术力。赫坚对"吉林模式"农村校长培训课程与教学的价值取向（确立"以实为是""以人为本""以终为始"作为专业品质），内涵表达（课程与教学的设计理念、建构理念、方式理念、效能理念、管理理念等科学理念），行动探索（选定主题、设计目标、建构内容、应用方式、设定任务、实施评价），以及进取策略（"学员立场"自省、"实践导向"自信、"行动学习"自主、"内生驱动"自觉）进行了系统阐释。[8]

4. 加强对农村校长助力工程培训实效性评价的探讨

刘明远对江苏教育行政干部培训中心承担农村校长助力工程工作培训实效进行了回顾与反思，认为要实现培训效果，需要做到五个方面：一是多维立体，适切需求，科学合理确定"助力工程"的培训主题；二是精编课程、精选专家，实践取向、能力为重；三是转变培训方式，优化培训基地；四是做到基于管理现场，改进管理行为，做细做实返岗实践，努力让校长"一次培训，终身受益"。同时，提出要坚持把理论武装放在校长培训的首位，注重以问题为导向，按需施训，实施协同创新，增强校长培训的动力和活力等建议。[9]

陈禹从适需、求实、助行、促变等方面总结了吉林省教育学院承办农村校长助力工程的经验，认为聚焦"立德树人，办好人民满意教育"的宗旨性诉求，立足"教育家办学"的追求性倡导，特别是基于动力本位精神力量、能力本位智慧力量、行动本位执行力量的实践导向的农村中小学校长培训专业化诉求越发突显，立足农村校长培训工作的经验凝练和问题反

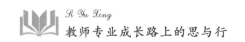

思，有助于农村校长培训效能改进的实践审视和专业进取。[10]

蔡其勇认为，农村校长助力工程取得了预期的培训目标，产生了良好的社会影响，有力助推了校长专业成长和农村教育改革发展。同时，提出实施农村校长助力工程，应贴近农村教育，更好地服务农村教育发展，立足农村学校校长实际，帮助参训校长提高自我反思、自我诊断、自我规划与发展的能力，切实解除参训校长实际工作中的困难，使他们能从农村教育的内涵发展去构建学校未来发展规划，去理解发展农村教育的现实意义，去反思教育中存在的主要问题，去寻找解决办法与路径，突破农村教育和自身专业发展的难点。[11]

马喜以农村校长助力工程 D 研修班为例，从培训取得的成效及存在的主要问题对农村校长助力工程小学校长培训的实效进行了研究，从参训校长自身、培训设计以及校长所处的成长环境三个方面分析了影响培训效果的因素，提出了从激发校长参培动力、培训机构完善培训设计与管理、营造有利于校长实践的环境等方面出发来提高农村小学校长国家级培训效果。[12]

此外，马喜、周亚文、梅秀娟等采用文本分析法对 2016 年农村校长助力工程东北师范大学研修班中的 38 位小学校长提交的专业成长自传进行了着重深入分析，并以这些农村校长专业成长自传作为了解农村小学教师队伍建设状况的第一手资料，发现农村小学教师队伍建设师资力量紧缺、教师职业倦怠问题严重、教师素质亟待提升，农村小学素质教育唯分数论的评价机制盛行，校长与教师难以冲破应试教育的藩篱等制约着素质教育的推进，农村小学生源流失严重，留守儿童群体的扩大加大了管理压力，导致农村小学生源压力渐增，同时家校合作希望渺茫（农村学生家长家庭教育观念落后和农村学校安全管理瓶颈难以突破是主因）以及上级教育主管部门的支持偏离实际需求（包括上级教育主管部门干预频繁、学校承担了太多与教学无关的事务、学校办学条件薄弱等）等问题。[13]

总体来看，国内学者对农村校长助力工程校长培训相关问题进行了多方位的研究，取得了一大批成果，助推了农村校长助力工程的顺利开展，受到了参训校长和国内各界的广泛好评。

三、守正出新，推进新时代农村校长助力工程的新发展

新时代唯创新者进，唯创新者强，唯创新者胜。农村校长助力工程实施五年来，参训校长和培训机构以及研究者的实践探索和学术研究为农村

校长助力工程走向深处打下了重要基础，但是同新时代农村校长助力工程的改革与发展的新需要还很不适应，如培训理念和培训模式创新存在短板。做好新时代农村校长助力工程要增强三大意识：

一是要增强学术研究意识，将农村校长助力工程作为新时代的一项重大课题来研究，提升农村校长助力工程的学术研究价值。如在全国教育科学"十三五"规划2017年度课题立项名单中，长江师范学院蔡其勇的"集中连片特困地区义务教育精准扶贫实效评价与跟踪研究"（国家一般）和北京教育学院杨秀治的"边远贫困地区农村校长助力工程幼儿园园长培训的问题与对策研究"（教育部重点），都是以农村校长助力工程为课题研究方向，以期探索更为有效的培训模式和培训策略，为农村校长助力工程的深入开展提供更多成果参考。

二是要增强成果共享意识，把农村校长助力工程的研究成果广泛共享，让更多农村校长从中受益，让更多研究者受到启示。如中国教育学会教师培训者联盟2017年征集的优秀实践案例中，东北师范大学教育学部提交的"农村校长助力工程'一体化四段式'培训模式实践探索"获得二等奖并在联盟中共享。2018年基础教育国家级教学成果奖拟授奖成果名单中，吉林省教育学院"边远贫困地区农村中小学校长专业发展'吉林模式'课程构建与实践"（二等奖），是将吉林省教育学院承办的农村校长助力工程的经验和思想进行理论化系统化凝练，形成了农村校长助力工程的可学习可借鉴的"吉林模式"，为农村校长助力工程增光添彩，打造了国内第一个关于农村校长助力工程的特色培训模式，赢得了社会各界的高度关注和赞誉。在教育部农村校长助力工程承办培训机构评估中，吉林省教育学院2013—2017年连续承接"教育部边远贫困地区农村校长助力工程"，在教育部全国范围内项目综合评估考核中荣获"五连冠"，答案也正在于此。

三是要增强话语引领意识，大力宣传实施农村校长助力工程的重大价值，提升农村校长助力工程的品牌影响力和话语引领力。其一，开展多向度宣传，有效借助报刊、网络等各种媒介，把农村校长助力工程这项民生好工程宣传好，营造全社会关注和支持农村校长助力工程的新格局。其二，提升培训文化自信。扎根中华大地的农村校长助力工程具有深厚的文化渊源和丰富的历史实践，要将参训校长、培训机构和研究者紧密结合在一起，发挥共同体的智慧，创造鲜明多彩的培训文化。其三，努力构建农村校长助力工程话语体系，通过对培训理念、培训模式等进行深度挖掘和求实创新，提炼出农村校长助力工程标识性话语元素，构建系统性话语体系，进而向世界贡献农村校长培训的中国智慧和中国方案。

希冀国内学者更全面更深入研究农村校长助力工程相关问题，为助推农村校长专业发展和农村校长助力工程校长培训工作新发展以及进一步推动我国中小学校长培训事业的创新与发展创造出更多的新成果。

注　释

[1] 教育部门户网站. 关于实施农村校长助力工程的通知［EB/OL］.（2013-10-16）［2018-11-30］. http：//www. moe. gov. cn/s78/A10/A10 ＿ gggs/A10 ＿ sjhj/201310/t20131016 ＿ 158611. html.

[2] 教育部启动实施中小学校长国家级培训计划［J］. 教育发展研究，2014（12）：6.

[3] 郭垒. 校长培训走向"校长专业"建设［N］. 中国教育报，2018-01-17（5）.

[4] 孙福胜. 新中国成立以来我国中小学校长培训工作的发展历程及基本经验探析［EB/OL］（2018-11-12）［2018-12-10］. http：//www. cssn. cn/jyx/jyx ＿ jydj/201811/t20181112 ＿ 4774081. shtml.

[5] 刘利平，刘春平. 我国中西部农村中小学校长领导风格探析：基于"农村校长助力工程"新疆师范大学培训班学员的调查［J］. 天津师范大学学报（基础教育版），2015，16（2）：16-21.

[6] 梅秀娟，马喜，梁红梅. 农村校长反思能力现状与提升路径研究：基于农村校长助力工程中参培校长的分析［J］. 中小学教师培训，2018（9）：29-33.

[7] 张佳，郭平. 基于"五位一体"实践引领的农村校长培训模式创新：以教育部农村校长助力工程为例［J］. 中小学教师培训，2015（1）：25-27.

[8] 赫坚. 边远贫困地区农村校长培训"吉林模式"课程探索与教学实践［J］. 中小学教师培训，2018（10）：21-24.

[9] 刘明远. 统筹协同助力给力切实增强校长培训实效：对2013年教育部农村校长助力工程的回顾与思考［J］. 中小学教师培训，2014（10）：23-25.

[10] 陈禹. 适需、求实、助行、促变：教育部农村校长助力工程培训的实践探索［J］. 中小学教师培训，2016（4）：41-44.

[11] 蔡其勇. "校长国培计划"助推农村教育改革［N］. 中国教育报，2017-01-12（8）.

[12] 梁红梅，马喜. 生态视域下农村校长的工作压力与应对策略［J］. 教育理论与实践，2017（31）：24-27.

[13] 马喜，周亚文，梅秀娟. 中西部农村小学发展的现实困境研究：基于"农村校长助力工程"中38位参培校长专业成长自传的分析［J］. 现代教育科学，2017（8）：24-29.

（此文发表于《中小学教师培训》2019年第4期）

中小学校长实践智慧的共享机制研究

——以宁波市名校长工作室为例

袁玲俊

（宁波教育学院教育行政学院　浙江宁波）

中小学校长具有丰富而又复杂的知识背景和实践经验，形成了独特的实践智慧，这些智慧本身就是一种重要的培训资源。校长培训的重要任务之一就是将中小学校长作为培训的主体，在培训实践中挖掘、提炼、提升自身的经验性资源，促进其隐性知识显性化，使之成为其他校长共享的宝贵资源。

一、校长实践智慧的共享价值分析

近几年来，有关校长实践智慧的研究方兴未艾，越来越多的研究发现，中小学校长的实践智慧无论对校长个体专业的发展，还是对学校管理的改进，都具有十分重要的作用。有研究者把中小学校长实践智慧界定为："校长在学校管理情境中，基于一定的伦理价值，利用已有的知识与经验，洞悉和解决学校管理问题的综合素养。"[1] 显然，中小学校长实践智慧内涵意蕴主要体现在以下几方面：一是"源于实践"，校长实践智慧是在实践中逐渐产生的，是一种实践经验的积累；二是"关乎实践"，面向学校管理的实际情境，是一种有关学校管理的实践性知识升华；三是"用于实践"，是一种用于解决学校管理实际问题的机智和策略。

在中小学校长培训研究的角度，更强调实践智慧的习得和共享模式的探索。研究中小学校长实践智慧的共享机制，首先要明确实践智慧共享的价值问题，也就是要回答实践智慧"能不能"共享、"要不要"共享的问题。对中小学校长实践智慧可以从其内涵特征和共享流程两个方面进行分析。

从校长实践智慧的内涵特征来看，校长实践智慧具有鲜明的内隐性和个体性。校长的实践智慧，源于校长的管理经验，基于校长的管理知识，融于校长的专业生活之中，是一种具有个体性、情境性、现场感、亲历性的实践性知识，按照迈克尔·波兰尼的观点，这种知识是一种未被表述或难以表述的隐性知识。我国学者肖川认为，知识按照其所属主体，可分为公共知识和个人知识，智慧居于个人知识一端。[2]校长实践智慧是全部教育成果在校长个体身上的凝结，是校长的个性表现，是校长的独特见解和机智。校长实践智慧的内隐性和个体性的特征，形成了校长智慧共享的阻碍。

从校长实践智慧的共享流程来看，智慧共享整体上可以看作一个促使个体知识向公共知识转移的知识流动过程，这个过程大致包括"经验积累—提炼获取—交流共享—统整再创—应用外溢"。这也就是日本学者野中郁次郎与绀野登指出的通过知识的社会化、外化、组合和内化，将隐性知识转化为显性知识的过程。[3]综上所述，虽然校长实践智慧的内隐性和个体性会对智慧共享有阻碍作用，但共享过程会对校长实践智慧的形成、外化、发展和应用发挥重要促进作用，校长实践智慧的共享价值正是在这对阻碍与促进的矛盾中凸显出来的，具体体现在以下几方面：

1. 外化价值

所谓"外化"，是指把内隐的中小学校长实践智慧表达出来，成为可以在外部识别、交流、分析、存贮的信息载体，是一个隐性知识显性化的过程。校长的智慧共享，虽然发起于原创者，原创校长在共享中起着重要作用，但对原创校长自身同样具有十分重要的促进作用。在共享前，这些校长实践智慧往往处于一种无意识状态之中，而在共享活动中，为了进行有效的实践智慧的分享，促使智慧原创者对自己的智慧内容进行反思、整理和提炼，同时促使智慧原创者对隐性的知识进行描述与表达，这个过程实际上是对校长智慧自觉状态的一种唤醒。

2. 群化价值

中小学校长智慧的"群化"是指将校长个人知识转化为组织知识和公共知识的过程。[4]中小学校长的智慧共享是促进这种转化的关键环节，在共享前，校长实践智慧往往与校长的个人经验、个人场景、个人学识和个人风格有机结合在一起，具有个体独特性。共享，促使校长的实践智慧与上述个人因素剥离，形成基于基本价值、基本规律、基本策略、基本情境的普适性智慧。因此，通过共享，既有利于智慧所有者从个体扩大到团队、组织和公共对象，也有利于智慧从特殊到一般的升华。

3. 聚化价值

中小学校长智慧的"聚化"是指将分散的校长智慧汇聚起来，进行统整提升，形成比较完整系统的体系的过程。校长的实践智慧存在着离散状态：一方面，就单一的校长个体来说，智慧状态往往是零散的、片面的、不成系统的；另一方面，从校长实践智慧的群体状态分析，某一智慧往往以不同的形态存在于不同的校长个体之中。通过校长的智慧共享，原来分散的实践智慧，汇总到统一的组织平台之中，再经过校长的交流、分析、梳理和再创造，就会形成比较一致的、系统的智慧新形态，从而促进校长实践智慧的系统化。

4. 溢化价值

中小学校长智慧的"溢化"是指共享组织内部智慧，通过各种与组织外部的交流，实现智慧对外溢出的过程。校长实践智慧的共享一般都从一个小组织开始，有相对明确的组织边界，组织范围和规模相对较小。随着共享活动的深入开展，共享的组织边界会逐渐向外扩展，最后会被淡化模糊，当共享的智慧达到一定的水平和影响力，形成对外部的促进带动作用，就会出现校长智慧共享的溢出效应。

二、校长实践智慧的共享模式建构

中小学校长实践智慧的共享需要依靠一定的媒介和手段，这些把智慧拥有者和需求者连接起来的媒介和手段的总和就构成了智慧共享的平台。智慧共享平台包含技术平台和关系平台。[5]其中，技术平台是指基于信息技术的，用于展示、呈现、存放校长智慧的公共知识库或网络平台。关系平台是指开展面对面交流的共享组织、共享渠道和共享方式等。宁波市名校长工作室实质上就是一个开展校长实践智慧共享活动的心性相契的学习共同体[6]，是成人转化学习的触发器和催化剂。[7]

宁波市名校长工作室是在"名校长带徒活动"的基础上建构起来的，"基于一个人走得更快，一个团队走得更远"的理念，将"带徒活动"一对一的个体带徒形式，优化成工作室几对几的团队导学模式。名校长工作室的主要职责包括：承担校长学员的培训和指导工作，搭建优秀校长集中研修的交流平台，带动和指导其他学校工作，承担全市校（园）长实践培训任务。

名校长工作室实行动态管理，每两年为一个周期，首期12个工作室圆满完成各项任务。2017年，启动了第二期20个工作室的创建，受到宁波市教育局的大力支持和名校长、学员的热烈响应。几年来，随着名校长工作室创建工作的深入推进，逐渐形成了易校蹲点、问题解决、共同阅读、公开展示等富有成效的共享形式。其中，"易校蹲点"是基本形式，导师与学员共同进入学校管理现场，按照参观校园、校长介绍、走进课堂、特色观摩、共同研讨、导师小结的程序，进行诊断、分析和评估。"问题解决"直面校长共同关心的现实问题，或以课题研究的方式，或以主题沙龙的方式，共同寻找解决问题的有效方式。"共同阅读"以读书会的方式共享同一本教育名著的不同观感，或不同名著的共同主题，夯实校长实践智慧的理论基础。"公开展示"是体现共享成果，扩大共享范围和影响力的有效方式。

上述这些形式，从实践智慧流动转移的路径分析，形成了如下多种校长实践智慧的共享模式：

1. 学员共享模式

名校长工作室中的学员都是经过严格的程序选拔出来的新锐校长，他们自身已经具有比较丰富的学校管理经验，并且有积极进取的意识，是骨干校长的培养对象。在工作室中由于彼此的身份相同、经历类似、水平相当，非常容易沟通，因此"学员共享模式"是校长智慧共享的基础模式，具体包括 X1—X1 和 XN—XN 两种模式：其中 X1—X1 模式是指学员间的一对一共享，是最基本的共享模式，普遍存在于名校长工作的各种场合之中；XN—XN 是指几个学员与几个学员之间的共享模式，主要存在于学员沙龙、讨论之中。

2. 师徒共享模式

师徒共享模式是指实践智慧在导师和学员之间的流动与交流，既有导师向学员的"智慧转移"，又有学员向导师的"智慧反哺"，是名校长工作室智慧共享的主要模式，具体包括 D1—X1，D1—XN，DN—X1，DN—XN 四种模式：D1—X1 是指导师与学员一对一的指导与共享；D1—XN 是指一个导师对多个学员的指导，多发生在名校长带徒小组活动中；DN—X1 是指多个导师对一个学员的指导与共享，多发生在工作室中四个导师共同对某一学员提出的疑难问题诊断指导；DN—XN 是指多个导师对多个学员的共享，是工作室中最常见的模式。

3. 导师共享模式

导师之间水平相当，都有丰富而又独特的实践智慧，在名校长工作室成立前，彼此相对独立，共享机会较少。在名校长工作室中，建立了"首导"机制，在首导的带领下，制订活动计划，开展工作室建设，建立优秀学校联盟。在这个过程中，导师间的智慧共享活动变得十分必要和频繁，具体包括 D1—D1，DN—DN 两种组间共享模式。导师间共享模式，是名校长工作室中高水平的智慧共享路径，往往能产生高质量的共享成果，是体现工作室创建水平的关键。

4. 跨组共享模式

一个名校长工作室可以看作一个团队、一个小组，上述三种共享模式一般以在某个名校长工作室小组内进行为主。为了提高智慧共享的范围，扩大影响力和辐射力，工作室中还广泛开展小组间和跨小组的共享活动，具体包括 Z1—Z1、ZN—ZN、Z—W 三种共享模式：Z1—Z1 是单个小组间的共享模式；ZN—ZN 是多个小组间的共享模式，往往成为一场有影响力的规模活动；Z—W 是名校长工作室与外部的共享模式，譬如初中一组名校长工作室到贵州松桃县的送教活动，把名校长工作室的智慧与贵州校长共享。

三、校长实践智慧的共享效能管理

效能是指在有目的、有组织的活动中所表现出来的效率、效果和效益。事实上，在第一期的名校长工作室结束考核中，不同小组之间和小组内不同成员之间所取得的个人专业发展效果和对学校管理的促进效益存在着很大差别，这种差异实际上就是共享效能的差异。造成中小学校长实践智慧的共享效能差异的因素是多方面的，借鉴有关知识共享要素结构观点——知识共享包含共享主体、共享客体、共享载体和共享环境四方面[8]，可以以此作为中小学校长实践智慧共享效能影响因素的分析框架，具体分析结果详见表1。

表1 中小学校长实践智慧共享效能影响因素分析表

一级因素	二级因素	三级因素	提效策略
共享主体	1. 共享意愿 2. 共享能力 3. 主体个性	智慧提供者的贡献意愿、态度、动机，智慧接受者的学习意愿、态度、动机，智慧提供者的表达能力、整理能力，智慧接受者的理解能力、学习能力，共同的整合能力、创造能力，智慧共享者的职业情感、人格特征、伦理情怀等	团队共享

续　表

一级因素	二级因素	三级因素	提效策略
共享客体	4.智慧特性 5.智慧高差	智慧的复杂程度，智慧与实践情境的嵌入程度，智慧的已表达和可表达程度，智慧的可推广、可复制程度，智慧的效能感，智慧提供者与接受者之间水平差异程度	阶梯共享
共享载体	6.技术平台 7.关系平台	网络技术平台操作的简易便捷程度，数据库的安全可靠程度，网络技术平台的创建和运行成本，网络平台的生成性和开放度，组织的运行结构，共享活动组织形式的有效性和丰富性、组织目标的一致性、组织的权威性，组织管理和协调有效性等	再造共享
共享环境	8.共享氛围 9.共享制度	领导对共享活动支持和参与程度，组织文化开放、民主、和谐程度，组织内部成员之间的信任程度，共享活动的经费保障水平，共享活动的激励制度有效性，组织目标任务考核评价制度的科学性和执行力，个人意图和组织目标的达成程度，共享活动的社会关注度和美誉度等	协同共享

从共享主体来看，一方面，实践智慧拥有者和接受者的共享意愿是基础，有些导师出于保护知识产权和竞争等多方面的考虑，不太愿意把先进的经验与大家分享，有些学员学习的积极性不是很高，就会出现应付和走过场的现象；另一方面，共享主体的表达能力、理解能力、整合能力等，是有效共享的前提条件。此外，还有共享主体的个性特点，譬如职业情感、积极心理、责任性等对智慧共享效能有着重要影响。

从共享客体来看，所谓共享客体就是指共享的对象，也就是指共享智慧本身。实践智慧的复杂程度、在实践中的嵌入性和智慧的可表达性都将影响智慧共享的成效。实践智慧越复杂就越难分享；与实践活动现实场景嵌入越紧密，智慧推广的难度就越大；越难表达的、难以物化、难以显化的智慧，越难以被传递与接受。共享智慧对接受者的难度也会对共享效能产生很大影响，过低就会失去兴趣，过高也会产生畏难情绪，保持合理的高差是有效共享的关键。

从共享载体来看，共享载体就是共享平台，包括技术平台和关系平台，共享平台的简捷性是提高平台使用效率的主要因素，技术平台要基于移动终端。技术平台的安全性是校长愿不愿意把成果上传到网络平台的重要考虑因素。关系平台的管理权威性、协调性和一定的强制力是保证平台正常运行的基础因素，平台组织方式的规范性、有效性、多样性是拓展智慧有效移动的重要保障。

从共享环境来看，政府的支持对共享效能起到决定作用，宁波市名校长工作室得到市教育局的高度重视，每年划拨充足的专项经费，保障各项活动高质量、高水平开展。智慧共享的组织文化对共享效能有着重要影响，平等、开放、快乐、协调的小组往往能建立良好的信任关系，获得较好的共享效能。对共享效能的评价考核是十分必要的，建立在科学评价基础上的组织激励机制对提高整体的共享效能有着重要促进作用。

效能管理的目标是提高中小学校长实践智慧的共享效能，根据共享效能的影响因素，结合宁波市名校长工作室的实际情况，逐渐形成了以下共享效能的增效策略：

1. 团队共享策略

名校长工作室与一般的带徒制相比其最大改进是从个人带徒转向团队共享。带徒制作为最基础的组织形式得到了完整保留，在实际操作中，很多导师会注重自己师徒间的智慧共享，这就会削弱工作室应有的团队效能的发挥。因此，工作室的活动要以团队活动为主，以 DN－XN 为主要模式，强调导师是所有学员的导师，充分发挥团队的力量。

2. 阶梯共享策略

根据智慧共享高差的适度性要求，智慧共享要有一定的差异性，同质化会降低共享兴趣，但差距太大又会影响智慧的有效转移，因此采用阶梯形共享策略，在工作室中，形成"指导专家—首席导师—导师—学员—其他校长"共享阶梯，使每个共享成员在适当的位置保持一定智慧张力，逐级进取，获得满意的共享成效。

3. 再造共享策略

名校长工作室的智慧共享不能停留在原有智慧的存量上，这种存量层面的共享，对智慧持有者来说，只有付出，没有"回报"，不能产生应有的满足感，要引导拉长智慧共享链条，利用技术平台，突出智慧的整合在共享基础上的再创造，通过共享产生更高水平的新智慧，不断形成更高层级的智慧形态，使智慧库一直处于动态升级状态。

4. 协同共享策略

名校长工作室组织成员涉及多所学校，个人和学校的实际需求存在着较大差异，如何协调成员的目标和行为，是保证工作室有效运行的基础。

构建一致的组织目标，形成开放平等的组织文化，建立有效的协调机制，进行科学的考核评价，需要充分发挥工作室联络员的组织协调作用，同时要把上述制度尽可能地形成程序性和制度性文本，形成和优化工作室运行制度体系。

注　释

[1] 刘永福. 论校长实践智慧及其养成 [J]. 教育理论与实践，2013，33（17）：27-29.

[2] 波兰尼. 个人知识 [M]. 许泽民，译. 贵阳：贵州人民出版社，2000.

[3] 肖川. 教育的智慧与真情 [M]. 长沙：岳麓书社，2005：82-85.

[4] 葛宝山，崔月慧. 基于社会网络视角的新创企业知识共享模型构建 [J]. 情报科学，2018，36（2）：153-158.

[5] 孟庆伟. 产学研联盟知识共享机制研究 [D]. 哈尔滨：哈尔滨工业大学，2012：44.

[6] 汪国新，项秉健. 社区学习共同体：重拾共同体生活的现实载体 [J]. 教育发展研究，2018，38（9）：64-69.

[7] 蒋立兵，杨玖，黄一璜，等. 成人转化学习的触发条件与过程模型研究 [J]. 教育发展研究，2018，38（9）：56-63.

[8] 樊治平，孙永洪. 知识共享研究综述 [J]. 管理学报，2006（3）：371-378.

（此文发表于《中小学教师培训》2018 年第 12 期）

校长培训视野下的学校文化诊断

项红专　唐琼一　黄　芳

（杭州师范大学继续教育学院　浙江杭州）

《教育部关于进一步加强中小学校长培训工作的意见》指出，校长培训应"采取专家讲授、案例教学、学校诊断、同伴互助、影子培训、行动研究等多种方式，强化学员互动参与，增强培训吸引力、感染力和实效性"[1]。学校管理诊断是近年来兴起的受校长欢迎的一种新型培训方式，而学校文化诊断是其中的重要主题。严格意义上的学校文化诊断追求定性和定量的结合，而定量诊断需要借助专业团队和专业工具（如问卷或量表），耗费相当的时间和精力，非一线中小学校长所能及。为推进学校文化诊断活动的深入实施，结合校长培训的实践和思考，我们将探讨如何利用有限的时间，通过专业和定性的诊断，可以比较科学地评价一所学校的文化（包括优势和不足），并提出相应的改进建议。

一、学校文化诊断的理论基础

理解学校文化是开展学校文化诊断的前提。由于文化本身是一个十分复杂的概念，对学校文化的认识和理解也是众说纷纭，至今未能达成共识。学界比较认同美国著名学者埃德加·沙因教授的相关理论。沙因是反思组织文化这一重大现象并对它进行深度分析的第一人，其代表作《组织文化与领导》的问世是组织文化学派创立的标志，其本人由此被誉为"组织文化之父"。

沙因把组织文化定义为："在解决它的外部适应和内部整合问题的过程中，基于团体习得的共享的基本假设的一套模式，这套模式运行良好，非常有效，因此，它被作为对相关问题的正确的认识、思维和情感方式授予新来者。"[2]为深入解释组织文化，沙因将其划分为三个层次，即外显的人工饰物、信奉的价值观和潜在的基本假设（参见图1）。

333

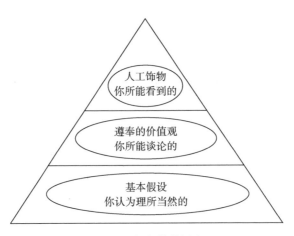

图 1　组织文化的层次

　　第一个层次是"人工饰物"，主要指组织中可看到的行为和可观察到的现象，包括组织结构和流程等。人工饰物是组织文化的最外层，是人造品和创造物，它们构成了物质的和社会的环境，比如物理环境的建筑结构、语言、技术和产品、团体风格、可观察到的礼仪和庆典等。同样，走进学校，我们会经常看见口号、校训、校徽等各种文化符号，以及诸如雕塑、长廊、广场等各种文化景观。虽然这些随处可见，但它们仅仅是文化的反映和体现，而文化本身是看不见的，甚至不被我们所观察、所意识。所以，要搞清楚我们所观察到的人工环境和行为就必须对它们的意义进行解释，但这又是很困难的。人造品对组织中的人和组织本身有什么意义，组织和人造品之间如何联系，沙因认为回答这些问题最好用"符号学"的方法。

　　第二个层次是"价值观"，主要反映在组织的战略、目标和哲学信条当中。价值观为人们提供了判断或评价的根据，人们根据价值观判断或评价他们所面对的情境、行为和活动的价值、优先考虑的事项等。简言之，价值观就是我们认为真正重要的东西。价值观为所有员工提供了一个共同的目标，并成为他们日常工作中的行动指南。对员工来说，价值观界定了"成功"这一概念的具体内容，并建立了组织内部的成就标准。价值观规定着组织的基本特性，并赋予组织成员以身份感。如果员工知道自己的组织要坚持什么，自己该坚持什么样的标准，他们就更可能做出行动来支持这些标准，也更可能感到自己是组织的一个重要组成部分。沙因对组织价值观提出了以下两点分析：组织"提倡的价值观"和组织成员实际上"信奉的价值观"有时是不一致的，有必要加以区分；一些价值观在组织内部似乎是无法被检验的，需要通过社会验证，如通过用人单位来评价毕业生是否具备母校倡导的价值观是比较可靠的。研究表明，高效能的企业往往拥有亲密、信任、合作、平等等共同价值观。当下，以生为本、终身发展、团队合作、赏识激励等均已成为中小学的主流价值观。

第三个层次是"基本假设"，主要是指组织成员潜意识中的思想、信仰和假设。一般来说，基本假设包括对以下几种关系的认识：人性的本质，人际关系的本质，真理和现实的本质，人类活动的本质，空间的本质，时间的本质。例如，人的本性基本上是善的、恶的还是中性的？如何最终确认真理——它是被揭示的还是被发现的？组织成员间是一种什么样的假设关系——是等级制的、合作的还是个人主义的？同样，学校会对某一类孩子有某些假设（不喜欢学习的或喜欢学习的），对教学本质有特定的认识（教学是一种艺术还是一种技术），对课程本质有特定的认识（是一系列的知识还是知识体系），对教育变革有特定的认识（是参与者还是被动执行者）等。长此以往，这些假设就成了理所当然的东西，并最终成为下意识的东西。确实，文化的力量就在于这样的事实：它作为一系列无意识的、无须细察的、理所当然的假设发挥着它的作用。自觉地意识到学校文化的基本假设，是开展教育教学改革的前提。因此，我们不仅要关注价值观（在学校里，价值观常常表述为办学理念），更要深究价值观产生的根源。例如，有所学校提出"让每个学生做最好的自己"这样一个办学理念。通过深入挖掘，我们也许会发现在学校成员的潜意识中普遍存在着"每个学生具有不同的优势潜能"的假设。

沙因认为，"一种文化的本质是建立在基本的深层假设的模式之上的，一旦了解了那些基本假设，你就能轻易地理解并合理地处理其他更表面的层次"[3]。也就是说，如果我们没有辨识出组织运行的基本假设的模式，就不会知道该如何正确地解读这些人工饰物，或者不晓得在多大程度上可以相信这些价值观。基本假设层次是组织行为模式的终极根源，基本假设一旦形成，就会反过来支配组织的价值观和行为。只有充分了解一个组织的基本假设层次，才能真正认识组织文化。而基本假设和价值观是有区别的。前者是被视为理所当然、不容置疑的，而后者则是可以探讨和质疑的。一方面，基本假设决定了价值观，是价值观的最终来源；另一方面，如果基于某个价值观所采取的行动持续不断地取得成功，最终该价值观将转变为假设，一种组织文化也就诞生了。由此可见，在组织文化的层次分析方面，相对于许多研究者把价值观看作最深层次而言，沙因的观点则要深刻得多。

二、学校文化诊断的具体实施

学校管理诊断是集看、听、问、查于一体的综合调查研究方法。[4] 看即望诊，它大致对应于观察法；听即听诊，主要是听汇报和听课；问即问诊，它大致对应于问卷法和访谈法；查即查诊，主要是查看资料，它大致对应于文献资料法。结合学校文化的特点，我们可以尝试实施以下具体诊断：

1. 人工饰物的诊断

诊断人工饰物一般可以通过直接观察。进入一所学校，我们可以首先观察学校建筑的功能、布局、造型、风格、色彩等，细细揣摩建筑设计的教育寓意；通过仔细观察学校的荣誉牌，可以了解学校的办学成绩和办学特色；参观校史馆（室），可以了解这所学校的发展历史和文化传统；可以在学校的醒目位置找寻学校的重要文化符号，如办学理念、发展愿景、育人目标、校训、校徽等；考察学校的校名、楼名、路名以及各种文化景观，可以追寻其背后的文化意蕴，等等。

值得注意的是，校园人工饰物是一个人化的符号世界。但每个人造物并非冷冰冰的物理存在，正如符号学大师索绪尔所言，符号都具有"能指"（词语或声音）和"所指"（概念）的功能。每个符号都可以代表一段历史，表征一组记忆，表达一份感情。每个校园人造物都融入设计者当初的目的和意图，都具有特定的象征意义。这些校园符号所代表的意义是建立在学校人员共同约定的基础之上的，反映了学校的传统和精神。因此，在校园观察的基础上，我们可以通过深入的调查获取有关人造物背后的文化意义。

2. 信奉价值观的诊断

我们通过听取校长的介绍、查看学校编印的资料（包括校史、校报、校刊、文集、制度汇编等）了解学校所倡导的价值观，因为一所学校的办学理念、学校精神、校训、校风、校歌、管理制度等往往是价值观的表达载体。学校所信奉的价值观常常可以通过对员工进行提问而获得。价值观通常界定组织成员在组织中做什么会取得成功。当我们要求人们解释为什么用这种方式处理问题时，我们开始发现组织的价值观。如果做一对比的话，引出"人工饰物"的问题是"这儿在发生什么"；而引出所信奉价值观的问题是"你为什么要做现在所做的事"。在学校里，价值观往往表现为我们倡导或崇尚什么、反对或抵制什么。因此，通过询问学校珍视何类事情，便能识别出价值观。换言之，当教师和校长谈起学校的时候，构成他们话语内容之基础的主要的且反复提起的价值主题究竟是什么；当问题出现时，人们在寻求解决办法的过程中显露出的所依靠的是哪些价值观。通过以下途径常常能识别出人们的做事准则和衡量标准（即价值观）：了解什么是支配教师行为的应当做的事、可能做的事、已经做的事、将要做的事；检视在本校中，哪些行为得到奖赏，哪些行为受到惩罚，等等。

学校文化是师生共同分享的意义世界。象征性活动是学校文化的重要表现形式，学校的期望、肯定、支持、否定、惩罚等态度都可以通过象征性活动来表达。仪典、故事、英雄等都是学校的重要象征因素。象征性活动开展的过程就是意义生成和意义赋予的过程。任何仪式和典礼都是有目的的活动，为学校的日常运作赋予更深层次的意义和价值，让每个人都有机会思考什么是重要的；塑造学校文化需要塑造学校英雄，因为学校英雄是学校价值观的积极践行者，对内提供角色榜样，对外代表学校形象，并设定了激励学校成员去努力达到的标准；"以塑造文化为宗旨的交流方式，其最高级的形式就是讲故事"[5]。讲述生动的学校故事，传递深刻的价值理念，说者娓娓道来，听者回味无穷。因此，通过对重要仪典、典型故事和杰出英雄的深入解读也是认识和理解一所学校价值观的有效途径。

3. 基本假设的诊断

对基本假设的诊断必须要花更多的精力来进行定性的深入研究。沙因认为，问卷调查只能测出文化的一些表面特征，无法测出深层的、共享的、默认的基本假设，而后者才能界定文化的实质。换言之，对于基本假设这一层次的文化研究，问卷调查既不可信也没有效。在沙因看来，对于文化基本假设的研究既不能采用定量的方法，因为这对于揭示文化的深层次意义毫无帮助；也不准备采用人类学家所倡导的"质"的研究，因为这种方法激发不出被研究者暴露组织文化基本假设的动机。为此，沙因在区分问卷调查法和人类学方法的基础上，提出了一个介于"中间道路"的文化"临床研究"的方法：通过深入参与和观察，通过与个人和小组面谈，找出集体成员存在的明显共识，诱使组织成员谈出集体内部的信息，只有这样才能发现那些隐藏在组织行为和组织价值观下的深层次假设。沙因指出，"因为只有通过卷入该团体的成员，人们才能得到他们更深层次的假设，这些也只有在当他们感到自身将从调查过程本身中受益时才会发生"。[6]

共享的基本假设必须通过大量观察以及围绕观察中的不一致和困惑进行调查，从而推测这些假设。有一种相当常见的现象，就是人们关于"应该"或"理当"的言说和他们的实际行为不相符合，这是依据遵奉的价值观所表达的，通常是人们希望怎样，而不是目前实际怎样。例如，我们同学校领导与教师交谈的时候，他们总是宣称家长是学校教育共同体中的重要成员，然而实际上家长难得有机会在学校管理中扮演重要角色，包括参与课程教学有关的决策等。造成这种习以为常的状况的原因，主要在于学校内部的专业人员常常因外部的干扰或得不到回应而陷于纠结之中，于是诸如"我们的家长太忙了"或者"家长来学校仅仅是为了自己孩子的事"这样的话就成了托词。因此，诊断基本假设的一种比较有效的方法是让学校成员回答以下问题：我们想要的和所能达到的之间的背离及其在学校中造成的紧张状况是如何使学校文化显现的？

值得注意的是，教师的潜在假设是教师文化乃至学校文化的深层指令，是教师一切行为和价值取向的源泉。例如，如果一所学校里的多数教师秉持"学生智力只有高低之分"或者"学生智力只有类型之分"的假设，将会直接影响教师的教育理念和教育行为，显现出截然不同的教育效果。教师的潜在假设包括关于学生发展的假设、关于学业成就归因的假设、关于教师角色的假设、关于教师经验的假设、关于家长期望的假设、关于教育科研的假设、关于教育变革的假设等。然而，教师的这些"理所当然"的假设常常隐匿在深处难以"现身"。研究表明，教师思维中的错误假设不少，严重影响着教师的教育实践以及学校的变革与发展。因此，只有不断反思教师的假设，才能揭示教师对教育的各种偏见，纠正教师行为的偏差。我们要有意识地帮助教师反思并揭示其对诸如教育、学校、教师、学生、知识、学习、课程、教学等重要概念的本质的认识和理解，并能够辨析出其中合理性和消极因素。弄清教师潜在的主要假设，有利于我们创建、管理和变革学校文化。

三、学校文化诊断的几对关系

在学校文化的诊断过程中，我们还需要关注并辨析以下几对关系，这样有利于我们认识学校文化的本质，把握学校文化建设的现状，明确学校文化建设的方向，从而提高学校文化诊断的质量。

1. 本体性文化与修饰性文化

基于实践场域，学校文化拥有两种基本形态，即本体性学校文化和修饰性学校文化。所谓本体性学校文化，是指学校自身呈现的传统和精神；所谓修饰性学校文化，是指装饰学校的文化，也就是体现学校传统和精神的辅助性文化手段。相比较而言，前者是根本性和目的性的，后者则是技术性和手段性的。如果没有本体性学校文化的内在支撑和坚实基础，修饰性的学校文化再丰富，也不过是外加的，是文化符号的堆积、没有灵魂的修饰，犹如建立在沙滩上的空中楼阁。显然，人工饰物属于修饰性文化，而价值观和基本假设属于本体性文化。

2. 强文化与弱文化

所有学校都拥有文化，但并不是所有文化都相同程度地影响组织成员的行为和行动。一般而言，组织文化（包括学校文化）有强文化与弱文化之分。所谓强文化是指：价值观被广泛共享；对于什么是重要事项，学校文化能够传递一致的信息；绝大多数员工能讲述学校历史或英雄人物的故事；师生员工对学校文化产生强烈认同；行为与共享的价值观之间存在紧密关系等。而弱文化则与之相反。一种文化变得越强烈，那么它对管理者进行计划、组织、领导和控制的方式就影响越大。拥有强文化的组织，其员工的忠诚度要高于拥有弱文化的组织。研究也表明，强文化是与高组织绩效紧密相连的。

3. 理想文化与现实文化

在实践中，我们发现学校文化往往有"理想文化"和"现实文化"之分。一所学校提出的办学理念、校训等，往往代表着学校的一种文化追求，但这并不意味着学校已经达到了这些文化的要求；或者说，学校的文化追求（即文化的应然状态）与学校文化的实际情况（即文化的实然状态）是不一致的。我们可以把前者称之为"理想文化"，后者则称之为"现实文化"。其实，"理想文化"反映了学校文化建设的目标和方向，而"理想文化"与"现实文化"之间的差距恰恰表明学校倡导的"理想文化"没有被师生员工真正认同并转化为自觉行为，这也正是学校文化建设者要努力加以修复和弥补的。

4. 学校文化与校长文化

学校文化是指学校的价值理念已经成为学校大多数人的普遍认同和自觉行为，而校长文化是指学校的价值理念仅仅得到校长等（包括领导班子）少数人的认同。众所周知，对于一所学校来说，没有什么比文化更重要了；而对于学校文化来说，没有人比校长更具有影响力了。校长是学校文化的塑造者和引领者。文化通过共享经验而创建，但是，是领导者通过强加予他或她的信念、价值观和最初的假设来开始这个过程的。校长在学校文化建设中的重要作用如何强调都不为过，但这并不意味着校长可以主宰学校文化的一切，校长文化也并不简单等同于学校文化。学校文化是师生共同建构的。学校文化不应是单数（我），而应是复数（我们）。学校文化建设的理想状态应该是：大家（师生）建设学校文化，建设大家（师生）的学校文化。

5. 学校文化与教学文化

学校文化诊断离不开教学文化诊断。教学文化是师生在教学情境中构建起来的一种课堂生活方式。其实，检验一所学校文化的试金石不是活动和节日，也不在运动场和图书馆，而恰恰应当在课堂和教学中。因为学校文化建设一旦深入到课程教学层面，进入课堂和学科，就与每个教师的日常教学工作紧密关联，与其改进教学过程、提高教学质量和形成教学风格结合起来，由此学校文化建设成为师生共同参与的常态性的学校生活，自然而然也就成为师生的一种日常生活和生存方式，而这恰恰体现了文化的本质内涵。要言之，课堂是一所学校文化的尺度，是学校文化的最高境界。例如，一所学校的文化只有在课堂上都是民主的，才能称得上是深层的民主、真正的民主。因此，我们要高度关注学校文化的教学渗透。我们需要深入课堂听课去触摸学校文化的"脉搏"，关注学校的价值理念是否在课堂上得到体现或者说多大程度上在课堂中体现出来。

注 释

[1] 教育部关于进一步加强中小学校长培训工作的意见（教师〔2013〕11 号）［EB/OL］（2013-09-17）［2018-08-29］. http：//www. moe. gov. cn/srcsite/A10/s7034/201309/t201.

[2]［3]［6］埃德加·沙因. 组织文化与领导力［M］. 马红宇，王斌，译. 北京：中国人民大学出版社，2011：13，27，43.

[4] 项红专，唐琼一，黄芳. 学校管理诊断的主要问题与应因之策［J］. 中小学教师培训，2017（10）：29-32.

[5] 特伦斯·E. 迪尔，肯特·D. 彼德森. 校长在塑造学校文化中的角色［M］. 王亦兵，译. 北京：中国青年出版社，2006：130.

（此文发表于《中小学教师培训》2018 年第 9 期）

普通高中特色办学的生成路径

——以长春市二中"精致教育"为个案的研究

李卓育　杨兆山

（东北师范大学教育学部　吉林长春）

高中教育是学校教育的重要组成部分，在整个学校教育体系中承前启后，担负着为各类高等院校输送合格新生以及为国家建设培养高素质劳动者的重任。近年来，教育部发表的《国家中长期教育改革和发展规划纲要（2010—2020 年）》（简称《纲要》）中明确提出了"推动普通高中多样发展""探索发现和培养新人才的途径""鼓励普通高中办出特色"等要求[1]，以及在《教育部 2016 年工作要点》中提到"推动普通高中多样化有特色发展""继续实施普通高中改造计划"[2]。普通高中特色办学已经成为高中教育发展的新趋势，落实普通高中特色办学是提高教育质量的重要途径。特色办学，理念先行。现已有许多高中开始关注并把办学理念作为特色办学的核心，且已取得了丰富的成果。本文以长春市二中"精致教育"理念为个案，探讨普通高中特色办学的生成路径。

一、"精致教育"理念及其内涵的阐释

教育教学理念是学校的灵魂，从深层次上影响着学校的教育教学活动和人的培养质量，学校发展的顶层设计首先就是明确学校的办学理念。长春市二中从学校发展的历史与现实的交融中，通过对学校自身多年办学实践的总结探索，不断凝练学校文化，在继承以往"全面育人、自主发展"教学理念的基础上，结合"严谨、务实、协作、推新"的学校管理文化，最终升华为"精致教育，自主发展"的学校办学理念。"精致教育"的"精"和"致"分别是"精巧、精细、精彩、精通"和"周到、全面、给予、达到"。简单地说，就是把"精致教育"理解为德行教育加上细节教育。精致教育已经成为二中坚持内涵发展的有效载体，并逐渐在学校的教育教学和管理等实践中内化为师生的行为准则。

"精致教育"强调诚信教育、责任教育和细节教育三个方面。"诚信教育隶属道德教育的范畴，是培养学生'讲真话，说到做到'道德品质的教育。其主要任务是提高学生的诚信认知，陶冶学生的诚信情感，锻炼学生的诚信意志，训练学生的诚信行为。"[3]长春市二中以教学生如何做人，做好人，做强人，做能人，做新人为学校教育中的第一位，教学生把诚实守信作为一生的信条。针对现代学生责任感缺失，学校通过教化和行为训练等方式，培养学生的责任意识，树立学生对自身、对家庭、对社会和国家应尽的责任感，并形成良好的习惯。"广义上，责任教育是以德育为主，包括德、智、体、美四育在内的综合教育、全面教育、系列教育、真善美教育；狭义上，责任教育是德育的体现，是德育的组成部分，其目标是培养学生的责任意识，增强学生对祖国和民族、对社会和环境、对家庭和邻里、对自己的责任感和负责精神，并外化为忠于祖国、献身社会、关心他人、保护环境、完善自我的责任行为，塑造科学的责任观。"[4]长春市二中注重细节教育，利用精细化的管理与实践，培养学生在做任何事情的时候，注重团队精神、积极参与、虚心学习、观察细节，把平凡的事当作不平凡的事来做，以小见大，完善自我。

"自主发展"主要强调的是师生的主动发展、特色发展、可持续发展、终身发展。"自主发展"的实现依赖于学校教职员工及学生的成就动机、理性的自我认识和良好行为习惯。"自主发展"既是学习过程中促进学生的自主学习能力发展，又是教师在教学过程中的自主发展，更是学校的持续发展。

"精致教育"从精准目标、精细过程、精良结果出发，尊重学生的自然本性和个性，激发学生的主观能动性，充分挖掘学生的潜能，关注每个学生素质的全面发展，引领学生正确认识选择人生的目标和前景。如今，"精致教育"的办学理念作为学校文化的精髓，已经融合贯穿于学校工作的各个方面，并昭显在广大师生的自觉行为之中。

二、"精致教育"理念指导下的特色办学实践

教育教学理念来自教书育人的实践，又服务于教书育人的实践。凝练出适合学校发展的教育理念，只是改变教育的前提。只有在教育教学实践中落实教育的理念，才会促使教育慢慢地生发我们期待的改变，但一个新的教育理念即使是比较科学的教育理念也需要在实践中不断丰富和完善。长春市二中在践行"精致教育"理念的几年中，结合高中办学的多样化、

个性化要求，从特色教师队伍建设、丰富学生活动载体以及特色校本课程开发建设等方面，采取了一系列相关的行之有效的举措。

(一) 打造特色教师队伍

高素质的特色教师队伍是教育教学理念的践行者，其本身也是教育教学理念的重要载体。教师在课堂中是教育教学的总体设计者，也是教育的直接参与者和实施者，一堂好课离不开教师的影响和引领。长春市二中注重教师队伍的整体提升，注重每个细节教育，在教师专业素质、文化素质方面也毫不例外。为了充分调动学校教师的办学积极性，使"精致教育"办学理念内化为教师的自觉教育教学行为，学校在促进教师成长方面为各科教师提供了多样发展的平台。如请专家到校讲座并和专家面对面直接交流，合理安排教师外出进修学习，同时定期或不定期开展教师间相互听课评课、教师集体备课以及举办教学技能竞赛活动等。

长春市二中注重全面提升教学质量，时刻关注教师在课堂上的教学表现，通过观察、反思、总结、改进等一系列措施，帮助教师形成精湛的教学风格，并使之常态化；通过学习、践行教育教学理念以及不断变革自身教育教学等过程，引领教师学会接受新思想、新理念，促进优秀的个体群体化，最终构建一切为了学生学习发展的教学模式、方法和风格。

为了促进教师专业发展，帮助教师更好更快地成长为优秀的教师，学校开展了"启馨——青年教师汇报课""导航——骨干教师示范课""争鸣——各年级教师会课"等活动。"启馨——青年教师汇报课"，主要是以培养青年教师为主，青年教师作为学校的后备人才、储蓄力量，让他们在参与过程中获得全方位发展。给予青年教师展示自己的舞台，既可帮助其获得成功的体验，增强自信心，又可为以后上好课树立新的标尺，明确前进的方向和目标。"导航——骨干教师示范课"，主要是发挥骨干教师的示范作用，使教师群体在示范课中吸取优秀教师的经验，扩展思路，并在参与过程中相互交流和学习。"争鸣——各年级教师会课"，这种会课的出发点是为所有任课教师提供交流与学习平台，帮助教师取他人之长补自己之短。教师在探索教学方式方法的同时，也会在交流中增进同事间的情感，利于形成教育影响的合力。

对于教师队伍的建设，学校还利用假期，分类分批组织教师参加各种交流研讨会和系列培训活动，也积极鼓励领导班子和优秀骨干教师进行专门的外出业务理论学习。如优化班级管理、提高教育艺术的班主任培训，推进新课程改革的培训，以及校本课程开发等方面的培训。学校也不定期地搞校际交流、举办高水平学术研讨会等来提升整个教师队伍的素养和水平。

（二）丰富学生活动载体

学生总是在参与各种有意义的活动中不断快速成长的，长春市二中以精彩的德育系列活动为载体，以养成教育为重要手段，形成了富有特色的德育工作体系。学校开展了与中国传统文化相关的许多活动，如学校每学期都开展"书香进校园"活动，引导学生诵读古代优秀文学著作，使学生在潜移默化中受到熏陶影响，学生和作品中倡导的人生观、价值观以及道德行为一旦发生共鸣，自然会自觉规范自己的言行，从道德行为的他律走向自律，而学校的整体文化道德氛围也就发生了根本的改变。同时，长春市二中还开展了国防教育、爱校教育、感恩教育、文明礼仪教育、行为规范教育，以及文化主题班会、亲情体验等活动。实践证明，以这些活动为载体，利于培养学生的责任意识、自立意识、自尊意识和健全的人格。

克服学校德育的"知识化"、"外在化"和边缘化，必须首先让德育的知识通过学生参与各种活动，落实到学生的实际的行为上。长春市二中每学期都开展"从身边事做起，从小事做起，做文明二中人"系列活动，通过各种活动，通过生活中的小细节，不断强化学生的道德意识，慢慢养成良好的习惯。二中在学校校园文化周的系列活动中，开展了"美德校园"活动、"无烟校园"活动、"感恩父母"活动、"感动就在你我身边"的主题实践活动，等等。这些内容多样的活动丰富了学生的课余生活，并为学生创造了良好的发展空间。

（三）开发特色校本课程

校本课程彰显着一个学校的办学水平和办学特色。"通过校本课程开发、实施的全环节，可以实现学校全体成员的思想沟通，在相互交流中集思广益，总结学校课程建设的经验教训，厘清学校课程发展的走向，借助校本课程的合理定位及其功能的正常发挥，来实现学校的办学宗旨、体现学校的办学特色。"[5]长春市二中在校本课程开发过程中，以学校精致教育理念为总的指导思想，本着激发学生学习兴趣，不加重学业负担的原则，基于学校以往的优势和特色，先后开发了德育、人文、艺术类等十几种选修课。课程围绕基础性、选修性、特色性、国际性、整合性五方面对课程进行了改革整合。

在落实基础教育课程改革的三维目标过程中，基于对学生核心素养的培养要求，学校研究教与学各要素在教学过程中的精细、动态的组合形式，以利于培养学生扎实的基本功和自主学习的能力。同时，学校积极开发课程资源，先后编写了十几种校本课程，供学生自由选择。如《精致教育之人文科学》《精致教育之自然科学》《跆拳道课程》《生命教育》课程高中版等。《跆拳道课程》是全国第一本跆拳道课程的校本课程，在"精致教育"的办学理念下将传统文化融合在课程中，让学生通过学习跆拳道的礼仪文化，体味感受传统文化的形式和魅力。

此外，学校还开发了《人生规划》《个人理财》《积极的心理教育》《领导能力》等具有国际化品质的课程，学校总体规划国家课程、地方课程和校本课程的衔接和融合，使之相互促进，相互补充，以满足不同学生的兴趣和要求。

三、"精致教育"理念下的特色办学经验及启示

（一）特色办学经验

个别的经验挖掘概括整理，探寻其蕴含的真理性认识，个别经验就具有了一定的普适性。长春市二中在"精致教育"办学理念引领下，在校领导及全体师生长期的探索与实践过程中，积累了一些特色办学经验。

1. 教师是特色办学的主要实施者

教师是学校特色办学理念的践行者和承载者，是学校特色办学的主要支撑。打造学校特色只有充分调动广大教师的主动性和创造性，全面提升教师的综合素养，才能有效地将办学理念内化为教师的精神品质，并在教师的教学过程中外化为行为，影响所教授的每一位学生。为此，学校主要采取了加强教风学风建设，注重师德教育，并开展了丰富多彩的教育科研活动，以校本培训等手段和方法去激励教师，尽力使整个教师队伍注重自身精神世界的提升，"待人有情，容人之短，激人追求，推人成功，全面发展"。

2. 校本课程是特色办学的体现

普通高中特色办学的基本标志就在于校本课程的开发，校本课程承载着学校的特色办学理念。长春市二中根据自身的传统和优势，基于学生的差异和多样化需求，在组织教师对国家课程充分研讨的基础上，同时组织对某些领域有基础有兴趣的教师群体，开发出了一系列体现学校特色的校

本课程。编写适合学校学情的校本教材，突出课程的特色性，最终离不开教师自身的专长、兴趣和广泛参与。

3. 校园文化是特色办学的窗口

校园文化是教育理念的直接体现，学校的校风包括教风和学风，是精神层面的校园文化，校园的文化环境建设一定意义上是教育理念的外在展现，能最直接展示学校的文化氛围和精神风貌。营造舒适的物质文化环境，对于陶冶情操、增强学生凝聚力、感受真善美都有着重要作用。长春市二中的校园里有宣传历史的文化走廊，有传统文化经典名著的文化墙，从教学楼到班级走廊，挂有励志标语、警示名句。同时，校园里从花草树木的巧妙布置到建筑物的景观布局，整个校园的环境设计精美，自然和谐，无处不渲染着文化底蕴，体现着精致教育的学校办学理念。

（二）意义及启示

基于长春市二中"精致教育"的办学理念，可从中发掘引申出对普通高中特色办学的普遍性意义。

1. 学校要注重凝练鲜明的特色办学理念

普通高中的特色办学离不开办学理念的引领，先进的办学理念对内是凝聚力、向心力，对外就是品牌、核心竞争力，反映着教育的规律和社会的共同诉求。普通高中特色办学既要结合学校自身的特色和传统优势，又要建立在对教育规律的认识上，教育理念是校训、校风及教风、学风的灵魂和基础。高中是义务教育后专业化教育前，学生进入社会和进入各级各类专业化学校的过渡阶段，其任务是多样化的，但根本一点还是要坚持立德树人、全面发展的教育理念，观照学生的可持续发展。

2. 重视学生的主体地位，坚持以学生的全面持续发展为办学的旨归

学校存在的全部意义就是为社会培养好人类的下一代，使之既能适应未来社会的要求，又能引领社会的发展变革。继承与超越永远是学校教育的核心价值追求，尊重学生的主体地位，关注学生的全面发展永远是教育的本真使命。为了使学生在高中阶段既能够习得各种知识又能享受成长的快乐，长春市二中经常开展中华经典诵读、诗歌接龙、书法大赛、文明礼仪竞猜赛等丰富多彩的竞赛和文娱活动，并吸引学生广泛参与。这些生动活泼的群体活动既帮助学生丰富了传统文化知识，又在潜移默化中增强了学生集体荣誉感和责任感，让学生的身心都能得到质的飞跃。

当然，学校也可以根据自身学校的特色打造书香校园、民生校园、人

文校园等，成立具有文化特色的学校社团组织，如文学社、美术社、音乐社、舞蹈社、体育社、书法社等，扩展学生展示自我、发展自我的平台。各种各样的社团不仅能使学生领略感受到浓浓的文化魅力，丰富学生的思想，还能让学生在不同的社团中寻找和发展自己的特长，在活动中陶冶情操，养成良好习惯。

3. 课程建设改革是特色办学的关键所在

普通高中课程改革对于提高国民总体素质、培养创新型人才具有极大的价值。课程改革要结合本校特色与学生的实际需求，将国家课程、地方课程融合学校特色，建设特色的校本课程。

校本课程的开发建设要遵循以下几点基本要求：第一，充分体现学校自身的基础和办学特色。第二，注重课程开发建设的质量和实效性。第三，为学生全面发展提供多项选择，发展学生的兴趣和特长。如根据学校的艺术教育特色，精心设计开发艺术教育校本教材，包括书画类、音乐类、试唱技巧类等；根据传统体育教育特色，开设各项体育课程，在学生学习之余强健体魄；根据学科教育特色开设文学精品课、古典诗文课、英语报刊课、时事论坛课等，开阔学生的知识视野，形成内容丰富的系列化校本课程。

注　释

[1] 中华人民共和国教育部. 国家中长期教育改革和发展规划纲要（2010—2020 年）[EB/OL].［2010-07-29］. http://www. moe. edu. cn/src-site/A01/s7048/201007/t20100729 _ 171904. html.

[2] 中华人民共和国教育部. 教育部 2016 年工作要点［EB/OL］.［2016-02-05］. http://www. moe. cn/jyb _ xwfb/moe _ 164/201602/t20160205 _ 229511. html.

[3] 傅维利，王丹，刘磊，等. 诚信观的构成及其对诚信教育的启示［J］. 教育研究，2010（1）：44-49.

[4] 胡伟国，章志图. 加强民办高校大学生责任教育的实践探索［J］. 教育研究，2013（4）：154-158.

[5] 何勇平，范蔚. 校本课程的特色与学校更新［J］. 课程·教材·教法，2006（10）：16-19.

（此文发表于《中小学教师培训》2017 年第 3 期）

城乡教师的收入差距与流动问题探究

李伯玲

（东北师范大学农村教育研究所　吉林长春）

城乡教育差异的一个重要方面是教师差异。城乡教师差异可以通过很多方面进行研究，其中，城乡教师的收入差异是城乡教师差异的重要方面，也是形成城乡教师差异的重要原因。2004—2006年我们对吉林、山东、山西、甘肃、青海、内蒙古、安徽、重庆等十几个省（市、区）的不同地区的教师待遇问题做了调查。其中，我们选择了一个直辖市、三个省会城市、五个地级市作为城市样本，选择了52个乡镇作为乡村样本。调查表明：虽然各省情况略有差异，但总体情况是，城市教师的平均工资收入、课时津贴以及年节等奖酬金、岗位津贴等都明显地高于农村教师。由于这种工资差异等原因，也形成了农村教师和城市教师向上流动和向下流动的不同心态和不同特点，这给农村教育发展带来一定的影响。

一、城乡教师收入对比

（一）城乡教师工资段分布

调查结果表明，城乡教师工资存在一定的差距。农村教师月工资在500元以下的占19.21%，城市教师月工资在500元以下的占10.78%；农村教师月工资在501—800元之间的占54.66%，城市教师月工资在501—800元之间的占40.7%；而农村教师月工资在1001元以上的占5.09%，城市教师月工资1001元以上的占24.34%。这表明，虽然从总体上来说月工资在501—800元之间的城乡教师比例都很大，但是城市高工资段的教师所占比例明显高于农村高工资段教师所占的比例。

（二）不同教龄段教师工资分布城乡对照

为了更准确和清楚地把握城乡教师工资水平的差距，我们对相同教龄阶段的城乡教师工资水平进行了比较，因为这种对比更能看出城乡教师工资水平的真实差距。我们对教龄在 1—5 年之间、教龄在 6—11 年之间、教龄在 11—15 年之间、教龄在 16—20 年之间和教龄在 21 年以上各个阶段的城乡教师工资水平做了对比。

调查结果表明，教龄 1—5 年的教师中，农村教师月工资在 800 元以下的占 98.47％，城市教师月工资在 800 元以下的占 54.95％；农村教师月工资在 801 元以上的占 1.54％，城市教师月工资在 801 元以上的占 45.05％。这表明城乡教师工资差别在参加工作的前五年已经很大。

教龄 11—15 年的教师中，农村教师月工资在 800 元以下的占 73.84％，城市教师月工资在 800 元以下的占 59.83％；农村教师月工资在 801 元以上的占 26.16％，城市教师月工资在 801 元以上的占 40.17％。这表明，从总体上看，教龄同在 11—15 年的城乡教师收入差别没有教龄 1—5 年的教师差别那么大，但是城市高工资段的教师比例还是明显高于农村教师比例。

教龄为 16—20 年的教师中，农村教师月工资在 1000 元以下的占 96.68％，城市教师月工资在 1000 元以下的占 61.34％；农村教师月工资在 1000 元以上的占 3.32％，城市教师月工资在 1000 元以上的占 38.46％。这表明，教龄同为 16—20 年的教师中，农村教师的收入水平基本集中在 501—800 元这一阶段，而城市教师的收入水平明显向 1000 元以上移动，城市高工资段的教师比例还是明显高于农村高工资段的教师比例。

二、城乡教师的流动问题

农村教师的收入一直远低于城市教师，这不仅造成了部分优秀教师流失，影响了现有农村教师的工作积极性，还阻碍了优秀大学毕业生进入农村教师队伍，对农村教育造成了不良影响。我国政府对城乡教师的流动进行了政策上的调控，在相关政策的调控下，城乡教师正实现双向流动，只是在流动的过程中，一种流动表现得更为主动些，而另一种流动表现得更为被动些。

（一）主动流动：由农村向城市的流动

主动的流动表现为农村教师由乡村流向城镇、中小城市和大城市的流动。在这种通常称为由"低"（指乡村）向"高"（指城市）的主动流动过程中，经济因素也就是工资的高低起了决定性的作用。

城乡教师工资差距更多地表现为起点工资水平的普遍差距，导致年轻的、高（或合格）学历农村教师不安于乡村的教学工作。而造成城乡工资差距的根源是由于城乡教师工资拨款渠道不同。从以上的列表中我们可以看出，由于县乡财政力量薄弱，农村教师的工资水平普遍低于由省、市财政拨款的城市教师的工资水平。所以，这一层次流动的人群大多为在20世纪80年代受过专科以上正规学历教育、有工作经验、教学水平相对较高的农村中小学骨干教师。这些教师曾经作为同龄农村人的骄傲，接受了高等教育，但在计划经济的时代，"农"字的户口使他们不得不离开城市，回到生养他们的农村工作，这是一个非个性的选择，而这一计划经济体制下硬性分配的结果则是，在社会转型期，这一层次流动的人改变了原有的价值观念，不再将重义轻利、安贫乐道视为教师的荣誉，而是在市场经济的冲击下，在实用主义的价值观念驱动下，在20世纪90年代中期开始了向城市进军，完成了其"人往高处走"的人生变迁，使原本从整体上就无法与城市相比的农村中小学义务教育阶段的师资队伍建设雪上加霜。

（二）被动流动：由城市向农村的流动

被动的流动表现为城市教师在各级教育行政部门的政策压力下，以"指教""帮扶""对口交流"等名义，由大城市向中小城市、城镇和农村的被迫流动。

在调查中，我们发现这种流动也存在一定的问题。

一是教师个体支教时间短，城市优秀教师的作用难以充分发挥。大多数轮岗的教师在农村工作的时间为半年或一年，工作时间最长的多是没有任何工作经验的大学毕业生，相关政策要求在农村工作满三年后，他们可以在城市任教。笔者认为，提高农村教师的素质和教学水平绝不是新毕业的大学生能够担负得起的重任。而对于新毕业的大学生来说，三年的农村教学生涯，恰恰是其在教育战线完成从无到有的过程，如同新买的车一样，在农村"磨合"完毕，就离开农村而到城市发挥作用了。由此看来，乡村依然是城市的"练兵场"。

二是由于"支教者"的个人能力和修养不一，对农村教师的影响也不同。尤其是新毕业的大学生们，在工作经验和工作态度方面常常不尽如人意，一些乡村教师对此颇有微词。而且，城市教师在乡村教育资源的整合利用、乡土人情、民俗民风等方面都存在一定的弱势，尤其是在参与农村社区的建设方面，明显不如农村中小学教师。

三是增加了各级教育行政部门的财政负担。轮换期间城市教师到农村支教等，在政策上除保证原工资待遇不变，还应给予一定的生活补贴费用，这样不仅城市的学校或教育行政部门增加了财政投资，而且被支援的农村学校还要尽可能为其提供相应的生活保障。双方的经济投入，每年都是一个不小的数目。

三、相关对策的思考

基于以上的思考，我认为在目前城乡差距和地区差距存在的情况下，要迅速稳定农村教师队伍，提高农村教师的素质，应该实施"多管齐下，齐头并进"的政策和管理措施。

1. 修改《教师法》，明确教师的公务员身份。这是解决城乡教师工资差距和其他以工资为基础的各种福利待遇差距的根本。从事业单位的工资构成和公务员的工资构成结构来看，双方是具有差别的。尤其是各自解决的福利待遇方面，事业单位的福利待遇远远不如公务员阶层。因此，城乡教师和公务员在政治地位、经济待遇、社会声望等方面都有差别。而且，同一阶层城乡的差别又很大，城市学校享有的福利待遇，大多数农村学校没有，尤其是乡村学校。如果享有公务员身份，城乡教师在基本工资相同的基础上，就会享有同样的福利待遇，在城乡生活存在一定的物价差距的情况下，实际上提高了农村教师的生活待遇和水平，一定程度上弥补了由于二元结构导致的城乡差异。

2. 提高农村义务教育阶段教师的生师比例，实现农村教师的带薪进修。提高农村学校的师生比的目的是使农村学校的教师有一定的时间和经济富裕，让农村学校的教师能够实现带薪进修，为农村教师的继续教育和终身教育提供保障。

3. 加快农村职业教师队伍和成人教师队伍的建设。目的是减轻农村义务教育阶段教师过重的社会负担，使其能够专心于义务教育阶段的教学研究工作。

4. 必须选派城市教师中的中青年优秀教师到农村学校支教。按照不同层次的教学培养规律和人才培养的时间要求，建议城市教师在农村学校

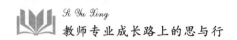

的工作时间原则上应以三年为轮岗期限。

5. 对农村学校具有高级职称的教师应从评聘之日起签订 5 年在岗工作期限的协议，协议期满后方可以流动。这样，可以有效防止农村高职称优秀教师的过快流失，影响农村教师队伍的稳定，保证农村教育质量。

6. 各级教育行政部门应加强对支教教师的考核工作，考核应该量化管理，便于真正做到奖优罚劣，使支教工作不流于形式化。

（此文发表于《中小学教师培训》2007 年第 3 期）

心理论坛

XINLI LUNTAN

教师心理健康素质：教育价值与构成要素

刘晓明[1]　王丽荣[2]

（1. 东北师范大学教育学部　吉林长春；
2. 吉林大学马克思主义学院　吉林长春）

"今天，我们需要什么样的教师？"——这似乎是一个不言自明、无须探讨的问题了。因为自从 2012 年起教育部陆续出台了中学、小学、幼儿园教师专业标准，分别对中小学、幼儿园教师应具备的专业理念、专业知识、专业能力三大领域提出了具体的要求，为教师的专业发展明确了方向。但如何能够有效落实教师专业标准，如何看待专业理念、专业知识及专业能力在教师发展中的作用，这依然是一个需要继续深入探究的教育难题。毋庸置疑，目前我国中小学教师教育领域一直非常关注教师的专业化问题，而专业化的重点在于如何有效促进教师的专业发展，即通过提升教师的专业理念、专业知识及专业能力，以提高教师的专业化水平，促进教师的专业发展，增强教师的教育影响力。

然而，对于教师这一职业而言什么才是教师发展与教师教育影响力的核心要素呢？是教师自身所持有的学科知识、教学技能，还是外在于教师的教育理论、社会规范？这些要素似乎重要又似乎不重要。说其重要，是因为这些要素体现着教育的工具性价值；说其不重要，是因为这些要素忽略了教育的人文性价值。

一、教师心理健康素质的教育价值

当问起这样一些问题："在你的中小学时代，你最喜欢的老师是谁？你最钦佩的老师是谁？让你的人生与众不同的老师是谁？"……"当你头脑中浮现出某位老师的形象时，令你印象深刻的是什么？是他（她）的教学水平、知识素养，还是给予你的学科知识、行为规范？"……我们的访谈结果表明，让学生记忆一生的教师，对学生影响最深刻的，既不是这些教师的渊博学识和精湛的教学技能，也不是他们所传授的知识，排在前几位的是：教师对自己的关心，教师的公正对待，教师对自己的看重，教师表现出的耐心，教师与自己的心理沟通，教师对学生的关心与倾听。由此可见，相对于教师专业发展而言，教师自身的人格、态度等心理健康素质则具有更为长久的教育影响力。

（一）关注教师心理健康素质，让教师教育体现人文关怀特征

反观目前我国教师教育和教师培训领域，其重点依然是外在于教师的学科知识、教学技能、教育理念及道德规范等，缺乏对教师内在个人发展的关注，使得"以人为本"的现代教育理念没有在教师的身上得到有效的展现，对教师自身的人文关怀成为今天教师教育的一个盲区，对教师心理健康素质缺乏应有的关注。

目前，教师的心理健康问题越来越成为全社会关注的焦点。由于职业的特殊性，教师自身心理健康素质不仅影响着教师个人的生活质量，还会直接影响学生的健康成长，对学生的心理健康及人格发展产生重要作用。建构我国教师心理健康素质的结构模型，建立我国教师心理健康素质培养体系，客观考察我国教师心理健康素质的发展状况，有助于完善我国教师教育的现状，改变因心理成长缺失而带来的不平衡，建构融专业发展与个人发展于一体的教师教育的新模式，这也是当前教育改革背景下我国教师教育的新视点。

（二）关注教师心理健康素质，为学生心理健康发展保驾护航

教师的心理健康问题已经成为制约我国学校教育发展的现实难题，成为阻碍学生健康成长的负面因素。关注教师的心理健康素质，客观认识教师的心理健康发展水平，保证教师心理的健康成长，已成为当前学校教育必须面对的现实困境。同时，在教育回归生命化与个性化的今天，心理健康已成为现代教师的一种必备素质，因为只有心理健康的教师才能培养出心理健康的学生，而关注教师的心理健康素质，有助于为学生的心理健康保驾护航。事实表明，目前中小学校中出现的很多问题与现象都与教师素质有直接或间接的关系。教师素质的核心是心理素质，而心理健康是心理素质的直接体现，确定教师心理健康素质的职业心理健康标准是保证教师心理素质完善的重要指标，也是保证教师整体素质发展和人才培养素质效果的需要。由此我们不难发现，教师是以自己的全部身心影响着学生的发

展的，教师这一职业应当是用人格来影响人格，用心灵来充盈心灵，用生命来化育生命的事业，教师自身的个人发展具有更为重要的作用。

（三）关注教师心理健康素质，是建设高质量教师队伍的保证

西方国家从 20 世纪 70 年代后开始进行旨在提高教师素质的各种评价研究，就建设高质量教师队伍而言，主要关注的是教师质量标准问题，教师心理健康标准也是其中的重要内容，以明确"具备什么样心理健康素质的教师，才能算是合格教师或专家型教师"，并在此基础上继续探讨采用何种措施、手段来提高教师的心理健康素质，促进教师整体素质的提升。一系列研究发现，心理健康素质与主观幸福感[1]、工作满意度[2]等均显著相关。从这个意义上说，提升心理健康素质能够有效改善教师的幸福感和工作满意度，也为提高教师工作效能提出了相应途径。

对于教师心理健康标准问题的研究，我国学者都是从一般心理健康素质的角度切入，此类研究存在一些共同的问题，即缺乏对教师职业特征的深入把握，使得其结果不能被很好地运用于实践之中。另外，教师质量问题本身也是一个人力资源问题，如果从人力资源管理理论来看，教师心理健康标准问题也是教师岗位胜任特征问题，寻找评价教师心理健康素质的标准，可以为教师教育、培训和管理提供更有效的指导，也可以为教师聘用、奖惩等提供客观依据。建构起我国教师心理健康素质的培养与测评体系，可直接为教师的选拔和评价提供客观依据，能够帮助教师改善心理健康现状，提升自身的一般心理健康素质，也能够帮助教师从心理发展的视角，提升自身的专业心理健康素质，以促进教师的全面发展。

二、教师心理健康素质的构成要素

心理健康素质是一个具有本土意义的概念，沈德立教授认为心理健康素质就是"个体在遗传基础上在环境因素影响下形成的内在的、稳定的心理品质，这些心理品质影响或决定着个体的心理、生理和社会功能，并进而影响人体的心理健康和适应水平"。[3]梁宝勇教授认为："心理健康素质是心理素质的一个重要成分，心理素质大体上可以分成认知能力素质和心理健康素质两大部分。认知能力素质通常以智力为标志，而心理健康素质则由人格特质组成。"[4]由此可以看出，心理健康素质是个体自身的一种内在的、稳定的心理品质，而对于教师而言，心理健康素质可以看作其整体

素质的核心要素，是在教师自身与周围环境交互作用的过程中所表现出来的持续、积极、良好的心理机能状态。

2012年12月，我们承担了全国教育科学规划教育部重点课题"教师心理健康素质研究"，以课题研究为载体，立足于我国中小学教师心理素质发展的现实，运用访谈研究的方法，收集教师心理健康素质的表现及关键行为事件，经过内容分析后，提出了我国教师心理素质的构成要素及主要内容[5]。结果显示，我国中小学教师的心理健康素质可以划分为"一般心理健康素质"和"专业心理健康素质"两大部分：前者包括认知、情感、行为与人格四大维度；后者包括以学论教、正向引导、心理沟通与问题应对四大维度。

（一）一般心理健康素质

1. 认知维度

表现为教师能够发现学生身上的闪光点，对学生的优点予以尊重和赏识；能够发现学生身上的不足之处，对学生的缺点能够在宽容理解的基础上予以矫正；能够将教师自身的专业发展看作一个持久努力的过程，有意识地加以积累与提高。教师要在自己的教育教学工作中随时观察学生的心理表现，及时发现学生的内心变化，根据学生的反馈信息，调整自己的教学内容、方法和教学目标，能够深入了解每个学生的认知特点，创造性地促进学生的发展。

2. 情感维度

表现为教师能够掌控自身的情绪状态，时常保持积极、乐观的心态，不将生活中的负面情绪迁移到教学过程中和学生身上，能够冷静、理智地处理教学中的突发情况，不将工作中的不良情绪带到家庭生活中，影响家人的生活，能够学会自我心理维护、调试各种不良情绪。遇到困难时也能控制自己的情绪反应，保持镇静，能忍耐挫折和困难的考验。以爱、满意、愉快等积极的内心体验对待教育事业，能够认识到自己工作的意义和肩负的责任，表现出饱满的工作热忱；热爱学生，不强制学生接受自己的要求，不讽刺、体罚、辱骂、训斥学生，善于体察学生需要，能理解学生的痛苦与快乐，给予学生积极的期待，满腔热情地希望每个学生健康成长。

3. 人格维度

表现为教师能够持有相对成熟的自我意识、相对稳定的自我概念和相对客观的自我评价。能够关心自身的人格发展，注意自己人格方面的优缺点，能够独立评价自己的人格品质；较为全面、客观、辩证地看待自己、分析自己，自我评价能力全面、主动、深刻。教师在其人格发展过程中，由于各种主客观条件的限制，会产生各种心理矛盾与心理冲突，如果冲突解决不当，将会严重影响自身人格的健康发展，形成不良人格。教师应加强自身的人格修养，依靠自我调适来促进自身人格的健康成长，努力对自己做出客观评价，切忌对自己过分苛求，把自己的发展目标确定在能力所及的范围内，使自己的心理机能经常保持在良好的状态下。

4. 行为维度

表现为教师能够主动调控自己的工作和生活，既爱岗也爱家，不仅在教学活动中能够对学生认真负责，对家庭成员也能予以积极关注，注重在工作和家庭中寻求平衡。教师应当对自己的工作目的有正确、深刻的认识，明确自己工作的社会意义，不论是顺境还是逆境，都对工作充满信心。善于控制自己的行动和自己的情感，即使在工作和生活中碰到一些不如意的事情，也会借助自制力来控制自己的言行，既保持和蔼、严肃的态度，又以中肯的语言提出要求，学生就会为教师的平静态度所感染，为教师的耐心教育所激励，从而心悦诚服地予以接受，锻炼和升华自身的行为品质。

（二）专业心理健康素质

1. "以学论教" 维度

表现为教师能够根据学生的特点组织教学，能够根据学生的反应及时调整教学活动。要注意设置个性化的教学目标，虽然同一年龄段的学生在心理发展上有相似之处，但每个个体又存在着个别差异，教师不应要求所有学生都达到相同的教学目标。在教学模式的选择上，认识到"只有适合学生的教学才是有效教学"，不固守于某种单一的教学模式之下，而是根据学生的特点与学习过程不断调整教学方法。教学的主体是学生，如何在教学过程中充分发挥学生自身的积极作用，促进学生自身潜能的充分发挥，这就要求教师转变教育观念：不仅重视书本知识的传授，更要重视学生能力的发展；不仅重视教材知识结构的钻研，更要重视学生头脑中的认知建构；不仅重视学生学什么，更要重视学生怎样学；不仅重视当下学习成绩的好坏，更要重视学生的长远发展。

2．"正向引导"维度

表现为教师应树立起"学生不是教出来的，而是引导出来的"这一教育理念，因为学生天生就具有"求知"的"潜能"和"求善"的"善端"，教师的职责就是将学生自我发展、自我完善的潜能激发出来，将学生生命的火花点燃起来。教师作为"引导者"的角色，在引导学生时，应注重对学生的理解与尊重，能够从学生的角度出发，调动起学生的主体意识，发挥学生自身的主体作用。教师的引导意识，意味着教育不是传授知识的过程，传授知识只是教育的手段和载体，教育的真正目的是引导学生学会思考、引导学生学会做人，通过引导激发起学生的潜在力量，通过引导激发起学生的学习兴趣。所谓正向引导，就是不以讽刺、嘲笑等不当的教育方式管理学生，多给予学生一些关心和鼓励，避免因不当的教育方式导致学生出现负性的自我意识或过低的自我评价，甚至出现逃避学校、师生对立或厌倦学习等现象。

3．"心理沟通"维度

表现为教师和学生能够在心理上相互容纳，即相互能够接受和信任对方，以平等、接受的态度相互交流。学校教育的过程是师生双方共同活动的过程，而这一过程离不开师生关系的维系。良好的师生关系，能够驱动学生愿意接受教师的教育指导，乐于接受教师的帮助，也会增强学生的学习动机，提高学习效果，而难以融洽的师生关系，会使教育过程出现阻滞，影响教育活动的有效开展。因此，心理沟通是教师打开学生心灵的钥匙，是评价教师教育能力的重要指标。要想达到与学生之间有效的心理沟通，教师要给予学生心灵上的关怀，要根据学生的心理特征，灵活合理、公正平等地对待每一名学生，注重情感共鸣。

4．"问题应对"维度

表现为教师在解决学生问题行为时，能够站在学生的视角走进其心灵世界，把握其心理跳动的脉搏，在理解的基础上做出判断，公平公正地对待每一个学生，注意保护学生的自尊心，"就事论事"，而不是"就事论人"。教师只有以这样的观念和态度应对学生问题行为，才是真正以学生为中心，才能影响学生的心灵深处。同时，正向引导、冷静处理也十分重要，更有利于全面解决学生的问题行为。教师应注意帮助学生学习更有效的生活方式，对学生能以同情的态度进行疏泄和劝慰，减轻他们因各种原因造成的精神焦虑，帮助学生满足心理上的需要。至少能够营造一种宽容的气氛，使学生产生安全感，从缺乏自尊、惧怕权威等问题行为中解脱出来，为培养学生健全的人格、成熟的情绪、坚强的意志负起责任。

注　释

［1］ BRDAR I，KASHDAN T B. Character strengths and well-being in Croatia：An empirical investigation of structure and correlates ［J］. Journal of Research in Personality，2010（1）：151－154.

［2］ SMITH M R. The Relationship Between Character Strengths and Work Satisfaction ［D］. Newton，MA：Massachusetts School of Professional Psychology，2010.

［3］ 沈德立，马惠霞. 论心理健康素质 ［J］. 心理与行为研究，2004，2（4）：567-571.

［4］ 梁宝勇. 心理健康素质测评系统·基本概念、理论与编制构思 ［J］. 心理与行为研究，2012（4）：241-247.

［5］ 刘晓明. 教师怎样获得心理健康的"智慧"［N］. 中国教育报，2016-03-02（10）.

（此文发表于《中小学教师培训》2016 年第 8 期）

中小学教师职业倦怠状况的现实分析

刘晓明[1]   邵海燕[2]

(1. 南京师范大学教育科学学院；

2. 东北师范大学心理学系)

一、问题的提出

随着社会的发展与竞争的加剧，我国中小学教师所承受的职业压力与日俱增，国内外的诸多研究均显示，教师职业是最具压力的职业之一 (Gold&Roth，1993；Dunham，1992；朱从书，2001；申继亮，2000)，如果教师的职业压力长期得不到有效控制，就会直接导致职业倦怠。从20 世纪 80 年代职业倦怠的研究开始延伸到教学领域起，直至 90 年代中期以来，倦怠已经成为世界范围内教育领域的突出问题，职业倦怠已对教师的身心健康、教学质量及教师队伍的稳定构成了巨大威胁，对教师教学与学生发展造成了直接的负面影响。众多研究发现，教师是职业倦怠的高发人群。体验到职业倦怠的教师，容易对学生失去耐心和爱心，降低对课程准备的充分性，对工作的控制感和成就感下降，不能全身心投入到工作中去，从而影响到教育效果的发挥。目前我国教师职业倦怠的现状如何？呈现什么样的特点？相关的研究较为缺乏，本文试图在实际调查研究的基础上，对当前教师职业倦怠的状况进行现实考察，为学校、社会、教育行政机构等了解和认识教师的职业倦怠问题提供一定的理论依据，为教师队伍的管理与建设提供必要的参考。

二、研究方法

1. 研究对象

本研究采用整群随机抽样的方法，从长春市选取中小学各三所，共发放问卷 280 份，最后得到有效问卷 199 份。其中，中学教师 117 份、小学教师 82 份；男 37 份，女 84 份；教龄 4 年以下的 42 份，4—9 年的 31 份，10—15 年的 58 份，16—21 年的 21 份，21 年以上的 31 份。

2. 研究方法

采用 MaslachD 教师职业倦怠问卷，并参考了台湾学者的中译修订版。该问卷包括三个维度，即情绪衰竭、人格解体和个人成就感的降低。其中，情绪衰竭是教师职业倦怠的核心成分，是指教师个人工作热情的耗尽，表现为厌倦、易怒和热情衰退，是一种情绪情感极度疲劳的状态，这种状态会直接削弱教师对教学工作的投入质量，减少对学生的赞扬以及师生互动；人格解体是指教师对学生表现出冷漠、消极的行为，对学生持否定态度，尽可能疏远学生等；个人成就感降低是指教师对自己的工作不满意，表现为发现自己的努力未能给学生带来任何变化，自己的付出未得到应有的回报和承认，因而降低了工作中的效能感，强化了对自己消极评价的倾向。问卷为 4 点记分，其中第 9—16 题为反向记分。

在研究中，我们对该问卷进行了信度与效度的检验。信度检验显示，整个问卷的 Alpha 系数为 .8301，情绪衰竭、人格解体、低成就感因子的 Alpha 系数分别为：.8227、.6569、.9282。由于该问卷的维度已经存在，所以通过验证性因素分析来检验其效度，结果显示问卷三个因子间的相关系数（-.04、.06、.58）都低于 .60，CMIN = 373.105（df = 206，p=.000），TLI=.89，CFI=.90，RMSEA=.67。这些结果说明数据支持问卷的维度构建，具有很高的信度与效度。

三、结果

1. 中小学教师职业倦怠的一般状况

本问卷为 4 点记分，中数是 2.5，如果教师的职业倦怠及因子的得分在 2 分以下，表明不存在职业倦怠的问题，2 分以上表示存在职业倦怠的问题，其中，2.5 分以上表明问题比较严重。

表1　中小学教师职业倦怠的平均数与标准差

维度	X	S
情绪衰竭	2.5678	0.5847
人格解体	1.9176	0.6041
低成就感	1.8141	0.8038
职业倦怠	2.146	0.4409

表 1 的结果显示，职业倦怠的平均分为 2.146，虽然还没有达到严重的程度，但从分布来看，中小学教师职业倦怠的问题已经普遍存在；情绪衰竭、人格解体、个人成就感降低的平均分分别是：2.57、1.92、0.81，

表明中小学教师的情绪衰竭问题已经比较严重，但个人成就感降低与人格解体问题尚不严重。

2. 中小学教师职业倦怠的教龄差异

（1）中小学教师职业倦怠的教龄发展特点

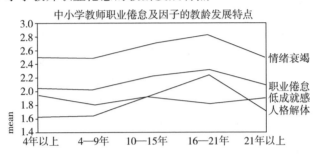

图 1　中小学教师职业倦怠的教龄发展特点比较

图 1 结果显示，教师的职业倦怠在教师生涯的最初几年就开始显现，而且随着教学时间的增加开始不断加重，特别是在第 10 年起急剧严重化，到第 16—21 年达到高峰，职业倦怠问题最为严重，以后则大幅度降低；4—9 年与 16—21 年是教师职业倦怠随教龄发展的两大转折点；从三个因子教龄发展趋势来看，情绪衰竭问题比其他两个因子的问题都突出，教师职业倦怠问题首先是以教师的情绪衰竭表现出来的。

（2）中小学教师职业倦怠的教龄差异

不同教龄的教师职业倦怠程度并不相同，但是不同教龄的教师职业倦怠是否达到显著性差异，从教龄对教师职业倦怠影响的单因子变异数分析结果可以看出：教龄对教师的职业倦怠有 .05 水平（sig＝.039）的显著影响，而且对教师人格解体因子也有 .05 水平（sig＝.019）的显著影响。由事后比较得知，教龄 16—21 年的教师与教龄在 21 年以上、4—9 年和 10—15 年的教师相比，其人格解体程度有显著差异。相比较而言，教师人格解体问题可能最容易表现在教师教学的第 16—21 年，教龄 21 年以上的教师则最不容易发生人格解体问题。教龄 16—21 年的教师比 4 年以下和 4—9 年教龄的教师职业倦怠程度显著严重，教龄 10—15 年的教师职业倦怠程度比 4 年以下和 4—9 年教龄的教师职业倦怠程度也显著严重。16—21 年教龄的教师比 10—15 年教龄的教师职业倦怠的程度严重，但并未达到显著性水平。

（3）男女教师职业倦怠随教龄增加的变化特点

调查结果表明：男女教师职业倦怠的发展变化具有不同的特点。女教师在其职业生涯的最初几年并不存在职业倦怠问题，但几年后，职业倦怠随着教龄的增加不断加重，女教师在教学的第4—9年，职业倦怠问题加重的速度变快，到她们教学的第16—21年，职业倦怠问题最为严重。不过从此之后，职业倦怠程度开始下降，21年教龄以上的女教师已经不存在职业倦怠的问题。男教师的职业倦怠问题在其教学的最初几年就已经存在，不过随着他们教学时间的增加而不断降低。男教师在教学的第4—9年，职业倦怠问题得到控制，基本趋于正常的水平，4—9年是男教师职业倦怠发展的第一个转折点，是最初的职业倦怠问题基本得到控制后又开始加重的转折点，他们的职业倦怠问题又突显出来，而且加重的速度与前期问题得到控制的速度基本持平。到其教学的第10—15年，职业倦怠问题最为严重，而且这种严重的程度不再随着教学时间的增加而自行缓解，21年以上教龄的男教师仍存在职业倦怠问题。

（4）中学、小学教师职业倦怠程度差异比较

表2　中学、小学教师职业倦怠程度差异比较

	学校类别	平均数	标准差	T值	Sig
情绪衰竭	小学	2.55	.62	−.411	.30
	中学	2.58	.56		
低成就感	小学	1.96	.89	2.14	.03
	中学	1.71	.73		
人格解体	小学	1.95	.66	.59	.56
	中学	1.89	.56		
职业倦怠	小学	2.19	.47	1.42	.16
	中学	2.10	.42		

从表2各项目的平均分看，小学教师除情绪衰竭之外，其他两个因子及职业倦怠程度都高于中学教师，由T检验得知，小学教师低成就感程度显著高于中学教师。

四、分析与讨论

1.中小学教师职业倦怠问题

本次问卷调查发现，中小学教师的职业倦怠问题虽然没有达到比较严重的程度，但已经开始具有普遍性。这与实际的观察有一定出入，但我们认为，出现这一结果的原因是多方面的：其一，职业倦怠问题比较严重的教师，是不大可能在教师岗位上久留的，因此有严重职业倦怠问题的教师在校内的数量会较少。其二，教师自我防卫心理的作用。教师作为社会地

位较高的社会群体，其自我期待、要求都比较高，尤其对自己所从事的教书育人的工作，不会在自陈问卷中轻易承认自己对工作的失望或无奈，这使很多教师在个人成就感降低这一因子上的分数较低，即问题程度低，也导致职业倦怠的问题不是非常突出。其三，教师的职业修养也有助于教师不断完善自己。所以，教师人格解体问题也没有表现出来。在职业倦怠的三个因子中，只有教师的情绪衰竭达到了比较严重的程度。教师的情绪同人格及个人成就感的问题比较来说是直接外显的，教师情绪衰竭的程度是教师职业倦怠问题的信号，它预示着职业倦怠问题的存在，但是，它不能直接决定教师职业倦怠问题严重的程度。在教师职业倦怠的三个因子中，除了教师情绪问题应注意调节外，教师个人成就感问题、人格解体问题也必须予以重视，因为教师个人成就感的降低与教师人格解体问题必然会加重教师情绪衰竭程度，它们与教师职业倦怠的关系是更深层次的。

2. 中小学教师的教龄、性别等对职业倦怠的影响

国外有关研究显示，男教师较女教师易产生倦怠，本次调查发现，男教师的职业倦怠程度高于女教师，但两者间差异并不显著，性别不是影响教师职业倦怠的主要因素。教师的教龄对职业倦怠有显著影响，而且这种影响对男女教师的作用并不完全一致。男教师在教学最初几年就有职业倦怠问题，不过，由于社会对男性角色认同的主要标准在于工作成绩，因此，男教师即使面临职业倦怠的问题也会积极克服，加之工作的最初几年精力充沛，社会角色冲突问题也较少，所以倦怠问题能够在教学实践中得以解决。但是，这种自我的力量毕竟有限，而且存在个体差异，当职业倦怠问题再度发生时，这种力量在新问题、新要求面前效果不再明显，加之年龄、体力、社会角色冲突等问题的干扰，第二次职业倦怠问题会一直困扰男教师，教龄在21年以上的男教师仍存在职业倦怠的问题，而相同教龄的女教师已经不存在。不过，女教师职业倦怠问题随着教龄增加也在日趋加重。由于社会对女性认同标准主要是在家庭方面，贤妻良母是传统文化对女性的最高评价，况且教师的"传道"主要教授的就是传统文化，这都会影响女教师对自己的角色认同。所以，即使有职业倦怠问题，由于对自己家庭角色的认同，也能帮助她们继续留在学校。但是女教师的职业倦怠问题本身并未解决，只不过使倦怠加重的过程变得迟缓，随着年龄、心态的变化，维持自身对职业要求的平衡，这是一种消极的求得和谐的途径，直至教龄达到21年以上，女教师的职业倦怠问题自行消失。由以上的分析，我们感到，男女教师都需要一种自身以外的力量帮助他们面对、解决职业倦怠的问题，这种力量能帮助女教师积极发挥教育作用，能吸引

更多男教师从事教师职业并且延长他们的教师生涯。这种力量就是对教师职业倦怠的主动干预。

3. 学校类别对教师职业倦怠的影响

本研究发现，中小学教师在个人成就感降低方面有着显著的差异，小学教师比中学教师成就感降低的程度大，但是两者之间职业倦怠的程度没有显著差异。根据现在我国基础教育的情况，中学教师要比小学教师的工作压力大。无论是工作量，所教班级的人数，还是面临着的升学考试、家长的过高期待等，不过这些压力不仅没有成为职业倦怠的压力源，反而从总体上提高了中学教师的职业成就感，这种个人成就感的增强，会大大缓解教师的情绪疲劳，增强教师教育教学的动力，从根本上抵御职业倦怠的侵蚀。从中小学教师职业倦怠的比较也可以看到，教师的个人成就感问题是解决教师职业倦怠的关键因素，如果说缓解教师的情绪问题是解决教师职业倦怠的切入点的话，那么，对教师个人成就感的提高，则是真正根除教师职业倦怠的必要措施，这方面的问题非常值得教育研究者继续深入地探索下去。

五、结论

1. 中小学教师已经产生了职业倦怠问题，虽然问题不严重，但已具有相当的普遍性。

2. 教龄不同的男女教师，职业倦怠的变化趋势明显不同，需要外部力量来干预和调试职业倦怠问题。

3. 教师的情绪问题是产生职业倦怠的先兆，但个人成就感问题却是导致职业倦怠严重化的关键。

参考文献

[1] 徐富明，申继亮，朱从书. 教师职业压力与应对策略的研究 [J]，中小学管理，2002，(10).

[2] 张勇，于跃. 中小学教师工作倦怠的成因及其预防策略 [J]. 教育探索，2002 (11).

[3] 赵玉芳，毕重增. 中学教师职业倦怠状况及影响因素的研究 [J]. 心理发展与教育，2003 (1).

[4] MASLACH C，JACKSON S E，LEITER M P. The Maslach Burnout Inventory Manual [M]. 3rd ed. Polo Alto，CA：Consulting Psychologists Press. 1996.

（此文发表于《中小学教师培训》2003 年第 10 期）

提高自我调节水平　构建和谐心理环境

姜英杰　贾　玮

（东北师范大学教育科学学院　吉林长春）

教师是整个教育的关键因素，是教育的主导者，他们的心理健康状况直接或者间接地影响着学生的心理健康、学业成就和人格发展[1]。全社会在关注学生群体心理健康的同时，也应该关注教师群体的心理环境。

一、中小学教师心理环境的现状分析

伴随着教育改革的不断推进，教育环境不断改观，教师社会地位、经济待遇稳步提高，但多组关于我国中小学教师心理健康状况的调查数据却显示，有相当比例的教师，存在着各种不同程度的心理问题。

"上海市小学教师心理健康问题研究课题组"运用 SCL－90 症状自评量表对上海市一百多所小学的 3055 名教师的心理健康状况做了测试，结果发现：上海市小学教师心理问题检出率高达 48%；其中 12% 有明显心理症状，2% 比较严重，与一般群体的常模比较，有 23.4% 的小学教师超出常模两个标准差[2]。

"国家中小学心理健康教育课题组"采用 SCL－90 心理健康量表，对辽宁省 168 所学校的 2292 名中小学教师进行了检测，有 51.23% 的教师存在心理问题，其中 32.18% 的教师属于"轻度心理障碍"，16.56% 的教师属于"中度心理障碍"，2.49% 的教师已构成"心理疾病"[3]。

对四川省达州市随机选取的 810 名中小学教师用 SCL－90 量表进行测评，结果显示心理健康状况与常模相比均有显著性差异。36.85% 的教师患有中度以上的心理疾病，女教师在焦虑等方面比男教师问题突出。中学教师在量表中的 7 项因子（强迫症状、焦虑、人际关系、敌对、精神病性、偏执和躯体化症状）上的得分比小学教师高[4]。

从以上统计资料可以看出，中小学教师心理环境失衡已成为不容忽视的问题。因此，构建教师和谐心理环境刻不容缓，这不仅是教师自身健康的需要，更是学生健康成长的保障。

二、教师和谐心理环境的结构

广义上的心理环境是指与个体有关的所有心理上的环境因素。它包括物理的、客观的环境和主观的内部心理环境。而狭义心理环境指后者[5]。教师和谐的心理环境既能够促进其个人的职业发展，又能够促进教学活动顺利、健康、高效地进行，从而保证学生的健康成长。从结构上来看，教师和谐心理环境主要包含以下三个方面：

（一）知识、技能系统与需要、动机系统的和谐

需要、动机系统是决定个人外显行为的深层内部动力结构，而知识、技能系统是个人对自己专业领域信息进行有效组织和利用而形成的外显能力结构。深层动力系统决定着外显能力系统的发展，而后者又影响着前者的目标实现。当个人希望在社会中充分发挥潜力、实现理想时，就需要运用高效的知识、技能系统。知识、技能系统同需要、动机系统和谐统一发展非常重要，如果两者发展失衡，就会为心理环境的失衡和心理紧张的产生埋下伏笔。

比如，为了满足自身发展要求，在当下信息更新速度不断加快、社会对教师期望不断增高的年代，教师必须加快更新专业知识的步伐，提高实践教学技能，使自己的知识、技能系统满足实现自我价值、提升教学效能感的需要。只有这样，教师才能在工作中得心应手，使自己的能力系统同成就动机系统和谐一致，产生工作的成就感。反之，若不努力提高自己的业务水平，却有很高的成就期望和成就目标，就会导致工作不能得心应手，处于紧张、焦虑和压抑之中，导致心理失衡。

（二）个性系统与工作要求的和谐

个性心理学上将个性系统分为性格、气质、能力、个性倾向、价值观等亚系统。[6]每个亚系统都影响着个体对事物的认知过程和认知风格。不同个性特点的个体适合从事不同性质的工作。比如，有研究表明，从事教师职业的个体若具有多血质和黏液质混合的气质特征将更容易适应教师职业要求。但是，许多教师在成为教师之前并没有进行气质特征的测查，许多胆汁质、抑郁质气质类型的个体也从事着教师工作，这就需要他们在后来的工作实践中不断对自己的气质特征进行适合工作需要的调整。

拥有良好个性系统的人能对自身进行合理认识。教育工作者也不例

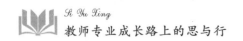

外，个性系统完善的教师一般具有成熟的自我意识，能对教师职业进行角色认同，不断调节自身个性特征与教学工作要求的矛盾，主动调节自己的个性系统，使之和工作要求相匹配。

（三）个体元认知系统的和谐运行

1994 年 Wells 等人提出自我调节执行功能（Self-Regulatory Executive Function，S-REF）模型[7]，发现个体发生心理障碍往往是因为起到自我调控作用的元认知系统出现了问题。他们的自我信念中存在异常的程序性信念，如反复思考。控制加工系统执行这些信念后，就可能导致情绪加工系统失调，并且由陈述性信念来表征情绪加工的消极结果。S−REF 系统反复运行，消极信念也会在反复循环中得到强化，这也是教师心理障碍的成因。

因此，健康和谐的教师心理环境一定离不开和谐运行的个体元认知系统。

三、影响教师和谐心理环境建构的因素

影响教师和谐心理环境建构的因素有外部环境因素（包括学校、学生与社会因素）[8]与内部个人因素（包括生理、心理因素），教师心理健康水平的高低是内外环境共同作用的结果。

（一）外部环境因素

1. 学校因素

现今的中小学多是既推行素质教育，又追求升学率。实际上，同原来一味追求升学率相比，教师和学生的压力源更多了。教师既要注重学生学业成绩的提高，又要注意特长培养；既要保证必要练习，又要保护学生的兴趣。

另外，从学校发展角度来说，在教学、科研和特色活动上一定要全面开花。而这些目标的实现都要靠教师的工作，教师肩上的重担可想而知。各种检查、考评、交流、验收使教师苦于耕耘、疲于应对。一项研究显示，很多教师平均每天工作时间比 8 个小时多 1.67 小时。这样就使得很多教师感觉在教学、教改、科研、班级管理、教学比赛等任务上严重超负荷，以致身心俱疲。

2. 学生因素

现在的学生往往都是独生子女，个性张扬、以自我为中心、抗挫折能

力不足。他们能够接受赞扬，却往往对批评缺少承受能力，所以教师在教学管理中如何做到宽严适度，既保证学习效果，又保持与学生的良好师生互动，减少教育过程中学生的抵触行为，需要花费大量精力。

另外，每个学生家长对学生都有很高期望，对孩子未来的过分关注随处可见，这种关注往往成为教师身上无形的压力。

而且，教师在督促学生完成学习任务时来自家长的配合也同以前有了很大不同。面对学生的不理解和家长的问责，教师经常处于矛盾之中，这些问题无疑增加了教师的心理应激水平。

3. 社会因素

教育事业的发展要求教师在自身各个方面都要不断提高。比如对教师学历的要求越来越高，小学教师本科化，在初中、高中教师中研究生要有一定比例已成为现实。显然，教师不但要在教学工作中表现出色，而且要挤出业余时间来加强专业知识学习，还要参加各种教师进修班，提高学术水平。这些要求会造成教师心理负荷过重，易于产生心理问题。

（二）内部个人因素

1. 生理因素

躯体的健康水平与机体的代谢类型、内分泌系统功能、免疫系统功能等遗传素质有关，也与后天的生活经历有关[8]。咽炎、急慢性肠胃炎、腰椎间盘突出等都是典型的教师常见症。身体健康状况欠佳的教师，如果在接受高强度的工作任务时就会出现力不从心的现象。而且，很容易产生紧张、焦虑的情绪反应。

2. 心理因素

教师的知、情、意直接影响着教学行为。"知"是指教师的认知，包括教师对客观事物的感知、个体自我意识、社会角色的认同、教育效能的自我评估以及教学工作意义的认知等方面。假如教师能对自己教育价值和作用有积极的认识和评估，那么，他们就会自发地对工作投入热情和精力。"情"是指教师的情绪、情感。它会随着教学环境的不断更换而变化。假如教师能对个人的情绪、情感进行合理调控，就会不断体验到教学的愉悦感、胜任感和成就感。"意"是指教师的意志品质。当面对压力、挫折或困难情境时，坚强的意志品质就会发挥它的作用。具备抗压、抗挫能力的教师能坚持不懈地克服阻力，以积极的心态去化解事件矛盾，使自己处于一种良好的心理环境中。

371

四、和谐心理环境的达成途径

政府可以不断提高中小学教师的社会地位，学校在进行教师管理时也可以体现人文关怀，向教师提供专业的心理辅导以及心理健康知识，疏通心理障碍，从外界各个方面为教师创造一种宽松和谐的心理环境[9]。

然而，外因通过内因来起作用，外部环境的影响归根到底是通过个人自身的因素实现的。所以，教师必须首先要提高自我调节水平，在教学实践中积极进行主动性的心理保健，努力构建和谐的心理环境，才能适应时代的要求。

（一）正确认识自我，确立符合能力特点和学校需要的个人发展规划，不好高骛远

大教育家苏霍姆林斯基曾说过："人生的真谛确实在于认识自己，而且是正确地认识自己。"一名优秀的教师应该有清晰的自我意识，能够辩证地看待自己的优缺点，对自身的知识经验和能力进行合理评估。

教师是教学活动的实施者，是班级的管理者，是行为规范的示范者，是学生心理的保健者，是教育科研的研究者，这些社会对教师角色的期望都内化成教师的职业心理需要。在此过程中，教师个体要确立同自身优长相适应，同学校发展规划相一致的发展目标，不能求全，而应有所侧重。若目标定得超过自己能力水平太多，就容易产生生理与心理疲劳。

（二）努力钻研教育教学规律，提高自身素质，体会教育成功的快乐

在教育教学实践中，教师应该时常对自己的教学活动进行反思与总结，用心地记录下工作中出现的成功案例，体会成功的快乐。同时，要总结当遇到棘手的问题时自己和同事是如何应对的，自己的处理方式是不是合理有效，还有没有更好的解决办法；当在课堂上传授知识时，学生是如何参与的，根据自己的知识架构和学生的接受能力，是不是还有其他更好的教学设计方案等。

在对教育教学的自我观察与反思中，教师才能不断体验到进步的快乐，体会到自我价值感和个人的教育效能感，才能建构起积极向上的心理环境。

（三）塑造健全人格，提高积极个性特征的比例

教育心理学家认为"人格是教师最重要的心理素质之一，在教师整个

心理发展和完善中起着动力作用。"闫龙（2003 年）总结拥有健全人格的现代中小学教师的基本特征有：（1）成熟的自我意识；（2）和谐的人际关系；（3）崇高的品德、良好的性格和积极的情感；（4）开拓创新的精神与能力[10]。可以看出，有健全人格的教师能通过自身的人格魅力来影响自己的学生和同事，他们能够正确接纳自己，对教师角色进行自我认同，在教育活动中不断地提高自己，挖掘自身的创造潜能。这样，既快乐自己，又能给学生以积极向上的引导。所以，中小学教师需要提高自身积极个性特征的比例，形成积极性情，优化人格环境。

（四）努力提高自己的心理科学应用能力，实现自我调节和良性发展

对于超负荷的工作量，教师产生压抑、焦躁的情绪是正常的。但如果长期处于这种情绪状态，不能合理宣泄和释放，就容易导致产生各种心理问题。在长时间工作后，可以使用一些心理学上的放松小方法进行放松，如"深呼吸""冥想""自我暗示"，或者通过做活动操来进行放松。

当实践中遇到其他烦恼时，教师可以运用自我防御机制来保护心理环境的和谐，不使负性情绪积聚、累加。例如，在工作中受到负性评价，可以采用升华机制来做好自我心理调整，即想办法投入到业务能力的提高中，将精力用到教材研究、教法精选、教学技能练习上。这样，不仅将自己的注意力从负性情绪中解脱出来，而且为未来发展打下了坚实的业务基础。

另外，网络信息时代给了人们很多同行交流的机会，一些贴吧或教师论坛就是很好的交流平台，教师可以通过同行间的倾诉，消除心理压力，获得心理满足和心理慰藉，而且还会获得有益的建议，在提高心理和谐水平的同时开阔了视野。

注　释

[1] 洪显利. 当前中小学教师存在的主要心理问题及其对策 [J]. 乐山师范学院学报，2005（8）：112-117.

[2] 陈建军. 做个健康的灵魂工程师 [N]. 南方周末，1996，11（1）.

[3] 王加绵. 辽宁省中小学教师心理健康状况检查报告 [J]. 辽宁教育，2000（9）：66-68.

[4] 何树德. 四川省达州市中小学教师的心理健康问题与对策 [J]. 福建论坛，2010，（2）92-93.

[5] 杨玉棠. 心理环境概念刍议 [J]. 辽宁教育学院学报，1992（4）：80-84.

[6] 刘金平. 个性结构的系统分析 [J]. 心理学探新，1988（4）：7-9.

[7] WELLS A，MATHEWS G. Modelling cognition in emotional disorder：The S-REF model [J]. Behaviour Research and Therapy，1996，34：881-888.

[8] 王铁石，李铁军. 影响中小学教师心理健康原因的调查研究 [J]. 辽宁师专学报，2001（4）：95-97.

[9] 张莺. 教师心理问题不容忽视 [N]. 新华每日电讯，2010. 2，（1）.

[10] 闫龙. 现代中小学教师健全人格的特征及塑造 [J]. 教育探索，2003（11）：97-98.

（此文发表于《中小学教师培训》2010 年第 8 期）

比较与借鉴

BIJIAO YU JIEJIAN

国内外教师校本培训研究与实践的综述

李永生

（北京师范大学教育学院　北京）

近年来，国内外对教师校本培训的理论研究与实践探索正多方位开展，总体来看，主要集中在以下方面：

一、关于教师校本培训的本质

在我国，对教师校本培训的本质认识目前尚不统一。有论者（余维文，2000）认为：校本培训是在开展继续教育工作中，以教师任职学校为主阵地，以教师互教互学为形式，在岗位业余自学的一种进修模式。也有论者（赵蒙成，2000）认为：校本培训是指在教育行政部门和有关业务部门的规划和指导下，以教师任职学校为基本培训单位，以提高教师教育教学能力为主要目标，把培训与教育教学、科研活动紧密结合起来的继续教育形式。还有论者（郑金洲、俞海燕，2001）则认为：校本培训是为了满足学校和教师的发展目标和需求，由学校发起组织，主要在学校中进行的一种教师在职培训形式。有学者（万福，2002）认为"校本培训是以学校为培训基地，在上级培训机构的指导下，由校长、教师、学生共同参与的，充分利用校内外培训资源，直接服务于学校和教师，服务于教学的培训活动"。

而1989年，欧洲教育协会对校本培训界定为：源于学校课程和整体规划的需要，由学校发起组织，旨在满足个体教师的工作需求的校内培训活动。

事实上，无论在我国还是在西方，以校为本的教师培训都是相对于以高等教育机构为本的教师培训而言的，都强调以教师任职学校为基本培训单位，以提高教师教育教学能力为主要目标。国内外学者对教师校本培训本质的争论主要集中在学校与上级行政部门、有关业务部门和高等师训机构的关系处理以及操作模式安排上。由于传统教师培训是以高等教育机构为基地的，完全在大学或教育学院进行，存在许多弊端，所以从学校的需要出发，以学校为基地培训教师的校本培训则是教师培训重心下移的表现。这种培训简单地说，有三方面含义，即：一是为了学校和教师，二是在学校中，三是基于学校。

二、关于教师校本培训的产生和发展

有论者研究指出，在 20 世纪 70 年代中期，教师校本培训最先在英、美等国产生。英、美等国认识到教师的专业能力主要是在教学实践岗位中逐步形成并发展的，教师任职的学校是其专业成长的主要环境。于是，逐渐形成了以中小学校为中心的教师在职培训模式。

有论者研究指出：在某种程度上可以说，英国是教师校本培训的摇篮。早在 1972 年，《詹姆斯报告》就建议："教师的在职进修应从中小学开始，因为一切教与学的活动都是在学校发生的。"

在美国，20 世纪 80 年代中期以来，在霍姆斯小组（Holmes Group）的倡导下，成立了一种新型教师培训机构——专业发展学校（Professional Development School）。这种培训学校强调将理论研究引入教学实践，使教学实践渗透研究，形成一种在教学实践过程中自主探究、解决教学实际问题的学术导向，从而使学校教育改革与教师专业发展紧密结合。

1996 年在日内瓦召开的国际教育大会第 45 届会议上强调了教师校本培训的价值，提出了教师必须通过有适当监督的校内实践经验而获得教学技能，同时还要进行行动研究。

三、关于教师校本培训的模式

在国内有学者（万福，2002）根据教师成长需要，归纳出不同阶段教师的校本培训模式为技能型、实践型、评价型、理论型和研究型等。也有学者（傅道春等，2001）根据教师关注的变化，将教师成长与发展分为五个不同关注阶段，认为升华教师的关注，尤其是当前的课程改革将为教师的成长开辟新的专业生活。学者（陈向明，2002）从调动教师的学习热情、激活已有的经验、发展潜能方面，提出参与式教师培训模式。

国外曾先后出现以下几种模式：（1）"知识论"模式，认为教师的知识化尤为重要，因此强调教师培训中文化知识的传授。（2）"能力论"模式，认为合格的教师不仅表现在知识上，更表现在要有教学的能力。（3）"情感论"模式，强调教师能否注意和关心学生情感发展，教师自身是否具备人格方面的条件是教师专业化的体现。（4）"建构论"模式，强调教师是一个成长过程中的人，需要不断建构自己的知识体系，加强教师培训。（5）"批判论"模式，主张要培养教师的独立思考力。（6）"反思论"模式，主张教师的成长应该培植起"反思"意识，不断反思自己的教育教学理念与行为，不断自我建构，从而获得持续不断的专业成长（常波，2000）。

美国学者瓦利还总结了反思型教师培养的五种模式：技术性反思、行动中和行动后反思、缜密性反思、人格性反思和批判性反思。

英国中小学还采用了"回顾—计划—实施—评价"的方式来设计培训活动和开发校本培训课程。如20世纪80年代末期，英国谢菲尔德大学教育学院针对以高等院校或教师培训机构为中心提供的教师在职进修机会存在诸多弊端，设计了中小学教师校本进修的"六阶段培训模式"：（1）确定需要；（2）谈判；（3）协议；（4）前期培训；（5）主体培训；（6）小结。

四、关于教师校本培训的特点

国内学者研究的较多。有论者（施莉，2002）认为，教师校本培训有以下特点：（1）目标的直接指向性。（2）内容的现实针对性。（3）方式的灵活多样性。（4）组织管理的自我主体性。（5）支持系统的共同协作性。（6）培训质量的有效评价性。论者（胡杰明，2002）认为，教师校本培训具有针对性强、实效性好、个性化程度高的特点。

通过校本培训的组织和管理，加强教师间的协作与交流，建设会学习的教师群体，促进学校由教师忙于授课、辅导、改作业的事务性组织向学习型组织发展。从这个意义上说，校本培训的最大特点是教师学习与工作有机统一，是终身学习的生存理念在学校展开的生动体现。

五、关于教师校本培训的目标

国内，有论者（施莉，2002）指出：我国当前的校本培训的目标应该直接指向两个方面：一是指向学校的实际、学校的需要。也就是说，它是以学校为主阵地，基于学校并为了学校的发展。学校对满足自身实际需要，对培训课程、内容等都享有充分的发言权和选择权。二是直接指向全体教师，着力激发教师的主动性和参与热情。目标所指的这两个方面是相辅相成、密不可分的。

国外也有论者指出，教师专业化运动改变了中小学教师校本培训的方向：从传统的强调由外界决定教师的需要转变为由教师自己界定在职培训的需要；从完全意义上把提供给个体教师的服务转变为实质上提供给整个学校或团体的服务；从单一的校外进修转变为整合整个学校规划、评价和教师专业发展。

可见，国内外教师校本培训在目标上具有许多相同之处，即都强调以学校为基础，注重培训过程中教师经验的总结与提升，重视个体需要和自我教育，以此提高教师教育教学实践水平和教育科研的兴趣和能力。

六、关于教师校本培训的内容

关于中小学教师培训内容，国内目前有两种不同的取向：一种观点认为目前中小学教师的培训是补充式的。另一种观点（谢维和，2001）认为目前中小学教师培训是转型式的。对此，有论者（施莉，2002）更具体地指出：目前，我国教师校本培训要围绕着学校和教师的实际状况和发展需要，重视教师已有的实际经验和现存缺陷，其培训内容可以是课程教法方面的，可以是教育观念方面的，也可以是教育技能方面的。总之，校本培训力图使教育理论的学习成为教师希望解决实际教学问题的内在需要和自觉行为。

在英国，教师校本培训内容集中于教师胜任教学甚至是革新教学的各种能力，包括有关教育理论、所教学科的知识与运用、学校与班级管理、与学生的交往、对学生的评价、校本课程开发、教学新技术的运用等。而国家的教育立法和教育规划工作所倡导的重点内容更是该时期中小学教师校本培训的重要内容。其次，英国学校还特别强调教师校本培训内容要考虑到学科教学、国家统一考试、校本课程开发、与家长和社区的关系等方面的需要。另外，教师校本培训内容也重视教师知识和技能的扩充，这被视为中小学教师面对技术社会的突飞猛进必须做出的反应。不仅如此，教师校本培训还注重教师专业研究能力的发展。如在20世纪70年代末期，埃利奥特建立的"以行促思"的课堂行动研究网络就是一例。

七、关于教师校本培训的方式

关于校本培训方式，有论者（施莉，2002）认为，目前我国在实践探索中主要有以下几种：（1）课题带动法。（2）集体充电法。（3）师徒结对法。（4）观摩听课法。（5）个人自修法。（6）校际交流法。也有论者（张爱珠，2002）指出，反思总结法是校本培训的基本方法。还有论者（郑金洲、俞海燕，2001）将其归纳为：（1）优秀教师负责型。（2）培训机构合作型。（3）培训基地自建型。（4）自培小组负责型。（5）教育技术辅助型。

在美国，教师发展学校为教师校本培训提供了多种形式，如：建立教师在职培训小组，设计和实施教师在职培训计划；大学派遣联络教师为中小学教师在职培训活动服务；大学与中小学校合作为教师开设校本课程；定期在中小学校举办讨论会和教师在职培训交流会，并安排专家咨询，为教师提供教学问题的信息和解决途径；建立"导师"制度，让专家帮助中小学教师解决实际问题和制订进修计划；建立与多所专业发展学校相联系的"校际中心"等。

八、关于教师校本培训的原则

在我国，根据学校具体情况，一般坚持以下原则（李永生，2002）：（1）上级继续教育培训与校本培训相结合的原则。（2）学校集中培训与自主学习相结合的原则。（3）普及与提高相结合的原则。（4）学习、研究与应用相结合的原则。（5）结果与聘任相结合的原则。

在英国，中小学在设计培训任务时还特别强调要处理好以下三者间的关系：（1）学校整体的培训计划与程序，学校的年度与学期培训计划，教师的具体培训活动与课程。（2）在设计活动时强调要综合考虑三个层次的需要：学校教师整体的需要，学校内各工作小组或职能性组织（如教研组、年级组）的需要，教师个人的需要。（3）充分考虑和利用校内外的一切可利用的资源，尤其是在人力资源方面，即校内要充分调动教师、教研组、年级组、专业指导教师等的主动性，让他们共同参与学校整体规划与教师具体培训计划的设计；校外要积极谋求与相关部门之间的联系与合作，在与校外的广泛接触中不断完善活动计划。

教师校本培训原则是学校在对教师进行培训过程中所遵循的基本要求

和行为准则，它在学校工作中具有重要的潜在价值：它有利于培训目标的达成，有利于培训内容的安排，有利于培训方法的选择，有利于学校培训管理制度的确定，有利于培训过程的有序运行。所以，这方面都为国内外教师校本培训的理论研究与实践探索所重视。

九、关于教师校本培训的保障

我国有关教师校本培训的保障措施，在具体实践中主要表现在：（1）在组织建设方面，强调建立一支以校长为中心的校本培训领导、指导和实施队伍。（2）充分发挥包括大学院校、教育行政部门和各种师资培训部门在内的机构引导和协调的作用，有的地方（比如北京）还建立教师发展学校。（3）学校有资金支持。（4）时间保证。（5）效果评价。（6）有的学校还引入了社区和家庭的参与。

在国外，以英国为例，中小学教师校本培训的计划、内容与组织虽然大都由各自所在的学校负责，但是学校必须按照国家的有关政策及地方教育当局的指导方针制定计划和组织实施。其保障措施主要表现在：

（1）经费保障上，英国《1988 年教育改革法》要求地方当局把财权下放给学校，原来用于教师在职培训的专项经费也下放给学校，学校可自行支配这笔款项。（2）任命"专业指导教师"，其首要的职责就是在既考虑学校课程需要又满足教师个人专业发展需要的基础上制定和实施学校全体教师的进修计划；他通常是校长指定的一名副校长。（3）组建校本专业发展委员会。（4）建立与大学的伙伴关系。（5）时间保证上，学校一般每周都有固定的时间安排用于校本培训活动。（6）制定评估、管理的政策和标准，帮助教师提高教学效果。（7）对具体标准进行严格评估，以确保教师获得有效的训练。（8）严格对参与培训的教师的管理与记录，使教师培训质量得到更有效的保证。而"资料包"法（package）也常常为学校的校本培训所采用，并且成为教师校本培训评价的一种手段。

参考文献

[1] 余维文. 发挥校本培训功能的思考 [J]. 广西教育，2000（7-8）.

[2] 赵蒙成. 校本培训：教师在职培训制度的创新 [J]. 教育与职业，2003（3）.

[3] 郑金洲. 走向"校本" [J]. 教育理论与实践，2000（6）.

[4] 郑金洲，俞海燕. 认识校本培训 [J]. 中小学管理，2001（4）.

[5] 施莉. 我国教师校本培训模式简评 [J]. 教育科学研究，2002（2）.

［6］李玉娟. 中小学教师校本培训模式研究 ［J］. 中小学教师培训，2001（4）.

［7］万福. 校本教师培训模式研究 ［J］. 教育研究，2002（1）.

［8］陈向明. 参与式教师培训的实践与反思 ［J］. 教育研究与实验，2002（1）.

［9］张爱珠. 反思总结法是校本培训的基本方法 ［J］. 中小学管理，2002（3）.

［10］谢维和. 教师培训：补充还是转型 ［N］. 现代教育报，2001-07-20.

［11］常波. 西方反思型教师教育思潮兴起背景综述 ［J］. 外国教育研究，2000（4）.

［12］LEAVITT HOWARD B. Issues and Problems in Teacher Education：An International Handbook ［M］. New York：Greenwood Press，1992.

［13］NEWMAN W. America's Teachers：an introduction to education ［M］. New York：Longman，1994.

（此文发表于《中小学教师培训》2003 年第 6 期）

日本教师继续教育的特色及对我国的启示

曲铁华　　郝秀秀

（东北师范大学教育学部　吉林长春）

日本教师高度的敬业精神、出色的综合能力和突出的社会地位素来被世界公认，这与日本高质量的教师教育密不可分。日本政府重视教师职前培养与职后培训一体化，且不断将师资培养的重点从职前向职后转变，教师继续教育系统完备，特色鲜明，尤其是重视培养"高度实践型"的教师，对我国具有重要的启示。

一、日本教师继续教育的特色

（一）在研修目标上，培养"高度实践型"教师

1. 培养"高度实践型"教师研修目标的确立

日本教师"研修"是指"研究和修养之意"，用"研修"一词来定位教师继续教育，其实质就是使教师在继续教育中学以致用，在获得更多的教学知识与技能、更好地适应学科教学的同时，还注重提高教师的个人修养，提升内在价值，形成人格魅力。

自 20 世纪 90 年代以来，日本经济迅速发展，其教师研修制度日趋完善和规范，但也暴露出教师实际教学能力不足、现场处理能力欠缺等问题。因此，日本从 20 世纪 90 年代后期开始着手以培养实践能力、处理现场问题能力为主要目的的教师研修改革。

早在 1996 年，日本中央教育审议会在《21 世纪展望我国之教育》的报告中就强调，日本今后的教育旨在培养人的"生存能力"，"生存能力是一种实践性能力，这种能力的发展是将来教育的基本方向"，因此必须在教师教育的各个阶段采取相应措施，在品德高尚、知识广博和专业水平优秀的基础上，提高教师的实际指导能力。[1]而后，真正奠定了日本教师研修目标实践取向的是教师养成审议会随后公布的三份报告。1997 年 7 月，教师养成审议会在经过一系列研究和探讨后，发表了第一次报告——《面

向新时代的教师养成改革策略》，报告中用较大篇幅描述了教师应该具备的资质和能力，指出教师应注重个人的专业、特长及个性的发挥和处理实际教学问题的能力。[2]此后，1998年10月，发表了第二次报告——《积极利用硕士课程的教师培养的理想方式》，报告中着重探讨了采取多种形式对在职教师进行硕士水平课程的再教育，加强理论与实践相结合。[3]1999年12月，该审议会又发表了第三次报告——《关于培养、录用以及研修之间的顺利连接》，该报告作为总结性的报告，明确指出了要加强职前培养和职后研修的教师教育一体化，包括合格教师的录用、初任教师研修制度的完善、在职教师的进修以及教育现场的体验、教学中实际问题的处理等具体事项。[4]进入21世纪后，实践性、现场性已经成为日本教师研修的最大特点并积极地付诸实践。

2. 培养"高度实践型"教师研修目标的实施

为提高教师的实际教学及现场问题处理能力，日本设立了极具特色及成效的"教职研究生院"。创设"教职研究生院"的设想，是在《关于今后教师培养、资格证书制度改革目标》（2006）报告中正式提出的："教职研究生院"以在职教师为对象，旨在培养"学校领导者"和"高度实践型教师"。[5]其具体机制如下：

（1）招收对象与培训目标

教职研究生院以应届大学毕业生与在职教师作为招收对象，其目的在于：第一，对已经完成本科学业并且具有较好的资质能力的大学毕业生进行进一步的培养，以使他们更具实践指导能力与发展能力来胜任以后的工作，以此相当于完成对新任教师的培训，使他们成为对学校发展有贡献的一员；第二，对在职教师进行再教育，使其成为既有扎实的指导理论又有出色的实践能力和应用能力的学校领导者或核心骨干教师，以使他们能够在该地区和学校中起指导作用。当时，日本教育界对学校教育中存在的学生学习热情、社会意识、自立精神偏低与不上学等问题进行反思，认为在学校教育日趋复杂的问题中，亟须高度专业性与富有人性化力量的教师。因此，培养能够处理学校各种疑难问题的教师便成为教职研究生院的具体目标，这也反映了教职研究生院培养"高度实践型"教师的宗旨。

（2）课程设置

教职研究生院的课程由"共通科目""选修科目""教育实习"三部分组成。

"共通科目"，即所有教职研究生院必须开设所有教师必修的科目。该部分课程为 20 学分，具体分为五个领域。第一，教育课程的编制与实施领域。该领域主要包括"学校教育课程的设置""各科目的学习内容"等。第二，学科实践的指导方法领域。该领域主要包括"学生创造力培养的方法""教科书实践操作的方法"等。第三，学生指导与教育咨询领域。该领域课程旨在加深教师对学生社会化、情绪化发展的理解，通过此类课程的学习，掌握恰当处理此类问题的实践指导能力，并引导学生通过教育领域中的各种活动寻求自立。第四，班级管理与学校管理领域。该领域主要是指对班级与学校管理内容与方法的学习。第五，学校教育与教师的应有状态领域。该领域的课程是对上述四方面的总揽，主要是对当代社会中学校教育定位的理解以及对教师作用的思考。

"选修科目"，即根据各教师的专业和所擅长的领域选修的课程，以把其培养成某一领域的专才。如课程开发专家、学生指导专家、班级管理专家等，该部分共占 15 学分。

"教育实习"所占比重为 10 学分。为了提高教师的实践指导能力，各教职研究生院所在地区有义务设定"联合协力校"，为其提供实习基地。教育实习具体又分为实习学校访问、实践观察、实践参加、学校实习四个步骤。第一，实习学校访问。对实习学校的访问包括两个方面的内容：一是对实习学校整体（包括设施设备、校舍等）的把握；二是对实习方针、课程构成与性质等教务事项的把握。第二，实践观察。观察也分为两个方面：一是对授课、学生课外活动、学生指导等学校教育活动整体的观察和理解；二是着眼于学生儿童等个人的观察以及对班级和年级全体的观察。第三，实践参加。这是指以授课为主要形式实际参与到实习中。第四，学校实习。此步骤是指在前三个步骤完成的基础上，通过大学教师的指导，参与到授课之外的学生指导、校外活动等课外活动中，以完成整个教育实习。

（3）教学方式

教职研究生院采取理论与实践相结合的方式进行教学。除了理论的讲授外，主要采取事例研究、课堂观察与分析、现场作业等形式提高教师的实践能力。"事例研究"是指根据具体的事例，各学员自由讨论并发表意见；"课题观察与分析"即观摩课，是指对具体的授课环节进行观察与记录，并在课后分析其优点与不足；"现场作业"是指根据指定的题目，到中小学教育现场进行调查，最终结合自身观点提交报告。

（4）毕业条件与学位授予

教职研究生院的标准学制为两年，其毕业条件为：在校时间两年以上并修完 45 学分（其中必须有 10 学分以上为教育实习），并上交一份事例研究报告书，无须撰写论文及答辩。此规定一是为改善教师培训过程中重学术轻实践的现状，二是为保障实习的时间。从教职研究生院毕业的学员会被授予"教职硕士"专业学位，并授予现行的专修教师许可证。同时，为了对具有实际指导能力的骨干教师及带头人的培养、研修场所水平的维持与提高，已毕业的学员每五年就要到认证机构进行认证。[6]由此可以看出，教职研究生院将重点放在在职教师实践能力的培养上。日本对其现状进行反思，从而确立了教职研究生院培养具有恰当处理学校各种疑难问题能力的教师的具体目标，甚至为保障实习时间、纠正重学术轻实践的教师培养状况取消毕业论文的撰写，改为撰写事例研究报告书。可见，其目标直接指向"实践指导能力"，集中反映了日本创设教职研究生院培养"高度实践型教师"的宗旨。

（二）在研修体系上，建立纵横交错的研修网络

1. 纵向联动

从纵向上看，目前日本全国形成了国家、都道府县、市町村三级教师研修网络。2001 年 1 月 1 日，日本文部省和科学技术厅合并改组为文部科学省，统筹国内教育及科学技术等事务。在此之前，日本一直没有全国的教师研修机构。2001 年 3 月，日本成立了独立行政法人教师研修中心，作为文部科学省直属的公办事业单位，负责组织开展全国的教师研修工作。

日本全国共 47 个都道府县都成立了"教师研修中心"，同时，中央政府政令指定的 21 个市，如爱知县的名古屋市、宫城县的仙台市等，以及被称为"中核市"（即核心市）的 41 个城市，也都成立了市教师研修中心，这些中心归各地教育委员会管理，负责开展本地区的教师研修工作。因此，从纵向上看，日本全国目前共有各级教师研修中心 109 个[7]，覆盖全国各地区，形成了国家、都道府县、市町村三级教师研修体系。

日本的教师研修体系在纵向上分工明确却又衔接紧密，其研修类别、对象广泛而全面。据文部科学省统计，2013 年（平成 25 年）初任教师研修数为 28361 人，较前一年增加 474 人[8]；具有 10 年经验的教师研修数为 15842 人，比前一年增加 1216 人[9]。且这一年中，全国对 2—5 年、5—12 年、12—15 年、15—20 年教龄的教师（初任教师及具有 10 年教龄的教师除外）进行培训的"教师研修中心"，分别为 66 个、79 个、27 个、21 个。[10]

2. 横向并行

日本教师研修从横向上来看可分为行政研修、自主研修、校内研修三种。行政研修是指都道府县、市町村等各级教育委员会下属的教师研修中心，从教育行政、理论和实践的不同角度所实施的研修。根据工作年限可分为新任教师研修，5 年、10 年、15 年等教龄者研修；根据任职结构可分为校长研修、副校长研修、学生指导主管研修、教职员研修等；根据培训地点可分为校内研修、校外研修，校外研修又可分为国内研修和国外研修。自主研修是指包括教师在内的大小团体的自主性研修体系。如规模较大的"日本教职员组合""日本高等学校教职员组合""全日本教职员联盟"等组织，上到全国总会，下至市町村支会，各层级每年都召开多次自主性的教学研讨会，对提升日本在职教师的素养做出了重要贡献。校内研修是以教师所在学校为基地，研修不离岗，工作与进修同步进行，相互促进。其中最具特色和卓有成效的即"授业研究"（也称课例研究）。它是一种合作式教学研究，其具体操作过程是：第一，小组内全体教师确定教学内容；第二，集体备课；第三，其中一位教师授课，其他教师观察记录并录像；第四，授课教师自我评价和反思并听取其他教师的意见和建议；第五，合作修改教案；第六，用修改后的教案在另一班授课，全体教师听课；第七，进一步评价和反思；第八，分享成果。

从横向上来看，三种研修方式并行，相互影响与促进，其中行政研修因其权威性而居于主导地位，但随着教师主体性的不断加强，以教师主动参与、积极计划为特点的校内研修发挥着越来越重要的作用。

由此，日本在职教师研修体系在纵向上各级教师研修中心上下联动，在横向上各类教师研修并行，从而形成了严密、健全的教师研修网络，在组织上保障了在职教师研修工作的顺利进行。

（三）在研修机制上，建立合作机制

建立合作机制是指建立大学、教育委员会与中小学的合作机制。

在日本，一直以来负责教师职前培养的大学和负责教师入职考试、在职培训的教育委员会之间缺乏联系，这严重影响了教师教育的质量。一方面，教育委员会认为由于大学重学术轻实践的取向导致所培养的教师缺乏实践能力，不能很好地满足学校教育对教师的要求；另一方面，大学则对教育委员会进行的教师入职考试的问题设置和在职教育内容的科学性提出了质疑。因此，如何建立大学、教育委员会、中小学的合作体制就成为日本教师教育改革的重要议题。

早在 20 世纪 90 年代末，日本教师养成审议会就发表了一系列报告，强调三者合作的重要性。其中尤以 1999 年发表的《关于培养、录用以及研修之间的顺利连接》的总结性报告最具代表性，报告中不仅重申了大学与教育委员会合作的重要性，而且建议在大学与教育委员会之间设立"联络协议会"，建立长期的合作体制，使教师的职前培养、录用和培训紧密连接，以有效提高教师的素质能力。最终，在这一系列报告的基础上，文部科学省对全国的 59 个教育委员会、195 所大学进行了"大学与教育委员会合作的理想状态"的问卷调查，并于 2001 年 8 月，发表了调查报告《为了促进教师培养中大学与教育委员会的合作——大学、学校、教育委员会联起手来》。[11]这份报告是促进日本大学与教育委员会、中小学合作的重要文件，其后许多有关教师教育的报告中也都反复强调合作的重要性。2012 年，中央教育审议会发表了《关于通过综合的教职生活提高教师素质能力的方针》的报告，不仅提出新时代要培养具有"继续学习和持续发展能力的教师"，而且将大学与教育委员会、中小学的合作作为实现这一目标的重要途径。这样，在一系列报告文件的推动下，大学与教育委员会、中小学的合作体制的建立，逐渐成为日本教师教育改革的核心。

日本大学、教育委员会、中小学的合作机制表现在具体实践中主要有四种形式：利用大学实施硕士水平的在职教育，大学与教育委员会合作开展短期培训项目，大学与教育委员会合作开发培训课题，大学协助中小学进行校内研修。

1. 利用大学实施硕士水平的在职教育

这种合作形式最具代表性且最有成效的即上文中提到的"教职研究生院"的创设。在职教师在这种"教职研究生院"中接受一般为期两年的硕士课程的学习，因为教职研究生院的目标在于培养"高度实践型"教师，而实践能力的培养最不可或缺的即教育现场的支持。所以，日本的教职研究生院一般都会选择与教育委员会、中小学合作，以合作学校为基地开展教育活动，让其获得必需的"教育实习"10 学分，同时提高其实际教学能力，改善教学。

2. 大学与教育委员会合作开展短期培训项目

这种短期培训项目大致可分为两类：一类是地方教育委员会委托大学

开展教师培训。在这个过程中，大学是培训主体，教育委员会参与并监督。如 2015 年宫城教育大学受独立行政法人教育委员会的委托，实施以培养产业、信息技术领导人为目的的短期培训项目，培训对象是各学校的产业、理科教育教员，规模为 20 人，时间为 7 月末的五天，培训结束后颁发结业证书。[12]另一类是大学教师协助教育委员会实施在职教育。这种模式又可以进一步分为两种形式：一是邀请大学教师到教师研修中心担任培训讲师；二是教师研修中心的负责人带领在本中心接受长期派遣培训的教师到大学开展问题研讨会。

3. 大学与教育委员会合作开发培训课题

这种合作是指大学与教育委员会合作开发、实施、评价新的培训课题，并推广到各地教育委员会作为今后在职培训的参考方案。例如山口大学与山口县教育委员会合作开发的"人事教员的活用"的课题，并于 2015 年 4 月 16 日在茨城县筑波市的"独立行政法人教师研修中心"做出汇报，报告中着重强调了在教师培养和教职生活的人才育成各阶段中，大学和教育委员会都负有责任，希望通过此类研修取得良好的人才养成效果。[13]

4. 大学协助中小学进行校内研修

"校内研修"是日本教师研修的重要形式，并逐渐成为教师主体性研修的基本途径，但也存在"实践技能丰富、理论知识相对缺乏"的问题。因此，许多中小学寻求大学的援助。近年来，很多大学开始构建中小学校内研修的支援体制，例如宫城教育大学已经与仙台市、气仙沼市、栗原市、登米市、大崎市、岩沼市、角田市七个市的中小学建立了支援体制，并派遣教授对其校内研修进行指导援助。[14]

二、对我国在职教师培训的启示

(一) 加强政策引导，确立教师培训的实践取向

目前，我国关于教师培训的法令主要有《中华人民共和国教师法》《教师资格条例》《中小学教师继续教育规定》等，但是，这些法案中都较少提及对教师实践能力的培养，我国的在职教师培训目标大多停留在"良好的师德修养、较高的文化素养和较强的自学能力、教育思想正确、有较强的教育科研能力和教学改革意识"等理论层次上，表现出了"重理论轻实践"的倾向，一定程度上脱离了教育实际，不能满足广大教师的真正需

求。虽然近年来我国实施的"国培计划"等项目强调了对教师实践能力的培养，但还没有上升至政策层面，也没有形成制度体系。而日本在此方面的法律政策较为完备，且积极付诸实践。因此，我国不仅要加强教师培训的相关法令法规建设，突出教师培训的实践取向，还应加强对实践型教师培训模式的探索，做到理论与实践相结合，从而发挥教师培训的最大效用，促进教师专业化发展。

（二）完善培训体系，构建严密联动的培训网络

日本的教师研修体系，在纵向上分为国家、都道府县、市町村三级，在横向上分为行政研修、自主研修、校内研修三类，各级各类培训组织层次分明、分工明确，但又注重各组织之间的联动与配合。因此，形成了纵横交错的严密的教师研修网络。目前，我国教师培训自上而下主要有国家，省（区、市），县（乡），校四级体系。其中国家级培训的实施对提高中小学尤其是农村中小学教师队伍素质发挥了重要作用，同时推动了高等师范院校面向基础教育，服务基础教育。尽管如此，但我国教师培训体系中仍存在较多问题：教师培训组织领导机构的缺口；教师进修学校功能单一、目标不明确、培训方式方法落后等；乡镇级教师培训辅导站的不足；各组织之间缺少必要的联动等，造成部分培训内容重复、培训断层等问题较为突出。因此，在现有培训组织上，应不断完善组织体系，鼓励培训互助组织的设立，为广大教师提供必要的设施和资源，辅导和帮助广大教师利用各种资源展开自主学习，同时加强各级组织机构之间的联系与互动，形成动态的培训组织机制。

（三）建立合作机制，强化大学在教师培训中的作用

在日本，大学、教育委员会与中小学的合作机制大大提高了日本教师研修的水平和质量，尤其是大学，不仅改善自身的课程结构和体制，而且广泛参与到教师研修中，致力于研修课题的开发、中小学校本培训的支援等，其在日本教师研修中的作用不断增强。日本教师研修也由此取得了良好的效果。和日本相比，我国在此方面还有欠缺，虽然从政策层面看我国在20世纪90年代也开始了大学、政府、中小学间的合作，但一直到2014年教育部发布的《教育部关于实施卓越教师培养计划的意见》中才有了对合作策略相对明确的规定。从实践层面来看，我国目前具有开创性的大学、政府、中小学间的合作模式，即东北师范大学构建的"U-G-S"教师

教育新模式。"U-G-S"（University-Government-School）模式是东北师范大学设计并实施的"师范大学主导、地方政府协调、中小学校参与"的合作的教师教育新模式。东北师范大学于 2007 年分别与东北三省的教育厅签署协议，与东北三省教育厅及其下辖的 22 个县（市）教育局的 110 所中小学校开展合作，创建了教师教育东北实验区。大学承担在职教师培训，中小学接受大学生到校实习，大大加强了二者的互动与联系，实现共赢。但此种模式目前还主要集中于东北三省。因此，加大此模式的区域辐射，唤醒众多大学的培训服务职能，强化大学在教师培训中的作用，是我们努力的方向。

注　释

［1］中央教育審議会. 21 世紀を展望した我が国の教育の在り方について（第 1 次答申）［EB/OL］.［1996-07-19］. http：//www. mext. go. jp/b＿menu/shingi/old＿chukyo/old＿chukyo＿in-dex/toushin/1309579. htm.

［2］教育職員養成審議会. 新たな時代に向けた教員養成の改善方策について（第 1 次答申）［EB/OL］.［1997-07-15］. http：//www. mext. go. jp/b＿menu/shingi/old＿chukyo/old＿shokuin＿index/toushin/1315369. htm.

［3］教育職員養成審議会. 修士課程を積極的に活用した教員養成の在り方について―現職教員の再教育の推進―（第 2 次答申）［EB/OL］.［1998-10-29］. http：//www. mext. go. jp/b＿menu/shingi/old＿chukyo/old＿shokuin＿index/toushin/1315375. htm.

［4］教育職員養成審議会. 養成と採用・研修との連携の円滑化について（第 3 次答申）［EB/OL］.［1999-12-10］. http：//www. mext. go. jp/b＿menu/shingi/old＿chukyo/old＿shokuin＿in-dex/toushin/1315385. htm.

［5］文部科学省. 専門職大学院制度の概要［EB/OL］.［2015-07-20］. http：//www. mext. go. jp/a＿menu/koutou/senmonshoku/icsFiles/afieldfile/2015/11/11/1236743＿1. pdf.

［6］八尾坂修. 教職大学院スクールリーダーをめざす［M］. 東京：協同出版社，2006.

［7］［8］文部科学省. 初任者研修実施状況（平成 25 年度）調査結果［EB/OL］.［2015-04-22］. http：//www. mext. go. jp/component/a＿menu/education/detail/icsFiles/afieldfile/2015/04/22/1314653＿2. pdf.

［9］文部科学省. 10 年経験者研修実施状況（平成 25 年度）調査結果［EB/OL］.［2015-04-22］. http：//www. mext. go. jp/compo-nent/a＿menu/education/detail/icsFiles/afieldfile/2015/04/22/1314654＿2＿1. pdf.

［10］文部科学省. 教職経験者研修実施状況（平成 25 年度）調査結果［EB/OL］.
　　　［2015-04-22］. http：//www. mext. go. jp/com-ponent/a ＿ menu/education/
　　　detail/icsFiles/afieldfile/2015/04/22/1222321 ＿ 016 ＿ 2. pdf.

［11］文部科学省初等中等教育局教職員課. 教員養成等における大学と教育委員会の
　　　連携の促進にむけて一手を結ぼう［R］. 大学·学校·教育委員会，2001.

［12］独立行政法人教員研修センター. 平成 27 年度独立行政法人教員研修センター
　　　主催研修実施予定［EB/OL］.［2015-04-21］. http：//www. nctd. go. jp/centre/
　　　h27 ＿ kens-hu ＿ yn1104. pdf.

［13］独立行政法人教員研修センター. 全国教育（研修）センター等協議会の様子
　　　［EB/OL］.［2015-04-21］. http：//www. nctd. go. jp/education/file/h27 ＿ kyougikai ＿
　　　top. pdf.

［14］宮城教育大学［EB/OL］.［2014-07-20］. http：//renkei. miya-kyo－u. ac. jp//
　　　suisin/pdf/H25demaejiss－ijyoukyou. pdf.

（此文发表于《中小学教师培训》2016 年第 6 期）

中英美三国教师培训"校本"模式的比较研究

田爱丽

（华东师范大学教管系　上海）

　　校本培训是以教师的任教学校为培训基地，以全体教师为学员（既是学员，又都是教师），本校校长和领导干部为组织者、领导者，以提高教学实际能力为目的的一种培训模式。这种培训模式是在反思其他模式的基础上提出来的。通常的教师培训模式是由正规的师范院校、教育学院等师资培训机构统一招收、安排教师，将教师集中起来参加一定科目的学习。这种培训模式固然有其优点，但其缺点也不可忽视。英国谢菲尔德大学教育学院在大量调查的基础上认为，以高校或培训机构为基地的师资培训有很多弊端：其一，课程设置与中小学教学存在偏差；其二，培训计划考虑共性而不完全适合特殊需要；其三，接受培训后形成新思想、新方法的教师回到学校后得不到默契的配合而难以推行；其四，培训脱离各自学校的特定条件，即使受训教师收获很大也不能充分发挥作用。这样的培训导致教师花了时间、经费，而在实践中对提高教学效果作用不大。教师也不喜欢这样把自己当成"小学生"来对待。基于这样的认识，英国于 20 世纪 80 年代末提出以中小学为基地的"六阶段模式"，美国于 90 年代提出"学校本位"的师资培训模式（School-based Inservice Education），我国在培训实践中也做了许多有益的尝试。

一、三国的实践及比较

（一）各国的实践

1. 英国

　　为全面提高教师的素质和教育教学技能，英国于 20 世纪 80 年代提出了以中小学为基地的六阶段培训模式。

　　（1）确定需要。培训意向首先产生于学校而不是培训机构。在校长感到教师有进修和提高的必要后，进一步确认在哪方面需要培训和提高，然后与大学培训部联系，以便实施有针对性的培训。

（2）判断。中小学以地方教育部门为中介，与大学培训部洽谈怎样依据需要编排教师在职培训计划。教师在职培训的主动权、主导权在学校，中小学要明确提出大学提供什么专业课程。大学充任助推器的角色，帮助提高教师水平。

（3）协议。在大学培训部、地方教育部门、中小学等多方人员参与下提出一份详细的培训协议，交给即将接受培训的教师修改，得到教师认可才能确定下来。

（4）前期培训。前期培训（两天左右）一般在大学培训机构进行，培训人员介绍新的科学技术概况和新方法论原理。大学方面提供的这类导引课程有助于教师开阔视野，在学科横向联系、跨学科交流方面得到教育。

（5）主体培训。大学教师以中小学为基地深入中小学教学第一线，与中小学教师个人或集体备课，钻研教学难点和关键，选择教学方法，设计教学结构。中小学教师的教学水平在大学教师的指导和帮助下得到提高。

（6）小结。协议规定的项目基本完成之后，教师在职培训告一段落。一般来说，培训结束时，教师都会对自己的工作有一定信心，能够在教学中运用获得的知识、技能和方法。

英国的六阶段培训模式多次得到官方的肯定，在实践中得到学校和教师的一致认可，实用性很强，具有普遍意义，在更高的层次上概括了中小学教师在职培训模式。

2. 美国

美国许多大学、教师培训机构、中小学及教师专业团体在实践探索中形成了以下几种培训形式：

（1）在学校中指定专人，负责新教师的入职训练，从各方面对新教师予以帮助和指导，使他们尽快适应角色和环境要求。

（2）每个中小学指配师资培训的联系人，定期收集教师信息，并向大学或教师教育机构、教师专业团体汇报。然后由大学、教师教育机构、教师专业团体有针对性地进行设计，并亲自到中小学帮助教师解决问题。

（3）设立校外中心（Out-post Center），即由师资训练机构选定若干中小学设立此类中心，为临近的几所中小学教师提供各种进修服务。

（4）吸收中小学教师担任专职培训人员，和大学教授、师资训练机构人员、教育官员共同设计和制订中小学教师培训计划，确定培训的内容和目标等。

（5）在中小学设立教师继续教育管理小组，一般由校长和资深教师参加，负责制定和管理本校教师的在职学习和提高工作。他们经常的工作有四方面：一是对教育和教学新信息的收集，并负责及时向教师传达；二是组织校内教师教学观摩和研讨；三是与教师建立"学习契约"，帮助教师的专业成长；四是促成教师之间的交流，即组织同年级或同学科教师间的定期联欢会，分享彼此想法，研究困难问题，讨论解决办法。

（6）由大学、教师训练机构和教师专业团体定期在中小学或校外中心开展研讨会，安排教师与专家见面，通过演讲、咨询、讨论等方法，使教师获得新知、发展理念和解决问题。每次研讨会都有一个明确的主题，教师可根据需要选择参加。

（7）由教师申请，大学、教师训练机构或教师专业团体指派专家协作开展专题研究。这类研究可由同学科、同年级或同学校教师参与，其内容也很丰富，凡是教师感到重要和有兴趣、有价值的问题都可以研究。专家们帮助教师制订研究计划，分析研究过程，指导研究方法，并帮助推广研究成果。

（8）建立"个别顾问"制度，即由中小学向大学、教师训练机构或教师专业团体聘请顾问，让他们彻底了解学校各方面的问题，经常与教师谈话、讨论，帮助教师解决一系列实际问题，并为某个或某些教师制订自修计划。

（9）中小学之间紧密联系，互通有无，资源共享。许多学校都通过这种校际联系，培训各自的教师。如借用对方的设备、资料；让教师到对方学校进行实验和研究；请对方学校优秀教师讲学指导等。

（10）充分利用现代教育技术手段，为中小学教师提供良好的进修机会和条件。

从以上诸种具体形式和方法来看，美国的"学校本位"师资培训模式从根本上是着眼于中小学教师整体素质的提高，使中小学教师培训步入经常、有效的轨道。

3. 中国

我国中小学教师的"校本培训"模式起步较晚，实践中还未得到大面积的推行，主要有以下类型：

（1）教育专家、优秀教师来校讲学，学校教师学习先进的教育思想、教学技能和教学方法。

（2）组织同一学科或同一教研组的教师进行交流，互相切磋教育经验，共同研讨教学大纲、教材、教学计划以及教学方法，达到共同提高、共同进步的目的。

（3）发挥本校优秀教师、有教育教学经验的老教师的传、帮、带的作用，帮助中青年教师尽快成长。

（4）组织教师听优质课、示范课、观摩课等来学习教学技能、教学方法，组织教师之间互相听课，然后再进行交流、研讨等来提高教学效果。

（5）组织专门的研讨会、交流会、教学沙龙等形式。由于"校本培训"在实践中可以有效地解决工学矛盾，节约教育经费，因而备受我国广大中小学校长的欢迎；在实践中切实收到了实效，提高了教学效果，因而也为中小学教师接受。

（二）各国的比较

从以上各国的具体实践中我们可以尝试得出以下的结论：

（1）在培训理念、目标上，各国的实践基本一致。通过以中小学为中心的培训，满足不同学校、不同教师的需要，使培训全员化、全程化和基地化；通过全面提高教师的素质达到提高教学技能和教学效果的目标。

（2）在组织实施方面，校长和学校领导者起着非常重要的作用。无论是校内组织交流、研讨，还是校际的联系以及同师资培训机构的协商，都离不开校长的参与。

（3）在组织实施方面，各国的侧重点不同。我国在实施校本培训时，把重心过多地放在了校内，更注重教研组内、校内教师之间的相互研讨切磋，通过公开课、观察课、示范课、校内教师之间的相互研讨、切磋，指导教师提高教学技能、教学效果；通过共同研讨教材、教法来提高教学质量。英国在进行校本培训时，更加侧重于中小学与大学教师培训机构的联系，在培训目标、课程设计上都是在中小学与教师培训机构的协商下共同进行的；美国则兼顾了这两个方面，既注意到了充分利用校内资源，又注意到了本校与大学及师资培训机构的交流和联系，形成了一个较为开放而又严密的系统。因而，英美两国更强调了大学、师资培训机构对中小学的服务作用，把培训、服务送到中小学去；而我国则更突出地表现为调动校内教师的积极性，忽视了师资培训机构与中小学的联系。在我国，虽然也有大学教师在中小学建立基地的情况，但这里更多的目的是出于大学教师搞科研、做课题的目的，有时会发挥其服务指导功能，但不是以此为重心。

二、启示

我国实行"校本"培训的模式较晚，借鉴别国的经验有助于我们在实践中少走弯路，通过以上分析，我们可以得到以下的启示：

（一）根据实情，区别对待

我国各地差异较大，在实践中不能套用一个模式。比如在大中城市的中小学，可充分利用附近大学或师资培训机构的资源，加强和大学的联系，充分发挥大学和师资培训机构的顾问、参谋作用；而在一些小城市和农村地区，则更主要地发挥本校老教师和优秀教师传、帮、带的作用。当然，对不同地区和不同的学校，这二者要尽量地兼顾，不要顾此失彼，只不过根据不同的情况有不同的侧重而已。

此外，要根据培训的目标，确定适当的培训形式。校本培训有其优点，但它不可代替别的模式。正如美国加州大学的研究者加蓬（B. Gapen）所指出的："教师的继续教育可以有不同的类型和层次，那种严肃的、具有学术性、学历性和研究性的培训，大学和其他专门机构是最适宜的。"这就告诉我们，在发挥任职学校在中小学教师继续教育中的作用时，首先对培训形式进行分类，以确定任职学校在各种培训类型中所应发挥的作用。一般来说，培训可分为改变观念型和提高技术、技能型。改变观念型的培训，以大学或教师进修学院为基地最适宜，提高技能、技术型的培训以任职学校为基地最为合适。

（二）要加强校际联系

实行校本培训，我们不能搞自我封闭，我国在实行校本培训时更多地注重于校内的研讨、交流。当然这是非常重要的，但同时我们也不能忽略了任职学校与兄弟院校的联系、与师资培训机构的联系。同兄弟院校的联系，可使信息、资源共享，互相学习对方的优点，达到共同提高、共同前进的目标。校本培训本来是以任职学校为基地，辅之以大学或师资培训机构提供合适的课程和人员以帮助中小学教师解决问题。因而，有条件的地区要充分利用这一条件，通过建立"顾问日"制度或通过专门联系人来发挥大学或师资培训机构的指导、参谋作用。

（三）要及时总结经验，注意提升科研价值

"校本培训"通过专家或资深教师的指导，通过教师之间的互相切磋、探讨来提高教学技能和教学效果，这种来自教学第一线的经验非常可贵。教师作为教学第一线的工作者，同时又是很有利的研究者，如能及时把这种感性经验提升到理论的高度，则更有利于教师的成长和发展，更有利于教学经验的推广。在研究时，专家们可帮助教师制订研究计划、分析研究过程、指导研究方法并帮助推广研究成果。这样，可以整合专家的教育理论和教师的实际经验，这也是师资培训中最有价值的工作。

（四）要充分调动学校校长的积极性

"校本培训"无论是校内组织管理、校外联系，都离不开校长的参与和协调，校长在这一过程中起着至关重要的作用。只有那些具有现代教育思想和理论的校长，才会从未来和世界的角度去审视自己学校的实际，从而找出一条更适合自己学校发展的道路，进而更加重视和积极开展本校教师的继续教育工作。对校长的培训要更多地从教育理论上做文章。

"学校本位"化的师资培训在实践中受到中小学校长和教师的广泛认同和欢迎。有一些专题研究证明："学校本位"的师资培训，大大提高了教师的专业技能，激发了教师的职业热情和创新精神，改变了教师的角色认识和自我观念，同时增加了校长管理的效能感和安全感。

参考文献

[1] 陈如平. 欧洲教师校本在职教育模式 [J]. 中小学管理，1997（9）.

[2] 严义开. 校本培训：中小学教师继续教育的一种模式 [J]. 继续工程教育，2000（2）.

[3] 莫晓东，顾通达. 浅谈教师继续教育的"校本"模式 [J]. 高等师范教育研究，1999（2）.

（此文发表于《中小学教师培训》2001年第8期）